Geschichte
plus

Geschichte Klassen 9/10

Herausgegeben von
Walter Funken
Bernd Koltrowitz

Autoren
Brigitte Bayer
Dr. Manfred Bormann
Alf Breitenstein
Walter Funken
Harald Goeke
Volker Habermaier
Prof. Dr. Wolfgang König
Dr. Michael Krenzer
Thomas Thieme
Dr. Helmut Willert

unter Mitarbeit von
Gertrud Deutz
Dr. Elke Jahnke
Dr. Birgit Scholz

Geschichte *plus*

Ausgabe Mecklenburg Vorpommern
Sekundarstufe (RS)

Volk und Wissen

Redaktion: *Gertrud Deutz, Walter Funken, Dr. Birgit Scholz*
Kartografische Beratung: *Prof. Dr. Wolfgang Plapper*
Bildbeschaffung und -recherche: *Peter Hartmann*

Illustration: *Hans-Joachim Petzak, Hans Wunderlich*
Umschlaggestaltung: *Gerhard Medoch*
Zwischentitelgestaltung: *Roswitha König*
Layout und technische Umsetzung: *Birgit Riemelt*
Kartenherstellung: *GbR Peter Kast, Ingenieurbüro für Kartografie, Schwerin*

www.vwv.de

Webtipps zum Fach finden Sie unter folgender Adresse:
http://www.vwv.de/webtipp/geschichte.html

Die Internet-Adressen und -Dateien, die in diesem Lehrwerk angegeben sind, wurden vor Drucklegung geprüft (Stand: Juni 2005). Der Verlag übernimmt keine Gewähr für die Aktualität und den Inhalt dieser Adressen und Dateien oder solcher, die mit ihnen verlinkt sind.

2. Auflage, 5. Druck 2005
Alle Drucke dieser Auflage sind inhaltlich unverändert
und können im Unterricht nebeneinander genutzt werden.

© 2004 Cornelsen Verlag, Berlin

Das Werk und seine Teile sind urheberrechtlich geschützt.
Jede Nutzung in anderen als den gesetzlich zugelassenen Fällen bedarf der vorherigen schriftlichen Einwilligung des Verlages.
Hinweis zu § 52 a UrhG: Weder das Werk noch seine Teile dürfen ohne eine solche Einwilligung eingescannt und in ein Netzwerk gestellt werden.
Dies gilt auch für Intranets von Schulen und sonstigen Bildungseinrichtungen.

Druck: CS-Druck CornelsenStürtz, Berlin

ISBN-13: 978-3-06-110930-1
ISBN-10: 3-06-110930-7

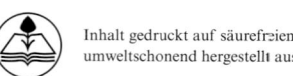
Inhalt gedruckt auf säurefreiem Papier,
umweltschonend hergestellt aus chlorfrei gebleichten Faserstoffen.

Inhaltsverzeichnis

Der Nationalsozialismus 9–60

Die nationalsozialistische Herrschaft bis 1939
1. Der Weg in die Diktatur 11
2. Faschismus in Europa 14
3. Zustimmung und Verführung 16
4. „Arbeitsschlacht" und Aufrüstung – NS-Wirtschaftspolitik 18
5. Leben unterm Hakenkreuz 20
6. Jugend im Gleichschritt 22
7. „Entartete" und „deutsche" Kunst 24
8. Früher Widerstand und Emigration 26
   Methodenseite: Arbeit mit Tagebüchern 29
9. Der Weg in den Krieg – Hitlers Außenpolitik 30

Der Zweite Weltkrieg
1. Der Beginn des Zweiten Weltkriegs 33
2. Der Verlauf des Krieges 35
3. Deutsche Besatzungspolitik 38
4. „Führer, befiehl – wir folgen." Alltag im Krieg 40
5. Widerstand im Krieg 42
6. Bombenkrieg gegen deutsche Städte 44
7. Totaler Krieg und bedingungslose Kapitulation 45
   Methodenseite: Arbeit mit historischen Tondokumenten ... 47
8. Vertreibung und Flucht in Europa 48
9. Der Zweite Weltkrieg in Asien 50
10. Folgen des Zweiten Weltkriegs 52

Verfolgung und Ermordung
1. Juden in Deutschland – von der Antike bis zur Neuzeit 53
2. Ausgrenzung und Diskriminierung 55
3. Systematischer Massenmord 56
4. Aufarbeitung und Verdrängung – der Umgang mit der Shoa .. 58
   Zeitstrahl und Zusammenfassung 59

Deutsch-deutsche Geschichte 1945–1989 61–124

Leben unter Besatzungsrecht 1945–1949
1. Die Pläne der Alliierten für Deutschland 63
2. Politischer Neubeginn in den Besatzungszonen 65
3. Alltag in den Besatzungszonen 66
4. Abrechnung mit dem NS-Regime und Entnazifizierung 68
5. Konflikte in der Wirtschafts- und Währungspolitik 70
6. Die Blockade Berlins 72

Deutschland und die Welt im Zeichen des Kalten Krieges
1. Die „Aufteilung" Europas 73
2. Marshall-Plan und Blockbildung 75
3. Gründung und Aufgaben der UNO 76
4. Der Kalte Krieg wird heiß – der Koreakrieg 78
5. Krisen um Ungarn und Kuba 80
6. Der Vietnamkrieg 83
7. Entspannungspolitik und Ende des Kalten Krieges 84

Das geteilte Deutschland: 1949–1989
1. Die Gründung zweier deutscher Staaten 85
2. Wirtschaftliche Grundentscheidungen in Ost und West 88
3. Eingliederung in die militärischen Bündnissysteme 90
4. Die Bundesrepublik in der Ära Adenauer 92
5. „Wirtschaftswunderland" Bundesrepublik 94
6. Außerparlamentarische Opposition und „68er-Bewegung" 96
   Methodenseite: Arbeit mit Zeitungsartikeln 97
7. Die sozialistische Umgestaltung der DDR 98
8. Der 17. Juni 1953: Volksaufstand oder „Konterrevolution"? 100
9. Wirtschaftsentwicklung in der DDR: 1950er/60er Jahre 102
10. Mauerbau und „Zwei-Staaten-Theorie" 104
11. „Nischengesellschaft" und Opposition in der DDR 106
12. Jugend in der DDR 108
    Methodenseite: Arbeit mit historischen Liedern 109
13. Machtwechsel in Bonn 111
14. Ausgleich und Versöhnung mit den östlichen Nachbarn 112
15. Deutsch-deutsche Annäherung 114
16. Krise und Kontinuität – die Bundesrepublik bis 1989 116
17. Die Entwicklung der DDR 1970–1989 118
18. Frauen in beiden Teilen Deutschlands 120
19. Sport und Sportförderung in der DDR 122
    Zeitstrahl und Zusammenfassung 123

Die Wiedervereinigung Deutschlands 125–148

1. Der Niedergang der Sowjetunion 127
2. Die Vierzigjahrfeier der DDR – Nicht alle feiern mit! 130
3. Die friedliche Revolution in der DDR 132
   Methodenseite: Geschichte im / Geschichte durch das Fernsehen ... 135
4. Der Weg zur deutschen Wiedervereinigung 137
5. Nur mühsam wächst zusammen 140
6. Die Hinterlassenschaft der Staatssicherheit der DDR 142
7. Mecklenburg-Vorpommern nach der Wiedervereinigung 144
8. Deutschland nach 1998 146
   Zeitstrahl und Zusammenfassung 147

Längsschnitt: Aus der Geschichte lernen 149–152

Die Entwicklung der Sowjetunion bis 1991 153–176

1. Die russische Gesellschaft zu Beginn des 20. Jahrhunderts 155
2. Sozialistische Ideen von einer gerechten Gesellschaft 156
3. Russland im Ersten Weltkrieg / Beginn der Revolution 158
4. Oktoberrevolution und Gründung der UdSSR 160
5. Industrialisierung und Kollektivierung 162
6. Die Sowjetunion unter Stalin – Terror und Personenkult 164
   Methodenseite: Arbeit mit historischen Fotografien 165
7. Die Außenpolitik der UdSSR 1922–1939 168
8. Die Sowjetunion im Zweiten Weltkrieg 169
9. Die UdSSR nach Stalin 170
10. Die Ära Gorbatschow 172
11. Russland nach 1991 174
    Zeitstrahl und Zusammenfassung 175

Der Aufstieg der USA zur Weltmacht 177–196

1. Kolonisation des Westens und Bürgerkrieg 179
2. Geschichte und Kultur der Indianer 181
3. Der Wirtschaftsaufschwung nach dem Bürgerkrieg 182
4. Soziale Spannungen zu Beginn des 20. Jahrhunderts 184
5. Imperialistische Außenpolitik und Erster Weltkrieg 186
6. Nachkriegsboom und große Wirtschaftskrise 188
7. Die Überwindung der Krise – der „New Deal" 190
8. Die USA nach dem Zweiten Weltkrieg 191
9. New Frontier und Bürgerrechtsbewegung 192
   Zeitstrahl und Zusammenfassung 195

Der europäische Einigungsprozess 197–212

1. Wurzeln europäischen Denkens 199
2. Europapläne nach den beiden Weltkriegen 202
3. Die Einigung Westeuropas durch einen gemeinsamen Markt 204
4. Die Ost-Erweiterung der EU – Chancen und Probleme 206
5. Die politische Struktur der erweiterten Europäischen Union 208
   Zeitstrahl und Zusammenfassung 211

Internationale Problemfelder 213–236

Nahostkonflikt und Re-Islamisierung
1. Israel auf dem Weg zum eigenen Staat 215
2. Feindschaft, Kriege und Versuche einer Friedenslösung 216
3. Die Bedeutung des Islam: Iran und Türkei als Beispiele 218
4. Krieg(e) am Erdölgolf – die Irakkriege 220

Entwicklungsländer zwischen Befreiung und Abhängigkeit
1. Dekolonisation und Entstehung neuer Staaten 221
2. Beispiel: Der Kongo unter Kolonialherrschaft 222

   3. Die Republik Kongo als unabhängiger Staat 224
   4. Indiens Weg in die Unabhängigkeit 226
   5. „Entwicklungsländer" und Entwicklungshilfe 228

Globale Menschheitsprobleme
   1. Bevölkerungswachstum und Welternährung 230
   2. Wasser und Klima: kostbar und schutzbedürftig! 232
   3. Gewalt, Krieg, Terrorismus im Namen Gottes? 234
      Zeitstrahl und Zusammenfassung 235

Längsschnitt: Migration früher und heute 237–244
   1. Deutschland – ein Auswanderungsland 238
   2. Flucht und Vertreibung in Europa – zwei Beispiele 240
   3. Deutschland – ein Einwanderungsland 242

Längsschnitt: Geschichte der Technik und Wissenschaft 245–252
   1. Technik und Energie 246
   2. Technik und Mobilität 248
   3. Chancen und Risiken des technischen Fortschritts 250
   4. Grenzen des technischen Fortschritts? 252

Register 253
Glossar 259
Bildnachweis 264

Der Nationalsozialismus

Im Januar 1933 erfolgte die so genannte Machtergreifung durch die Nationalsozialisten. Trotz Reglementierungen, tiefer Eingriffe in das Privatleben der Menschen und der Gleichschaltung des gesamten Kultur- und Medienbereichs wuchs die Zahl der Anhänger des NS-Regimes in den Folgejahren weiter an. Millionen Deutsche folgten dem Regime widerstandslos oder sogar begeistert in einen Krieg, der nahezu 55 Millionen Menschen weltweit das Leben kostete.

10 Nationalsozialismus

ARBEITSAUFTRAG

Vergleiche die Karten und beschreibe die territorialen Veränderungen seit der Weimarer Republik. Beachte dabei auch die Länder Deutschlands.

Die nationalsozialistische Herrschaft bis 1939
1. Der Weg in die Diktatur

Am 30. Januar 1933 ernannte Hindenburg den „Führer" der NSDAP, ADOLF HITLER, zum Reichskanzler. Nur wenige Monate später war Hitler ein scheinbar allmächtiger Diktator. Wie gelang es den Nationalsozialisten, die Republik zu zerschlagen und einen diktatorischen Führerstaat zu errichten?

Gefährlicher Irrtum – Die traditionellen Führungsschichten aus Finanzwelt und Großindustrie wollten den Staat mit Hilfe der Nationalsozialisten und unter Ausschaltung der KPD, SPD und der bürgerlich-republikanischen Parteien in ihrem Sinne verändern. Da sie den Machtapparat des Heers, die Bürokratie, die Justiz und die Wirtschaft kontrollierten, glaubten sie, Hitler und die NSDAP „zähmen" zu können. Dem „**Kabinett der nationalen Konzentration**" aus NSDAP und DNVP gehörten neben Hitler zunächst nur zwei weitere Nationalsozialisten an. Die Führer der DNVP glaubten, Hitler so „eingerahmt" beherrschen zu können.

Q1 Rudolf Breitscheid, SPD-Fraktionsvorsitzender, 31.1.1933:

1 Seit gestern ist Adolf Hitler Reichskanzler! Und zwar ist er Reichskanzler auf legalem Wege geworden. Es ist begreiflich, dass man
5 jetzt ... Massenstreiks, Demonstrationen [erwägt]. Ich will meine Meinung dazu sagen. Wenn Hitler sich zunächst auf dem Boden der Verfassung hält, und mag das hun-
10 dertmal Heuchelei sein, wäre es falsch, wenn wir ihm den Anlass geben, die Verfassung zu brechen, abgesehen von dem Grund, dass wir [dadurch] die widerstrebenden
15 Kräfte innerhalb des Kabinetts zusammenschweißen.

(In: H. Schulze [Hg.]: Anpassung oder Widerstand? 1932/33, Bonn 1975, S. 145 f. Bearbeitet)

Strategien der Machteroberung – Schon wenige Tage nach Hitlers Ernennung zum Reichskanzler, von den Nationalsozialisten als Tag der „**Machtergreifung**" gefeiert, wurden Entscheidungen getroffen, die kaum noch legal waren. Hitler erreichte, dass Hindenburg den Reichstag auflöste und Neuwahlen für den 5. März 1933 ansetzte. Als die Kommunisten einen Generalstreik ausriefen, lieferte dies den Vorwand für eine „**Notverordnung zum Schutze des deutschen Volkes**". Mit ihr wurde die Presse- und Versammlungsfreiheit drastisch eingeschränkt.

Q2 Absprachen zwischen Hitler und von Papen, 31.1.1933, 16 Uhr:

1 Der Stellvertreter des Reichskanzlers [von Papen] führte aus, es sei am besten, schon jetzt festzulegen, dass die kommende Wahl zum Reichstag die letzte sein solle und eine Rückkehr zum parlamentarischen System für immer
5 zu vermeiden sei. Der Reichskanzler [Hitler] erklärte, er wolle folgende bindende Versprechungen abgeben:
a) Der Ausgang einer Neuwahl zum Reichstag solle keinen Einfluss auf die Zusammensetzung der jetzigen Reichsregierung haben. b) Die nun bevorstehende Wahl
10 zum Reichstag solle die letzte Neuwahl sein ...

(In: Auszüge aus den amtlichen Niederschriften, Akten der Reichskanzlei, Bundesarchiv Koblenz: R 43 II/291 und 289. Bearbeitet)

B3 Mitglieder der nationalsozialistischen Kampftruppe SA (Sturm-Abteilung), August 1933

In Preußen machte Innenminister HERMANN GÖRING 40.000 SA-Männer zu Hilfspolizisten. Sie konnten dadurch scheinbar legal politische Gegner der NSDAP terrorisieren. Die Gewalt steigerte sich noch, als am 27. Februar der Reichstag brannte. Die Nationalsozialisten behaupteten, die Kommunisten hätten das Feuer gelegt. Bereits am nächsten Tag erging die „Verordnung zum Schutz von Volk und Staat", die so genannte **Reichstagsbrandverordnung**. Sie setzte die verfassungsmäßigen Grundrechte außer Kraft. Tausende Kommunisten und Sozialdemokraten wurden auf dieser Grundlage verhaftet und in improvisierte Konzentrationslager oder Folterkeller verschleppt./1

Da die Reichstagswahl vom 5. März der NSDAP nicht die erhoffte absolute Mehrheit brachte, legte Hitler ein „Gesetz zur Behebung der Not von Volk und Reich" vor. Dieses **„Ermächtigungsgesetz"** sollte es der Regierung ermöglichen, Gesetze ohne Beteiligung des Parlaments oder des Reichspräsidenten zu erlassen, selbst wenn sie von der Verfassung abwichen. Nur die SPD lehnte das Gesetz ab; die Abgeordneten der KPD sowie 26 Abgeordnete der SPD waren vor der Abstimmung verhaftet worden oder mussten fliehen.

B5 Propagandapostkarte, um 1933

B4 „Wie Adolf Hitler das Wort ‚legal' in den Mund nimmt." Karikatur aus „Der wahre Jacob", Berlin 1932

Q6 Reden zum „Ermächtigungsgesetz", 23.3.1933:

Adolf Hitler: Es würde dem Sinn der nationalen Erhebung widersprechen …, wollte die Regierung sich für ihre Maßnahmen von Fall zu Fall die Genehmigung des Reichstags erhandeln und erbitten … Die Autorität und damit die Erfüllung der Aufgaben der Regierung würden … leiden, wenn im Volke Zweifel an der Stabilität des neuen Regiments entstehen könnten … Die Regierung beabsichtigt … von diesem Gesetz nur insoweit Gebrauch zu machen, als es zur Durchführung der lebensnotwendigen Maßnahmen erforderlich ist. Weder die Existenz des Reichstags noch des Reichsrats soll dadurch bedroht sein. Stellung und … Rechte des Herrn Reichspräsidenten bleiben unberührt …

Otto Wels, SPD: Freiheit und Leben kann man uns nehmen, die Ehre nicht. Nach den Verfolgungen … wird niemand von ihr [der SPD] verlangen oder erwarten können, dass sie für das hier eingebrachte Ermächtigungsgesetz stimmt. Die Wahlen vom 5. März haben den Regierungsparteien die Mehrheit gebracht und damit die Möglichkeit gegeben, streng nach Wortlaut und Sinn der Verfassung zu regieren. Wo diese Möglichkeit besteht, besteht auch die Pflicht … Aber dennoch wollen Sie vorerst den Reichstag ausschalten, um Ihre Revolution fortzusetzen. Zerstörung von Bestehendem ist aber noch keine Revolution.

(In: Geschichte in Quellen, Bd. 5, München 1989, S. 282 f. Bearbeitet)

Mit dem „Ermächtigungsgesetz" wurde nicht nur das Parlament entmachtet, sondern praktisch auch der Reichspräsident. Doch gerade dessen bisher starke Position und seine Verfügungsgewalt über den Art. 48 der Verfassung, das Notverordnungsrecht des Präsidenten, waren die Hauptstützen des „Zähmungskonzepts" gewesen, mit dem die national-konservativen Koalitionspartner Hitler kontrollieren wollten! Hitler hatte mit dem Ermächtigungsgesetz die Kontrollmechanismen der Verfassung abgeschüttelt. Wie gelang es den Nationalsozialisten, die letzten Überreste der Demokratie zu beseitigen?

Ausbau und Stabilisierung des Regimes – Nach der Reichstagswahl begann eine umfassende **Gleichschaltung**. Mit der bereits bewährten Kombinationstaktik von Straßenterror durch die nationalsozialistische Kampftruppe SA (= **S**turm-**A**bteilung) und scheinbar legalen Maßnahmen der Regierung drängten die Nationalsozialisten in Ländern und Kommunen an die Macht. Überall erschienen SA-Männer und „Kommissare", die die Organisationen und Institutionen personell „säuberten": Politische Gegner und jüdische Bürger wurden entlassen, an ihre Stelle wurden Nationalsozialisten in die Führungspositionen eingesetzt.

Am 2. Mai beseitigten die Nationalsozialisten die Gewerkschaften. Die Arbeiter mussten in eine Zwangsorganisation eintreten, die **Deutsche Arbeitsfront (DAF)**. Nach der KPD wurde im Juni auch die SPD verboten; die anderen Parteien lösten sich unter Druck selbst auf. Die Neugründung von Parteien wurde verboten und die NSDAP zur Staatspartei erhoben.

Ein wichtiger Machtfaktor, den Hitler noch für sich gewinnen wollte, war die **Reichswehr**. Deren militärischen Sachverstand brauchte er für seine Aufrüstungspläne. Doch die Reichswehr sah in der zahlenmäßig stärkeren SA eine Rivalin. Am 30. Juni 1934 entmachtete Hitler daher die SA, indem er den SA-Führer Ernst Röhm und andere innerparteiliche Rivalen ermorden ließ. Die Reichswehrführung revanchierte sich, als sie nach Hindenburgs Tod 1934 die Armee auf Hitler vereidigte. Das Amt des Reichspräsidenten wurde aufgelöst und mit dem des Reichskanzlers vereinigt. Hitler erhielt den Titel **Führer und Reichskanzler**.

B 7 SA-Mitglieder verschleppen politische Gegner in einen Folterkeller.

Q 8 Der NSDAP-Politiker Hermann Göring am 30.6.1934:

Wir sehen das Recht nicht als etwas Primäres an, sondern das Primäre ist und bleibt das Volk … Dieses Recht ist ja von uns geschaffen und dort, wo wir es vorfanden, es unserer Weltanschauung aber nicht entspricht, wird es
5 umgeändert. Das Recht und der Wille des Führers sind eins … Das Handeln der Staatsführung in diesen Tagen war die höchste Verwirklichung des Rechtsbewusstseins des Volkes.

(In: Geschichte in Quellen, Bd. 5, München 1989, S. 309. Bearbeitet)

ARBEITSAUFTRÄGE

1. Beurteilt mit Q 1 Breitscheids Reaktion auf Hitlers Ernennung zum Reichskanzler. Diskutiert, ob sich die SPD dem damaligen KPD-Aufruf zum Generalstreik hätte anschließen sollen.
2. Beschreibe, welche Einstellung zur Demokratie in Q 2 deutlich wird. Überlege, warum Neuwahlen abgehalten wurden.
3. Vergleiche, wie Hitler in B 4 und B 5 dargestellt wird. Beurteile die Absichten, die hinter den beiden Abbildungen stehen.
4. Nennt die Argumente, die Hitler und der SPD-Abgeordnete Wels in Q 6 für und gegen das „Ermächtigungsgesetz" aufführen. Diskutiert ihre Stichhaltigkeit.
5. Beschreibe mit B 3, B 7 und Q 8, wie die Nationalsozialisten gegen Gegner vorgingen. Beurteile die Rechtsauffassung Görings.
6. Ist der Satz: „Die Freiheit verliert man stückweise." auf Deutschland nach 1933 anwendbar? Begründe deine Antwort.

2. Faschismus in Europa

In fast allen europäischen Staaten bildeten sich nach dem Ersten Weltkrieg nationalistische Bewegungen. Auch die Machtübernahme durch eine rechtsradikale Partei war kein rein deutsches Phänomen. Hatten diese Bewegungen gemeinsame weltanschauliche Grundlagen und Ziele?

Faschismus in Italien – Wie Deutschland litt Italien nach dem Weltkrieg unter hoher Arbeitslosigkeit und Armut. In dieser Situation fanden radikale Bewegungen wie die der **Fasci**, nach der rechtsradikale Bewegungen als „**faschistisch**" bezeichnet werden, viele Anhänger. Faschistische Kampfbünde in schwarzen Uniformen terrorisierten politische Gegner, Gewerkschaften und Gemeindeverwaltungen. **Duce** (ital.: Führer) der Fasci wurde BENITO MUSSOLINI, ein ehemaliger Sozialist. Er versprach den Menschen einen starken Staat, wirtschaftliche Stabilität und ein italienisches Großreich.

Unter dem Vorwand, die Monarchie vor einer sozialistischen Revolution zu retten, ließ Mussolini seine Miliz im Oktober 1922 zu einem bewaffneten **Marsch auf Rom** antreten. Daraufhin ernannte der König Mussolini zum Ministerpräsidenten einer Koalitionsregierung. Konservative Kreise in Wirtschaft, Militär und Verwaltung unterstützten diese Regierung, da sie in ihr eine Rettung vor dem Sozialismus sahen. In der Folgezeit nutzte Mussolini seine Macht, um die demokratischen Freiheiten abzuschaffen und eine Einparteiendiktatur zu errichten.

Faschismus in anderen Ländern – Im republikanischen Spanien löste eine Militärrevolte im Juli 1936 einen Bürgerkrieg aus. Die Putschisten unter General FRANCISCO FRANCO konnten sich auf die konservativen Monarchisten, die katholische Kirche und die faschistische Bewegung **Falange** (Phalanx) stützen. Massive militärische Unterstützung aus Deutschland und Italien führte 1939 zum Sieg der Faschisten in Spanien. Franco errichtete eine Diktatur, die erst mit seinem Tod 1975 endete.
Weitere autoritäre Regimes mit faschistischen Zügen waren der portugiesische

PERSONENLEXIKON

„CAUDILLO" (Führer)
FRANCISCO FRANCO,
1892–1975.
Diktator in Spanien

B1 Mussolini (1883–1945) in faschistischer Grußpose vor der Statue des Augustus

Q2 Mussolini über den Faschismus, 1922:

Der Faschismus fordert den tätigen, mit allen Willenskräften sich einsetzenden Menschen, der bereit ist, allen Schwierigkeiten männlich entgegenzutreten und sich ihnen zu stellen. Ihm ist das Leben ein Kampf ...
5 Für den Faschismus [liegt] alles im Staate beschlossen ... Außerhalb des Staates darf es keine Individuen noch Gruppen geben ... [Der Faschismus] glaubt weder an die Möglichkeit noch an die Nützlichkeit des ewigen Friedens. Er lehnt daher den Pazifismus ab, der einen
10 Verzicht auf den Kampf und eine Feigheit gegenüber dem Opfer in sich birgt. Der Krieg allein bringt alle menschlichen Energien zur höchsten Anspannung ... Der Faschismus behauptet die unabänderliche, fruchtbare und heilsame Ungleichheit der Menschen, die nicht
15 auf dem mechanischen und äußerlichen Wege wie bei dem allgemeinen Stimmrecht auf das gleiche Niveau gebracht werden können ... Der Faschismus lehnt in der Demokratie die absurde konventionelle Lüge von der politischen Gleichheit ... ab ... Der faschistische Staat
20 ist Wille zur Macht und Herrschaft ... Für den Faschismus ist das Streben ... zur Expansion der Nation ein Ausdruck der Vitalität.

(In: Geschichte in Quellen, Bd. 5, München 1989, S. 151 ff. Bearbeitet)

Estado Novo (dt.: Neuer Staat) unter OLIVEIRA SALAZAR, die so genannten **Königsdiktaturen** auf dem Balkan, die seit 1926 bestehende polnische Militärdikatur unter JOSEF PILSUDSKI sowie die antikommunistischen Militärregimes, die in den baltischen Staaten seit Mitte der 1930er Jahre herrschten. Außerhalb Europas gewannen faschistische Ideen auch in Argentinien unter JUAN PERON Einfluss.

Unter Historikern ist umstritten, ob die verschiedenen radikal-nationalistischen Bewegungen alle unter dem gemeinsamen Begriff „Faschismus" zusammengefasst werden können. Deshalb ist es hilfreich, typische Merkmale faschistischer Staaten zu analysieren. Welche Merkmale sind das?

Faschistische Ideologie – Gemeinsame Grundzüge faschistischer Bewegungen sind ihr **terroristischer Kampfstil** und ihre Feindbilder. Sie bekämpfen den Kommunismus und lehnen auch Demokratie und Parlamentarismus zugunsten eines autoritär geführten Staates ab. Faschistische Bewegungen besitzen kein differenziertes eigenes Programm. Sie betonen das **Führerprinzip** und übersteigern den **Nationalismus** in aggressiv-militaristischer Weise. Ihr **völkisches Elitedenken** führt zur Ausgrenzung von Minderheiten.

Der Nationalsozialismus – Der deutsche Nationalsozialismus hatte alle diese Elemente der faschistischen Ideologie. Doch in einem Aspekt war er noch radikaler als andere faschistische Staaten: bei der pseudowissenschaftlichen „**Rassenlehre**". Diese Irrlehre gipfelte in der Behauptung, dass es verschiedenwertige Rassen gäbe: eine „**arische Herrenrasse**" sowie andere, „**minderwertige Rassen**", zu denen Juden und die slawischen Völker gehören sollten. Diese Rassenlehre führte in Verbindung mit der Forderung, die Deutschen benötigten mehr „**Lebensraum**", zur erbarmungslosen Vertreibung und Vernichtung von Millionen Menschen, besonders in Osteuropa. Eine derart radikale rassistische Ideologie wie in Deutschland gab es in keinem anderen faschistischen Land.

B 3 Adolf Hitler 1930

Q 4 Aus Adolf Hitlers Buch „Mein Kampf", 1925:

1 [Die völkische Weltanschauung] glaubt ... keineswegs an eine Gleichheit der Rassen, sondern erkennt mit ihrer Verschiedenheit auch ihren höheren oder minderen Wert und fühlt sich durch diese Erkenntnis verpflichtet, gemäß dem
5 ewigen Wollen, das dieses Universum beherrscht, den Sieg des Besseren, Stärkeren zu fördern, die Unterordnung des Schlechteren und Schwächeren zu verlangen. Sie ... glaubt an die Geltung dieses Gesetzes bis herab zum letzten Einzelwesen ... Menschliche Kultur und Zivi-
10 lisation sind auf diesem Erdteil unzertrennlich gebunden an das Vorhandensein des Ariers ... Den gewaltigsten Gegensatz zum Arier bildet der Jude ... Er ist und bleibt der ewige Parasit ...: wo er auftritt, stirbt das Wirtsvolk nach kürzerer oder längerer Zeit ab ... Wir Nationalsozia-
15 listen [müssen] unverrückbar an unserem außenpolitischen Ziele festhalten, nämlich dem deutschen Volk den ihm gebührenden Grund und Boden auf dieser Erde zu sichern ... So wie unsere Vorfahren den Boden, auf dem wir heute leben, nicht vom Himmel geschenkt erhielten, son-
20 dern durch Lebenseinsatz erkämpfen mussten, so wird auch uns in Zukunft den Boden und damit das Leben für unser Volk keine göttliche Gnade zuweisen, sondern nur die Gewalt eines siegreichen Schwertes ... Wenn wir aber heute ... von neuem Grund und Boden reden, können wir
25 in erster Linie nur an Russland ... denken.

(In: Geschichte in Quellen, Bd. 5, München 1989, S. 286 ff. Bearbeitet)

ARBEITSAUFTRÄGE

1. Beschreibe die Darstellungen Mussolinis in B 1, Francos im Personenlexikon und Hitlers in B 3. Beurteile die Absicht, die die Bilder verfolgen.
2. Erkläre mit Q 2 Merkmale und Ziele des italienischen Faschismus. Stelle ihnen Aspekte der Demokratie gegenüber.
3. Beschreibe mit Q 4 Elemente der nationalsozialistischen Ideologie. Vergleiche mit dem italienischen Faschismus.

3. Zustimmung und Verführung

Der Aufstieg des Nationalsozialismus war mit der Eroberung der Macht nicht abgeschlossen. Das Regime gewann in der Folgezeit die überwiegende Mehrheit der Deutschen für sich. In dieser Diktatur spielten Zustimmung, Selbstentmündigung und Verführung des Volkes gleichermaßen eine Rolle. Was hat Zustimmung ausgelöst? Wie funktionierte die Verführung?

Sehnsüchte und Ängste – Die instabile politische Lage und die wirtschaftliche Depression am Ende der Weimarer Republik hatten eine tiefe Verunsicherung der Bevölkerung bewirkt. In diesem Klima fielen NS-Parolen von einem starken Staat, der Ordnung und Wohlstand wiederherstellen würde, auf fruchtbaren Boden. Die NSDAP war die erste Partei, der es gelang, als „Volkspartei" aufzutreten. Wie keine andere Partei kannte sie die in der Bevölkerung herrschende Stimmung. Sie verstand es, den Menschen das Gefühl zu vermitteln, dass ihre Sorgen ernst genommen und die Probleme der Zeit gelöst würden. Besonders die sinkende Arbeitslosigkeit schien der Politik der neuen Regierung Recht zu geben. Große Anziehungskraft übte auch die vom Regime beschworene **Volksgemeinschaft** aus, die dem „Parteiengezänk" der Weimarer Republik entgegengesetzt wurde. Die aggressive Außenpolitik Hitlers sprach bei vielen Deutschen darüber hinaus einen Nationalismus an, der durch den verlorenen Krieg gedemütigt war. Verletzungen des Versailler Friedensvertrages wurden von der Bevölkerung daher als imponierende Beweise der „neuen Größe" gefeiert.

Führermythos – Die populäre Politik galt als das „Aufbauwerk des Führers". So gelang es Hitler, von breiten Bevölkerungsschichten als Verkörperung einer besseren Zukunft angenommen zu werden. Die religiösen Züge, die der Führermythos trug, halfen trotz mancherlei Unzufriedenheit im Alltag, ein hohes Maß an Zustimmung zum System aufrechtzuerhalten.

Feindbilder – Erfolgreich reduzierten die Nationalsozialisten die Probleme einer komplizierten Welt auf ein simples Freund-Feind-Schema und schürten dabei tief sitzende Vorurteile der Bevölkerung: Bis zum Zusammenbruch des Regimes fanden Antisemitismus und Antibolschewismus große Zustimmung.

Q1 Rudolf Heß, Hitlers Stellvertreter, 1934:

1 Mit Stolz sehen wir: Einer bleibt von aller Kritik ausgeschlossen: das ist der Führer. Das kommt daher, dass jeder fühlt und weiß: Er
5 hatte immer Recht, und er wird immer Recht haben. In der kritiklosen Treue, in der Hingabe an den Führer, die nach dem Warum im Einzelfall nicht fragt, in der stillschwei-
10 genden Ausführung seiner Befehle liegt all unser Nationalsozialismus verankert. Wir glauben daran, dass der Führer einer höheren Berufung zur Gestaltung des deutschen
15 Schicksals folgt. An diesem Glauben gibt es keine Kritik.

(In: Dokumente zur deutschen Politik, Bd. 2, Berlin 1936, S. 10)

PERSONENLEXIKON

RUDOLF HESS, 1894–1987. Seit 1920 Mitglied der NSDAP. Stellvertreter Hitlers. Flog 1941 nach Schottland, angeblich zur Vermittlung zwischen den Kriegsgegnern; wurde dort verhaftet. 1946 in Nürnberg zu lebenslanger Haft verurteilt. 1987 Selbstmord im Kriegsverbrechergefängnis Berlin-Spandau.

B2 Totenehrung auf dem Reichsparteitag in Nürnberg, 1934

Das NS-Regime kannte die Bedürfnisse der Bevölkerung nicht nur, sondern benutzte sie auch auf eine bis dahin nicht gekannte Weise für ihre eigene Macht. Welche Mittel wurden dabei eingesetzt?

Medien und Propaganda – Die Nationalsozialisten verstanden früh, welche Bedeutung moderne Massenmedien wie Rundfunk und Film hatten, um die öffentliche Meinung zu kontrollieren. Sie richteten daher ein eigenes **Ministerium für Volksaufklärung und Propaganda** ein. Unter dessen Leiter Joseph Goebbels wurde zielstrebig die Gleichschaltung der Presse und des Kulturbetriebes in Angriff genommen: Verbindliche Sprachregelungen gaben Inhalte und Form der Berichterstattung vor. Eine noch intensivere Verbreitung der staatlichen Propaganda wurde ab 1936 durch den massenhaften Vertrieb eines billigen Radios, des **Volksempfängers**, möglich. Das gemeinsame Anhören von „Führerreden" zu Hause, in Schulen, Betrieben und Parteigliederungen sollte die Volksgemeinschaft fördern. Begleitet wurde dies durch Massenveranstaltungen wie Aufmärsche und Fackelzüge, die als beeindruckende und einschüchternde Inszenierungen der „Bewegung" dienten. 🔗/2

B4 Nationalsozialistisches Plakat von 1936

Q3 Joseph Goebbels, März 1933:

1 Wir machen gar keinen Hehl daraus: Der Rundfunk gehört uns, niemandem sonst! Und den Rundfunk werden wir in den Dienst un-
5 serer Idee stellen, und keine andere Idee soll hier zu Worte kommen … Ich halte den Rundfunk für das allermodernste und für das allerwichtigste Massenbeeinflussungs-
10 instrument … Das ist das Geheimnis der Propaganda: denjenigen, den die Propaganda fassen will, ganz mit den Ideen der Propaganda durchtränken, ohne dass er
15 merkt, dass er durchtränkt wird.

(In: Goebbels-Reden, Bd. 1, 1932–1939, zit. nach M. Broszat, Die Machtergreifung, München 1993, S. 90 f. Bearbeitet)

Q5 Victor Klemperer, Tagebucheintrag 10.5.1936:

1 Ich glaube … nicht …, dass [die Regierung] innerdeutsche Feinde hat. Die Mehrzahl des Volkes ist zufrieden … Alle sehen in [Hitler] den außenpolitischen Befreier, fürchten russische Zustände, wie ein Kind den schwarzen Mann
5 fürchtet, halten es, soweit sie nicht ehrlich berauscht sind, für … inopportun, sich um solcher Kleinigkeiten willen wie der Unterdrückung bürgerlicher Freiheiten, der Judenverfolgung, … der systematischen Zerstörung aller Sittlichkeit zu empören. Und alle haben Angst um ihr
10 Brot, ihr Leben, alle sind so entsetzlich feige.

(In: Victor Klemperer, Tagebücher 1935–1936, Berlin 1995, S. 94. Bearbeitet)

ARBEITSAUFTRÄGE

1. Beschreibe, wie Hitler in Q1 dargestellt wird. Untersuche mit Hilfe von B5 auf S. 12 und B3 auf S. 15, wie der Führermythos aufgebaut und zur Schau gestellt wurde.
2. Versetze dich in die Lage eines Teilnehmers der in B2 dargestellten Totenehrung und schreibe einen Tagebucheintrag für den gleichen Abend. Beurteile die Wirkung, die solche Veranstaltungen erzielen sollten.
3. Zeige anhand von Q3 und B4, wie die Medien im „Dritten Reich" zu Propagandazwecken eingesetzt wurden.
4. Nennt die Ursachen, die nach Meinung des Tagebuchautors in Q5 Zustimmung bewirkten. Diskutiert, inwieweit Verführung oder Angst daran beteiligt waren.

4. „Arbeitsschlacht" und Aufrüstung – NS-Wirtschaftspolitik

Bei Hitlers Machtantritt gab es in Deutschland über sechs Millionen Arbeitslose. Die Bewältigung dieses Problems wurde als Prüfstein für die neue Regierung angesehen. Wie würde sie die von ihr ausgerufene „Arbeitsschlacht" führen?

Abbau der Arbeitslosigkeit – Die Wende bei der Entwicklung der Arbeitslosigkeit hatte sich bereits 1932 angedeutet. Das Ausklingen der Weltwirtschaftskrise und **Arbeitsbeschaffungsprogramme** der vorigen Regierung führten Anfang 1933 zu einem leichten Aufschwung. Ohne eigenes wirtschaftspolitisches Konzept setzte die NS-Regierung den Kurs ihrer Vorgänger fort. Sie versuchte, durch umfangreiche staatliche Bauaufträge, beispielsweise für Autobahnen, Flugplätze und öffentliche Gebäude, neue Arbeitsplätze zu schaffen. Eine weitere Entlastung des Arbeitsmarktes wurde durch die Einführung eines halbjährigen „**Arbeitsdienstes**" für Jugendliche und die Wiedereinführung der allgemeinen **Wehrpflicht** 1935 erreicht.

Zahlreiche Arbeitsplätze wurden für zuvor arbeitslose Männer frei, weil Frauen in den ersten Jahren durch das Regime per Gesetz aus dem Arbeitsleben gedrängt wurden. Frauen sollten sich auf Familie, Haushalt und Kinder konzentrieren. So wurden die meisten Richterinnen, Anwältinnen, Schulleiterinnen und Lehrerinnen aus dem Staatsdienst entlassen. Der Staat inszenierte eine Kampagne gegen „Doppelverdiener". Demnach sollten verheiratete Frauen, deren Männer arbeiteten, selber nicht erwerbstätig sein dürfen. Doch dieser von den Nationalsozialisten propagierte **Mutter- und Hausfrauenkult** ließ sich nicht dauerhaft durchsetzen. Nicht nur die Rüstungsindustrie, die schon bald nach der Machtübernahme forciert wurde, war auf die billigeren weiblichen Arbeitskräfte angewiesen.

Kriegsvorbereitung – Entscheidend für die Verbesserung der Arbeitsmarktsituation war jedoch die massive **Aufrüstung**. Sie führte dazu, dass die Arbeitslosigkeit 1939 fast völlig beseitigt war und dass in einigen Bereichen sogar ein Arbeitskräftemangel entstand. In Sachsen, der „Werkstatt Deutschlands", stieg die Anzahl der Großbetriebe kontinuierlich. Aufträge der Wehrmacht für die Textilindustrie, die chemische, feinmechanische und die optische Industrie sowie für den Fahrzeugbau steigerten die Produktion und vergrößerten den Bedarf an Arbeitskräften. Zahlreiche Frauen wurden nun wieder in den Rüstungsbetrieben eingesetzt.

Mutterkreuz, für Mütter von vier und mehr Kindern

Q1 Hitlers Denkschrift zum Vierjahresplan, 1936:

1 Die Wirtschaft [hat] ausschließlich [dem] Selbstbehauptungskampf unseres Volkes zu dienen ... Es ist notwendig, die Friedensernährung und vor allem der Kriegsführung die Mittel zu sichern ... Ich stelle damit folgende
5 Aufgabe: 1. Die deutsche Armee muss in 4 Jahren einsatzfähig sein. 2. Die deutsche Wirtschaft muss in 4 Jahren kriegsfähig sein.

(In: Geschichte in Quellen, Bd.5, München 1989, S. 320ff. Bearbeitet)

T2 Finanzwirtschaft des Reiches in Mrd. Reichsmark

	1933	1935	1937	1939
Einnahmen	6,8	9,3	13,4	23,1
Ausgaben	8,1	13,1	18,9	42,2
Schulden	11,7	14,6	25,4	42,6
Geldumlauf	3,6	4,3	5,3	11,0

(Nach: E. Aleff, Das 3. Reich, Hannover, S. 124; Charles Bettelheim, Die deutsche Wirtschaft unter dem Nationalsozialismus, München 1974, S. 292)

T3 Öffentliche Investitionen in Mrd. Reichsmark

	1928	1933	1935	1938
Wehrmacht	0,8	0,7	5,2	15,5
Verkehr	2,2	1,2	1,8	3,4
Verwaltung	1,8	0,8	1,4	1,2
Wohnungsbau	1,3	0,2	0,2	0,3

(Nach: R. Erbe, Die nationalsozialistische Wirtschaftspolitik im Lichte der modernen Theorie, Zürich 1958, S. 25)

4. „Arbeitsschlacht" und Aufrüstung – NS-Wirtschaftspolitik

Der Mythos Autobahn – Der Bau der Autobahnen wird auch heute noch häufig als Leistung der Nationalsozialisten bewundert. Obwohl schon in der Weimarer Zeit geplant, wurde die Autobahn nach 1933 als persönliche Idee Hitlers ausgegeben. Die NS-Propaganda erhob die „Straßen des Führers", die eigentlich nur eine Arbeitsbeschaffungsmaßnahme waren, zum Sinnbild der Modernität des Nationalsozialismus. Der Beschäftigungseffekt war mit etwa 100.000 Arbeitskräften jedoch nicht sehr hoch. Trotz ihres damals zweifelhaften Nutzens – nicht zuletzt auch angesichts der noch geringen Motorisierung der Bevölkerung – hat die nationalsozialistische Propaganda eine Legende geschaffen, die bis in die Gegenwart Bestand hat.

Sinkende Arbeitslosenzahlen und außenpolitische Erfolge wie beispielsweise die Angliederung des Saarlands 1935 vermittelten den Menschen in den ersten Jahren der nationalsozialistischen Herrschaft den Eindruck einer gesundenden Wirtschaft. Um welchen Preis wurde sie erkauft?

Kriegswirtschaft im Frieden – Die Rüstungsprojekte verschlangen riesige Summen. Um von Auslandsimporten unabhängig zu werden, betrieb das Regime ohne Rücksicht auf Wirtschaftlichkeit die Produktion spezieller synthetischer Stoffe, wenn sie militärtechnisch von Bedeutung waren. Beispielsweise entwickelte die Firma Buna in Sachsen Kunstgummi. Auch deutsche Erzlager wurden erschlossen. Zur Finanzierung musste der Staat immer mehr **Schulden** machen. Schon bald schien es nur noch eine Alternative zu geben: Staatsbankrott oder Krieg.

Da die riesigen Defizite sorgsam verschleiert wurden, blieben der Bevölkerung die Kosten des Aufschwungs und die Folgen für den Staatshaushalt verborgen. Sie erwartete nach den Jahren der Armut eine Verbesserung ihrer Lage. Die Nationalsozialisten fixierten jedoch die Löhne auf dem niedrigen Stand der Wirtschaftskrise und führten wegen des Mangels an Konsumgütern eine Preiskontrolle ein. 1938 wurde der Bezug von Fett rationalisiert, eine Maßnahme, die mit der Parole **„Kanonen statt Butter"** begründet wurde. Die deutsche Wirtschaft nahm immer mehr die Formen einer **Kriegswirtschaft** an.

Militärfahrzeuge, die die Automobilfirma Horch in Zwickau für die Wehrmacht produzierte

B4 Propagandaplakat der Nationalsozialisten zum Autobahnbau, 1933

Q5 „Reichstreuhänder der Arbeit", 1938:
1 Das Missverhältnis zwischen Arbeitskräften und Aufträgen hat … zu erheblichen Verlängerungen der Arbeitszeit geführt … Wöchentliche Arbeitszeiten von 58–65 Stunden sind kaum noch Ausnahmeerscheinungen …
5 Die Krankheitsziffer ist erheblich gestiegen …

(In: T. Mason, Arbeiterklasse und Volksgemeinschaft, Dokumente und Materialien zur deutschen Arbeiterpolitik 1936–1939, Opladen 1975, Dok. Nr. 147. Bearbeitet)

ARBEITSAUFTRÄGE

1. Nenne die Aufgabe, die Hitler in Q1 der Wirtschaft zuweist. Welcher Rückschluss auf seine Politik lässt sich daraus ziehen?
2. Analysiere die Angaben in T2, T3 und Q5. Erläutere, wo Investitionen erfolgten und welche Auswirkungen sie für das Leben der Menschen und für die Finanzen des Staates hatten.
3. Beschreibe das Plakat B4 und beurteile seine propagandistische Wirkung.

5. Leben unterm Hakenkreuz

Die Nationalsozialisten organisierten und kontrollierten auch das tägliche Leben der Menschen. Sie wussten, dass sie dadurch ihre politische Macht festigen und Widerstand bereits im Keim ersticken konnten. Wie konnte ein ganzes Volk beeinflusst und überwacht werden?

Erfassung der „Volksgemeinschaft" – Die neuen Machthaber drangen bis in das Alltagsleben der Bevölkerung ein. Eine wichtige Maßnahme zur Kontrolle war die „Erfassung" möglichst jedes „Volksgenossen" in einer nationalsozialistischen Organisation. Die Mitarbeit in den Gliederungen der NSDAP band die Menschen an das Regime, vermittelte ihnen aber auch ein Zugehörigkeitsgefühl. Vielen ermöglichte diese Mitgliedschaft sogar einen sozialen Aufstieg; beispielsweise dem „Blockwart", der in SA-Uniform die Bewohner eines Häuserblocks überwachen sollte und so Macht und Einfluss erhielt.

Das gesamte öffentliche Leben wurde durch zahlreiche **Umzüge, Sammlungen und Feiern** geprägt. Der Druck, sich daran zu beteiligen, zielte wie die Einführung des **Hitler-Grußes** darauf ab, jedem Einzelnen immer wieder ein öffentliches Bekenntnis zum NS-Staat abzuverlangen. Auch die Freizeit wurde kontrolliert. Vereine wurden entweder unter den Einfluss der Nationalsozialisten gebracht oder aufgelöst. Die populäre Organisation **„Kraft durch Freude" (KdF)** sorgte für billige Urlaubsfahrten der „Volksgenossen". ●/3

> **Q2** Hitler zur Rolle der Frau, 1934:
>
> Wenn man sagt, die Welt des Mannes ist der Staat, die Welt des Mannes ist sein Ringen, die Einsatzbereitschaft für die Gemeinschaft, so könnte man vielleicht sagen, dass die Welt der Frau eine kleinere sei. Denn ihre Welt ist der Mann, ihre Familie, ihre Kinder und ihr Haus ... Was der Mann einsetzt an Heldentum auf dem Schlachtfeld, setzt die Frau ein in ewig geduldiger Hingabe, in ewig geduldetem Leid und Ertragen.
>
> (In: M. Domarus, Hitler, Reden und Proklamationen, Bd.1, Würzburg 1962, S. 450. Bearbeitet)

Werbeplakat für eine KdF-Reise

NS-Juristenbund   NS-Lehrerbund

Abzeichen von berufsständischen NS-Organisationen

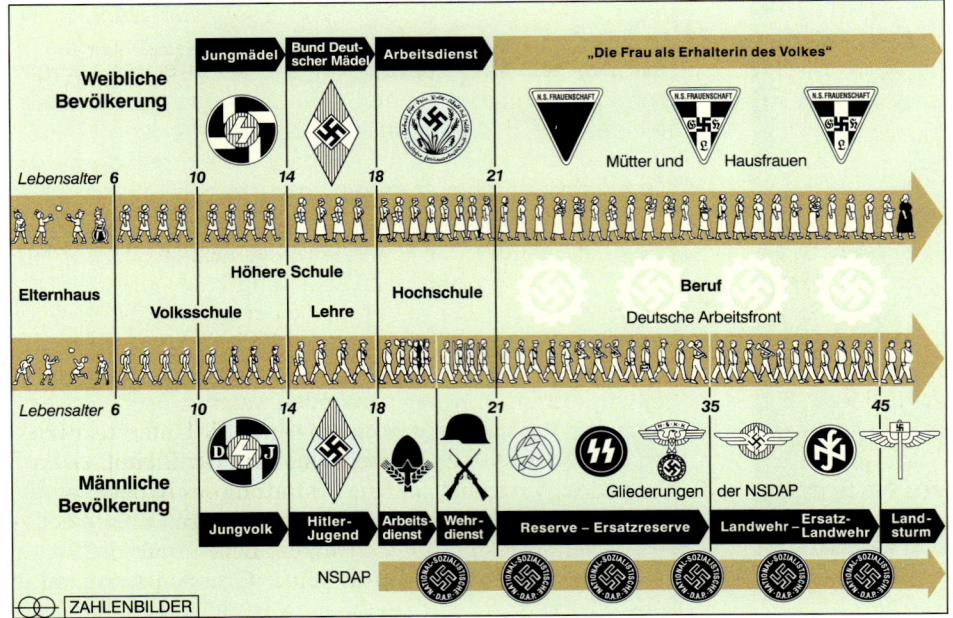

B1 Lebenslauf des idealen „Volksgenossen"

Nicht alle Menschen waren bereit, sich den Anforderungen der „Volksgemeinschaft" unterzuordnen. Andere wurden bewusst ausgegrenzt. Mit welchen Folgen musste man bei Verweigerung oder staatlicher Ausgrenzung rechnen?

Ausgrenzung von „Volksschädlingen" – Menschen, die sich dem Anpassungsdruck widersetzten oder nicht zur Volksgemeinschaft gehören durften, wurden als **„gemeinschaftsfremd"** ausgegrenzt. Dies hatte meist den Verlust des Arbeitsplatzes, Berufsverbot und Verweigerung von staatlichen Sozialleistungen wie Arbeitslosengeld zur Folge. Wer als Gegner der Nationalsozialisten verdächtigt wurde, konnte willkürlich in **„Schutzhaft"** genommen und in ein **„Konzentrationslager" (KZ)** eingewiesen werden. Dies betraf neben den politischen Gegnern vor allem rassisch verfolgte Juden, die Sinti und Roma, so genannte „Asoziale", kritische Geistliche, Jehovas Zeugen sowie Homosexuelle. Im KZ waren diese Menschen den Misshandlungen durch spezielle SS-Totenkopfverbände schutzlos ausgeliefert.   e/4

Mit der **„Geheimen Staatspolizei" (Gestapo)** schuf das Regime ein Überwachungsorgan, das sich mit dem Mythos der Allgegenwart und Allwissenheit umgab. Tatsächlich beruhten die „Erfolge" der Gestapo oft auf Denunziation. So entstand ein alle Bereiche des Lebens durchdringendes Klima der Einschüchterung, der Verunsicherung und des Misstrauens.

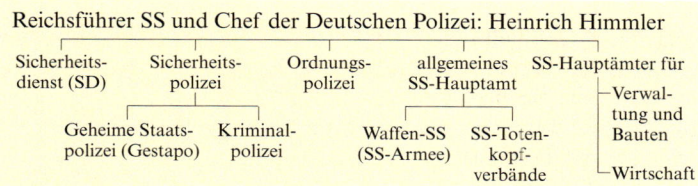

D 4 Organisation der SS (ursprünglich: persönliche Schutz-Staffel Hitlers)

Q 5 Ein Vorfall in Sachsen, 1935

1 [Ein Arbeiter] ist Vater von 6 Kindern und gehörte früher den Bibelforschern [Jehovas Zeugen] an. Obgleich diese Sekte verboten ist, hält der Arbeiter im Geheimen noch immer zu seinem Glauben. Er trat keiner Naziorganisa-
5 tion bei, auch wurde er nicht Mitglied der Arbeitsfront ... Bei einer Betriebsfeier, bei der das Horst-Wessel-Lied [nationalsozialistisches Kampflied] gesungen wurde, hob dieser Arbeiter nicht den rechten Arm zum Deutschen Gruß. Er wurde darauf denunziert und aus dem Betrieb
10 geworfen. Jetzt ist er wegen Verweigerung des Deutschen Grußes zu vier Wochen Gefängnis verurteilt worden. Unter den Arbeitern ... wird der Vorfall sehr viel besprochen.

(In: Th. Berger, Lebenssituationen unter der Herrschaft des Nationalsozialismus, Landeszentrale für politische Bildung [Hg.], Hannover 1981, S. 106 f. Bearbeitet)

Q 3 Eintopfsonntag, Göttinger Tageblatt vom 4./5.11.1933:

1 Der Sonntag ist der zweite Sonntag des Eintopfgerichtes. Es gibt keinen Zweifel darüber, dass das Volk seinen Führer verstanden
5 hat. Das Geheimnis der nationalsozialistischen Weltanschauung beruht in der Forderung, dass Gemeinnutz vor Eigennutz geht. Die Erfüllung dieser Forderung ist
10 auch die vom Führer geforderte Gefolgschaftstreue. SS-Männer werden die durch das Eintopfgericht ersparten Beträge in allen Haushaltungen einkassieren. Bei
15 der Straßensammlung werden Ansteckblumen – Narzissen – als Ausweis abgegeben. Am Sonntag darf kein Göttinger ohne diese Ansteckblume angetroffen werden!

(In: Göttinger Tageblatt, 4./5.11. 1933. Bearbeitet)

ARBEITSAUFTRÄGE

1. Beschreibe mit B 1 den Lebenslauf des idealen „Volksgenossen". Erläutere das Ziel der „Erfassung".
2. Erläutere mit B 1 und Q 2 die Rolle der Frau im NS-Staat.
3. Untersuche anhand des Plakats der Freizeitorganisation KdF und mit Q 3 die Absichten, die mit solchen Einrichtungen und Sonntagsveranstaltungen verbunden waren.
4. Bereite ein Referat vor über die einzelnen SS-Unterorganisationen von D 4. Lies dazu in einem Buch aus der Bibliothek nach.
5. Nennt das „Vergehen" und die Bestrafung des Arbeiters in Q 5. Spielt ein Streitgespräch seiner Arbeitskollegen über den Vorfall mit unterschiedlichen Positionen. Benennt aktuelle Situationen, die einen festen Stand gegen Gruppenzwang, politischen Druck oder gesellschaftliche Vorurteile erfordern.

6. Jugend im Gleichschritt

Wie alle totalitären Regimes unternahm auch der NS-Staat große Anstrengungen, schon die Jugend in seinem Sinne zu erziehen. Mit welchen Mitteln versuchten die Nationalsozialisten, die Jugend für sich zu gewinnen?

Drill in der Hitler-Jugend – Die NS-Jugendorganisation übte auf viele Jungen und Mädchen einen großen Reiz aus. Sie suchten in der **Hitlerjugend** (HJ) und im **Bund Deutscher Mädel** (BDM) Kameradschaft und Abenteuer. Die Organisation gab ihnen in den Anfangsjahren das Gefühl, beim „Aufbruch in eine neue Zeit" mithelfen zu können, und nutzte so die Begeisterungsfähigkeit und den Idealismus der jungen Menschen aus. Doch statt eigenständigen individuellen Denkens wurden **Gefolgschaftstreue** und blinder **Gehorsam** gefördert. Die Möglichkeit, bereits als Kinder und Jugendliche selbst „führen" zu dürfen und von nur wenig Älteren „geführt" zu werden, bedeutete die Gelegenheit, aus der Welt der Eltern und der Erwachsenen auszubrechen. Allein mit den Freunden auf „Fahrt" ins Zeltlager zu gehen, sich bei Geländespielen auszutoben und am Lagerfeuer gemeinsam zu singen vermittelte ein Gefühl von Freiheit und Gemeinschaft. Nicht nur die Ämter, auch die Uniformen von HJ und BDM zogen viele Jugendliche an.

Typische Uniformen von HJ und BDM

B1 Gymnastik im BDM

B2 Schießübungen in der HJ

Q3 Fahnenlied der HJ:

1 Unsre Fahne flattert uns voran,
in die Zukunft ziehn wir Mann für Mann.
Wir marschieren für Hitler durch Nacht und Not,
mit der Fahne der Jugend für Freiheit und Brot.
5 Unsre Fahne flattert uns voran,
Unsre Fahne ist die neue Zeit.
Und die Fahne führt uns in die Ewigkeit.
Ja, die Fahne ist mehr als der Tod!

(In: H. Boberach, Jugend unter Hitler, Düsseldorf 1982, S. 26)

Q4 Karl-Heinz Janßen (Jahrgang 1930) erinnert sich:

1 Wir waren Hitlerjungen, Kindersoldaten, längst ehe wir mit zehn Jahren für wert befunden wurden, das Braunhemd [der HJ-Organisation] zu tragen ... In unserem Fähnlein bestanden die Jungvolk-Stunden fast nur aus ...
5 sturem militärischem Drill. Auch wenn Sport oder Schießen oder Singen auf dem Plan standen, gab es erst immer ... endloses Exerzieren mit „Stillgestanden!", „Rührt euch!"... Mit dreizehn hatte ich es geschafft, ich war „Jungzugführer" in einem Dörflein ... Wenn ich zum
10 Dienstschluss mein dreifaches „Sieg Heil!" auf unseren geliebten Führer Adolf Hitler ausrief, strahlten die Augen.

(In: H. Glaser, A. Silenius [Hg.], Jugend im Dritten Reich, Frankfurt/ M. 1975, S. 88 f. Bearbeitet)

6. Jugend im Gleichschritt

Nach der Auflösung anderer Jugendorganisationen wurde die HJ 1936 **Staatsjugend**. Seit 1939 war die Mitgliedschaft Pflicht. Der HJ-„Dienst" wurde nun immer stärker reglementiert. Nicht mehr Lagerfeuerromantik, sondern **Wehrertüchtigung**, Marschkolonnen und endlose Appelle bestimmten den Alltag. Jede Woche wurde zur ideologischen Schulung ein „Heimabend" veranstaltet. So sollte eine unkritische, dienende Jugend herangebildet werden. Der zunehmende militärische Drill führte jedoch bei manchen Jugendlichen auch dazu, die HJ abzulehnen. Sie empfanden den „Dienst" als lästige Pflicht oder als Fremdbestimmung, der sie sich zu entziehen suchten. Doch nach Auffassung des NS-Staates sollte die Hitler-Jugend die Erziehung nahezu vollständig übernehmen. Welche Auswirkungen hatte dies auf das Verhältnis zwischen Eltern und Kindern, Lehrern und Schülern?

Elternhaus und Schule – Nicht alle Eltern waren bereit, die Erziehung der Partei zu überlassen. Während es manchen nicht gefiel, dass das Wort des „Fähnleinführers" mehr galt als ihr eigenes, fürchteten andere, der HJ-„Dienst" wirke sich negativ auf die Schulleistungen aus. Andere wollten ihre Kinder vor den aggressiven Parolen und der brutalisierenden Wehrerziehung schützen. Doch wenn das Jugendamt eine „staatsfeindliche Erziehung" feststellte, konnte den Eltern das Sorgerecht entzogen und die Kinder in Heimen oder bei politisch „zuverlässigen" Familien untergebracht werden.

Auch die **Schulen** sollten gleichgeschaltet werden. Oppositionelle Lehrer wurden entfernt. Hitler-Gruß und Flaggenappelle gehörten bald zum Schulalltag. Neue Unterrichtsinhalte sollten den Schülern vor allem die **Rassenlehre der Nationalsozialisten** einschärfen. Samstags, am Staatsjugendtag, bekamen HJ-Mitglieder für ihren „Dienst" schulfrei, während die Übrigen politischen Nachhilfeunterricht erdulden mussten.

SS-Werbepostkarte

Q 6 Erich Dressler, geb. 1924, erinnert sich an das Jahr 1934

1 Gab uns unser Lateinlehrer einen endlosen Abschnitt aus Cäsar auf, so übersetzten wir einfach nicht und entschuldigten uns damit, dass wir am Nachmittag Dienst in der HJ gehabt hätten. Einmal nahm einer von den alten
5 Knackern allen Mut zusammen und protestierte dagegen. Das wurde sofort dem Gruppenführer gemeldet, der zum Rektor ging und dafür sorgte, dass dieser Lehrer entlassen wurde. Der Gruppenführer war erst sechzehn, aber als Hitler-Jugendführer konnte er nicht dulden, dass wir
10 an der Ausübung unseres Dienstes, der wichtiger als unsere Schulaufgaben war, gehindert wurden.

(In: L. Hagen, Geschäft ist Geschäft, Hamburg 1969, S. 77. Bearbeitet)

Q 7 Aus einem Mathematik-Handbuch für Lehrer, 1935:

1 Aufgabe 97: Ein Geisteskranker kostet täglich etwa 4 RM ... In vielen Fällen hat ein ... Angestellter kaum 3,50 RM pro Kopf der Familie ... Nach vorsichtigen Schätzungen sind in Deutschland 300.000 Geisteskranke ... in An-
5 staltspflege. Was kosten diese jährlich insgesamt bei einem Satz von 4 RM?

(In: H. Focke, U. Reimer, Alltag unterm Hakenkreuz 1, Reinbek 1979, S. 89 f. Bearb.)

Q 5 Ulrich von Hassel, 1939:

1 Sperr erzählte, dass kürzlich bei einem Besuch einige Leute versammelt gewesen seien und sich kritisch unterhalten hätten. Plötzlich
5 Anruf der Gestapo: Man warne vor der Fortsetzung dieses Gesprächs. Ursprung dieses Anrufs: die eigene Tochter hatte an der Tür gelauscht und die Gestapo unterrichtet.

(In: H. Boberach, Jugend unter Hitler, Düsseldorf 1982, S. 68. Bearbeitet)

ARBEITSAUFTRÄGE

1. Beschreibe mit Hilfe von B 1 auf S. 20 den Werdegang von Jungen und Mädchen im NS-Staat. Analysiert mit B 1, B 2 und Q 3, wie sie in HJ und BDM auf ihre Rolle vorbereitet wurden.
2. Schildert mit Hilfe von Q 4 den HJ-Alltag und überlegt, warum so viele eingetreten sind. Befragt ältere Menschen über ihre Erfahrungen. Was begeisterte sie, was stieß sie ab? Überlegt, ob ihr selber (gern, ungern, gar nicht) mitgemacht hättet.
3. Diskutiert anhand von Q 5 und Q 6 die Motive, die Kinder dazu brachten zu denunzieren, und beurteilt die Folgen für die Menschen sowie für das gemeinsame Leben in der Familie.
4. Zeige mit Q 7 den Einfluss der NS-Ideologie auf den Unterricht.

7. „Entartete" und „deutsche" Kunst

Die Nationalsozialisten hatten verstanden, dass Literatur, Malerei, Theater, Musik und Film einen großen Einfluss auf die Menschen ausüben. Sie brachten daher auch alle Bereiche des kulturellen Lebens unter ihre Kontrolle. Welchem Zweck sollte die neue nationalsozialistische „deutsche Kunst" dienen?

„Säuberung" des Geisteslebens – Kunst, die dem Verständnis des NS-Regimes zuwiderlief, wurde „ausgemerzt". Schon im April 1933 wurden schwarze Listen derjenigen Schriftsteller veröffentlicht, deren Literatur „zersetzend" sei und aus Bibliotheken zu entfernen war. Das betraf bedeutende Autoren, Dichter und Wissenschaftler wie Albert Einstein, Thomas und Heinrich Mann, Anna Seghers, Kurt Tucholsky, Stefan Zweig. Ihre Bücher wurden am 10.5.1933 überall in Deutschland in einer „Aktion wider den undeutschen Geist" verbrannt. Die Autoren wurden verfolgt, vielen wurde die deutsche Staatsangehörigkeit aberkannt.   @/5

„Entartete" Kunst – Der NS-Staat lehnte die moderne Kunst des 20. Jahrhunderts als „entartet" ab, weil diese Werke „das deutsche Gefühl beleidigen oder die natürliche Form zerstören". 1937 wurden in deutschen Museen über 16.000 Werke moderner Kunst beschlagnahmt. Hunderte wurden ins Ausland verkauft, viele andere verbrannt. Über 650 dieser Gemälde, Grafiken und Skulpturen stellte die in vielen deutschen Städten gezeigte Ausstellung „Entartete Kunst" von 1937 zur Schau. Die Exponate wurden mit Zeichnungen geistig Behinderter und Fotos verkrüppelter Menschen kombiniert, um sie als „krank" und „undeutsch" abzustempeln.

„Deutsche" Kunst – Die Ästhetik der Nationalsozialisten ging Hand in Hand mit ihrer Ideologie. Die Kunst sollte leicht verständlich sein und sich auf die Wurzeln des „Volkes", „Blut und Boden", beziehen. Dem Bauerntum galt dabei besondere Aufmerksamkeit. Die Künstler hatten sich am „gesunden Volksempfinden" und am Idealbild des nordischen, wehrhaften Volkshelden zu orientieren. Wie alle totalitären Systeme wurde auch das NS-Regime von einer **Sucht nach Selbstdarstellung** beherrscht. Besondere Bedeutung wurde daher der **Architektur**

Für das Titelblatt des Ausstellungsführers „Entartete Kunst" von 1937 nutzten die Nazis eine Skulptur von Otto Freundlich

B3 „Kameradschaft" von Josef Thorak, vor 1937 entstanden, Gips

> **Q1** „Flammensprüche" bei der Bücherverbrennung, Berlin 10.5.1933:
>
> 1 Gegen Dekadenz und moralischen Verfall! Für Zucht und Sitte in Familie und Staat! Ich übergebe der Flamme die Schriften von
> 5 Heinrich Mann, Ernst Gläser und Erich Kästner.
> Gegen literarischen Verrat am Soldaten des Weltkrieges! Für Erziehung des Volkes im Geist der
> 10 Wehrhaftigkeit! Ich übergebe der Flamme die Schriften von Erich Maria Remarque.
> Gegen Frechheit und Anmaßung! Für Achtung und Ehrfurcht vor
> 15 dem unsterblichen deutschen Volksgeist! Verschlinge, Flamme, auch die Schriften der Tucholsky und Ossietzky.
>
> (In: H. Huber [Hg.], Das Dritte Reich, Bd.1, München 1964, S. 187 f.)

B2 Paul Gauguin, „Piroga, tahitianische Familie", Gemälde 1896

7. „Entartete" und „deutsche" Kunst

beigemessen. Gigantische Bauprojekte sollten die Größe der „neuen Zeit" repräsentieren. So war geplant, Berlin mit Monumentalbauten zur „Welthauptstadt Germania" umzugestalten.

B4 R.H. Eisenmeyer, „Heimkehr der Ostmark", Wandgemälde, ca. 1938

Q5 Adolf Hitler über Kunst, 1937:

1 Das nationalsozialistische Deutschland aber will wieder eine „deutsche Kunst" und diese soll und wird wie alle schöpferischen Wer-
5 te eines Volkes eine ewige sein. ... [Der] Menschentyp, den wir erst im vergangenen Jahr in den Olympischen Spielen in seiner strahlenden stolzen, körperlichen Kraft
10 und Gesundheit vor der ganzen Welt in Erscheinung treten sahen, dieser Menschentyp, meine Herren ..., ist der Typ der neuen Zeit, und was fabrizieren Sie? ... Krüp-
15 pel und Kretins, Frauen, die nur Abscheu erregend wirken können, Männer, die Tieren näher sind als Menschen, Kinder, die ... geradezu als Fluch Gottes empfunden
20 werden müssten!

(In: Völkischer Beobachter, 19.7.1937. Bearbeitet)

B6 Otto Dix, Kriegskrüppel, 1920. Das ursprüngliche Gemälde wurde von den Nationalsozialisten 1939 zerstört.

B7 A. Speers Entwurf einer „Volkshalle" in Berlin: Höhe 290 m, für 180.000 Personen. Zum Vergleich: Reichstag und Brandenburger Tor

ARBEITSAUFTRÄGE

1. Nenne anhand von Q1 die Motive der Nationalsozialisten für die Bücherverbrennung und beurteile sie. Unter den Beobachtern war E. Kästner. Überlege, was er empfunden haben muss.
2. Erkläre mit Q5, was Hitler unter Kunst verstand. Beschreibt, wie er Kunst darstellt, die seinem Ideal nicht entspricht. Diskutiert, ob es „deutsche" Kunst gibt.
3. Vergleiche B2 und B6 mit B3, B4 und B7. Erläutere daran die Merkmale „entarteter" und die der „deutschen" Kunst.
4. Vergleiche die geplante „Volkshalle" in B7 mit den anderen Bauwerken. Beurteile den Zweck, dem sie dienen sollte.

8. Früher Widerstand und Emigration

Trotz seines großen Rückhalts in der Bevölkerung hatte das NS-Regime auch Gegner. Nicht jeder, der Hitler und die Nationalsozialisten ablehnte, war deshalb schon ein aktiver Widerstandskämpfer. Und auch Widerstand konnte unterschiedliche, große und kleine Formen annehmen. Welche Möglichkeiten gab es im Dritten Reich, Widerstand zu leisten?

Formen des Widerstands – Im weitesten Sinn umfasste „Widerstand" jede Haltung, die sich gegen die NS-Ideologie richtete. Dazu zählte auch, wer sich vom Gleichschaltungsdruck nicht überwältigen ließ und seine politische oder weltanschauliche Überzeugung bewahrte. Dies konnte sich in **unangepasstem Verhalten** wie der Vermeidung des Hitler-Grußes ausdrücken oder in einer freundlichen Geste gegenüber Verfolgten. Eine solche Verweigerung und Selbstbehauptung bedeutete meist keinen gefährlichen persönlichen Einsatz, war aber Zeichen der gegenseitigen Ermutigung. Als **aktiver Widerstand** im engeren Sinne gilt dagegen der Versuch, dem NS-Regime entgegenzutreten, um es zu stürzen.

Organisierter Widerstand – In der Zeit des Nationalsozialismus gab es keine einheitliche Widerstandsbewegung, sondern ein Nebeneinander vieler kleiner Gruppen mit sehr unterschiedlichen Widerstandsmotiven. Innerhalb der **Arbeiterbewegung** gab es von Anfang an aktiven Widerstand. Kommunisten, Sozialdemokraten und Gewerkschafter führten einen lebensgefährlichen Kampf mit **Flugblättern, Plakaten** sowie **Agitation** und **Sabotage** in den Betrieben. Zu einer Zusammenarbeit sozialdemokratischer und kommunistischer Gruppen kam es jedoch kaum. Die meisten dieser Widerstandsgruppen konnte die Gestapo bis 1938 zerschlagen.

Die **Kirchen** standen dem NS-Staat nicht grundsätzlich ablehnend gegenüber; bereits im Juli 1933 schloss der Vatikan einen Staatsvertrag (**Konkordat**) mit der NS-Regierung. Auch viele gläubige Katholiken und Protestanten hatten die NSDAP gewählt oder arrangierten sich allmählich mit dem Regime. Zum Widerspruch kam es nur da, wo der Staat die kirchliche Unabhängigkeit antasten wollte. Als beispielsweise die „Deutschen Christen" versuchten, eine nationalsozia-

Q 1 Barmer Erklärung der „Bekennenden Kirche", 31.5.34:

1 Wir verwerfen die falsche Lehre, als solle und könne der Staat die einzige und totale Ordnung menschlichen Lebens werden und
5 also auch die Bestimmung der Kirche erfüllen, als könne die Kirche das Wort und Werk des Herrn in den Dienst irgendwelcher eigenmächtig gewählter Wünsche,
10 Zwecke und Pläne stellen.

(In: Geschichte in Quellen, Bd. 5, München 1989, S. 328. Bearbeitet)

PERSONENLEXIKON

MARTIN NIEMÖLLER, 1892–1984. Ev. Theologe, 1933 Mitbegründer des „Pfarrernotbundes" (später „Bekennende Kirche"), protestierte gegen die Ausgrenzung von Juden; forderte die Auflösung von KZs und Gestapo; 1937–1945 im KZ inhaftiert

CLEMENS AUGUST GRAF VON GALEN, 1878–1946. Seit 1933 Bischof von Münster; trat nachdrücklich gegen die Rassenpolitik der Nationalsozialisten auf, insbesondere seit 1939 gegen die Ermordung Behinderter und Geisteskranker

B 2 Die Predigten des Bischofs von Münster, August von Galen, wurden durch anonyme Flugblätter verbreitet, Sommer 1938

listische evangelische Reichskirche zu schaffen, bildete sich als Gegenbewegung die „**Bekennende Kirche**". Sie protestierte 1934 mit der Barmer Erklärung gegen die staatliche Vereinnahmung. Aber nur einzelne Geistliche beider Kirchen predigen aus christlicher Überzeugung öffentlich gegen das von Nationalsozialisten begangene Unrecht. Widerstand leisteten auch die Mitglieder der Glaubensgemeinschaft Jehovas Zeugen. Ihre Anhänger verweigerten jede Anpassung und lehnten auch den Wehrdienst ab. Von den Nationalsozialisten wurden sie grausam verfolgt, viele wurden ermordet.

Obwohl **Militär und Bürokratie** in hohem Maße mit der Politik des NS-Regimes übereinstimmten, formierte sich gegen Ende der dreißiger Jahre ein kleiner Kreis hochrangiger ziviler und militärischer Fachleute um den Generalstabschef des Heeres LUDWIG BECK, die gegen den drohenden Krieg Widerstand leisten wollten. Pläne für einen Militärputsch wurden jedoch angesichts der außenpolitischen Erfolge Hitlers 1936–1938 aufgegeben.

Auch **Jugendliche** bildeten oppositionelle Gruppen, deren Organisationsweise von der Freundesclique über die lockere Wandergruppe bis hin zu einem über viele Städte gespannten illegalen Netz reichte. In Berlin formierte sich um HERBERT BAUM eine Widerstandsgruppe junger Juden, die mit Schriften und Flugblättern gegen die Unterdrückung der Juden kämpfte. Sie wurde 1942 von der Gestapo zerschlagen, viele ihrer Mitglieder ermordet, die anderen in KZs inhaftiert. Andere geheime Jugendgruppen, meist aus der Arbeiterschaft, suchten die Auseinandersetzung mit der HJ, zerstörten Nazi-Plakate, überfielen NSDAP-Mitglieder oder hörten verbotene Auslandssender, um die Informationen weitergeben zu können. Im Rheinland nannten sich diese Gruppen „**Edelweißpiraten**", in Leipzig und Dresden „**Meuten**", in Erfurt „**Mobs**", in Halle „**Proletengefolgschaften**". /6

Q4 G. König (geb. 1915) erinnert sich an seine Jugend in Berlin:

1 Ich gehörte bis zum Verbot zu den „Roten Pfadfindern". Wenn man bei unseren Aktivitäten von Widerstand sprechen kann, bestand er
5 darin, keiner NS-Organisation anzugehören und möglichst viele Jugendliche dem NS-Einfluss zu entziehen. Diese Ziele bemühten wir uns durch Fahrten und Treffen zu
10 verwirklichen. Am 9.1.1937 nahm man mich fest. Von der Aktion waren im Raum Berlin-Brandenburg etwa 200 Menschen betroffen …

(In: Gedenkstätte Deutscher Widerstand, Widerstand in Kreuzberg, Berlin 1996, S.166. Bearbeitet)

PERSONENLEXIKON

GEORG ELSER, 1903–1945, im KZ ermordet. Verübte am 8.11.1939 ein Bombenattentat auf Hitler

Illegales Flugblatt aus der Arbeiterbewegung, um 1934

Q3 Georg Elser zu seinem Attentatsversuch auf Hitler am 8.11.1939:

1 Ich stellte allein die Betrachtungen an, wie man die Verhältnisse der Arbeiterschaft bessern und einen Krieg vermeiden könnte … Wenn
5 ich gefragt werde, ob ich die von mir begangene Tat als Sünde im Sinne der protestantischen Lehre betrachte, so möchte ich sagen: im tieferen Sinne nein! … Ich wollte ja
10 durch meine Tat ein noch größeres Blutvergießen verhindern.

(In: Informationen zur politischen Bildung 243, Bonn 1994, S. 24. Bearbeitet)

B5 Gewerkschaftlich orientierte Jugendliche im Taunus, Winter 1934

Widerstand in der Emigration – Eine halbe Million Menschen flüchtete bis 1939 aus dem „Dritten Reich". Etwa 260 000 davon waren deutsche Juden. Unter den Flüchtlingen waren viele politische Gegner des NS-Regimes sowie Künstler, Wissenschaftler, Schriftsteller und andere Intellektuelle. Die **Emigranten** flohen zunächst in europäische Länder, später auch nach Palästina und in die USA. Viele von ihnen leisteten aus dem Ausland heraus Widerstand gegen die NS-Diktatur.

Die politischen Emigranten versuchten, illegale Widerstandsgruppen in Deutschland vom Ausland her zu unterstützen und zu steuern. Die geflohenen Künstler und Schriftsteller nahmen vor allem den **publizistischen Kampf** gegen die NS-Diktatur auf. Sie gaben über 400 Zeitschriften heraus, veröffentlichten Erlebnisberichte Verfolgter, hielten Vorträge und nutzten den Rundfunk, um die Welt über den verbrecherischen Charakter des Nationalsozialismus aufzuklären. Da sich unter ihnen sehr bedeutende Persönlichkeiten befanden, waren ihre Aktivitäten sowohl im Ausland als auch in Deutschland selbst wirkungsvoll.

PERSONENLEXIKON

WILLY BRANDT, 1913–1992; SPD-Politiker, Bundeskanzler von 1969–1974; Brandt war 1933 vor den Nazis nach Norwegen geflohen und leistete von dort politischen Widerstand

Q6 Victor Klemperer, Tagebuch, 27.11.1938:

1 Uns beide [peinigt] unablässig die Frage: Gehen oder bleiben? Zu früh gehen, zu lange bleiben? Ins Nichts gehen, im Verderben bleiben?
5 Wir bemühen uns immerfort, alle ... Gefühle des Ekels, des verletzten Stolzes ... auszuscheiden und nur die Konkreta der Situation abzuwägen.

(In: V. Klemperer, Tagebücher 1937–1939, Berlin 1995, S. 112. Bearbeitet)

Q7 Aus dem Tagebuch von Thomas Mann, emigriert in die USA:

1 23.2.1940: Keine Aussicht auf eine Erhebung in Deutschland in der gegenwärtigen Phase des Krieges. 25.5.1940: Gestern sehr schwerer
5 Tag, tiefer Gram über die Hoffnungslosigkeit der Kriegslage. 10.7.1940: Eindruck, dass der Krieg sich zu einem lang dauernden Prozess entwickelt, der welt-
10 weiten Umfang annehmen wird. Italien wird ihn nicht bestehen. Und Deutschland? 21.4.1941: Briefe bestätigen, dass meine Sendungen nach Deutsch-
15 land sehr bekannt sind [und] dass Hitler mich in seinen Reden dafür beschimpft haben soll.

(In: P. de Mendelssohn [Hg.], Thomas Mann, Tagebücher 1940–1943, Frankfurt/M. 1982, S. 81,115, 256, 275. Bearbeitet)

B8 Das Gemälde „Die geistige Emigration" von Arthur Kaufmann wurde 1938 begonnen und 1965 vollendet. Es zeigt jüdische und nichtjüdische Emigranten. Auf dem hier abgebildeten mittleren Teil des Bildes u.a.: Albert Einstein, Erika Mann, Thomas Mann, Arnold Zweig, Klaus Mann, Heinrich Mann, Ludwig Renn.

ARBEITSAUFTRÄGE

1. Nenne anhand von Q1, B2, Q3, Q4 und B5 Motive, aus denen heraus Menschen Widerstand gegen den Nationalsozialismus leisteten. Erläutere am Beispiel von Bischof Galen, Georg Elser und Gerhard König Gemeinsamkeiten und Unterschiede ihres Widerstandes.
2. Bereitet in Form einer arbeitsteiligen Projektarbeit das Thema „Widerstand und Exil" im Nationalsozialismus vor. Erkundigt euch dafür nach den in B8 dargestellten sowie nach anderen Emigranten: nach ihren Leistungen, ihren Fluchtgründen, ihrer Arbeit im Exil. Dokumentiert die Ergebnisse eurer Projektarbeit auf Wandbildern und stellt diese in eurer Schule aus.
3. Erläutert mit Hilfe von Q6 die Zweifel Klemperers. Nennt Argumente für und gegen das Bleiben und diskutiert sie.

Arbeit mit Tagebüchern

Tagebücher spielen im Leben vieler Menschen eine wichtige Rolle – auch wenn sich die Form der Aufzeichnung im Laufe der Zeit verändert hat. Die Gründe, warum jemand Tagebuch führt, sind geblieben. Der vielleicht wichtigste ist, dass man einem Tagebuch die geheimsten Gedanken anvertrauen kann.

In einem alten Volkslied heißt es: „Die Gedanken sind frei...". Diesem Bedürfnis nach freiem Ausdruck der persönlichen Gedanken verdanken wir Tagebücher, die in großer Not und Unfreiheit geschrieben wurden. Ein bekanntes Beispiel ist das Tagebuch des jüdischen Mädchens ANNE FRANK. Die Familie der Anne Frank war 1933 vor den Nationalsozialisten aus Deutschland nach Holland geflohen. Dort musste sie sich 1942, nach der Besetzung Hollands durch deutsche Truppen, in einer Geheimwohnung verstecken. Zwei Jahre lebte die damals 13-jährige Anne mit ihrer und einer weiteren Familie auf engstem Raum, bis sie verraten und deportiert wurden. Im Versteck schrieb sie regelmäßig in ihr Tagebuch, um mit der unglaublichen Situation besser fertig zu werden. Für uns heute ist dieses Tagebuch eine einmalige historische Quelle, die uns erahnen lässt, was viele Menschen in ähnlichen Situationen erlitten.

Andere Tagebücher – wie das von VICTOR KLEMPERER – wurden mit der Absicht verfasst, Zeugnis abzulegen für „die Zeit danach". Neben vielen erschütternden Details aus dem Alltagsleben eines verfolgten Juden im Nazideutschland enthalten die Aufzeichnungen Gedanken über politische und persönliche Fragen. Der Schriftsteller THOMAS MANN emigrierte 1933, weil ihm und seiner Familie in Deutschland Verfolgung drohte. Die Tagebuchauszüge der nebenstehenden Seite machen seine oppositionelle Haltung gegen das NS-Regime deutlich.

Tagebücher sind ein Teil der historischen Quellen, aus denen wir unser Wissen über die Vergangenheit beziehen. Das gilt für die Tagebücher bekannter Persönlichkeiten ebenso wie für die „einfacher" Leute. Um ihren Inhalt richtig bewerten zu können, muss man sich mit der Person des Schreibers, seiner Weltanschauung, den Lebensumständen und den Motiven für die Tagebuchaufzeichnung beschäftigen.

Q1 Aus dem Tagebuch der Anne Frank:

11.7.1942: Es beengt mich, dass wir hier gar nicht mehr heraus können, und ich habe Angst, dass wir entdeckt und erschossen werden. Tagsüber müssen wir auch sehr leise sein, dürfen nicht laut auftreten und müssen beinahe im Flüsterton sprechen, denn unten ... darf man uns nicht hören.

19.11.1942: Wo sie [die Militärpolizei] einen Juden findet, nehmen sie die ganze Familie fest. Sie schellen an jeder Tür, und ist es vergeblich, gehen sie ein Haus weiter. Manchmal sind sie auch mit namentlichen Listen unterwegs und holen dann systematisch die „Gezeichneten". ... Es ist wie eine Sklavenjagd in früherer Zeit. Ich sehe es oft im Geiste vor mir: Reihen unschuldiger Menschen mit weinenden Kindern ... geschlagen und gepeinigt und vorwärts getrieben ..."

(In: Das Tagebuch der Anne Frank, Frankfurt/M. 1970, S. 23 und S. 46 f. Bearbeitet)

PERSONENLEXIKON

ANNE FRANK. 1929–1945. 1933 Flucht aus Deutschland nach Holland; 1944 Deportation ins KZ Bergen Belsen; starb dort im März 1945 an Typhus. ❷/7

VICTOR KLEMPERER. 1881–1960. Professor für Romanistik, überlebte den Nationalsozialismus dank seiner Ehe mit einer Nichtjüdin.

WORAUF DU ACHTEN MUSST

1. Wer ist der Autor/die Autorin des Tagebuchs? In welcher Zeit, unter welchen Umständen und mit welchen Gründen wurde das Tagebuch verfasst?
2. Auf welche Ereignisse bezieht sich der Tagebucheintrag?
3. Welche persönliche Meinung vertritt der Autor/die Autorin? Was hat dich an der Darstellung besonders beeindruckt?
4. Ordne die gewonnenen Informationen historisch ein und beurteile die Gedanken des Autors/der Autorin.

9. Der Weg in den Krieg – Hitlers Außenpolitik

Wer Hitlers Buch „Mein Kampf" gelesen hatte, konnte bereits vor 1933 ahnen, dass die Umsetzung seiner **Lebensraumideologie** in einen neuen Krieg führen musste. Dennoch wurden Hitlers Welteroberungspläne von seinen europäischen Nachbarn erst spät durchschaut. Seine außenpolitischen Ziele schienen zunächst nur auf eine Revision des „Versailler Diktats" hinauszulaufen. Dem Ausland gegenüber betonte Hitler zwischen 1933 und 1938 immer wieder seinen Willen zum Frieden. Warum ließen sich die Staaten über die Absichten des NS-Regimes täuschen?

Bruch des Versailler Vertrages – Eine erste Kampfansage an die Nachkriegsordnung war der **Austritt Deutschlands aus dem Völkerbund** im Oktober 1933. Parallel dazu bemühte sich das Regime, seinen Friedenswillen zu beweisen, schloss 1933 Verträge mit der Sowjetunion und dem Vatikan ab und 1934 einen Nichtangriffspakt mit Polen. Als sich 1935 die Bevölkerung des Saargebiets nach 15-jähriger Völkerbundverwaltung mit großer Mehrheit für die „Rückkehr ins Reich" entschied, feierte der NS-Staat dies als großen außenpolitischen Erfolg. Im März 1935 führte er die **allgemeine Wehrpflicht** wieder ein. Dies und die nachfolgende mi-

Q2 Hitler, Rede im Reichstag, 17.5.1933:

1 [Ich] möchte namens der nationalen Regierung bekunden, dass gerade uns das tiefste Verständnis beseelt für die begründeten Lebensansprüche der anderen Völker. Die Generation dieses jungen Deutschlands, die bisher nur die
5 Not, das Elend und den Jammer des eigenen Volkes kennen lernte, hat zu sehr unter dem Wahnsinn gelitten, als dass sie beabsichtigen könnte, das Gleiche anderen zuzufügen. [Wir] respektieren die nationalen Rechte der anderen Völker und möchten aus tief innerstem Herzen mit
10 ihnen in Frieden und Freundschaft leben. [Wir haben] keinen sehnlicheren Wunsch als dass die Wunden des Krieges und des Versailler Vertrages geheilt werden. Deutschland will dabei keinen anderen Weg gehen als den, der durch die Verträge selbst als berechtigt anerkannt wird.

(In: Geschichte in Quellen, Bd. 5, München 1989, S. 348 f. Bearbeitet)

Q3 Aufzeichnungen über eine geheime Rede Hitlers vor Generälen der deutschen Wehrmacht, 3.2.1933:

1 Nach außen Kampf gegen Versailles. Aber zwecklos, wenn Volk nicht auf Wehrwillen eingestellt. Wie soll pol. Macht gebraucht werden? Jetzt noch nicht zu sagen. Vielleicht Erkämpfung neuer Exportmögl., vielleicht –
5 und wohl besser – Eroberung neuen Lebensraumes im Osten u. dessen rücksichtslose Germanisierung.

(In: Geschichte in Quellen, Bd. 5, München 1989, S. 348. Bearbeitet)

B1 John Heartfield, Fotomontage zu Hitlers „Friedenspolitik", 1933

Q4 Hitler vor der deutschen Presse am 10.11.1938:

1 Nur unter der fortgesetzten Betonung des deutschen Friedenswillens war es mir möglich, dem deutschen Volk Stück für Stück die Freiheit zu erringen und ihm die Rüstung zu geben, die immer wieder für den nächsten Schritt
5 als Voraussetzung notwendig war. Es war notwendig, das deutsche Volk psychologisch allmählich umzustellen und ihm langsam klarzumachen, dass es Dinge gibt, die, wenn sie nicht mit friedlichen Mitteln durchzusetzen sind, mit Mitteln der Gewalt durchgesetzt werden müssen.

10 (In: Geschichte in Quellen, Bd. 5, München 1989, S. 407 f. Bearbeitet)

9. Der Weg in den Krieg – Hitlers Außenpolitik

litärische Aufrüstung waren klare Verstöße gegen den Versailler Vertrag. Auch der Einmarsch von 30.000 Wehrmachtssoldaten in das entmilitarisierte Rheinland am 7. März 1936 war ein massiver Vertragsbruch. England und Frankreich protestierten zwar entschieden, wollten aber keinen neuen Krieg riskieren. England setzte nun auf eine Politik des „**Appeasement**" (dt.: Beschwichtigung). Dabei wollte man zwar einigen deutschen Forderungen entgegenkommen, andererseits aber den NS-Staat durch Verträge in die internationale Staatengemeinschaft einbinden, um so den Frieden dauerhaft zu sichern. In Deutschland fand Hitlers „mutiges Vorgehen" gegen das „Schanddiktat von Versailles" große Zustimmung – auch bei vielen, die dem NS-Regime bisher ablehnend gegenübergestanden hatten.

Unterdessen fand Hitler neue Bündnispartner: Deutschland und Italien bildeten seit 1936 die „**Achse Berlin–Rom**" und griffen auf der Seite Francos in den spanischen Bürgerkrieg ein. Mit Japan schloss Hitler 1937 den „**Antikominternpakt**" zur Bekämpfung des Kommunismus.
Es war jetzt nur eine Frage der Zeit, bis Hitler zur offenen militärischen Aggression gegenüber anderen Staaten überging. Was waren seine nächsten Schritte?

Von der Revisionspolitik zur militärischen Aggression – Mit der Begründung, alle deutschen Bevölkerungsgruppen „heim ins Reich" zu holen, wandte Hitler sich zuerst gegen Österreich. Im Februar 1938 forderte er den österreichischen Bundeskanzler auf, die dortigen Nationalsozialisten an der Regierung zu beteiligen. Als dies abgelehnt wurde, verlangte Hitler die Übergabe der Macht an die Nationalsozialisten und ließ am 12. März die Wehrmacht in Österreich einrücken. Die deutschen Soldaten wurden von der

K 5

B 6 Deutsche Bomben zerstörten am 26. April 1937 die baskische Stadt Guernica. Der spanische Künstler Pablo Picasso schuf mit dem Gemälde „Guernica" ein Mahnmal gegen den Bombenterror.

dortigen Bevölkerung mit großem Jubel empfangen – und die europäischen Mächte reagierten nicht auf den „**Anschluss Österreichs**" an das Deutsche Reich.

„Zerschlagung" der Tschechoslowakei – Im März 1938 wies Hitler die Führer der Sudetendeutschen an, durch unerfüllbare Forderungen an die tschechoslowakische Regierung einen Vorwand für den Einmarsch deutscher Truppen zu schaffen. Als die Tschechoslowakei die Mobilmachung anordnete, schien ein Krieg unvermeidbar. Die britische Regierung unter CHAMBERLAIN bemühte sich jedoch noch einmal um eine friedliche Lösung. Ohne tschechoslowakische Beteiligung wurde auf der „**Münchener Konferenz**" am 29.9.1938 zwischen England, Frankreich, Italien und Deutschland festgelegt, dass Deutschland das **Sudetenland** erhalten sollte. England und Frankreich garantierten die Existenz der Rest-Tschechoslowakei. Hitler beteuerte zwar, nun keine weiteren Gebietsansprüche mehr zu stellen, aber bereits am 15. März 1939 marschierte die Wehrmacht in die Rest-Tschechoslowakei ein und errichtete das „**Reichsprotektorat Böhmen und Mähren**". Dieser Bruch des Münchener Abkommens bedeutete das Ende der Appeasement-Politik. Als Hitler nun den „Anschluss" Danzigs und einen Zugang nach Ostpreußen forderte, gaben England und Frankreich **Beistandsgarantien für Polen** ab, in dem sie das nächste Opfer Hitlers sahen.

B8 Empfang der Nationalsozialisten in Österreich, März 1938

B9 Einmarsch der Wehrmacht in Prag, März 1939

Q7 Der belgische Ministerpräsident Broqueville, 6.3.1934:

1 Nach meiner Auffassung gibt es zwei Mittel, Deutschland zu zwingen, [den] Versailler Vertrag einzuhalten. Das erste ist das durch den
5 Vertrag vorgesehene Rechtsmittel. Das zweite Mittel ist der Präventivkrieg. Schlägt man es wirklich vor? Ich zu meinem Teil bin der Meinung, dass das ein Heilmittel ist,
10 das schlimmer ist als das Übel selbst. Solange noch Hoffnung auf gütliche Regelung besteht, weigere [ich] mich, mein Land in ein solches Abenteuer zu stürzen.

(In: Geschichte in Quellen, Bd. 5, München 1989, S. 351. Bearbeitet)

ARBEITSAUFTRÄGE

1. Beurteile anhand von Q2, Q3 und Q4 die vorgeblichen und die tatsächlichen Ziele der NS-Außenpolitik. Wie beurteilt der Karikaturist von B1 Hitlers Friedensbeteuerungen?
2. Beschreibt mit K5 die Ziele und die einzelnen Schritte der NS-Außenpolitik. Beurteilt die von Hitler eingesetzten Mittel.
3. Was hat Picasso in seinem Bild „Guernica" (B6) ausgedrückt?
4. Der Autor von Q7 nennt zwei mögliche Wege, wie man Hitler hätte entgegentreten können. Nennt Argumente für und gegen beide Wege. Beurteilt die Ansicht, erst die Politik des „Appeasement" habe Hitler ermutigt, immer aggressiver vorzugehen.
5. Beschreibt anhand von B8 und B9 die Reaktion der Bevölkerung in Wien und Prag. Erklärt die Unterschiede.

Der Zweite Weltkrieg

1. Der Beginn des Zweiten Weltkriegs

Bereits in den 1920er Jahren hatte Hitler in dem Buch „Mein Kampf" die Ermordung der europäischen Juden und die Eroberung von „Lebensraum im Osten" als seine Hauptziele genannt. Der Einmarsch in die Rest-Tschechoslowakei im März 1939 war der Auftakt für diese „**Lebensraum-Politik**". Zunächst hatte die Besetzung des „Protektorats Böhmen und Mähren" große wirtschaftliche Bedeutung: Nach der Annexion Österreichs und des Sudetenlands lag Deutschland nun in der industriellen Produktion weltweit auf Platz 2 hinter den USA. Entscheidender waren aber die militärstrategischen Möglichkeiten, die eine Annexion bot: Von der Tschechoslowakei aus konnten deutsche Truppen weit in den Osten vordringen, um den „neuen Lebensraum" zu erobern. Was waren die nächsten Schritte Hitlers?

Die Entfesselung des Krieges – Bis zum März 1939 hatte Hitler die „**Eroberung neuen Lebensraums**" an einen direkten Krieg gegen die Sowjetunion geknüpft und versucht, Polen für ein Bündnis gegen Stalin zu gewinnen. Polen hatte sich aber nicht offen gegen den mächtigen Nachbarn Sowjetunion stellen wollen. Obwohl Hitler versuchte, das Land durch ultimative Forderungen – **Abtretung Danzigs** und **freien Zugang nach Ostpreußen** – unter Druck zu setzen, blieb Polen bei seiner Haltung und wurde darin von den Westmächten bestärkt. In einem Kurswechsel beschloss Hitler nun, zunächst Polen durch einen Überraschungsangriff auszuschalten. Allerdings sollte vermieden werden, dass Deutschland dabei an zwei Fronten in einen Krieg verwickelt würde – gegen England und Frankreich und zugleich gegen die Sowjetunion. Hitler vollzog daher eine taktische Annäherung an die UdSSR. Beide Länder schlossen am 23. August 1939 einen **Nichtangriffspakt**. In einem geheimen Zusatzprotokoll war eine Aufteilung Polens in „Interessensphären" vorgesehen. Damit war der Weg frei für Hitler: Am **1. September 1939** begann der Zweite Weltkrieg mit dem Überfall deutscher Truppen auf Polen.

Gegner im Westen – Hitler hatte vor dem Angriff auf Polen versucht, Großbritannien und Frankreich zur Neutralität zu bewegen, da Deutschland für einen europäischen Krieg noch nicht ausreichend gerüstet war. Doch beide Länder hatten Polen ihren Beistand zugesagt. Am 3. September 1939 erfolgte die **Kriegserklärung Großbritanniens und Frank-**

Deutsche Soldaten zerstören die polnische Grenzbefestigung

B1 Karikatur von David Low, November 1939

Q2 Aus einer Rede Stalins vor dem Kongress der KPdSU am 10.03.1939:

1 Worauf ist also zurückzuführen, dass diese Staaten [England, Frankreich und die USA] systematisch Konzessionen gegenüber dem Angreifer machen? ... Die Politik der Nicht-Intervention offenbart die Begierde,
5 Aggressoren nicht an ihrem verhängnisvollen Werk zu hindern, nicht Japan daran zu hindern, ... sich in einen Krieg mit China zu stürzen oder besser in einen Krieg mit der Sowjetunion. Deutschland nicht daran zu hindern, sagen wir, sich in die osteuropäischen Angelegenheiten
10 einzumischen und sich in einen Krieg mit der Sowjetunion zu stürzen ... Man stachelte dadurch die Deutschen an, weiter gegen Osten zu marschieren, man versprach ihnen bequeme und leichte Beute und forderte sie auf: Beginnt nur einen Krieg gegen die Bolschewi-
15 ken, und alles wird gut sein!

(In: Geschichte in Quellen, Bd. 5, München 1989, S. 415. Bearbeitet)

reichs an Deutschland. Dass sie zunächst militärisch kaum aktiv wurden, vielmehr ihre Streitkräfte ausbauten, ermöglichte der deutschen Wehrmacht einen schnellen Sieg in Polen. Bereits am 27. September war Warschau erobert. Am selben Tag besetzten Stalins Truppen Ostpolen, das der Sowjetunion im **Hitler-Stalin-Pakt** zugesprochene Gebiet.

Blitzkriegsstrategie – Nach dem Sieg über Polen setzte Hitler die Taktik der Überraschungsangriffe fort. Um den Zugang zu den schwedischen Erzlagern und eine strategisch günstige Stellung gegen England zu sichern, überfiel die deutsche Wehrmacht im April 1940 die neutralen Länder Dänemark und Norwegen.
Am 10. Mai 1940 begann die deutsche **Offensive gegen Frankreich** mit dem Einmarsch in die neutralen Länder Niederlande, Belgien und Luxemburg. Innerhalb weniger Wochen führte der riskante, aber taktisch ungewöhnliche Angriffsplan Hitlers zur Niederlage Frankreichs. Britische Truppen, die in Nordfrankreich operiert hatten, mussten sich durch einen raschen Rückzug über den Ärmelkanal in Sicherheit bringen und dabei ihre schweren Waffen zurücklassen. Am 21. Juni 1940 diktierte Hitler Frankreich die Waffenstillstandsbedingungen: Das Land wurde geteilt in eine von den Deutschen besetzte nördliche Zone und in ein von Deutschland abhängiges Südfrankreich unter der autoritären Regierung des französischen Marschalls PÉTAIN. Als Symbol der „Wiedergutmachung der Schmach von Versailles" hatte Hitler den Eisenbahnwaggon, in dem die Deutschen 1918 die Bedingungen des Waffenstillstands akzeptieren mussten, aus dem Museum holen lassen! Der Diktator schien auf dem Höhepunkt seiner Macht.

Hitlers Reaktion, als er vom Sieg über Frankreich erfuhr

Q 3 Niederschrift einer Ansprache Hitlers vor den Oberbefehlshabern der Wehrmacht am 23.11.1939:

1 Man wird mir vorwerfen: Kampf und wieder Kampf. Ich sehe im Kampf das Schicksal aller Wesen. Die steigende Volkszahl erforderte
5 größeren Lebensraum ... Hier muss der Kampf einsetzen. Um die Lösung dieser Aufgabe kommt kein Volk herum, oder es muss verzichten und allmählich untergehen. Das
10 lehrt die Geschichte ... Russland ist z. Zt. geschwächt durch viele innere Vorgänge. Außerdem haben wir den Vertrag mit Russland. Verträge werden aber nur so lange gehalten,
15 wie sie zweckmäßig sind. Als letzten Faktor möchte ich in aller Bescheidenheit meine Person nennen: unersetzbar. Die Attentatsversuche könnten sich wiederho-
20 len. Das Schicksal des Reiches hängt nur von mir ab. Mein Entschluss ist unabänderlich. Ich werde Frankreich und England angreifen zum günstigsten und schnells-
25 ten Zeitpunkt.

(In: Geschichte in Quellen, Bd. 5, München 1989, S. 458 ff. Bearbeitet)

Q 4 Aus dem geheimen Zusatzprotokoll zum Hitler-Stalin-Pakt vom 23. August 1939:

1 Für den Fall einer ... Umgestaltung der zum polnischen Staate gehörenden Gebiete werden die Interessensphären Deutschlands und der UdSSR ungefähr durch die Linie der Flüsse Narew, Weichsel und San abge-
5 grenzt. Die Frage, ob die beiderseitigen Interessen die Erhaltung eines unabhängigen polnischen Staates erwünscht erscheinen lassen und wie dieser Staat abzugrenzen wäre, kann endgültig erst im Laufe der weiteren politischen Entwicklung geklärt werden ...

(In: Geschichte in Quellen, Bd. 5, München 1989, S. 438. Bearbeitet)

ARBEITSAUFTRÄGE

1. Fasse die Argumentation Stalins in Q2 gegenüber Deutschland sowie den Westmächten zusammen und beurteile sie.
2. Erarbeite mit Q3 die Argumentation Hitlers für eine rasche Offensive gegen die Westmächte. Entwickle eine mögliche Gegenargumentation zu Hitlers Ausführungen.
3. Benenne mit Q4 die Folgen des Zusatzprotokolls zum Hitler-Stalin-Pakt für den polnischen Staat. Überlege, warum das Protokoll von der UdSSR bis vor einigen Jahren geheim gehalten wurde. Erläutere auch die Sicht auf den Hitler-Stalin-Pakt, die in der Karikatur B1 zum Ausdruck kommt.

2. Der Verlauf des Krieges

Hitlers Ansehen stieg durch die schnellen Siege enorm. Von der deutschen Propaganda ließ er sich als größter Feldherr aller Zeiten feiern. Rückhalt hatte er jetzt nicht nur in der Bevölkerung, sondern erstmals auch bei den Generälen der Wehrmacht und bei den diplomatischen Führungskräften. Wie wirkte sich Hitlers Kriegstaktik im weiteren Verlauf aus?

England als Gegner – Hitlers Ziel war nach wie vor die Eroberung von „Lebensraum im Osten". Nach dem Sieg über Frankreich wollte er jedoch zunächst England ausschalten, um dann einen „freien Rücken" für den Krieg im Osten zu haben. Vor einer geplanten Landung deutscher Truppen in England sollten **Bombenangriffe** auf englische Rüstungsbetriebe und Wohngebiete die britische Regierung friedensbereit machen. Doch Ende 1940 wurden die deutschen Luftangriffe ergebnislos abgebrochen. Es war weder gelungen, die englische Luftabwehr entscheidend zu schwächen noch den Widerstandswillen der Bevölkerung zu brechen.

Angriff gegen die Sowjetunion – Nach dem Scheitern der geplanten Invasion in England konzentrierte Hitler nun seine Anstrengungen auf den Russland-Feldzug. Trotz des Nichtangriffspaktes vom August 1939 war Russland das eigentliche Ziel der nationalsozialistischen „Lebensraum-Ideologie"; und der Kommunismus galt – neben dem Judentum – als der Hauptfeind. Doch mitten in die Kriegsvorbereitungen kam ein Hilferuf Mussolinis. Italien war am 10. Juni 1940 auf der Seite Deutschlands in den Krieg eingetreten. Um die Adria zu beherrschen, hatte Mussolini seine Armee auf dem **Balkan** und in **Nordafrika** einmarschieren lassen. Dort waren die italienischen Truppen durch die Briten in Bedrängnis geraten. Da Hitler den Südosten Europas für die Achsenmächte halten wollte, ließ er den Balkan durch deutsche Truppen erobern. In Serbien und Griechenland installierte er deutsche Militärverwaltungen, in Kroatien und Rumänien faschistische Regierungen. Auch die britischen Truppen in Nordafrika wurden angegriffen.

Der deutsche **Angriff gegen die Sowjetunion** begann daher später als geplant: Am 22. Juni 1941 überfiel die deutsche Wehr-

PERSONENLEXIKON

WINSTON CHURCHILL, 1874–1965. Britischer Premierminister der Konservativen Partei 1940–1945 und 1951–1955. Er warnte seit 1933 vor Deutschland und der Appeasement-Politik, führte einen entschlossenen Kampf gegen NS-Deutschland, gestützt auf die USA. Er blieb Stalin gegenüber auch nach dem gemeinsamen Sieg über Deutschland misstrauisch.

> **Q 1** Der britische Premierminister Winston Churchill am 13. Mai 1940:
>
> 1 Ich habe nichts zu bieten als Blut, Mühsal, Tränen und Schweiß. Uns steht eine Prüfung von allerschwerster Art bevor. Wir haben
> 5 viele, viele Monate des Kämpfens und des Leidens vor uns. Sie werden fragen: Was ist unsere Politik? Ich erwidere: Unsere Politik ist Krieg zu führen ... gegen eine
> 10 ungeheuerliche Tyrannei, die in dem finsteren, trübseligen Katalog der menschlichen Verbrechen unübertroffen bleibt. Sie fragen: Was ist unser Ziel? Ich kann es
> 15 mit einem Wort nennen: Sieg – Sieg um jeden Preis ..., denn ohne Sieg gibt es kein Weiterleben.
>
> (In: W. S. Churchill, Reden 1938–1940, Zürich 1946, S. 321. Bearbeitet)

B 2 Am 14./15. November 1940 wurde die englische Stadt Coventry durch deutsche Bombenangriffe weitgehend zerstört.

36 Der Zweite Weltkrieg

macht ohne Vorwarnung die Sowjetunion. Damit war der **Zweifrontenkrieg**, vor dem die deutsche Generalität entschieden gewarnt hatte, von Hitler ausgelöst worden.

Kriegswende – Obwohl die Westalliierten vor einem bevorstehenden deutschen Angriff auf Russland gewarnt hatten, waren Stalin und die sowjetische Militärführung von dem deutschen Angriff überrascht. Die deutsche Wehrmacht konnte anfangs mit der bewährten Blitzkriegtaktik große Landgewinne erzielen: Ende 1941 standen die deutschen Truppen kurz vor Moskau. Doch der einbrechende Winter, militärische Fehler, mangelnder Nachschub und der erbitterte Widerstand der sowjetischen Truppen brachten die deutsche Offensive vor Moskau zum Stehen. Im Sommer 1942 wurde der deutsche Angriff auf die Erdölfelder des Kaukasus und das Rüstungszentrum Stalingrad verlagert. Die **Schlacht um Stalingrad** im Winter 1942/43 beendete endgültig den Siegeszug der Wehrmacht und wurde zum Symbol der deutschen Niederlage. Der eingeschlossenen 6. Armee befahl Hitler Standhalten um jeden Preis. Tausende deutsche Soldaten verhungerten, 140.000 fielen und 110.000 gerieten in Gefangenschaft.

Kriegseintritt der USA – Die USA hatten Großbritannien und die Sowjetunion seit dem Herbst 1941 mit Material- und Waffenlieferungen unterstützt. Eine direkte Kriegsbeteiligung war in der amerikanischen Bevölkerung dagegen unpopulär. Enttäuscht von den Friedensbemühun-

Q3 Aus dem Tagebuch des Generalstabschefs Halder über eine Rede Hitlers vor Militärs, 31.07.1940:

1 Englands Hoffnung ist Russland und Amerika. Wenn Hoffnung auf Russland wegfällt, fällt auch Amerika weg, weil Wegfall Russlands
5 eine Aufwertung Japans in Ostasien folgt. Ist Russland geschlagen, dann ist Englands letzte Hoffnung getilgt. Der Herr Europas und des Balkans ist dann Deutschland.
10 Entschluss: Im Zuge dieser Auseinandersetzung muss Russland erledigt werden. Frühjahr 1941. Je schneller wir Russland zerschlagen, umso besser. Ziel: Vernich-
15 tung der Lebenskraft Russlands.

(In: Geschichte in Quellen, Bd. 5, München 1989, S. 486. Bearbeitet)

gen nach dem Ersten Weltkrieg wollten sich viele Amerikaner aus den Konflikten im fernen Europa heraushalten. Doch als am 7. Dezember 1941 japanische Flugzeuge ohne Vorwarnung die in **Pearl Harbor** auf Hawaii stationierte amerikanische Pazifikflotte bombardierten und zahlreiche Schiffe zerstörten, schlug die Stimmung in den USA um. Am 8. Dezember 1941 erklärten die USA Japan den Krieg. Auf diese Kriegserklärung der USA an Japan reagierten Deutschland und Italien am 11. Dezember 1941 mit einer Kriegserklärung an die Weltmacht USA.

Im Januar 1942 hatte sich die Anzahl der alliierten Kriegsgegner auf 29 Staaten erhöht. Auch in Deutschland war vielen realistisch denkenden Menschen nun klar, dass der Krieg von den Achsenmächten Deutschland-Italien-Japan unmöglich gewonnen werden konnte. Im Mai 1943 kapitulierten die deutsch-italienischen Truppen vor den Briten und Amerikanern in Nordafrika; wenig später landeten diese in Sizilien. Die starken deutschen U-Boot-Verbände im Atlantik wurden zerstört. Die Westalliierten landeten am 6. Juni 1944 in der Normandie und befreiten in Kürze Frankreich. Die Sowjets erreichten im Frühjahr 1945 die deutschen Grenzen. Gleichzeitig brach auch die deutsche Westfront zusammen und ganz Deutschland wurde von den Alliierten besetzt. Am 7./9. Mai 1945 endete der Krieg in Europa mit der „**bedingungslosen Kapitulation**" der deutschen Wehrmacht.

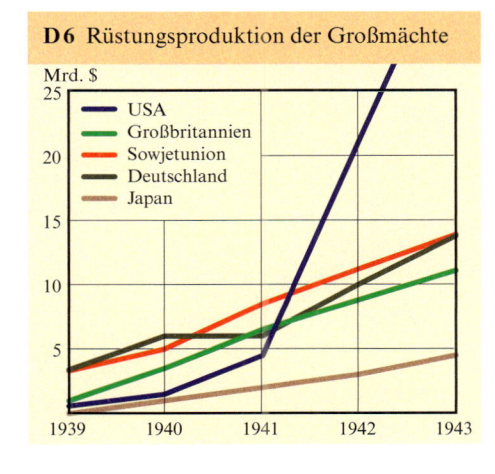

D 6 Rüstungsproduktion der Großmächte

B 7 Nationalsozialistisches Propagandaplakat aus dem Jahr 1943

B 8 Deutsche Soldaten in Gefangenschaft, Russland 1942/43

ARBEITSAUFTRÄGE

1. Erläutere, welche Wirkung die Rede Churchills in Q1 auf die englische Bevölkerung haben sollte. Ziehe auch B2 heran.
2. Fasse die Argumente Hitlers in Q3 für den Krieg gegen die Sowjetunion zusammen. Vergleiche mit Q3 auf Seite 34.
3. Beschreibe mit K4 und K5 die Phasen des 2. Weltkrieges.
4. Erkläre anhand von D6 den Zusammenhang zwischen Rüstungsproduktion und dem militärischen Kriegsverlauf.
5. Vergleiche die propagandistische Darstellung der Soldaten aus dem Jahr 1943 in B7 mit der Fotografie B8.

3. Deutsche Besatzungspolitik

Der Zweite Weltkrieg wurde von Anfang an ideologisch als „Rassenkrieg" begründet. Nach der Wende des Krieges Ende 1942 überlagerten die ideologischen Ziele Hitlers und der NS-Führung mehr und mehr alle militärischen Überlegungen. Welche Folgen hatte diese Fixierung für die Art der Kriegsführung?

Wehrmacht und SS im Osten – Um die Versorgung der Wehrmacht zu sichern, wurden Polen und die Sowjetunion radikal ausgebeutet. Dass dies auf Kosten der einheimischen Bevölkerung ging, war Teil der nationalsozialistischen **Vernichtungsstrategie**. Um die Länder besser beherrschen zu können, wurde ihre politische und geistige Führungsschicht verhaftet und ermordet, die Bevölkerung wurde als **Arbeitssklaven** behandelt.

Die Führung der Wehrmacht hielt sich zunächst an das Völkerrecht, das auch im Krieg Maßnahmen gegen die Zivilbevölkerung verbietet. Doch bald setzte sich die NSDAP durch. Sie rechtfertigte die Erschießung von polnischen Geiseln in großer Zahl bereits in den ersten Kriegswochen mit angeblichen antideutschen Ausschreitungen. Bei diesen so genannten „Vergeltungsaktionen" waren oft auch Angehörige der Wehrmacht beteiligt. Zusätzlich wurden spezielle **Einsatzgruppen aus SS und SD** zur „Vernichtung reichs- und deutschfeindlicher Elemente" gebildet. Sie unterstanden dem Reichsführer-SS HEINRICH HIMMLER und setzten die

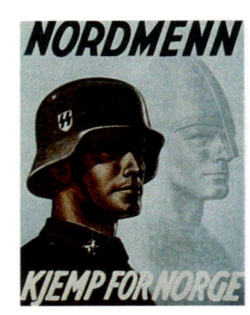

Die SS warb auch in den besetzten Ländern Männer für ihre Divisionen an

> **Q1** Der Chef des Oberkommandos der Wehrmacht Keitel, 16.9.1941:
>
> 1 Als Sühne für ein deutsches Soldatenleben muss ... im allgemeinen die Todesstrafe für 50 bis 100 Kommunisten als angemessen
> 5 gelten. Die Art der Vollstreckung muss die abschreckende Wirkung noch erhöhen.
>
> (In: Bundesarchiv-Militärarchiv Freiburg, RH 26-104/14. Bearbeitet)

> **Q3** Aus dem Tätigkeitsbericht der 704. Infanteriedivision der Wehrmacht, 1.11.1941:
>
> 1 Das Erschießen der Juden ist einfacher als das der Zigeuner. Die Juden stehen sehr still, während die Zigeuner schreien, heulen und sich dauernd bewegen, wenn sie schon auf dem Erschießungsplatz stehen. Anfangs waren
> 5 meine Soldaten nicht beeindruckt. Am 2. Tage machte sich schon bemerkbar, dass der eine oder andere nicht die Nerven besitzt, auf längere Zeit eine Erschießung durchzuführen. Mein persönlicher Eindruck ist, dass man während der Erschießung keine seelischen Hemmungen
> 10 bekommt. Diese stellen sich jedoch ein, wenn man nach Tagen abends in Ruhe darüber nachdenkt.
>
> (In: W. Manoschek [Hg.], Die Wehrmacht im Rassenkrieg, Wien 1996, S. 101. Bearbeitet)

B2 Exekution russischer Zivilisten durch ein Erschießungskommando der Wehrmacht

Ideologie des Vernichtungskrieges durch Massenerschießungen von Zivilisten erbarmungslos um – zunächst in Polen, später vor allem in der UdSSR. Da sie im Bereich der Versorgung und Logistik mit den regulären Truppen zusammenarbeiteten, wurde die Wehrmacht immer stärker in diesen Vernichtungskrieg verwickelt.

Zwangsumsiedlungen in Polen – Im Oktober 1939 wurde die westliche Hälfte des von den Deutschen besetzten Polens als „Warthegau" dem deutschen Reichsgebiet eingegliedert. Aus der östlichen Hälfte wurde das „Generalgouvernement" gebildet. Nun begann eine rücksichtslose Germanisierungspolitik: Hunderttausende Polen aus dem „Warthegau" wurden ins Generalgouvernement umgesiedelt, während sich Deutsche in den neuen Ostgebieten ansiedeln sollten. Himmler erhielt von Hitler als **„Reichskommissar für die Festigung des deutschen Volkstums"** umfassende Vollmachten. Sie ermöglichten ihm, die „minderwertige" polnische Bevölkerung nach rassenideologischen Gesichtspunkten in Gruppen mit abgestuften Rechten und Existenzmöglichkeiten einzuteilen.

Vernichtungskrieg in der UdSSR – Beim Krieg gegen die Sowjetunion zeigte sich, wie sehr die militärische Führung die Feindbilder der Nationalsozialisten übernommen hatte. Gegen alle Regeln des Völkerrechts und der Moral setzte sie die nationalsozialistische Forderung nach einem rassenideologischen Vernichtungskrieg um. Auf der Grundlage des so genannten **„Kommissarbefehls"** sollten Parteifunktionäre der KPdSU und „verdächtige Elemente" ohne gerichtliches Verfahren erschossen werden können. Wie in Polen wurde auch die jüdische Bevölkerung in diese Vernichtung einbezogen. Zwar gab es Widerstände bei einzelnen Soldaten der Wehrmacht gegen diese Anordnungen. Doch viele andere wurden Teil der Mordmaschinerie.

Besatzung im Westen – Im Vergleich zur Besatzungspolitik in Polen und in der Sowjetunion verhielt sich die Wehrmacht in den westlichen Ländern weniger barbarisch. Auch in Elsass-Lothringen wurde eine Germanisierungspolitik betrieben. Die besetzten Länder, vor allem Frankreich, wurden wirtschaftlich ausgebeutet, auch hier auf Kosten der einheimischen Bevölkerung. Politische Gegner wurden inhaftiert, die jüdische Bevölkerung wurde in Konzentrationslager deportiert. Nur im besetzten Dänemark konnte sie durch den engagierten Einsatz des Königshauses und der Bevölkerung gerettet werden.

Q4 Generaloberst von Blaskowitz an Hitler, 6.2.1940:

1 Die Einstellung der Truppe zur SS und Polizei schwankt zwischen Abscheu und Hass. Jeder Soldat fühlt sich angewidert und abgestoßen durch diese Verbrechen, die in Polen von Angehörigen des Reiches und Vertretern
5 der Staatsgewalt begangen werden.

(Zitiert nach: H.-U. Thamer, Verführung und Gewalt, Berlin 1998, S. 636)

Q5 Ein Angehöriger des Reserve-Polizeibataillons 101 erinnert sich an die ersten Mordaktionen in Polen:

1 Es war ... keinesfalls so, dass derjenige, der die Erschießung der Menschen durch eigene Hand nicht durchführen wollte oder konnte, sich von dieser Aufgabe nicht auch fernhalten konnte. Es wurde hier keine
5 scharfe Kontrolle durchgeführt ... Es ließ sich nicht vermeiden, dass der eine oder andere meiner Kameraden bemerkte, dass ich nicht mit zur Exekution ging, um Schüsse auf die Opfer abzufeuern. Sie bedachten mich daher mit Bemerkungen wie „Scheißkerl", „Blutarmer"
10 u.a., womit sie ihr Missfallen zum Ausdruck brachten. Irgendwelche Folgen sind daraus für mich nicht entstanden.

(In: Christopher Browning, Ganz normale Männer, Das Reserve-Polizeibataillon 101 und die „Endlösung" in Polen, Reinbek bei Hamburg 1996, S. 99. Bearbeitet)

ARBEITSAUFTRÄGE

1. Erläutere mit Q1, was der Befehl des Chefs des Oberkommandos der Wehrmacht, Keitel, für die Kriegsführung bedeutete.
2. Vergleiche die Äußerung des Generaloberst von Blaskowitz in Q4 mit dem Befehl Keitels. Welche Konflikte in der Wehrmachtsführung kommen hier zum Ausdruck?
3. Lest Q3 und Q5 und versucht die Teilnahme der Wehrmachtssoldaten an Mordaktionen zu erklären. Überlegt, zu welchem Zweck das Foto B2 gemacht worden sein könnte.

4. „Führer, befiehl – wir folgen". Alltag im Krieg

Anders als beim Ersten Weltkrieg hatte bei Beginn des Zweiten Weltkrieges keine Kriegsbegeisterung in Deutschland geherrscht. Zu nahe waren die Erinnerungen an Leid und Entbehrung im Kriege. Wie wirkte sich der Krieg auf den Alltag der Deutschen aus und wie gelang es den Nationalsozialisten, die Bevölkerung für den Krieg zu gewinnen?

Kriegswirtschaft – Der Regierung war bewusst, dass sie der deutschen Bevölkerung möglichst wenig Opfer zumuten durfte. Nur dann konnte sie auf deren Unterstützung zählen und breiten Widerstand gegen den Krieg, wie er 1917/18 aufgetreten war, verhindern. Das Regime betrieb daher zu Beginn des Krieges eine **„friedensähnliche Kriegswirtschaft"**; nur langsam wurde die Produktion von Verbrauchs- auf Rüstungsgüter umgestellt. Auch wenn viele Lebensmittel nur auf Karten erhältlich waren, so war die Ernährung bis 1944 doch fast überall gesichert.

„Wehrgemeinschaft" – Die Rationierung der Güter im Verlaufe des Krieges führte zu einer **Einebnung sozialer Unterschiede** in der Bevölkerung. Befriedigt stellten viele Menschen fest, „dass die ‚besseren Leute' praktisch aufhörten, welche zu sein".

Die Vorstellung der „Volksgemeinschaft", die einen wichtigen Teil der NS-Ideologie bildete, schien in der „Wehrgemeinschaft" des Krieges Wirklichkeit zu werden. Aktionen wie das kollektive „Eintopfessen" am Sonntag und der gemeinsame Radioempfang von Reden des Führers sollten die Opferbereitschaft und das Zusammengehörigkeitsgefühl stärken.

B2 Straßensammlung für das Winterhilfswerk, Februar 1941

T3 Wöchentliche Lebensmittelrationen eines „Normalverbrauchers"

Zeitpunkt	Brot	Fleisch	Fett
Ende September 1939	2400 g	500 g	270 g
Mitte April 1942	2000 g	300 g	206 g
Anfang Juni 1943	2325 g	250 g	218 g
Mitte Oktober 1944	2225 g	250 g	218 g
Mitte März 1945	1778 g	222 g	109 g

(In: H.-U. Thamer, Verführung und Gewalt, Deutschland 1933-1945, Berlin 1998, S.712)

T4 Industrieproduktion und Wohnungsbau in %, Deutschland 1939–1944

Jahr	Insgesamt	Kriegsgerät	Konsumgüter	Wohnungsbau
1939	100	100	100	100
1940	97	176	95	53
1941	99	176	93	36
1942	100	254	86	23
1943	112	400	91	–
1944	110	500	86	14

(In: H.-U. Thamer, Verführung und Gewalt, Deutschland 1933–1945, Berlin 1998, S.718)

B1 Heinkel-Werkzeitung, Rostock 1937

Ausgrenzung von Minderheiten – Die Betonung der „Volksgemeinschaft" wurde seit Kriegsbeginn mit einer verschärften Verfolgung derjenigen verbunden, die nicht zur „Wehrgemeinschaft" gehörten. Außer den jüdischen Bürgern sollten auch geistig oder körperlich behinderte Menschen als „unwertes Leben" ausgeschlossen und „ausgemerzt" werden. Aus diesen „rassehygienischen Gründen" begann das NS-Regime Ende der 1930er Jahre in der so genannten „**Euthanasieaktion**" mit der Tötung unheilbar kranker und behinderter Menschen. Etwa 250.000 Kinder und Erwachsene wurden in Deutschland erschossen, vergast oder mit Giftspritzen umgebracht. Erst als die öffentlichen Proteste einzelner katholischer und evangelischer Geistlicher zu Unruhe in der deutschen Bevölkerung führten, stoppte das NS-Regime die Morde – oder deportierte die betroffenen Menschen in Vernichtungslager, die von den Nazis auf polnischem Gebiet errichtet worden waren.

Appelle an den Durchhaltewillen – Der zunehmend bedrückenden Realität der letzten Kriegsjahre begegneten viele Deutsche nach außen zwar mit fanatischem Durchhaltewillen. Privat jedoch suchten sie Ablenkungen von der Kriegsrealität. Das Regime förderte diese Haltung mit seichten Kulturveranstaltungen. Zugleich schüchterte es Kriegsmüde ein und bestrafte selbst kleinste Vergehen.

B 6 Willy Fritsch und Marika Rökk in „Frauen sind doch bessere Diplomaten", UFA-Film von 1942

Q 7 Ein ehemaliger Hitlerjunge erinnert sich:

Eines Tages beobachteten wir, damals vierzehn Jahre alt und begeisterte Hitlerjungen, den Abschuss eines englischen Flugzeugs in der Nähe unseres Heimatdorfes. Der Pilot konnte sich mit Hilfe seines Fallschirms retten ... Als wir auf der Wiese ankamen, waren die Leute aus dem Nachbardorf mit ihren Hunden schon dort. Drohend standen sie um den Engländer herum. Plötzlich fiel einer der Hunde den Engländer an. Ein Schuss krachte; das Tier brach zusammen. „Mörder!", ertönte es nun ... Wir versuchten zu vermitteln ... Doch dann schlugen mit einem Male die Dörfler mit aller Gewalt auf den Soldaten ein, der verzweifelt um Gnade flehte – vergeblich. Der Dorfpolizist, der zufällig des Wegs kam, schien nichts zu hören. Betont langsam kam er auf uns zu – und erst als der englische Soldat tot am Boden lag, sagte er: „Melden muss ich das. Aber keine Sorge: Schließlich war der Mann bewaffnet. Notwehr gegen einen Terrorflieger – da gibt es kein Gericht im ganzen Reich, das gegen euch vorgeht."

(In: D. Petri und J. Thierfelder [Hg.], Vorlesebuch Drittes Reich. Von den Anfängen bis zum Niedergang, Lahr 1993, S. 198–202. Bearbeitet)

T 5 Die Kinoerfolge der Nazi-Zeit

Jahr	Filmtitel	eingespielte RM
1935	„Maskerade"	1,4 Mio.
1936	„Schwarze Rosen"	1,6 Mio.
1937	„Verräter"	2,4 Mio.
1938	„Heimat"	4,8 Mio.
1939	„Es war eine berauschende Ballnacht"	4,5 Mio.
1940	„Mutterliebe"	4,9 Mio.
1941	„Wunschkonzert"	7,6 Mio.
1942	„Frauen sind doch bessere Diplomaten"	7,0 Mio.
1943	„Die große Liebe"	8,0 Mio.
1944	„Der weiße Traum"	9,6 Mio.

(In: H.-U. Thamer, Verführung und Gewalt, Deutschland 1933–1945, Berlin 1998, S. 654)

ARBEITSAUFTRÄGE

1. Erklärt mit B 2, wie die Menschen an der „Heimatfront" in die Kriegsführung eingebunden wurden. Diskutiert, ob das Regime finanzielle oder andere Gründe für solche Aktionen hatte.
2. Erarbeite an T 3 und T 4 den allmählichen Wechsel zur „friedensähnlichen Kriegswirtschaft". Beziehe auch T 2 und T 3 von Seite 18 in deine Überlegungen ein.
3. Analysiere die Titel und Themen des Kinoprogramms in T 5. Überlege auch mit B 6, welche Funktion diese Filme hatten.
4. Nehmt an, einer der Dorfbewohner von Q 7 hätte sich später vor Gericht verantworten müssen. Wie hätte er argumentiert?

5. Widerstand im Krieg

Der nationalen Siegesstimmung nach den militärischen Erfolgen Hitlers hatten sich auch die früheren Gegner des Regimes kaum entziehen können. Doch seit Ende 1942 zeichnete sich die deutsche Niederlage erkennbar ab. Änderte sich nun das Verhältnis der Bevölkerung oder einzelner Bevölkerungsgruppen zum Regime?

Verweigerung – Trotz aller Maßnahmen der Gleichschaltung und der Überwachung gab es auch während des Krieges Nischen, die ein unangepasstes Verhalten ermöglichten. Viele nicht inhaftierte ehemalige Mitglieder von SPD und KPD hielten während des Krieges Kontakt untereinander und entwickelten Pläne für die „Zeit danach". Auch bei anderen Teilen der Bevölkerung wuchsen Unzufriedenheit und Widerwille gegen das Regime, als die Ernährungslage schlechter wurde und der Glaube an den „Endsieg" schwand. Dies wurde zum Beispiel durch Bummelei und Krankfeiern ausgedrückt.

Nationalkonservativer Widerstand – Bereits Ende der 1930er Jahre, als die Kriegsabsichten Hitlers unübersehbar geworden waren, hatten sich einzelne Offiziere seinen Plänen widersetzt. Doch nachdem Hitler viele der „Abweichler" aus der Wehrmacht entlassen hatte und nach den militärischen Anfangserfolgen war die Auflehnung in sich zusammengebrochen. Verbindungen zwischen führenden Militärs und bürgerlich-konservativen Oppositionspolitikern wie dem früheren Leipziger Oberbürgermeister GOERDELER blieben jedoch bestehen. Goerdeler unterhielt auch Kontakte zum **Kreisauer Kreis**, einer Gruppe Widerstandskämpfer um GRAF VON MOLTKE. Viele dieser Oppositionellen hatten dem Nationalsozialismus zunächst positiv gegenübergestanden und auch die Verfolgung von Minderheiten hingenommen. Ihr Verhältnis zum Staat war grundsätzlich von Gehorsam geprägt. Zum Widerstand konnten sie sich erst entschließen, als die Niederlage absehbar und der verbrecherische Charakter des Regimes während des Vernichtungskrieges im Osten unübersehbar wurde.

Attentat auf Hitler – Die Verschwörer beschlossen nach langen Diskussionen, zunächst den Diktator zu ermorden, staatsstreichartig die Macht zu übernehmen, um dann den Westmächten Frieden anbieten zu können. GRAF SCHENK VON STAUFFENBERG, der in Ausübung seines militärischen Dienstes Zugang zum Füh-

PERSONENLEXIKON

CLAUS GRAF SCHENK VON STAUFFENBERG, 1907–1944 (hingerichtet); führte den Attentatsversuch vom 20. Juli 1944 durch

CARL-F. GOERDELER, 1884–1945 (hingerichtet). Oberbürgermeister Leipzigs, politischer Kopf des bürgerlichen Widerstands

HELMUTH JAMES GRAF VON MOLTKE, 1907–1945 (hingerichtet). Jurist, Kopf der Widerstandsgruppe des Kreisauer Kreises

---

Q1 Aus dem sozialistischen Buchenwalder Manifest, 1945:

1 Wir haben ... Konzentrationslager ertragen, weil wir glaubten, auch unter der Diktatur für die Gedanken und Ziele des Sozialismus und für
5 die Erhaltung des Friedens arbeiten zu müssen. Im Konzentrationslager setzten wir trotz der täglichen Bedrohung mit einem elenden Tode unsere konspirative Tätigkeit
10 fort ... [Deshalb] halten wir uns ... für berechtigt und verpflichtet, dem deutschen Volke zu sagen, welche Maßnahmen notwendig sind, um Deutschland ... wieder Achtung
15 und Vertrauen ... zu verschaffen ...

(In: H. Brill, Gegen den Strom, Wege zum Sozialismus, H. 1, Offenbach 1946, S. 97 ff. Bearbeitet)

Q2 Bekenntnis der Freundesgruppe um Stauffenberg, Juli 1944:

1 Wir wissen im Deutschen die Kräfte, die Gemeinschaft der abendländischen Völker zu schönerem Leben zu führen. Wir wollen eine
5 neue Ordnung, die alle Deutschen zu Trägern des Staates macht und ihnen Recht und Gerechtigkeit verbürgt, verachten aber die Gleichheitslüge und beugen uns vor den
10 naturgegebenen Rängen ...

(In: P. Hoffmann, Claus Graf Schenk von Stauffenberg und seine Brüder, 1992, S. 396 ff. Bearbeitet)

rerhauptquartier hatte, führte das Bombenattentat auf Hitler am 20. Juli 1944 aus. Doch Hitler überlebte die Explosion nur leicht verletzt, sodass der Umsturzversuch bald zusammenbrach. Die meisten Widerstandskämpfer wurden verhaftet und bis Kriegsende hingerichtet. 🌐/9

Widerstand von Jugendlichen – In den letzten Kriegsjahren wuchs das Widerstandsverhalten auch von Jugendlichen. In Hamburg hörte der 17-jährige Helmuth Hübener englische Radionachrichten ab und verbreitete sie auf Flugblättern. Im Oktober 1942 wurde er von der Gestapo verhaftet und hingerichtet. In München hatte sich eine katholisch geprägte Freundes- und Widerstandsgruppe um die Geschwister Sophie und Hans Scholl gebildet: die „**Weiße Rose**". Auch sie versuchte durch Verfassen und Verteilen von Flugblättern die Bevölkerung gegen die Nazis zu mobilisieren. 1943 wurde nach einer Denunziation fast die gesamte Gruppe hingerichtet. 🌐/10

Q 3 Aus dem letzten Flugblatt der Weißen Rose, Februar 1943:

1 In einem Staat rücksichtsloser Knebelung jeder freien Meinungsäußerung sind wir aufgewachsen. HJ, SA, SS haben uns zu uniformieren, zu narkotisieren versucht. Der Tag der Abrechnung ist gekommen, der Abrechnung der deutschen Jugend mit der verabscheuungswürdigsten Tyrannis,
10 die unser Volk je erduldet hat. Im Namen des ganzen deutschen Volkes fordern wir vom Staat Adolf Hitlers die persönliche Freiheit, das kostbarste Gut der Deutschen
15 zurück, um das er uns in der erbärmlichsten Weise betrogen hat. Der deutsche Name bleibt für immer geschändet, wenn nicht die deutsche Jugend endlich aufsteht,
20 rächt und sühnt zugleich und ein neues geistiges Europa aufrichtet.

(In: I. Scholl, Die Weiße Rose, Frankfurt/M. 1952, S. 108 ff. Bearbeitet)

Q 4 Widerstand von Frauen gegen die Deportation ihrer jüdischen Ehemänner, Berlin 1943:

1 Die jüdischen Partner ‚rassisch gemischter Ehen' hat man vergangenen Sonntag in ein Sammellager geschafft. Noch am selben Tag
5 machten sich die Frauen auf, ihre verhafteten Ehegefährten zu suchen. Sechstausend nichtjüdische Frauen drängten sich in der Rosenstraße [und] schrien nach ihren
10 Männern, Stunde um Stunde, Nacht und Tag ... Man hielt es nicht für opportun, mit Maschinengewehren zwischen sechstausend Frauen zu schießen. Im Haupt-
15 quartier der SS-Führung wurde beraten: „Privilegierte [jüdische Ehemänner] sollen in die Volksgemeinschaft eingegliedert werden."

(In: R. Andreas-Friedrich, Der Schattenmann, Frankfurt/M. 1986, S. 103 f. Bearbeitet)

Q 5 Der jugendliche „Edelweißpirat" Karl-Heinz Kapinos (geb. 1929) aus Berlin erinnert sich:

1 Wir unternahmen verschiedene Aktionen: So warnten wir, verkleidet als HJ-Führer, am Bahnhof Friedrichstraße ankommende Jugendliche vor der HJ. Wir halfen auch Menschen, die in Not waren, zum Beispiel durch
5 Bombenangriffe Geschädigten oder desertierten Soldaten, die wir in unserem Unterstand versteckten. Auch einige mit „OST" gekennzeichnete osteuropäische Zwangsarbeiter versteckten wir so lange bei uns, bis wir an neue Quartiere kamen.

(In: Gedenkstätte Deutscher Widerstand [Hg.]: Widerstand in Mitte und Tiergarten = Bd. 8 der Schriftenreihe über den Widerstand in Berlin von 1933–1945, S. 174. Bearbeitet)

PERSONENLEXIKON

SOPHIE SCHOLL, 1921–1943, Studentin der Biologie und der Philosophie, und HANS SCHOLL, 1918–1943, Student der Medizin. Beide Widerstandskämpfer der „Weißen Rose" wurden wie die meisten ihrer Freunde 1943 verhaftet und hingerichtet.

ARBEITSAUFTRÄGE

1. Erarbeitet die verschiedenen Motive und Ziele der Akteure in Q1 bis Q5. Beachtet dabei folgende Aspekte: Handelte es sich um organisierten Widerstand? Wie wurde der Widerstand begründet? Welche Ziele verfolgten die Widerstandskämpfer?
2. Diskutiert die Möglichkeiten und Grenzen von Widerstand in der NS-Zeit. Überlegt, ob es auch heute Situationen geben könnte, in denen Verweigerung oder Widerstand nötig ist.

6. Bombenkrieg gegen deutsche Städte

Mit der Wende des Krieges seit 1942 begann an allen Fronten ein Sturm auf die Stellungen der deutschen Wehrmacht. Darüber hinaus verstärkten alliierte Flugzeuge nun auch ihre Angriffe auf deutsche Städte. Sie antworteten damit auf den deutschen Luftkrieg gegen englische Städte und die völlige Zerstörung Rotterdams, Warschaus und Belgorods durch die deutsche Wehrmacht. Welche Folgen hatte der Luftkrieg für das Leben der deutschen Zivilbevölkerung?

Bombenkrieg – Seit März 1940 hatte die britische Air Force militärische Einrichtungen in Deutschland bombardiert. Doch Angriffe bei Tage erwiesen sich als sehr verlustreich. Die englische Luftwaffe wechselte daher ab 1942 auf nächtliche **Flächenbombardements**: Zunächst wurden Brandbomben abgeworfen, die den nachfolgenden Flugzeugen die Zielfindung für weitere Sprengbomben erleichterten. Den **Feuersturm**, der dabei entfacht wurde, die Zerstörung von Wohngebieten, die Opfer unter der Zivilbevölkerung nahmen die Briten in Kauf. Die USA bombardierten tagsüber in **Präzisionsangriffen** militärische Einrichtungen und Industriebetriebe.

Durch die koordinierten Luftangriffe und die zahlenmäßige Überlegenheit hatten die Alliierten seit 1944 die völlige Lufthoheit über Deutschland erlangt. Der Bombenkrieg aus der Luft prägte nun das Leben der städtischen Bevölkerung. Selbst zu einer Zeit, als der deutsche Zusammenbruch absehbar war, steigerten Amerikaner und Engländer die Luftangriffe noch einmal. Der Bombenkrieg richtete sich mehr und mehr gegen die Zivilbevölkerung, um deren Kampfmoral zu brechen. Etwa 600 000 Menschen kamen in Deutschland durch Luftangriffe ums Leben; ebenso viele wurden verletzt. Unzählige Häuser wurden zerstört. Allein bei dem schweren Bombenangriff auf Dresden im Februar 1945 starben in der von Flüchtlingen überfüllten Stadt etwa 40 000 Menschen.

Q2 Hans Leyser, der im Februar 1945 die Zerstörung Dresdens miterlebte, erinnert sich:

Ich weiß nicht, wie lange der Angriff gedauert hat, eine Zeit außer der Zeit. Als uns die Feuerluft die Brust einengte, der Funkenflug Nacken und Haar wie mit sengenden Pfeilen traf, packten wir die notdürftigste Habe
5 auf ein Leiterwägelchen und flohen aus der Stadt. Die zerstörten Straßen mit den hohlen Mauerresten waren wie von blutiger Lava überronnen. Die Häuser schrien aus offenen Mündern. Die Lebenden trugen aus den Kellerlöchern ihre Toten heraus, betteten sie in die
10 Straßenrinnen. Sie waren braun und ledrig ... zusammengeschrumpft ..., zu Mumien gedörrt.

(In: D. Petri und J. Thierfelder [Hg.], Vorlesebuch Drittes Reich. Von den Anfängen bis zum Niedergang, Lahr 1993, S. 223–227. Bearbeitet)

B3 Zerstörungen in der Rostocker Altstadt, 1942

T1 Durch Bomben verursachte Verluste in einigen Städten Mecklenburg-Vorpommerns:

	Gebäude	Zahl der Toten
Rostock:	42 %	700
Schwerin:	5 %	300
Stralsund:	30 %	800
Wismar:	26 %	314

ARBEITSAUFTRAG

Beschreibe mit Hilfe von T 1, Q 2 und B 3 das Ausmaß der Luftangriffe und das Schicksal der betroffenen Bevölkerung.

7. Totaler Krieg und bedingungslose Kapitulation

Seit Sommer 1944 war die drohende Niederlage des Reiches offensichtlich. Doch das NS-Regime weigerte sich, daraus politische Konsequenzen zu ziehen und Waffenstillstandsverhandlungen einzuleiten. Stattdessen ergriff es weitere Maßnahmen, um den aussichtslosen Krieg zu verschärfen und zu verlängern. Welche Maßnahmen waren das?

Ausbeutung und Kontrolle – Die deutsche Wirtschaft wurde immer stärker auf die Produktion von Waffen und Kriegsmaterial umgestellt. Da aber mehr und mehr Männer in der Wehrmacht kämpften, wurden **Zwangsarbeiter** als Ersatz für die fehlenden Arbeitskräfte nach Deutschland verschleppt. Darunter waren viele Jugendliche und Frauen, vor allem aus Polen und der UdSSR. Zusammen mit Kriegsgefangenen und KZ-Häftlingen mussten sie bis zur völligen Erschöpfung arbeiten, meist 12–14 Stunden am Tag. Zwar gab es Einzelne, die sich gegenüber den Zwangsarbeitern human verhielten. Die meisten Zwangsarbeiter waren jedoch in Großprojekten beschäftigt und in menschenunwürdigen Barackenlagern untergebracht.

Auch die Kontrolle über die deutsche Bevölkerung wurde verschärft; Widerstand gegen die Führung wurde hart bestraft. Zugleich mobilisierte das NS-Regime die letzten Reserven und schreckte auch nicht davor zurück, Kinder in den Krieg zu schicken. Seit Herbst 1944 wurden alle „waffenfähigen Männer" zwischen 16 und 60 Jahren, die nicht in der Wehrmacht waren, zum **„Volkssturm"** und zur „Verteidigung der Heimat" einberufen. Am 13. April 1945 wurde sogar der **„Frontdienst für alle Deutschen"** ausgerufen, selbst für Kinder, Frauen und Greise.

Führende Nationalsozialisten bedachte Hitler mit neuen Aufgaben. ALBERT SPEER etwa stieg nach 1942 zum mächtigen „Minister für Rüstung und Kriegsproduktion" auf. Tatsächlich gelang es ihm noch einmal, die Produktion kriegswichtiger Waffen und Güter zu erhöhen. Doch damit wurde der Krieg nur verlängert. Propagandaminister Goebbels wurde zusätzlich „Generalbevollmächtigter für den totalen Kriegseinsatz".

PERSONENLEXIKON

ALBERT SPEER, 1905–1981. Architekt. Er sollte Hitlers gigantische Bauprojekte verwirklichen; ab 1943 auch für die Rüstungsindustrie verantwortlich. Nach dem Krieg wurde er zu 20 Jahren Haft verurteilt.

T1 Arbeitskräfte im Deutschen Reich einschließlich Österreich, Sudeten- und Memelgebiet (in Millionen)

Jahr	Deutsche Männer	Deutsche Frauen	Zwangsarbeiter/ Kriegsgefangene
1939	24,5	14,6	0,3
1940	20,4	14,4	1,2
1941	19,0	14,1	3,0
1942	16,9	14,4	4,2
1943	15,5	14,8	6,3
1944	14,2	14,8	7,1

(Nach: R. Wagenführ, Die deutsche Industrie im Krieg 1939–1945, Berlin 1963, S. 139)

B2 Das Außenlager „Dora Mittelbau" des KZs Buchenwald diente der unterirdischen Waffenproduktion. Allein hier kamen 20.000 Häftlinge ums Leben.

„Durchhalte"-Propaganda – Der Bombenkrieg führte dazu, dass die Menschen in den Städten in ständiger Angst lebten. Die NS-Propaganda versuchte daher, die „angloamerikanischen Terrorangriffe" zu einer letzten Solidarisierung mit dem Regime zu nutzen. Den Menschen war jedoch bewusst, dass der Krieg nur noch in einer Katastrophe enden konnte. Ein langfristiger Erfolg der „Durchhalte"-Parolen blieb daher aus. Doch auch eine Auflehnung gegen das NS-Regime, wie von den Alliierten erhofft, erfolgte nicht.

Verbrannte Erde – Am 19. März 1945 gab Hitler den so genannten **Nero-Befehl**: In den aufgegebenen Gebieten, auch in den deutschen, sollten die zurückweichenden Truppen alle Industrie- und Versorgungsanlagen sowie das Verkehrsnetz zerstören. Dieser wahnsinnige Befehl Hitlers wurde nur selten ausgeführt. Hitler selber entzog sich am 30. April 1945 der Verantwortung für sein verbrecherisches Handeln durch Selbstmord. Wenige Tage später, am 7. und 9. Mai 1945, erklärte die Führung der Wehrmacht die **bedingungslose Kapitulation** Deutschlands. Der Zweite Weltkrieg war in Europa zu Ende.

Überlebende eines Luftangriffs, 1944

B 4 Von US-Soldaten gefangen genommene Hitler-Jungen, die im „Volkssturm" eingesetzt waren, Foto 1945

Q 3 Aus der Rede von Reichspropagandaminister Joseph Goebbels im Berliner Sportpalast, 18.2.1943:

1 Ich frage euch: Glaubt ihr mit dem Führer und mit uns an den endgültigen totalen Sieg des deutschen Volkes? Ich frage euch: Seid ihr
5 entschlossen, dem Führer durch dick und dünn und durch Aufnahme auch der schwersten persönlichen Belastungen zu folgen? ... Ich frage euch: Seid ihr entschlossen,
10 zehn, zwölf und, wenn nötig, sechzehn Stunden täglich zu arbeiten und das Letzte herzugeben für den Sieg? ... Ich frage euch: Wollt ihr den totalen Krieg? Wollt ihr ihn,
15 wenn nötig, totaler und radikaler, als wir ihn uns heute überhaupt erst vorstellen können? Ich frage euch: Ist euer Vertrauen zum Führer heute größer, gläubiger und unerschüt-
20 terlicher denn je? (Die Menge erhebt sich wie ein Mann. Sprechchöre: „Führer, befiehl, wir folgen!") Ich habe euch gefragt, ihr habt mir eure Antwort gegeben.

(In: H. Heiber [Hg.], Goebbels-Reden 1932–1945, Bd. 2, Düsseldorf 1972, S. 204 f. Bearbeitet)

Q 5 Hitler gegenüber Albert Speer am 18.3.1945:

1 Wenn der Krieg verloren geht, wird auch das Volk verloren sein. Es ist nicht notwendig, auf die Grundlagen, die das deutsche Volk zu seinem primitivsten Überleben braucht, Rücksicht zu nehmen. Im Gegenteil ist es besser, selbst
5 diese Dinge zu zerstören. Denn das Volk hat sich als das schwächere erwiesen [gegenüber] dem stärkeren Ostvolk ... Was nach diesem Kampf übrig bleibt, sind ohnehin nur die Minderwertigen; denn die Guten sind gefallen!

(In: A. Speer, Erinnerungen, Berlin 1970, S. 446. Bearbeitet)

ARBEITSAUFTRÄGE

1. Erläutere mit Hilfe von T 1 und B 2 das Ausmaß der Zwangsarbeit und die Lage der betroffenen Menschen.
2. Analysiere Goebbels' Rede aus Q 3. Versuche die Wirkung der Rede auf die Zuhörer zu erklären.
3. Versetze dich in die Lage eines der in B 4 abgebildeten Jungen und schreibe auf, was in ihm vorgehen könnte.
4. Erkläre, wie in Q 5 Hitlers Rassenideologie zum Ausdruck kommt.

Arbeit mit historischen Tondokumenten

Die Nationalsozialisten stellten die damals noch neue Rundfunktechnik systematisch in den Dienst ihrer Propaganda. Mit dem „Volksempfänger", einem billigen Radio, existierte ein neues Massenkommunikationsmittel, mit dem die Reden führender NS-Politiker überall hin verbreitet werden konnten. Was unterscheidet den gelesenen Text einer historischen Rede von dem akustisch aufgenommenen Wort?

Beim Hören des Originaltons erleben wir die Rede, die Stimme des Redners und die beabsichtigte Wirkung unmittelbarer. Bei aufgezeichneten öffentlichen Reden sind oft auch noch Reaktionen der Zuhörer mit enthalten, Beifall oder Ablehnung sowie Zwischenrufe. Für die Beurteilung eines Tondokuments müssen neben dem Inhalt und der beabsichtigten Wirkung auch die Zielgruppe sowie die Zeitumstände der Rede analysiert werden.

Die Quelle Q3 der gegenüberliegenden Seite stammt aus der Berliner Sportpalast-Rede von NS-Propagandaminister Goebbels. Sie wurde am 18. Februar 1943 „live" im Radio übertragen. Zur Analyse der Rede gehört die Frage nach Anlass und Absicht der Rede. Welche Wirkung sollte im In- und Ausland erzielt werden? In seinen Tagebüchern hat Goebbels dazu selber Aufzeichnungen gemacht (Q2).

Goebbels gelang es, die Massen im Sportpalast für den „totalen Krieg" zu begeistern. Um die teilweise fanatische Reaktion der Zuhörer im Sportpalast besser beurteilen zu können, muss die militärische Situation im Frühjahr 1943 sowie die Einstellung der (ausgewählten?) Zuhörer berücksichtigt werden. Schließlich bleibt Goebbels' „Redetechnik" zu untersuchen: Worüber spricht er und mit welchen Argumenten? Auch Aussprache, Betonung, Lautstärke und Sprechpausen sind dabei zu berücksichtigen, denn all das war von Goebbels sorgfältig durchdacht worden.

B1 Goebbels-Zuhörer im Berliner Sportpalast am 18.2.1943

Propagandaminister Joseph Goebbels als Redner, 1941

Q2 Aus dem Tagebuch Joseph Goebbels', Februar 1943:

14.2.: [Bin] an der Vorbereitung für meine nächste Sportpalastversammlung. Die Rede muss ein Meisterstück werden. In ihr will ich in der Hauptsache den totalen Krieg von der Volksseite aus weitertreiben. Jetzt gerät er in die Gefahr, verbürokratisiert zu werden. Das wäre das Schlimmste, was uns passieren könnte. Ich werde solange die Peitsche gebrauchen, bis die faulen Schläfer wach geworden sind.
19.2. Ich glaube, dass diese Versammlung nicht nur auf das Reich, sondern auch auf das neutrale und das feindliche Ausland einen tiefen Eindruck machen wird. Die Berliner haben sich fantastisch benommen. Der Berliner stellt das politischste Publikum, über das wir augenblicklich im Reich verfügen. Das Volk ist, wie diese Kundgebung zeigt, bereit, alles für den Krieg und den Sieg hinzugeben. Wir brauchen jetzt nur zuzugreifen.

(In: E. Fröhlich [Hg.], Die Tagebücher von Joseph Goebbels, 2, München u.a. 1993, S. 345, 373. Bearbeitet)

WORAUF DU ACHTEN MUSST

1. Erkunde, aus welcher Zeit das Tondokument stammt. Was weißt du über den Redner/die Rednerin und die Begleitumstände der Rede?
2. An wen richtet sich der Redner/die Rednerin? Welche Einstellungen und welche Interessen haben die Zuhörer?
3. Untersuche den in der Rede angesprochenen Sachverhalt: Benenne neben dem Inhalt auch die angeführten Argumente.
4. Welche sprachlichen Mittel werden eingesetzt, um die Zuhörer zu beeindrucken?

8. Vertreibung und Flucht in Europa

Der Zweite Weltkrieg machte Millionen Menschen zu Flüchtlingen. Von „Heimatvertriebenen" ist meist die Rede, wenn es um die Menschen geht, die 1945 aus den ehemaligen deutschen Ostgebieten verjagt wurden. Doch schon vorher hatten die Nationalsozialisten viele Menschen aus ihrer Heimat vertrieben. Welche Ursachen für Vertreibung und Flucht gab es und welche Ausmaße nahmen sie an?

Germanisierungspolitik – Hitlers Pläne mit dem besiegten Polen beinhalteten neben der Ermordung der polnischen Führungsschicht und der Juden ein gewaltiges **Umsiedlungsprogramm**. Nichtdeutsche wurden aus dem „Warthegau" ins Generalgouvernement vertrieben. Deutschstämmige aus den polnischen Ostgebieten, aber auch aus alten deutschen Siedlungsgebieten wie Bessarabien, Wolhynien, der Bukowina und dem Baltikum wurden gezwungen, ihre Heimat, in der sie schon seit Jahrhunderten lebten, aufzugeben und die verlassenen Höfe zu übernehmen. Im „Altreich" wurden Neusiedler angeworben, denen günstige Angebote gemacht und die von SS-Ansiedlerstäben betreut wurden. Zwischen 1939 und 1945 wurden so 1,4 Millionen Deutsche umgesiedelt – und mindestens ebenso viele nichtdeutsche Menschen aus ihrer Heimat vertrieben. Dies sollte jedoch nur der Anfang sein. Für die Zeit nach dem „Endsieg" war geplant, weitere 10 Millionen Deutsche, „Deutschstämmige" und „Eindeutschungsfähige" wie Skandinavier, Südtiroler und Flamen im eroberten Großreich des Ostens anzusiedeln.

Rückzug der Deutschen – Als die Rote Armee nach Westen vorstieß, verboten Hitler und seine Gauleiter zunächst die Flucht der Deutschen. Als die Sowjets deutsches Siedlungsgebiet erreichten und dort – nicht zuletzt als Rache für das, was ihnen angetan worden war – plünderten, vergewaltigten und mordeten, war es für eine geordnete Flucht der Zivilbevölkerung zu spät. In endlosen Zügen wälzte sich ein **Flüchtlingsstrom nach Westen**, immer bedroht von feindlichen Tieffliegern. Vielen war der direkte Weg nach Westen bereits durch sowjetische Truppen verbaut, sodass sie den Weg über die vereiste Ostsee nehmen mussten. Die wenigen

B1 NS-Werbung für die Ansiedlung von Flamen in den besetzten Ostgebieten

Q2 Himmler „über die Behandlung der Fremdvölkischen im Osten", Mai 1940:

Für die nichtdeutsche Bevölkerung des Ostens darf es keine höhere Schule geben als die vierklassige Volksschule. Das Ziel dieser Volksschule hat lediglich zu sein: Einfaches Rechnen bis höchstens 500, Schreiben des Namens, eine Lehre, dass es ein göttliches Gebot ist, den Deutschen gehorsam zu sein und ehrlich, fleißig und brav zu sein. Lesen halte ich nicht für erforderlich ... Die Eltern der Kinder guten Blutes werden vor die Wahl gestellt, entweder das Kind herzugeben, oder die Eltern verpflichten sich, nach Deutschland zu gehen und dort loyale Staatsbürger zu werden ... Die Bevölkerung des Generalgouvernements wird als führerloses Arbeitsvolk zur Verfügung stehen und Deutschland jährlich Wanderarbeiter für besondere Arbeitsvorkommen (Straßen, Steinbrüche, Bauten) stellen.

(In: H.-U. Thamer, Verführung und Gewalt, Berlin 1995, S. 637. Bearbeitet)

Schiffe, die zur Verfügung standen, waren völlig überfüllt und Ziel von Luftangriffen. Bei der Versenkung des Flüchtlingsschiffs „Wilhelm Gustloff" ertranken über 9000 Menschen in der eisigen Ostsee.

Alliierte Beschlüsse – Die Potsdamer Konferenz der alliierten Siegermächte vom August 1945 bestimmte die **Ausweisung der verbliebenen deutschen Bevölkerung** aus Polen, der Tschechoslowakei und Ungarn. Was „in ordnungsgemäßer und humaner Weise" durchgeführt werden sollte, bedeutete in Wirklichkeit für 11 Millionen Menschen die Vertreibung von ihren angestammten Wohnsitzen in den Gebieten nördlich von Oder und Neiße, im Sudetenland, in Jugoslawien, Rumänien und Ungarn. Über 2 Millionen kamen durch Repressalien und aufgrund der Entbehrungen ums Leben. Die UdSSR siedelte in Schlesien und Ostpreußen Bewohner der nun zur Sowjetunion gehörenden ostpolnischen Gebiete an. Die lange und wechselvolle Geschichte deutscher Siedlung in Osteuropa, die im Mittelalter begonnen hatte, war mit dem Zweiten Weltkrieg gewaltsam beendet.

Q3 Marion Gräfin Dönhoff berichtet von ihrer Flucht aus Ostpreußen vor der Roten Armee, Januar 1945

Das Thermometer war noch weiter gesunken, und dazu hatte sich ein orkanartiger Ostwind aufgemacht. Als wir den Hof verließen, sahen wir
5 in der Ferne den großen Heerwurm auf der Landstraße vor uns. Wie durch einen dicken weißen Schleier sah man die unglücklichen Menschen ganz langsam vorwärts
10 kriechen, die Mäntel vom Winde vorwärtsgepeitscht, viele Dachkonstruktionen der Treckwagen waren zusammengebrochen. Wir reihten uns ein in diesen Gespens-
15 terzug und sahen die ersten Toten am Weg liegen. Niemand hatte die Kraft, die Zeit oder die Möglichkeit, sie zu begraben. Und so ging es tagelang – wochenlang. Von rechts
20 und links stießen immer neue Fahrzeuge, immer mehr Menschen hinzu. Noch nie hat der Führer eines Volkes so gründlich das Geschäft des Gegners betrieben. Lange ehe
25 der Krieg ausbrach, gab es in Berlin einen Witz, bei dem Stalin von seinem Gauleiter Hitler sprach.

(In: H. Hürten [Hg.], Deutsche Geschichte in Quellen und Darstellung, Bd. 9, Stuttgart 1995, S. 437 f. Bearbeitet)

Q4 Aus dem „Potsdamer Abkommen" der Siegermächte USA, Großbritannien, UdSSR vom 2. August 1945:

1 Die drei Regierungen erkennen an, dass die Überführung der deutschen Bevölkerung oder Bestandteile derselben, die in Polen, der Tschechoslowakei und Ungarn zurückgeblieben sind, nach Deutschland durch-
5 geführt werden muss. Sie stimmen darin überein, dass jede derartige Überführung, die stattfinden wird, in ordnungsgemäßer und humaner Weise erfolgen soll.

(In: E. Deuerlein [Hg.], Potsdam 1945, München 1963, S. 367)

B5 Flüchtlingstreck in Ostpreußen, Januar/Februar 1945

ARBEITSAUFTRÄGE

1. Beschreibe B1 und erkläre die beabsichtigte Wirkung des Plakats.
2. Fasse die wichtigsten Bestimmungen aus Q2 zusammen. Erkläre, welche Absicht das NS-Regime damit verfolgte, und stelle ihre Folgen für die betroffenen Nichtdeutschen dar.
3. Nenne mögliche Gründe für die in Q4 getroffene Entscheidung der Siegermächte, Deutsche aus den früheren Ostgebieten umzusiedeln. Beurteile, ob alle Bestimmungen des Abkommens eingehalten wurden.
4. Lies Q3 und betrachte B5. Versetze dich in die Lage eines Flüchtlings und schreibe deine Gedanken auf.

9. Der Zweite Weltkrieg in Asien

Am 7. Dezember 1941 überfiel Japan ohne Vorwarnung den amerikanischen Militärstützpunkt PEARL HARBOR auf Hawaii, zerstörte einen großen Teil der dort stationierten US-Flotte und provozierte so die Kriegserklärung an Japan durch die USA und Großbritannien am 8. Dezember. Dieser Kriegserklärung ließen die japanischen Bündnispartner Deutschland und Italien am 11. Dezember 1941 eine Kriegserklärung an die bis dahin neutralen USA folgen. Welche Vorgeschichte hatte der Krieg in Asien?

Japans Expansion – Japan hatte seit dem letzten Drittel des 19. Jahrhunderts einen raschen industriellen Aufschwung vollzogen. Den Mangel an eigenen Rohstoffen versuchte es durch eine **imperialistische Großmachtpolitik** wettzumachen. Das Land übte ein Protektorat über Korea und die Südmandschurei aus. Innenpolitische Wirren nach dem Ersten Weltkrieg hatten den Einfluss demokratischer Kräfte in der japanischen Gesellschaft und im Regierungssystem zurückgedrängt. Stattdessen stieg der **Einfluss des japanischen Militärs** auf KAISER HIROHITO (1926–1989). Das japanische Militär provozierte bewaffnete Zwischenfälle mit dem Nachbarland China und besetzte auf diese Weise 1931 die gesamte Mandschurei. Im Sommer 1937 nahm Japan neue Grenzkonflikte zwischen japanischen und chinesischen Soldaten zum Anlass für eine Invasion und eroberte weite Teile des südöstlichen Chinas. Der Krieg zwischen beiden Ländern dauerte bis 1945.

Als 1939 in Europa der Krieg begann, nutzte Japan die Gelegenheit und besetzte die **französischen und niederländischen Kolonien** in Indochina, auf den Philippinen und in Burma. Dort unterstützte es die gegen die europäischen Kolonialmächte gerichteten **nationalen Bewegungen** und richtete japanfreundliche Regierungen ein. Ziel dieser expansiven Politik war es, die japanische Vormachtstellung in Asien zu sichern und die USA zurückzudrängen.

Zerstörung eines US-Schlachtschiffes in Pearl Harbor auf Hawaii, 7.12.1941

Q1 Der japanische Außenminister Matsuoka über die „ostasiatische Wohlstandssphäre", 1.8.1940:

Die Aufgabe Japans ist es, den Kodo, den kaiserlichen Weg, in der ganzen Welt zu verkünden und zu demonstrieren. Dementsprechend
5 ist das Ziel unserer Außenpolitik, eine großasiatische Gruppe gemeinsamen Wohlstandes herbeizuführen. So werden wir den Kodo wirkungsvoll zeigen und den Weg
10 zu einem gerechten Weltfrieden ebnen können. Gemeinsam mit denjenigen befreundeten Mächten, die mit uns zusammenarbeiten wollen, sollten wir entschlos-
15 sen an die Erfüllung der idealen und vom Himmel bestimmten Mission unseres Landes herangehen.

(In: Archiv der Gegenwart 10 [1940], S. 4647. Bearbeitet)

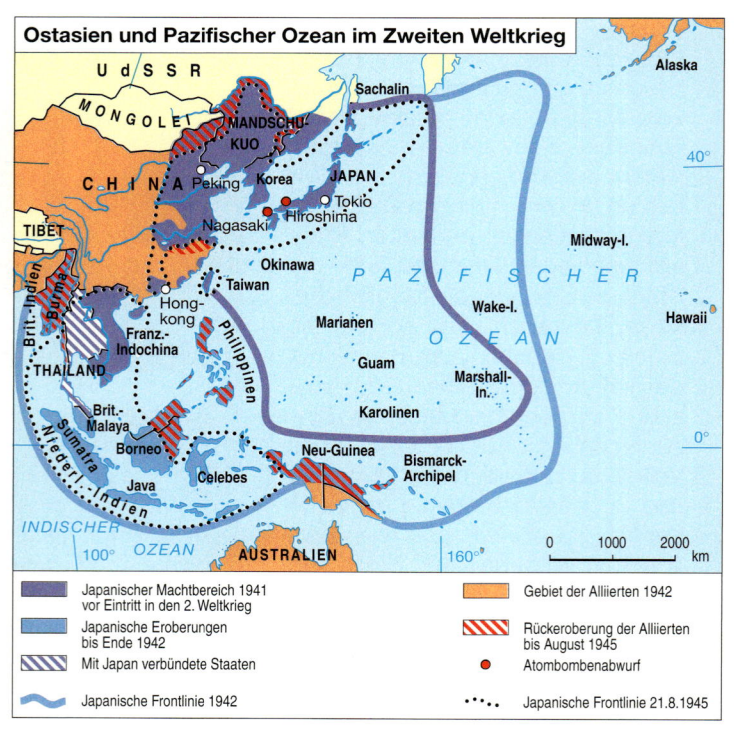

Ostasien und Pazifischer Ozean im Zweiten Weltkrieg

- Japanischer Machtbereich 1941 vor Eintritt in den 2. Weltkrieg
- Japanische Eroberungen bis Ende 1942
- Mit Japan verbündete Staaten
- Japanische Frontlinie 1942
- Gebiet der Alliierten 1942
- Rückeroberung der Alliierten bis August 1945
- Atombombenabwurf
- Japanische Frontlinie 21.8.1945

K2

9. Der Zweite Weltkrieg in Asien

Machtkonflikt im Pazifik – Rückendeckung für die Expansion Japans in Asien boten der **Dreimächtepakt** von 1940 mit Deutschland und Italien sowie ein **Nichtangriffspakt mit der UdSSR** von 1941. Doch die USA hatten auf die expansive Großmachtpolitik Japans 1939 mit der Kündigung des Handelsvertrags von 1911 reagiert. Im Sommer 1941 verhängten sie zudem eine Handelsblockade über Japan, die dessen Versorgung mit Eisenerz und Erdöl beeinträchtigen sollte. Diese beabsichtigte Schwächung der japanischen Industrie beantwortete Japan mit dem Überfall auf Pearl Harbor und weiterer Expansion. 1942 umfasste der japanische Machtbereich den gesamten südostasiatischen Pazifik und große Teile des chinesischen Festlands.

Vormarsch der Alliierten – Die Gegenangriffe der USA seit Juni 1942 verhinderten die weitere Expansion Japans. Eine Großoffensive von Amerikanern und Briten erzwang in verlustreichen Kämpfen das Zurückweichen Japans. Im März 1945 eroberten die Amerikaner mit der Insel Iwo Jima erstmals japanisches Gebiet; im Juni 1945 besetzten sie nach schweren Kämpfen und hohen Verlusten auf beiden Seiten die Insel Okinawa. Doch die Aufforderung der Alliierten zur Kapitulation lehnte die japanische Regierung trotz der hoffnungslosen Lage ab.

Am 8. August erklärte Stalin Japan den Krieg, ließ die Mandschurei, Korea, die Kurileninseln und Südsachalin besetzen. Um den Krieg nun schnell zu beenden und weitere eigene Verluste zu vermeiden, entschieden sich die USA zum Einsatz ihrer neu entwickelten **Atombombe**: Am 6. und am 9. August 1945 wurde über den japanischen Großstädten HIROSHIMA und NAGASAKI je eine Atombome abgeworfen. 150.000 Japaner starben sofort, Zehntausende erlagen später den schweren Verletzungen. Daraufhin unterzeichnete Japan am 2. September 1945 die Kapitulation und wurde von den Alliierten besetzt. Der Zweite Weltkrieg war endgültig zu Ende.

PERSONENLEXIKON

HARRY S. TRUMAN, 1884–1972. Von 1945–1953 Präsident der USA (nach dem Tod Roosevelts am 12.4.1945). Er befahl im August 1945 den Abwurf von Atombomben auf die japanischen Städte Hiroshima und Nagasaki

Q 3 US-Präsident Truman über den Abwurf der ersten Atombombe:

1942 erfuhren wir, dass die Deutschen nach Wegen suchten, um die Atomenergie der Kriegführung dienstbar zu machen. Damit begann ein Wettrennen um die Konstruktion der Atombombe. [Wir] mühten uns, ein Kampfmittel von so ungeheurer Vernichtungskraft zu schaffen, dass sich ihm der Feind in kürzester Zeit beugen musste. Mir war natürlich klar, dass eine Atombombenexplosion eine jede Vorstellung übertreffende Zerstörung und gewaltige Verluste an Menschenleben zur Folge haben musste. [Aber] wir [waren] nicht in der Lage, eine Demonstration vorzuschlagen, die den Krieg beenden würde, und sahen daher [nur] den direkten militärischen Einsatz.

(In: Geschichte in Quellen, Bd. 5, München 1989, S. 584 f. Bearbeitet)

B 4 Hiroshima vier Wochen nach Abwurf der Atombombe, 1945

ARBEITSAUFTRÄGE

1. Stelle mit K 2 die Etappen der japanischen Expansionspolitik im 2. Weltkrieg zusammen.
2. Fasse die zentralen Aussagen des japanischen Außenministers in Q 1 zusammen und vergleiche sie mit der Ideologie der NSDAP. Überlege, welches Ziel die Verbündeten des Dreimächtepaktes, vor allem Deutschland und Japan, anstrebten.
3. Gebt die Argumentation Trumans in Q 3 mit euren eigenen Worten wieder. Diskutiert auch mit Hilfe von B 4, ob der Zweck des Atombombenabwurfs die Opfer rechtfertigt.

10. Folgen des Zweiten Weltkriegs

Als der Zweite Weltkrieg im Sommer 1945 zu Ende ging, hatte er nicht nur Tod und unermessliches Leid für Millionen Menschen gebracht, sondern auch die weltpolitische Situation grundlegend verändert. Welche Folgen hatte der Krieg?

Opfer des Krieges – Die Gesamtzahl der Toten des Krieges wird auf 55 Millionen beziffert; 35 Millionen Verwundete und 3 Millionen Vermisste wurden geschätzt. Millionen ehemalige Zwangsarbeiter und KZ-Häftlinge irrten als **„displaced persons"** durch Europa. Hunderttausende deutsche Soldaten gerieten in **Kriegsgefangenschaft**. Die Zerstörungen und Schäden an Sachwerten, die der Krieg weltweit verursachte, lassen sich nicht beziffern.

Veränderte Mächtekonstellation – Der Versuch Deutschlands, Italiens und Japans, die Erde nach ihren Interessen aufzuteilen, war gescheitert. Die Zerstörung großer Teile Europas und Südostasiens war auch mit einer Zerstörung kultureller Werte und mit einer moralischen Katastrophe verbunden. Ein machtpolitisches Ergebnis des Krieges war der Aufstieg der USA und der UdSSR zu unbestrittenen Supermächten. Sie dominierten die Politik in den nächsten Jahrzehnten. Die nach 1945 wachsenden Spannungen zwischen beiden Supermächten führten zur Teilung Deutschlands und Europas in der Nachkriegszeit.

Alliierte Deutschlandpläne – Im Februar 1945 hatten die USA, Großbritannien und die UdSSR auf der **Konferenz von Jalta** beschlossen, Deutschland nach Kriegsende in **vier Besatzungszonen** aufzuteilen. Das polnische Staatsgebiet sollte vergrößert und auf Kosten Deutschlands nach Westen verschoben werden. Während der **Konferenz der Siegermächte in Potsdam**, die vom 17.6. bis zum 2.8.1945 dauerte, wurde als vorläufige neue Ostgrenze Deutschlands der Verlauf der Flüsse Oder und Neiße festgelegt.

Die „Großen Drei" (von links: Stalin, Truman und Churchill) auf der Potsdamer Konferenz

Q2 Aus dem Protokoll der Konferenz von Jalta, 4.–11. Februar 1945:

Das Vereinigte Königreich, die Vereinigten Staaten von Amerika und die Union der Sowjetrepubliken werden bezüglich Deutschlands höchste Machtvollkommenheit haben. In der Ausübung dieser Macht werden sie solche Maßnahmen treffen, einschließlich der völligen Entwaffnung, Entmilitarisierung und Zerstückelung, wie sie für den künftigen Frieden und die Sicherheit notwendig halten ... Es wurde beschlossen, dass eine Zone in Deutschland Frankreich zugeteilt wird. Diese Zone soll aus der britischen und amerikanischen Zone gebildet werden.

(In: R. Müller, G. Ueberschär, Kriegsende 1945, Frankfurt/M. 1994, S.190)

Die Aufteilung des Deutschen Reiches nach dem 2. Weltkrieg K3

T1 Bevölkerungsverluste im Zweiten Weltkrieg, in Millionen (ausgewählte Länder)

Land	Insgesamt	davon Zivilisten
Deutschland	5,25	0,5
Sowjetunion	27,00	7,0
Polen	4,52	4,2
USA	0,26	–
Großbritannien	0,39	0,06
Frankreich	0,81	0,47
Jugoslawien	1,69	1,28
Japan	1,8	0,6

(Aus: Der große Ploetz, Freiburg 1992, S. 916)

ARBEITSAUFTRÄGE

1. Ermittle mit Hilfe von T1 die Länder, die im Zweiten Weltkrieg Hauptleidtragende waren.
2. Fasse anhand von Q2 und K3 zusammen, welche unmittelbaren Folgen der Zweite Weltkrieg für Deutschland hatte.

Verfolgung und Ermordung
1. Juden in Deutschland – von der Antike bis zur Neuzeit

Seit der Zerstörung Jerusalems im Jahre 70 n. Chr. und der Zerschlagung des jüdischen Staates durch die Römer lebten viele Juden in Europa. Dort wurden sie, lange bevor das nationalsozialistische Morden über sie hereinbrach, immer wieder verfolgt. Doch Jesus von Nazareth, der Gründer der christlichen Religion, war selbst Jude! Warum feindete das „christliche Abendland" die Juden an?

Ausgrenzung und Verfolgung – Die ersten Christen waren wie Jesus Juden. Sie sahen in ihm den Messias und sogar den Gottessohn. Doch schon bald lasteten sie den anderen Juden die Hinrichtung Jesu durch die römischen Besatzer Jerusalems an. Jahrzehnte nach der Kreuzigung trennten sich die christlichen Juden von den anderen Juden und begannen, diese als „Gottesmörder" zu beschimpfen. In der Kreuzzugszeit (11.–13. Jh.) und auch später kam es zu blutigen Verfolgungen von Juden in Europa, die von der Kirche teilweise geduldet wurden. Der Hass hatte nicht nur religiöse Gründe, sondern wurde auch durch **wirtschaftlichen Neid** ausgelöst: Im Mittelalter war den Juden die Ausübung vieler Handwerke und der Erwerb landwirtschaftlichen Grundbesitzes verboten worden. So blieb ihnen oft nur der so genannte „Wucher": Geldverleih und Pfandgeschäfte, die den Christen von der Kirche verboten waren. Spezielle Kleidervorschriften – meist mit farbigen Marken – machten die Juden leicht erkennbar und zum Gespött der anderen.

„Judenstern", 20. Jh., aufgenäht auf Stoff

B 1 Josel von Rosheim, um 1478–1554, Bevollmächtigter aller Juden im Heiligen Römischen Reich Deutscher Nation. Zeitgenössisches satirisches Flugblatt

Q 2 Martin Luther 1523 und 1543 über die Juden:

[Die Juden sind] Brüder unseres Herrn. Will man ihnen helfen, so muss man das Gesetz der christlichen Nächstenliebe auf sie anwenden, sie freundlich aufnehmen, damit sie einen Grund haben, unsere christliche Lehre zu hören und unser christliches Leben zu sehen. (1523)

Ich habe viele Historien gelesen und gehört von den Juden, wie sie Brunnen vergiften, heimlich gemordet, Kinder gestohlen. Ich weiß wohl, dass sie alles leugnen. Es stimmt aber, dass sie giftige, rachgierige Schlangen und Teufels Kinder sind, die heimlich Schaden tun, weil sie es öffentlich nicht vermögen. (1543)

(In: M. Luther, Weimarer Ausgabe Bd. 11, S. 336, u. Bd. 53, S. 530. Bearbeitet)

Q 3 Preußisches Edikt (Gesetz) vom 11.3.1812:

Wir, Friedrich Wilhelm, von Gottes Gnaden König von Preußen, verordnen wie folgt:
§ 1 Die in unseren Staaten wohnhaften, mit Schutzbriefen und Konzessionen versehenen Juden sind für Inländer und preußische Staatsbürger zu achten.
§ 2 Die Fortdauer dieser Eigenschaft wird aber nur unter der Verpflichtung gestattet, dass sie fest bestimmte Familiennamen führen und der deutschen oder einer anderen lebenden Sprache sich bedienen.
§ 8 Sie können akademische Lehr- und Schul-, auch Gemeindeämter verwalten.
§ 9 Inwiefern die Juden zu anderen öffentlichen Bedienungen und Staatsämtern zugelassen werden können, behalten Wir uns vor.
§ 11 Sie können alle erlaubten Gewerbe treiben.

(In: Gesetzessammlung für die Königlichen Preußischen Staaten 5, Berlin 1812. Bearbeitet)

Als im 14. Jahrhundert in vielen Städten und Ländern Europas die Pest wütete und wenn Naturkatastrophen oder Hungersnöte ausbrachen, wurde oft den Juden die Schuld daran zugeschoben. Vor Gericht wurden ihre Rechte beschränkt. Wohnen mussten sie in Sondervierteln, den **Gettos**.

Seit dem 16. Jahrhundert lebten die meisten Juden ärmlich und vom Kleinhandel. Nur wenige erlangten eine angesehene Stellung, wie JOSEPH SÜSS OPPENHEIMER, der in Württemberg fürstlicher Finanzrat wurde. Aber auch er, der „Jud Süß", blieb rechtlich ein Mensch zweiter Klasse und wurde nach dem Tod des Fürsten von adligen Neidern verurteilt und hingerichtet.

Emanzipation – Eine Wende brachten im 18. Jahrhundert die Ideen der Aufklärung von Gleichheit und Menschenrechten. Sie öffneten den Juden die Gettotore und den Zugang zu vielen Berufen. Die kleine jüdische Gemeinde, etwa 0,8 % der deutschen Bevölkerung, trug von nun an erheblich zum **Aufschwung von Wirtschaft, Wissenschaft und Kultur** bei. Große deutsche Firmen wie die AEG oder Rosenthal verdankten ihren schnellen Aufstieg jüdischen Unternehmern. Zeitungen jüdischer Verleger traten für freiheitliche und demokratische Ideen ein. Viele deutsche Nobelpreisträger vor 1933 wie Albert Einstein waren Juden.

Neue Judenfeindschaft – Zahlreiche Juden hatten sich im 19. und 20. Jahrhundert vollständig in ihre Umgebung integriert und meist auch ihre Religion und Tradition aufgegeben. Dennoch wurden sie von vielen Deutschen weiterhin als „Fremde" angesehen. Als 1873 und in den 1920er Jahren Wirtschaftskrisen ausbrachen, wurden die alten Vorurteile und Neidkomplexe wieder wirksam: Die jüdischen „Kapitalisten" wurden als Sündenböcke hingestellt. Neu an diesem **Antisemitismus** war, dass die Vorurteile nicht mehr religiös begründet wurden, sondern mit einer falsch interpretierten Evolutionslehre und einer scheinbar wissenschaftlichen Theorie: der „**Rassenlehre**". In dieser antisemitischen „Rassenlehre" wurden biologische und charakterliche Unterschiede zwischen nichtjüdischen und jüdischen Deutschen willkürlich konstruiert. 🅮/12

Albert Ballin und Wilhelm II. 1913 während der Kieler Woche

Q 5 Albert Ballin – Hamburger Patriot und Unternehmer

1 Albert Ballin machte die Reederei HAPAG als Generaldirektor zur führenden Schifffahrtsgesellschaft Europas. Kaiser Wilhelm II. sah in ihm einen möglichen Begründer deutscher Weltgeltung zur See und bediente sich seiner
5 als Ratgeber für Außen- und Handelspolitik. Doch vielen Hamburgern blieb Ballin wegen seiner jüdischen Religion und wegen seiner internationalen Kontakte ein Fremder. 1914 scheiterte in London sein Versuch, im Auftrag Wilhelms II. den Frieden mit England zu wahren. Daraufhin
10 wurde er in Deutschland von kriegsbegeisterten Bürgern als „Wasserjude" beschimpft. Wegen seiner Warnung vor dem U-Boot-Krieg fiel er 1917 beim Kaiser in Ungnade. Nach dem Zusammenbruch des Kaiserreichs 1918 beging er Selbstmord.

(Nach: N. Gidal, Die Juden in Deutschland, Köln 1997, S. 268. Bearbeitet)

B 4 Antisemitisches Wahlplakat, 1924

ARBEITSAUFTRÄGE

1. Beschreibe, wie Josel von Rosheim in B1 dargestellt ist. Achte dabei auch auf die Kleidung. Welches Vorurteil wird deutlich?
2. Untersucht in Q2, wie sich Luthers Haltung gegenüber den Juden veränderte. Beurteilt seine späteren Anschuldigungen mit den Maßstäben eines heutigen Gerichts.
3. Liste anhand von Q3 die Rechte auf, die die Juden durch das Edikt erhielten. Prüfe, ob eine volle Gleichstellung erfolgte.
4. Analysiere B4 und Q5 auf mögliche Motive, warum Albert Ballin angefeindet wurde. Beurteile diese Motive.

2. Ausgrenzung und Diskriminierung

Besonders nach dem Ersten Weltkrieg war der rassische Antisemitismus stark verbreitet, sodass die Hetzpropaganda der NSDAP auf wenig Widerstand stieß. Wie setzten die Nationalsozialisten nach der Machtübernahme ihre Drohungen um?

Feindbild und Opfer – Die Juden dienten Hitler als Sündenböcke für die Niederlage im Ersten Weltkrieg, für die Arbeitslosigkeit und für die Wirtschaftskrise. Ja, selbst Kommunismus, Kapitalismus und Demokratie wurden als jüdische Erfindungen dargestellt, die die Welt und speziell Deutschland verderben sollten.
Am 1.4.1933 erzwang die SA gewaltsam den **Boykott** jüdischer Geschäfte, Ärzte, Anwälte, Zeitungen. Mit den „**Nürnberger Gesetzen**" von 1935 begannen die Nationalsozialisten, alle Rechte jüdischer Bürger systematisch einzuschränken oder ganz abzuschaffen: Als Beamte wurden sie entlassen, sie durften die meisten Berufe nicht mehr ausüben und nicht mehr wählen. Ihre Kinder durften nur noch auf jüdische Schulen gehen. Der Besuch von Theatern, Kinos, Schwimmbädern und Parkanlagen sowie die Benutzung öffentlicher Verkehrsmittel wurde ihnen zunehmend verboten.

In der **Pogromnacht** am 9.11.1938 kamen bei organisierten Synagogenzerstörungen und Geschäftsplünderungen viele Juden ums Leben. Tausende wurden enteignet und gezwungen, das Land zu verlassen. Seit dem 1.9.1941 mussten sie einen gelben „Judenstern" tragen; in ihren Personalausweis wurde ein „J" für Jude eingestempelt.

Deutscher Reisepass mit Stempel „J"

B 2 Brennende Synagoge, Rostock, 9./10.11.1938

Q 1 Gesetz „zum Schutz des deutschen Blutes und der deutschen Ehre", 15.9.1935:

1 Eheschließungen ... und außerehelicher Verkehr zwischen Juden und Staatsangehörigen deutschen ... Blutes [sind] verboten.
5 Juden dürfen weibliche Staatsangehörige deutschen ... Blutes unter 45 Jahren ... nicht in ihrem Haushalt beschäftigen.

(In: W. Hofer [Hg.], Der Nationalsozialismus, Dokumente 1933–1945, Frankfurt/M. 1977, S. 285)

Q 3 Erinnerung der Wiener Jüdin Ruth Klüger, Ende 1941:

1 Einmal, als wir schon den Judenstern trugen, aber noch die öffentlichen Verkehrsmittel, wenn auch nicht die Sitzplätze, benutzen durften, tastete jemand in der Stadtbahn im Tunnel nach meiner Hand. Mein erster Gedanke war,
5 ein Mann, der mich belästigen will ... Aber nein, dieser Mann drückte mir etwas in die Hand ... Juden zu beschenken war aber verboten ... Das Geschenk war eine Orange ... Als der Zug aus dem Tunnel herausfuhr, hatte ich sie schon in die Tasche gesteckt ... Meine Gefühle waren aber
10 gemischt ... Kleine heimliche Mitleidsgesten ... halfen ja nicht, standen in keinem Verhältnis zu dem, was geschah.

(In: R. Klüger, weiter leben, München 1994, S. 50. Bearbeitet)

ARBEITSAUFTRÄGE

1. Lies Q 1 und bewerte das Gesetz. Überlege Folgen für die Betroffenen und Ziele der Regierung, die das Gesetz verfasste.
2. Schließe aus B 2 auf die Haltungen der nichtjüdischen Bürger.
3. Gib das Geschehen in Q 3 wieder. Versetze dich in den Mann und in die junge Ruth Klüger. Schreibe für beide auf, was sie dem jeweils anderen gern gesagt hätten.

3. Systematischer Massenmord

Während des Zweiten Weltkriegs ermordeten die Nazis 6 Millionen Juden in ganz Europa sowie 500.000 Sinti und Roma und etwa 250.000 körperlich oder geistig behinderte Menschen; die meisten starben in eigens errichteten Vernichtungslagern. Wie wurde dieser in der Menschheitsgeschichte einmalige und unvorstellbar grausame Massenmord durchgeführt?

Der Weg zur „Endlösung" – Sofort nach der Machtübernahme 1933 inhaftierten die Nazis politische Gegner in **Konzentrationslagern**, die der SS unterstanden. Bald wurden dort auch Juden, Sinti und Roma eingesperrt. Willkür und Terror der SS gehörten ebenso zum mörderischen Häftlingsalltag wie **Schwerstarbeit**, überbelegte, ungeheizte Baracken und Unterernährung. Nach der Pogromnacht gegen jüdische Synagogen und Geschäfte im November 1938 waren 26.000 deutsche Juden verhaftet und vorerst in Konzentrationslager auf deutschem Boden gebracht worden. Hitler hatte Anfang 1939 in aller Öffentlichkeit vor dem Reichstag die Absicht geäußert, im Falle eines Krieges alle Juden vernichten zu wollen. Seit Kriegsbeginn machten spezielle **Einsatzgruppen der SS** eine regelrechte Menschenjagd auf Juden in ganz Europa. Millionen deutsche und europäische Juden wurden in Gettos oder Konzentrationslager gepfercht.
Nach dem Überfall auf die Sowjetunion im Sommer 1941 wurden von den damals 4,7 Millionen russischen Juden 2,2 Millionen bis Ende 1942 durch systematische Massenerschießungen und Vernichtungsaktionen ermordet. Daran waren neben den SS-Verbänden auch Angehörige der deutschen Reserve-Polizei, der Wehrmacht sowie verbündete Truppen aus Weißrussland und Rumänien beteiligt.

Fabriken des Todes – Seit Sommer 1941 hatte die SS vor allem im besetzten Polen regelrechte Vernichtungslager errichtet. Sie wollte den Völkermord an Juden, Sinti und Roma vor der deutschen Öffentlichkeit geheim halten. Denn die „**Euthanasieaktion**", bei der 1939 etwa 250.000 kranke und behinderte Menschen umgebracht wurden, hatte Unruhe und Proteste in der Bevölkerung ausgelöst. Als Himmler Ende 1944 die Einstellung der Vergasungen in den Vernichtungslagern Auschwitz, Belzec, Chelmno, Majdanek, Sobibor und Treblinka befahl, waren allein dort über 4 Millionen deutsche und europäische Juden ermordet worden. �/13

PERSONENLEXIKON

Heinrich Himmler, 1900–1945. Seit 1936 Leiter der SS und des KZ-Systems; führte eine brutale „Germanisierungspolitik" im Osten durch; maßgeblich verantwortlich für die „Endlösung"; entzog sich 1945 seiner Verurteilung durch Selbstmord

> **Q 1** Aus dem Protokoll der „Wannsee-Konferenz", 20.1.1942:
>
> 1 SS-Obergruppenführer Heydrich teilte seine Bestallung zum Beauftragten für die Vorbereitung der Endlösung der europäischen Ju-
> 5 denfrage mit. Im Zuge dieser Endlösung kommen rund 11 Millionen Juden in Betracht. Unter entsprechender Leitung sollen die Juden [...] im Osten zum Arbeitseinsatz
> 10 kommen, wobei zweifellos ein Großteil durch natürliche Verminderung ausfallen wird. Der Restbestand wird entsprechend behandelt werden, wobei jedoch
> 15 eine Beunruhigung der Bevölkerung vermieden werden müsse.
>
> (In: Michaelis/Schraepler [Hg.], Ursachen und Folgen, Bd. 19, Berlin 1973, S. 422 ff. Bearbeitet)

B 2 Selektion an der Rampe von Auschwitz

3. Systematischer Massenmord

Der Warschauer Gettoaufstand – Die Chancen, der deutschen Todesmaschinerie zu entkommen, waren gering. Doch im April 1943 leisteten 500 Leichtbewaffnete im **Warschauer Getto** verzweifelten Widerstand, als dort die letzten 56.000 Juden von SS-Männern in die Todeslager deportiert werden sollten. Mit Steinen und Pistolen kämpften sie gegen Panzer, Flammenwerfer und MGs. Niemand hatte Illusionen. Aber alle waren bereit, ein Zeichen zu setzen: Wenn es denn keine Rettung gab, dann wollten sie wenigstens nicht ohne Widerstand sterben.

Q 3 Der Kommandant des KZ Auschwitz, Rudolf Höß, 1946:

1 Es dauerte 3 bis 10 Minuten, um die Menschen in den Todeskammern zu töten. Wir wussten, wann die Menschen tot waren, weil ihr
5 Kreischen aufhörte. Wir warteten gewöhnlich eine halbe Stunde, bevor wir die Türen öffneten und die Leichen entfernten. [Dann] nahmen unsere Sonderkommandos
10 die Ringe ab und zogen das Gold aus den Zähnen ... Als er [Himmler] mir im Sommer 1941 den Befehl gab, in Auschwitz Massenvernichtung durchzuführen, stellte [ich]
15 keine Überlegungen an – ich hatte den Befehl bekommen und hatte ihn durchzuführen. Ob die Massenvernichtung der Juden notwendig war, darüber konnte ich
20 mir kein Urteil erlauben...

(In: R. Höß, Kommandant in Auschwitz, hrsg. v. M. Broszat, München 1998, S. 186. Bearbeitet)

Q 4 Selektion „für das Gas":

1 Unser Blockältester hat jedem seinen Zettel mit Nummer, Namen, Beruf, Alter und Nationalität ausgehändigt [und] hat die Außentüren
5 des Tagesraums und des Schlafraums geöffnet. Jeder, der nackt in die Oktoberkälte tritt, muss zwischen den Türen laufen [und] muss dem SS-Mann den Zettel überrei-
10 chen. In dem Sekundenbruchteil zwischen zwei Durchläufen entscheidet der SS-Mann für jeden von uns über Leben oder Tod.

(In: P. Levi, Ist das ein Mensch?, München/Wien 1988, S. 132 f. Bearbeitet)

B 5 Kinder am Zaun von Auschwitz nach der Befreiung 1945

B 6 Brillen ermordeter KZ-Häftlinge, Mahnmal in Auschwitz

ARBEITSAUFTRÄGE

1. Wie sollte die „Endlösung der europäischen Judenfrage" nach Q 1 vollzogen werden?
2. Beurteile Darstellung und Sprache von Rudolf Höß in Q 3.
3. Selektionen wie in B 2 und Q 4 fanden auch unangekündigt statt. Welche Wirkung hatte das auf die Häftlinge?
4. Versetze dich in eines der Kinder von B 5 und beschreibe seine Erlebnisse.
5. Besprecht die Bedeutung des „Brillenbergs" in B 6 als Mahnmal für den Mord an den europäischen Juden. Welche anderen Formen des Gedenkens daran kennt ihr?

4. Aufarbeitung und Verdrängung – der Umgang mit der Shoa

Das Kriegsende konfrontierte die Deutschen mit den schrecklichen Verbrechen an den Juden. Wie konnten und sollten sie mit dem von ihnen oder in ihrem Namen Begangenen umgehen?

Vergangenheitsbewältigung – Nach dem Ende des Krieges verdrängte die große Mehrheit der Deutschen die Vergangenheit und leugnete eigene Verantwortung oder Schuld. Die Bundesrepublik Deutschland zahlte zwar seit 1952 „**Wiedergutmachung**" an Israel; doch die Täter wurden nur halbherzig verfolgt und bestraft. Der Geschichtsunterricht endete oft im Jahr 1933. Die DDR erklärte die Verbrechen an den Juden zur alleinigen Sache des „Faschismus"; in der Schule trat der Massenmord an den Juden gegenüber dem Unrecht an Kommunisten und den überfallenen Völkern in den Hintergrund. Als „antifaschistischer Staat" sah auch die DDR keinen Grund, Verantwortung für den schwärzesten Teil der deutschen Geschichte zu übernehmen.

Erinnern, aber wie? – In den 1960er Jahren endete dieses kalte und „leere" Vergessen der ermordeten Juden. Das Erinnern an die „**Shoa**" (hebr.: Auslöschung) erhielt einen festen Platz im Unterricht. Seit den 1970er Jahren wurde die Erinnerung erweitert durch eine breite Spurensuche und die Begegnung mit den stummen Zeugnissen des Grauens. Ehemalige Konzentrationslager oder Synagogen dienen vielerorts als Mahnmale und Gedenkstätten der Trauer, der Erinnerung und der Information. Aber können Wissen und Unterricht verhindern, dass Auschwitz sich jemals wiederholt? Muss die Erinnerungsarbeit sich eher auf die Opfer richten oder auf die Täter und darauf, wie es zu ihren Taten kommen konnte? Zu Fragen und Zweifeln gibt es Anlass genug: Die wenigen überlebenden Opfer wurden erst 55 Jahre nach Kriegsende entschädigt. Und wieder treten Rechtsextreme auf, die Auschwitz und den Mord an Millionen Juden verharmlosen oder leugnen.

B 1 Treffen der neonazistischen Partei „Deutsche Alternative" in Hoyerswerda

Q 2 Die Shoa und wir – Meinungen und Stimmen:

Mareike Ilsemann, Kölner Studentin (23):
„Überfordert fühle ich mich, wenn ich aussprechen soll, dass Deutschland ‚wieder wer ist'. Ich denke, dass die junge Generation eine Sensibilität für die Verbrechen der Nationalsozialisten und ein Geschichtsbewusstsein entwickelt hat, die in anderen Ländern nicht ihresgleichen finden. Als in Deutschland Asylbewerberheime brannten, sagte [ein junger Franzose], in Frankreich gebe es ständig rassistisch motivierte Zwischenfälle, und der Stimmenanteil der Rechtsradikalen sei viel höher ... Aber, sagt mir eine innere Stimme, in Deutschland ist alles viel schlimmer, denn dort ist es schon einmal passiert."
(In: Die Zeit, Nr. 51, 1998, S. 4. Bearbeitet)

Anna Thürk, Berliner Oberschülerin (16):
„Auf ein schlechtes Gewissen bin ich nicht scharf, niemand sollte versuchen, uns das einzureden, denn wir Jugendlichen haben keine Schuld. Aber wir müssen uns bewusst sein, wozu Menschen in der Lage sind, müssen aufmerksam sein."
(In: Die Woche, Nr. 51, 1998, S. 6. Bearbeitet)

Eltern aus Lindenberg auf die Ankündigung des Geschichtslehrers Uli Mayer, den Film „Holocaust" im Unterricht zu zeigen: „Muss das denn heute noch sein?"
(In: Die Woche, Nr. 51, 1998, S. 6. Bearbeitet)

ARBEITSAUFTRÄGE

1. Beschreibt B 1 und diskutiert, ob es Parallelen zwischen der Gegenwart und der Zeit vor 1945 gibt.
2. Diskutiert die Positionen in Q 2. Wie ist eure Meinung: Haben die Jugendlichen in Deutschland auch heute eine Verantwortung dafür, dass der Mord an den Juden nicht in Vergessenheit gerät?

Der Nationalsozialismus – Zeitstrahl 59

	Politik	Kultur	Alltag/Wirtschaft
1945	8./9.5.1945: Bedingungslose Kapitulation Deutschlands; 30.4.1945: Selbstmord Hitlers; Frühjahr 1945: Sowj. Truppen erreichen deutsches Gebiet; Februar 1945: Beschluss der Alliierten zur Aufteilung Deutschlands in vier Zonen; 20.7.1944: Attentat Stauffenbergs auf Hitler; 6.6.1944: Landung der Westalliierten in der Normandie;	Widerstandsgruppe „Kreisauer Kreis" 1943 ff.: Propagandistische Offensive des NS-Regimes mit Durchhalteparolen	1945: Angst, Apathie und der Kampf ums tägliche Überleben beherrschen die Menschen; 1944/45: Flucht von Millionen Deutschen aus den Ostgebieten nach Westen; 1944 ff.: Versorgungsmangel bei Grundnahrungsmitteln
1942	Winter 1942/43: Schlacht um Stalingrad / Kriegswende; Dezember 1941: Eintritt der USA in den Krieg; 22.6.1941: Überfall Deutschlands auf die Sowjetunion; 1940: Bombenkrieg Deutschlands gegen englische Städte; 1939/40: „Blitzkriege"; 3.9.1939: Kriegserklärungen Englands und Frankreichs an Deutschland;	Widerstandsgruppen, u.a. die Studentengruppe „Weiße Rose" 1940 ff.: Verstärkte Produktion von Unterhaltungsfilmen	1942 ff.: Alliierte Bombenangriffe und Zerstörung deutscher Städte 1940 ff.: Zunehmender Einsatz von Zwangsarbeitern in deutschen Betrieben; 1940 ff.: Umstellung der Wirtschaft auf eine Kriegswirtschaft/ Rationierungen;
1939	1939: Kriegsverbrechen von SS und Wehrmacht v.a. in Polen, ab 1941 auch in der UdSSR 1.9.1939: Überfall auf Polen/ Beginn des 2. Weltkriegs 23.8. 1939: Hitler-Stalin-Pakt 15.3.1939 Besetzung der Rest-Tschechoslowakei; 1938: Besetzung Österreichs und des Sudetenlandes 1937: Bündnis Deutschlands mit Japan;	1939 ff.: Planung gigantischer Bauprojekte (z.B. „Volkshalle" in Berlin) 1937: Ausstellungen „Entartete Kunst" und „Deutsche Kunst"	1939: Beginn des organisierten Massenmords an Juden, Sinti und Roma sowie geistig und körperlich Behinderten in Konzentrations- und Vernichtungslagern; 1938 ff.: Zunehmender Einsatz von Frauen in der (Rüstungs-) Produktion; 9.11.1938: Pogromnacht (Zerstörung jüdischer Gotteshäuser und Geschäfte);
1936	1936: Abkommen Deutschlands mit Italien; 1935: Nürnberger Rassengesetze;	1935 ff.: Rassismus, Antisemitismus und Antibolschewismus bestimmen Kulturleben 1933 ff.: Propagierung eines Mutter- und Hausfrauenkults; 1933 ff.: Gleichschaltung von Kultur, Schule und Unterricht; 1933 ff.: Aufbau eines Medien- und Propagandaapparats; 1933 ff.: Emigration zahlreicher Künstler, Schriftsteller und Wissenschaftler; 10.5.1933: Bücherverbrennung	1935 ff: Ausgrenzung so genannter „Volksschädlinge"; 1934 ff.: Zurückdrängen der Frauen aus dem Arbeitsleben; 1933 ff.: Erfassung der „Volksgemeinschaft" in NS-Berufs- und Freizeitorganisationen, der Kinder und Jugendlichen in HJ und BDM; 1.4.1933: Boykott jüdischer Geschäfte, Ärzte, Anwälte; 1933 ff.: Senkung der Arbeitslosenzahl durch Neubauprojekte und Rüstungsproduktion
1933	Mai/Juni 1933: Verbot der Gewerkschaften und Parteien; März 1933: Notverordnungen und Ermächtigungsgesetz zur Ausschaltung der Opposition; 30.1.1933: Ernennung Adolf Hitlers zum Reichskanzler		

Zusammenfassung – Der Nationalsozialismus

Mit der Ernennung Hitlers zum Reichskanzler am 30. 1. 1933 begann eine 12-jährige Diktatur des NS-Regimes, die Europa ab 1939 in Schutt und Asche legte. Den Weg in die Diktatur verfolgte das NS-Regime anfangs mit scheinlegalen Gesetzen und Verordnungen. Doch von Anfang an wurden politische Gegner bedroht, verfolgt und ermordet. Das so genannte **Ermächtigungsgesetz** bildete im März 1933 die Grundlage, das Parlament zu entmachten. Die Gewerkschaften und die anderen Parteien wurden durch ein Verbot ausgeschaltet, oppositionelle Politiker und andere Regimegegner in Gefängnissen oder **Konzentrationslagern** inhaftiert.

Die überwiegende Mehrheit der Deutschen stimmte den Maßnahmen der Nationalsozialisten und ihrer Weltanschauung begeistert zu. Selbst der menschenverachtende **Rassismus und Antisemitismus** der Nationalsozialisten stieß nicht auf breiten Widerstand. Die Zustimmung sicherte sich das Regime auch durch die Kontrolle aller Bereiche des Lebens, durch die Berufs- und Freizeitorganisationen, die Hitlerjugend, die Gleichschaltung aller Medien und durch systematische **Propaganda**. Aber es gab auch **Widerstand** gegen die Nationalsozialisten und ihre Verbrechen durch mutige Jugendliche, Frauen und Männer in der Zivilbevölkerung und im Militär.

Mit dem Überfall auf Polen am 1. September 1939 entfesselte das NS-Regime den lange vorbereiteten **Zweiten Weltkrieg**. Nach anfänglichen Erfolgen in Polen, Frankreich und Skandinavien wendete sich 1942 der Kriegsverlauf in eine absehbare Niederlage. Ursachen dafür waren der deutsche Überfall auf die Sowjetunion und der Kriegseintritt der USA. Als der Krieg im Mai 1945 mit **der bedingungslosen Kapitulation Deutschlands** endete, hatten 55 Millionen Menschen ihr Leben verloren – darunter 6 Millionen von Deutschen oder in deutschem Namen ermordete Juden.

ARBEITSAUFTRAG

Jugendliche Widerstandskämpfer wie die Mitglieder der „Weißen Rose" lehnten das Regime ab. Andere Jugendliche unterstützten in HJ und BDM das NS-Regime. Führt ein Streitgespräch: Welche Argumente hatten beide Seiten für ihr Verhalten?

ZUM WEITERLESEN

I. Bayer: Ehe alles Legende wird. Der Nationalsozialismus in Deutschland von Weimar bis heute. Arena, Würzburg 1995.
H.-G. Noack: Die Webers – Eine deutsche Familie 1932–1945. Ravensburger Buchverlag, Ravensburg 1999
B. Rogasky: Der Holocaust. Ein Buch für junge Leser. Rowohlt, Berlin 1999
R. Thüminger: Zehn Tage im Winter. Beltz, Weinheim 1994

/1 http://www.zlb.de/projekte/kulturbox-archiv/brand/ueberschaer.htm
/2 http://www.dhm.de/lemo/objekte/sound/goebbels2/index.ram
/3 http://www.dhm.de/lemo/html/nazi/index.html
/4 http://www.keom.de/denkmal/welcome.html
/5 http://www.buecherverbrennung.de/index.html
/6 http://www.obersalzberg.de
/7 http://www.annefrank.nl/
/8 http://www.dhm.de/lemo/html/wk2/index.html
/9 http:// www.preussen-chronik.de/episoden/011000.jsp
/10 http://www.cc.jyu.fi/~pjmoilan/weisserose.html
/11 http://www.dhm.de/lemo/forum/kollektives_gedaechtnis/075/index.html
/12 http://www.preussen-chronik.de/cache/thema_c18414.html
/13 http://www.shoa.de/

Deutsch-deutsche Geschichte 1945–1989

Der von Deutschland entfesselte Zweite Weltkrieg endete in Europa am 8. Mai 1945 mit der deutschen Kapitulation. Die alliierten Siegermächte teilten das Land zunächst in Besatzungszonen. Aufbrechende Konflikte zwischen den Alliierten waren der Hauptgrund, der 1949 zur Teilung des Landes und zur Gründung zweier deutscher Staaten führte: der Bundesrepublik Deutschland und der Deutschen Demokratischen Republik. Beide Staaten gingen bis 1990 verschiedene Wege in Politik, Wirtschaft und Gesellschaft.

Deutsch-deutsche Geschichte 1945–1989

Politik

Kultur

Alltag

1945 — 1950 — 1960 — 1970 — 1980 — 1990

Die Aufteilung Deutschlands 1945

- Grenze des Deutschen Reiches 1937
- Oder-Neiße-Linie
- Viermächtestadt

Bundesrepublik Deutschland 1949–1990

- Grenze der Bundesrepublik Deutschland
- Grenze zwischen der Bundesrepublik Deutschland und der DDR

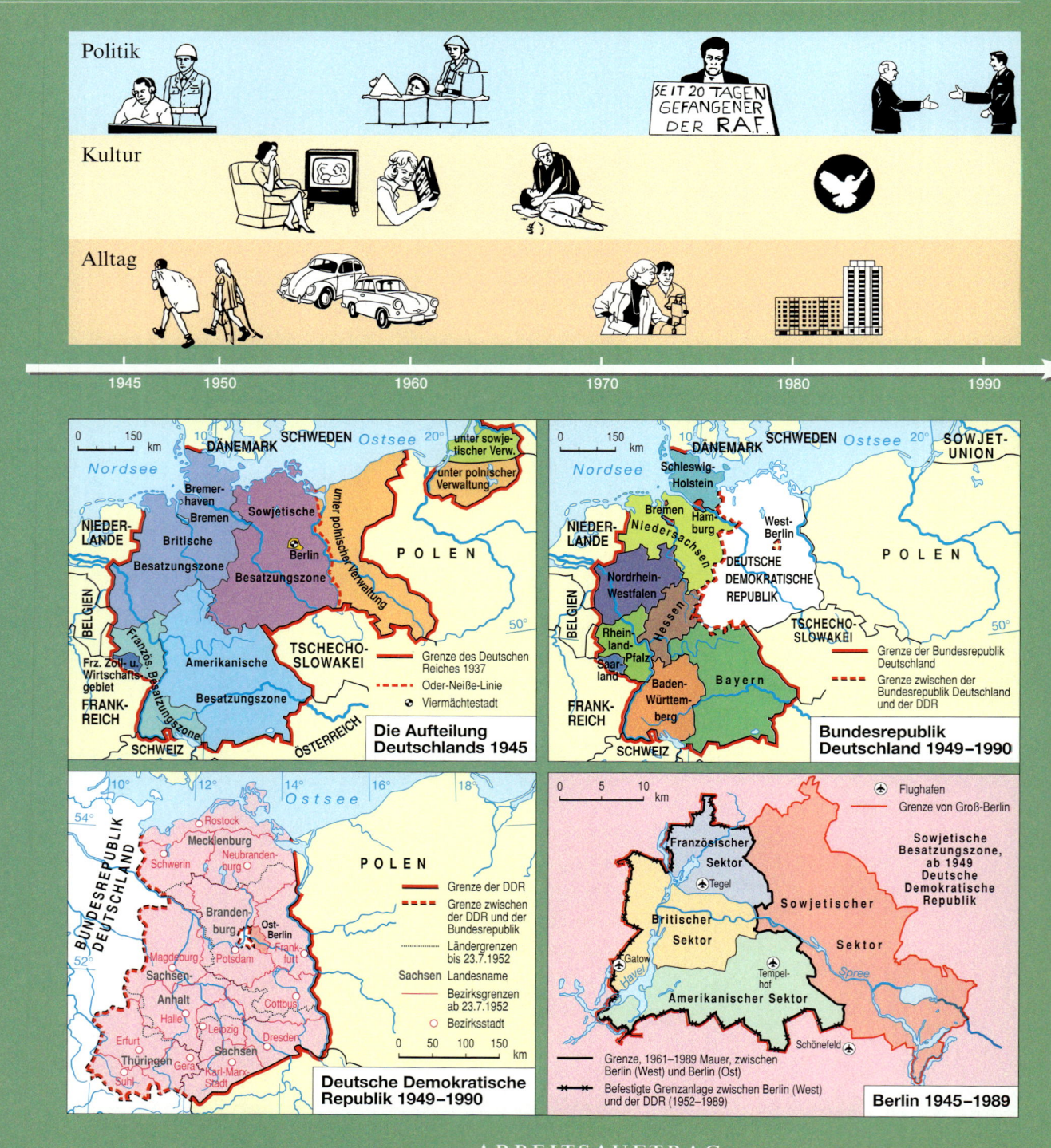

Deutsche Demokratische Republik 1949–1990

- Grenze der DDR
- Grenze zwischen der DDR und der Bundesrepublik
- Ländergrenzen bis 23.7.1952
- Sachsen Landesname
- Bezirksgrenzen ab 23.7.1952
- Bezirksstadt

Berlin 1945–1989

- Flughafen
- Grenze von Groß-Berlin
- Sowjetische Besatzungszone, ab 1949 Deutsche Demokratische Republik
- Grenze, 1961–1989 Mauer, zwischen Berlin (West) und Berlin (Ost)
- Befestigte Grenzanlage zwischen Berlin (West) und der DDR (1952–1989)

ARBEITSAUFTRAG

Erläutere die Aufteilung des früheren deutschen Reiches im Jahr 1945 (oben links) und die staatliche Entwicklung Deutschlands zwischen 1949 und 1990 (oben rechts/unten links). Beschreibe die Situation Berlins 1945–1989 (unten rechts).

Leben unter Besatzungsrecht: 1945–1949
1. Die Pläne der Alliierten für Deutschland

Am 8. Mai 1945 endete der Zweite Weltkrieg mit der bedingungslosen Kapitulation der deutschen Wehrmacht. Die Souveränität über Deutschland war damit auf die alliierten (= verbündeten) Siegermächte USA, Sowjetunion und Großbritannien übergegangen. Welche Pläne hatten die Alliierten für Deutschland?

Deutschlandpläne der Alliierten – Bereits vor Kriegsende hatten sich die Alliierten darauf verständigt, dass Deutschland nach der Kapitulation unter Beteiligung Frankreichs zunächst in **vier Besatzungszonen** geteilt und von einem **alliierten Kontrollrat** regiert werden sollte. Für Berlin war die Verwaltung durch eine Kommandantur der vier Mächte vorgesehen.
Vom 17. Juli bis 2. August 1945 kamen die „Großen Drei" – der britische Premierminister CHURCHILL (ab 28.7. sein Nachfolger ATTLEE), der neue amerikanische Präsident TRUMAN sowie der sowjetische Staats- und Parteichef STALIN – in Potsdam erneut zur Beratung zusammen. Im „**Potsdamer Abkommen**" einigten sie sich darauf, Deutschland als wirtschaftliche Einheit zu erhalten. Als weitere „politische Grundsätze" der gemeinsamen Besatzungspolitik wurden festgelegt:
– die **Demilitarisierung** (Abrüstung) Deutschlands. Deutschland sollte nie wieder den Frieden bedrohen können,
– die **Entflechtung von Großindustrie und Banken** sowie deren Kontrolle durch die Alliierten,
– die **Entnazifizierung** (Entfernung der Nazis aus allen öffentlichen Ämtern sowie deren Bestrafung),
– die **Demokratisierung** der deutschen Politik, Wirtschaft und Erziehung,
– die **Wiedergutmachung** (Reparationen) der verursachten Kriegsschäden.

In Potsdam traten aber auch erste Konflikte und Interessengegensätze zwischen den Alliierten zutage. Die Westmächte

Die „Großen Drei". während der Konferenz von Potsdam. Von links nach rechts: Churchill, Truman (Nachfolger Roosevelts) und Stalin, Foto 1945 (nachträglich koloriert)

K 1 Flucht, Vertreibung und Umsiedlung in Mitteleuropa nach dem Zweiten Weltkrieg

wollten verhindern, dass der Wiederaufbau der deutschen Wirtschaft wie nach dem Ersten Weltkrieg durch zu hohe Reparationsforderungen belastet würde. Die UdSSR, die selber sehr hohe Kriegsschäden zu beklagen hatte, wollte die Höhe der Reparationen davon unabhängig festlegen. Schließlich einigte man sich darauf, dass jede Besatzungsmacht die Reparationen aus ihrer Zone entnehmen solle. Aufgrund ihrer hohen Kriegsverluste wurden der UdSSR zusätzlich 25 Prozent der in den Westzonen demontierten Industrieanlagen zugesprochen.

Die polnisch-deutsche Grenze – Auch über die Frage der zukünftigen Ostgrenze Deutschlands entzündete sich in Potsdam eine Auseinandersetzung zwischen den Siegermächten. Bereits im Februar 1945 hatten die Kriegsalliierten einvernehmlich eine Verkleinerung Deutschlands beschlossen. Die im Hitler-Stalin-Pakt von 1939 der UdSSR zugesprochenen polnischen Gebiete sollten bei der UdSSR verbleiben und Polen dafür durch deutsche Gebiete entschädigt werden. Stalin hatte jedoch von dem durch die Rote Armee besetzten Gebiet ein größeres Territorium an Polen übertragen, als die westlichen Alliierten Polen ursprünglich zugestehen wollten. Schließlich einigte man sich darauf, dass die **Oder-Neiße-Grenze** „bis zur endgültigen Festlegung" durch einen Friedensvertrag mit Deutschland als Westgrenze Polens bzw. Ostgrenze Deutschlands gelten sollte.

Flucht und Vertreibung – Aufgrund der in Potsdam festgelegten Gebietsabtrennung musste die deutsche Bevölkerung die nun polnischen und sowjetischen Gebiete verlassen. Diese Umsiedlung, die laut Potsdamer Abkommen „auf eine geregelte und menschliche Weise" durchgeführt werden sollte, fand jedoch oft unter schrecklichen Bedingungen statt. Man schätzt, dass über 2 Millionen Menschen die Massenvertreibung nicht überlebten. Auch die deutsche Bevölkerung in Ungarn und der Tschechoslowakei musste ihre Heimat verlassen. Insgesamt waren über **11 Millionen Deutsche** betroffen.

Q2 Aus dem Potsdamer Protokoll der Alliierten vom 2. August 1945:

Die Armeen der Alliierten haben ganz Deutschland besetzt. Das deutsche Volk hat begonnen, für die schrecklichen Verbrechen zu sühnen, die unter der Führung von Personen begangen worden sind, denen es auf der Höhe ihres Erfolges offen zugestimmt und blind gehorcht hat ... Militarismus und Nazismus werden in Deutschland ausgerottet werden und die Alliierten werden ... die Maßnahmen treffen, [damit] Deutschland weder seine Nachbarn noch den Weltfrieden jemals wieder bedrohen kann. ... Es ist nicht die Absicht der Alliierten, das deutsche Volk zu vernichten oder zu einem Volk von Sklaven zu machen ... ,vielmehr ..., dem deutschen Volk Gelegenheit zu bieten, sich auf eine spätere Erneuerung seines Lebens auf einer friedlichen, demokratischen Grundlage vorzubereiten ...

(In: Geschichte in Quellen, Bd. 7, München 1980, S. 72 ff. Gekürzt)

B3 Flüchtlinge aus den Ostgebieten treffen in Berlin ein, Foto 1945

ARBEITSAUFTRÄGE

1. Erarbeite mit der Karte oben links von Seite 62 sowie mit Q 2 die wichtigsten Bestimmungen des Potsdamer Abkommens und die Ziele der Alliierten.
2. Erläutere mit K 1 sowie B 3 die Folgen der Potsdamer Bestimmungen für die deutsche Bevölkerung in den betroffenen Gebieten Ostmitteleuropas.

2. Politischer Neubeginn in den Besatzungszonen

Die gemeinsam formulierten Ziele wurden von den Alliierten in ihren Besatzungszonen unabhängig voneinander umgesetzt. Woran wurde dies deutlich?

Neugründung der Parteien – Bereits am 10. Juni erlaubte die sowjetische Militärverwaltung in ihrer Besatzungszone die „Bildung und Tätigkeit aller antifaschistischen Parteien". Eher zögernd folgten im Spätsommer Amerikaner und Briten, gegen Jahresende die Franzosen. In allen Zonen wurden vier Parteien zugelassen: **KPD**, **SPD**, die **Liberalen** unter verschiedenen Namen (FDP, LDPD, DVP) und die überkonfessionelle christliche **CDU** (in Bayern **CSU**).

In der sowjetischen Zone (SBZ) verbanden sich diese vier Parteien auf Veranlassung der sowjetischen Militärverwaltung (SMAD) im Juli 1945 zur **„Einheitsfront der antifaschistisch-demokratischen Parteien"** (später „Demokratischer Block"). Trotz massiver Unterstützung der SMAD war es nicht die KPD, sondern die SPD, die sich zur stärksten Partei der SBZ entwickelte. Daher setzten KPD und SMAD im Frühjahr 1946 die Vereinigung von SPD und KPD zur **Sozialistischen Einheitspartei Deutschlands** (SED) durch. Dabei wurde massiver Druck ausgeübt: Widerstrebende SPD-Mitglieder erhielten Redeverbot oder wurden verhaftet; andere wie Otto Grotewohl, der führende SPD-Politiker in der sowjetischen Besatzungszone, ließen sich überreden.

Obwohl vereinbart worden war, dass die Leitungsorgane der neuen Partei paritätisch (zu gleichen Teilen) mit Angehörigen beider Parteien besetzt sein sollten, verdrängten die Kommunisten im Laufe der nächsten Jahre fast alle früheren Sozialdemokraten aus der SED-Führung.

Länder und Zonenbehörden – In den vier Besatzungszonen wurden 1945/46 neue Länder mit eigenen Länderparlamenten und Landesverfassungen geschaffen. In der sowjetischen Zone wurden die wichtigen Entscheidungen jedoch durch die Zentralverwaltung in Berlin gefällt (**Zentralismus**). Auch die britische Zone war zunächst zentralistisch organisiert, orientierte sich aber seit 1947 am föderativen Modell der beiden anderen Westzonen.

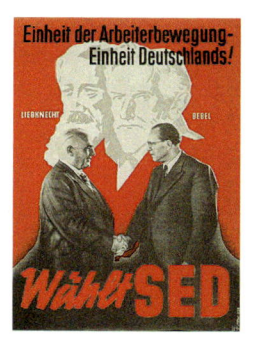

Wahlplakat der SED von 1946.
Die SED war im Frühjahr 1946 in der sowjetischen Besatzungszone aus der Zwangsvereinigung von SPD und KPD hervorgegangen.

Q1 Aufruf der Kommunistischen Partei Deutschlands, 11. Juni 1945:

1 Wir sind der Auffassung, dass der Weg, Deutschland das Sowjetsystem aufzuzwingen, falsch wäre, [er] entspricht nicht den gegen-
5 wärtigen Entwicklungsbedingungen in Deutschland. [Wir wollen] eine parlamentarisch-demokratische Republik mit allen demokratischen Rechten und Freiheiten.

(In: W. Ulbricht, Zur Geschichte der neuesten Zeit, Bd. 1, Berlin 1955, S. 370f.)

Q2 Handlungsrichtlinien des KPD-Politikers Walter Ulbricht für den Aufbau der Verwaltungen in der SBZ, 1945:

1 Kommunisten als Bürgermeister können wir nicht brauchen ... Die Bürgermeister sollen in den Arbeiterbezirken in der Regel Sozialdemokraten sein. In den bürgerlichen Vierteln ... müssen wir an die Spitze einen
5 bürgerlichen Mann stellen, einen, der früher dem Zentrum, den Demokraten oder der Deutschen Volkspartei angehört hat, ... er muss aber auch Antifaschist sein.
... Der erste stellvertretende Bürgermeister, der Dezernent für Personalfragen und der Dezernent für Volksbil-
10 dung – das müssen unsere Leute sein. Dann müsst ihr noch einen ganz verlässlichen Genossen in jedem Bezirk ausfindig machen, den wir für den Aufbau der Polizei brauchen ... Es muss demokratisch aussehen, aber wir müssen alles in der Hand haben.

(In: W. Leonhard, Die Revolution entlässt ihre Kinder, Köln und Berlin 1955, S. 356. Gekürzt)

ARBEITSAUFTRÄGE

1. Vergleiche den Aufruf der KPD vom Juni 1945 (Q1) mit den Aussagen in Q2. Interpretiere die Unterschiede.
2. Informiere dich über die Gründung der SED.

3. Alltag in den Besatzungszonen

Durch den Krieg waren viele deutsche Städte, insbesondere in den Industrie- und Ballungsgebieten, stark zerstört. Wie war der Alltag der Menschen in den Besatzungszonen?

Leben und Versorgung der Menschen – Die Aufräumarbeiten, die sofort mit dem Kriegsende begannen, wurden zum großen Teil von den „**Trümmerfrauen**" geleistet. Sie sammelten Ziegelsteine aus dem Schutt der zerstörten Gebäude und säuberten sie von Mörtel, damit sie wiederverwendet werden konnten. Zunächst mussten in großer Zahl **Notunterkünfte** errichtet werden, denn 25 bis 30 Millionen Menschen waren ohne Unterkunft. Dazu zählten 9 Millionen **Evakuierte**, die aus den am meisten zerstörten Städten in ländliche Gebiete gebracht worden waren, vor allem aber die etwa **12 Millionen Flüchtlinge, Vertriebenen und Zwangsaussiedler**. Die Menschen richteten sich ein, wo sie einen Platz fanden. Manchenorts mussten Baracken- und Wellblechlager eingerichtet werden.

Vor allem an Nahrungsmitteln und Brennstoffen herrschte Mangel. Die Militärbehörden behielten die aus den letzten Kriegsjahren stammenden Bezugsscheine und **Lebensmittelkarten** (Rationierung) bei, da das Nahrungsangebot zu gering war. Viele deutsche Familien wurden durch „**Care**"-Pakete amerikanischer Wohlfahrtsverbände vor dem Verhungern bewahrt; viele Kinder durch die Schulspeisungen. Die Bäume öffentlicher Anlagen dienten als Brennholz; die frei gewordenen Flächen wurden oft mit Feldfrüchten bebaut.

Q 2 Erich Kästner 1946 über die Zerstörung Dresdens:

Das, was man früher unter Dresden verstand, existiert nicht mehr ... In dieser Steinwüste hat kein Mensch etwas zu suchen, er muss sie höchstens durchqueren ... Vom Nürnberger Platz weit hinter dem Hauptbahnhof bis zum Albertsplatz in der Neustadt steht kein Haus mehr ... Kilometerweit kann er um sich blicken. Er sieht Hügel und Täler aus Schutt und Steinen. Eine verstaubte Ziegellandschaft ... Die vielen Kasernen sind natürlich stehen geblieben! ... Hätte statt dessen nicht die Frauenkirche leben bleiben können? ... Oder wenigstens einer der frühen Renaissance-Erker in der Schlossstraße? Nein. Es mussten die Kasernen sein! Eine der schönsten Städte der Welt wurde ... dem modernen Materialkrieg ausgeliefert. In einer Nacht wurde die Stadt vom Erdboden vertilgt.

(In: E. Kästner: Gesammelte Schriften für Erwachsene, Zürich 1969, S.34. Gek.)

B 1 Wohnungselend 1945

B 3 „Trümmerfrauen" beseitigen den Kriegsschutt, Foto 1945

3. Alltag in den Besatzungszonen

Tauschwirtschaft und „Schwarzmarkt" – Die Reichsmark hatte nach Kriegsende fast keinen Wert mehr. An die Stelle der Geldwirtschaft war daher mehr und mehr die Tauschwirtschaft getreten. Wer noch Wertgegenstände besaß, tauschte sie beim Bauern gegen Lebensmittel ein. Andere fuhren zum „Hamstern" aufs Land, sammelten einzelne Ähren von den abgeernteten Feldern oder Bucheckern und Eicheln, für die es Margarinemarken gab. Vor allem die Frauen waren dauernd unterwegs, um etwas zu „organisieren". Denn viele Männer waren gefallen oder in Kriegsgefangenschaft, und neben der Aufbauarbeit mussten die Frauen ihre Kinder und andere Familienangehörige versorgen. In den Städten konnte man gegen viel Geld oder im Tauschhandel manches auf dem **Schwarzmarkt** bekommen. Eine große Rolle spielte die **„Zigarettenwährung"**. Vor allem amerikanische Zigaretten wurden zur Verrechnungseinheit für andere Waren. Illegale Tierschlachtung und Schnapsbrennerei waren an der Tagesordnung. Die Behörden konnten oder wollten auch nichts dagegen unternehmen.

Q6 Über den Schwarzmarkt in Deutschland nach 1945:

In den Akten des amerikanischen Kongresses findet sich der Fall eines Bergarbeiters, der in der Woche 60 Reichsmark verdiente. Gleichzeitig besaß er ein Huhn, das in der Woche durchschnittlich fünf Eier legte. Eins davon aß der Bergmann gewöhnlich selbst, die vier übrigen tauschte er gegen 20 Zigaretten ein. Diese stellten auf dem Schwarzen Markt bei einem Tagespreis von 8 RM einen Gegenwert von 160 RM dar. Das Huhn verdiente also mit seiner Leistung nahezu dreimal so viel wie sein Besitzer.

(In: Th. Eschenburg, Jahre der Besatzung, Stuttgart 1983, S. 267)

T4 Offizielle Preise und Schwarzmarktpreise im Vergleich, 1946/47. RM = Reichsmark

Ware	Offizielle Preise 1947	Schwarzmarkt- preise 1946/47
1 kg Fleisch	2,20 RM	60– 80 RM
1 kg Brot	0,37 RM	20– 30 RM
1 kg Kartoffeln	0,12 RM	4– 12 RM
1 kg Zucker	1,07 RM	120–180 RM
1 kg Butter	4,00 RM	350–550 RM
20 Zigaretten	2,80 RM	70–100 RM
1 Stück Seife	0,35 RM	30– 50 RM

(Nach: K. H. Rothenberger, Die Hungerjahre nach dem Zweiten Weltkrieg, Boppard 1980, S. 140)

B5 Kinder mit Hamstersäcken und Brennholz, Foto 1945

B7 Die Tagesration eines Erwachsenen im Jahr 1947

ARBEITSAUFTRÄGE

1. Erläutere und bewerte mit Q2 und B3 die Situation in den kriegszerstörten Städten und die Arbeit der „Trümmerfrauen".
2. Schreibe mit B1, B3, B5 und B7 eine kurze Reportage über die Probleme der unmittelbaren Nachkriegszeit.
3. Erkläre mit T4 und Q6 die Entstehung eines Schwarzmarkts in Deutschland nach 1945.

4. Abrechnung mit dem NS-Regime und Entnazifizierung

Zu den gemeinsamen Kriegszielen der Alliierten gehörte die Zerschlagung des deutschen Militarismus, die restlose Beseitigung des Nationalsozialismus und die Bestrafung der Täter. Wie setzten sie diese Ziele nach dem Krieg um?

Der Nürnberger Kriegsverbrecherprozess – Bereits am 8. August 1945 schlossen die Alliierten ein Abkommen über die Verfolgung und Bestrafung der Hauptkriegsverbrecher. In Nürnberg setzten sie einen Gerichtshof ein, der über die Anklage wegen „**Verbrechen gegen den Frieden und die Menschheit**" und wegen Kriegsverbrechen zu urteilen hatte. Der „**Nürnberger Prozess**" begann am 14. November 1945. Angeklagt waren 22 Personen, darunter Parteiführer der NSDAP, Minister sowie Generäle der Wehrmacht, die gesamte NSDAP als Partei, die Gestapo und andere NS-Organisationen, die an Verbrechen beteiligt waren. Folgende Verbrechen sollten abgeurteilt werden:

– Verbrechen gegen den Frieden (Planung und Durchführung eines Angriffskrieges),
– Kriegsverbrechen gegen die Zivilbevölkerung (Mord, Misshandlung, Deportation, Zwangsarbeit),
– Verbrechen gegen die Menschlichkeit (Mord, Ausrottung, Versklavung, Deportation aus politischen, „rassischen" oder religiösen Motiven).

Nach einem Jahr verkündete das Gericht die Urteile: Zwölf der Hauptangeklagten wurden zum Tode, drei zu lebenslanger Haftstrafe verurteilt, vier erhielten Haftstrafen zwischen 10 und 20 Jahren, drei Angeklagte wurden freigesprochen. Die NSDAP, die Gestapo, die SS-Truppen, der SD (Sicherheitsdienst) wurden zu verbrecherischen Organisationen erklärt.
Obwohl der Nürnberger Prozess das ganze schreckliche Ausmaß der NS-Verbrechen allen Deutschen vor Augen führte, wurde der Prozess von Teilen der Bevölkerung als einseitige „Siegerjustiz" gewertet.

In Folgeprozessen wurden weitere 70 000 Personen wegen Kriegsverbrechen verurteilt. Wichtige Verfahren waren der **Auschwitz-Prozess** (1963–1965) und der **Majdanek-Prozess** (1975–1981).

Plakat zum Nürnberger Kriegsverbrecherprozess

B 1 „Er hat's mir doch befohlen." Karikatur von 1946

B 2 Nürnberger Prozess, 1945–1946. In den ersten Reihen die Verteidiger, hinter der Brüstung in zwei Reihen die Angeklagten. In der ersten Reihe (von links nach rechts): Hermann Göring, Rudolf Heß, Joachim von Ribbentrop, Wilhelm Keitel, Alfred Rosenberg, Hans Frank, Wilhelm Frick, Walther Funk, Julius Streicher

Entnazifizierung – 8,5 Millionen Deutsche waren Mitglieder der NSDAP gewesen. Die Alliierten stellten zunächst alle Parteifunktionäre und Inhaber öffentlicher Ämter unter Arrest: Ende 1945 saßen über 200 000 Personen in den **Internierungslagern** der Westalliierten. In der SBZ wurden in den ehemaligen KZ über 150 000 Personen interniert, von denen Tausende umkamen. Bis 1950 wurden in diesen KZ nicht nur NS-Funktionäre gefangen gehalten, sondern auch Gegner der Umgestaltung Ostdeutschlands nach sowjetischem Vorbild.

Ab Herbst 1945 musste jeder erwachsene Deutsche in den Westzonen einen **Fragebogen** zu seinem Verhalten während der NS-Zeit ausfüllen. **Spruchkammern** aus deutschen Laienrichtern teilten die Deutschen dann in fünf Gruppen ein: Hauptschuldige, Belastete, Minderbelastete, Mitläufer und Entlastete. Wegen der zahlreichen Freisprüche aufgrund fadenscheiniger Entlastungszeugnisse, so genannter **Persilscheine**, galt das Verfahren als problematisch und ungerecht. In den Westzonen wurden nur etwa 2 % der Beschuldigten verurteilt; selbst schwer Belastete kamen mit leichten Strafen davon.

Zumindest wurden viele der als belastet eingestuften Verwaltungsbeamten, Richter, Lehrer, Polizisten etc. entlassen. Auch Industrieunternehmen mussten sich von früheren NS-Funktionären trennen. 🔗/3

In der SBZ wurde konsequenter zwischen bloßen Mitläufern und den aktiven Tätern unterschieden. Die Täter wurden eher bestraft als in den Westzonen; bis 1949 wurden in der SBZ etwa 500 000 Personen aus ihren Stellungen entfernt, darunter 80 % aller Juristen und etwa 50 % aller Lehrer. Die freien Stellen wurden meist mit Personen besetzt, die im Sinne der sozialistischen Umgestaltung der Gesellschaft handelten. Vermeintliche „Klassenfeinde" oder politische Gegner des Sozialismus wurden ausgeschaltet.

Q 4 Brief des Bürgermeisters von Doberlug an den brandenburgischen Regierungsausschuss, 30. Oktober 1947:

1 [Am] 16.10.1947 wurde dem Lebensmittelgeschäftsinhaber Helmut Linke wegen aktiver Betätigung in der ehemaligen NSDAP das Recht zur Weiterführung seines Geschäftes abgesprochen ... Von der Fa. Linke ist be-
5 kannt, dass der Ortsgruppenleiter der NSDAP zum öffentlichen Boykott des Geschäftes aufgerufen hatte ... Um schwere Schäden nicht nur für das Geschäft, sondern auch für die Familie abzuwenden, trat Linke 1938 als einfaches Mitglied der NSDAP bei ... In den darauffol-
10 genden Jahren ist L. alles andere gewesen als ein Aktivist ... Wenn L. [als] Aktivist gelten soll, so wurde von allen beteiligten Parteien und Antifaschisten festgestellt, dass es dann überhaupt keine Mitläufer gäbe ... Ich muss daher feststellen, dass die Bevölkerung die Aufhebung des er-
15 gangenen Urteils erwartet.

(In: M. Judt [Hg.], DDR-Geschichte in Dokumenten, Bonn 1998, S.112 f. Gek.)

B 3 Neulehreranwerbung in der SBZ, 1945

ARBEITSAUFTRÄGE

1. Erläutere die historischen Zusammenhänge für B 1 und deute die Absicht des Karikaturisten.
2. Informiere dich über die namentlich genannten Hauptangeklagten des Nürnberger Prozesses (B 2, Legende) und über deren Funktion innerhalb des NS-Systems.
3. Erläutere die Wirkungsabsicht von B 3.
4. Schreibe einen Antwortbrief der Regierungskommission zur Durchführung der Entnazifizierung. Begründe deine Entscheidung über das Gesuch in Q 4.

5. Konflikte in der Wirtschafts- und Währungspolitik

Nach dem Kriegsende traten auch in den Besatzungszonen erkennbare Interessengegensätze zwischen den Westmächten und der UdSSR zutage. Welche Konflikte waren das und welche Folgen hatte dies für die Beziehungen der drei Westzonen und der sowjetische Zone untereinander?

Die Bildung der Bizone – Am 6. September 1946 kündigte der amerikanische Außenminister JAMES F. BYRNES in Stuttgart an, die Amerikaner wollten den Deutschen wieder zu einem „Platz unter den freien und friedliebenden Nationen" verhelfen. Ferner stellte er die Verschmelzung der Wirtschaft der amerikanischen und der britischen Besatzungszone in Aussicht. Die beiden anderen Besatzungsmächte lud er ein, sich der „**Bizone**" anzuschließen. Unter Aufsicht der Amerikaner und Briten nahm in der Bizone ein **Wirtschaftsrat** aus gewählten Mitgliedern der jeweiligen Länderparlamente seine Arbeit auf. Er konnte Gesetze und Vorschriften für den Wiederaufbau der Wirtschaft erlassen. Unter seinem Direktor LUDWIG ERHARD legte der Wirtschaftsrat wichtige Grundsteine für die Einführung der **sozialen Marktwirtschaft** in den Westzonen und den wirtschaftlichen Aufschwung Westdeutschlands. Ab dem Frühjahr 1948 wurden auch die Grenzen zwischen der französischen Zone und der Bizone durchlässiger. Das Ziel der Westalliierten für Deutschland war nun klar erkennbar: ein marktwirtschaftlich orientierter, demokratischer Bundesstaat mit mehreren Bundesländern.

Q 1 Aus einem Memorandum des britischen Außenministers E. Bevin vom 22.11.1947:

1 Ich befürchte, so wie die Dinge im Moment aussehen, können wir nicht ernsthaft hoffen, dass die Russen wirklich mit uns zusam-
5 menarbeiten ... Im Gegenteil ... sie werden alle Anstrengungen darauf konzentrieren, ihr Hauptziel zu erreichen, nämlich die politische und wirtschaftliche Einflussnahme im
10 Ruhrgebiet, während sie weiter dafür sorgen würden, dass ihnen in ihrer eigenen Zone niemand in die Quere kommen könnte. ... Auf jeden Fall ist die wirtschaftliche
15 Spaltung Deutschlands politisch weniger gefährlich als eine deutsche Einheit, die es den Russen erlaubt, nicht nur auf die Wirtschaft, sondern auch auf die Ver-
20 waltung und Politik [ganz Deutschlands] Einfluss zu nehmen.

(In: R. Steininger [Hg.], Deutsche Geschichte 1945–1961, Darstellung und Dokumente I, Frankfurt/M. 1983, S. 242 f. Gekürzt)

T 2 Die Entwicklung der industriellen Produktion in Deutschland von Juli 1945 bis August 1949 (Angaben in Prozent; 1936=100 Prozent)

Jahr/Quartal	amerik. Zone	brit. Zone	franz. Zone	sowj. Zone
1945, III+IV	15,5	18,5	k. A.	22
1946	41	34	36	44
1947 (Bizone)	44		45	54
1948, I+II	55,5		52	60 (I–IV)
1948, III+IV	72		64	
1949 (Jan.–Aug.)	86		78	68

Q 3 Der westdeutsche Nationalökonom A. Müller-Armack über die soziale Marktwirtschaft, Mai 1948:

1 Die Lage unserer Wirtschaft zwingt uns zu der Erkenntnis, dass wir uns in Zukunft zwischen zwei grundsätzlich voneinander verschiedenen Wirtschaftssystemen zu entscheiden haben, nämlich dem System der
5 antimarktwirtschaftlichen Wirtschaftslenkung und dem System der auf freie Preisbildung, echten Leistungswettbewerb und soziale Gerechtigkeit gegründeten Marktwirtschaft. [Der] soziale Charakter [der Marktwirtschaft] liegt bereits in der Tatsache begründet, dass
10 sie in der Lage ist, eine größere und mannigfaltigere Gütermenge zu Preisen anzubieten, die der Konsument durch seine Nachfrage entscheidend mitbestimmt und die durch niedrige Preise den Realwert des Lohnes erhöht und dadurch eine größere und breitere Befriedigung
15 der menschlichen Bedürfnisse erlaubt.

(In: Ch. Kleßmann, Die doppelte Staatsgründung, Bonn 1991, S. 428)

5. Konflikte in der Wirtschafts- und Währungspolitik

Widerstände der Sowjets – Die Sowjetunion hatte den Beitritt der SBZ zur geplanten Bizone im Sommer 1946 abgelehnt. Sie fürchtete, dass die Westmächte ihre überlegene Wirtschaftskraft in der SBZ als Instrument der Politik für sich nutzen wollten. Stattdessen setzte die Sowjetunion in der SBZ den Aufbau einer **sozialistischen Planwirtschaft** fort.

Bodenreform und Verstaatlichungen in der SBZ – Seit dem Herbst 1945 waren in der SBZ rund 14 000 Großgrundbesitzer und Großbauern enteignet worden. Die damit verbundene **Bodenreform** verhalf vielen Landarbeitern und Flüchtlingen aus den Ostgebieten zu eigenem Land. Darüber hinaus hatte sich die Bevölkerung Sachsens in einem Volksentscheid am 30. Juni 1946 mit großer Mehrheit für die **Enteignung von Betrieben und Unternehmen** ausgesprochen. Anfangs waren nur solche Betriebe betroffen, die Kriegsverbrechern gehörten oder die aktiv dem Kriegsverbrechen gedient hatten. Ohne dass es zu weiteren Volksabstimmungen kam, wurden bis 1948 auch in den anderen Ländern der SBZ etwa 10 000 Konzerne, Industriebetriebe und Banken verstaatlicht.

Die Währungsreform – Wichtigste Voraussetzung für den wirtschaftlichen Aufschwung war die Ersetzung der alten Reichsmark durch eine stabile Währung. Nur so konnte der Kampf gegen die fortschreitende Inflation (= Geldentwertung) und gegen den Schwarzmarkt gewonnen werden. Doch die Verhandlungen der Alliierten über eine gemeinsame Währungsreform für ganz Deutschland scheiterten im Frühjahr 1948. Unter strenger Geheimhaltung bereiteten die Westalliierten nun eine eigene **Währungsreform** für den 20. Juni 1948 vor: Jeder Bürger der Westzonen erhielt eine „Kopfquote" von 60 DM; Bargeld und Bankguthaben wurden im Verhältnis 100 RM : 6,50 DM umgetauscht. Die **neue D-Mark** wurde schnell akzeptiert, da auch das Angebot an Waren rapide anstieg.

Um nicht von der wertlos gewordenen Reichsmark überschwemmt zu werden, führte die UdSSR am 22. Juni 1948 auch in der SBZ eine **neue Ostmark** ein. Damit war die wirtschaftliche Einheit Deutschlands praktisch zu Ende.

Plakat der KPD, 1945

Q4 Beschluss des Zentralkomitees der SED zur Währungsreform in den Westzonen, 22.8.1948:

1 Unter der Losung der „Selbstverwaltung" geht [in den Westzonen] die Lenkung der Wirtschaft an die monopolistischen Unter-
5 nehmerverbände über, jene Organisationen, die Träger der faschistischen Kriegswirtschaft waren ... In der Sowjetischen Besatzungszone Deutschlands werden die
10 sich als notwendig erweisenden Gegenmaßnahmen unter grundsätzlich anderen Bedingungen erfolgen. Die Konzern- und Bankherren, Kriegsverbrecher und
15 Großgrundbesitzer sind enteignet. Das werktätige Volk hat die Staatsverwaltung in den Händen.

(In: Geschichte in Quellen, Bd. 7, 1980, S. 142)

B 5 Volles Schaufenster im Westen nach der Währungsreform, 1948

ARBEITSAUFTRÄGE

1. Erläutere, wie der britische Außenminister die Politik der UdSSR bewertet und welche Konsequenzen er zieht (Q 1).
2. Erläutere mit Q 3 das Prinzip der sozialen Marktwirtschaft.
3. Erkläre die Haltung der SED zur Währungsreform (Q 4).
4. Beschreibe mit T 2 die Entwicklung der Industrieproduktion 1945–1949 und die Wirkung der Währungsreformen.

6. Die Blockade Berlins

In Berlin führten die beiden Währungsumstellungen zu einer schweren Krise. Was waren die Ursachen?

Blockade und Luftbrücke – Der sowjetische Stadtkommandant hatte am 19. Juni 1948, einen Tag vor der Währungsumstellung in den Westzonen, den Gebrauch der D-Mark in Berlin verboten. Stattdessen sollte in ganz Berlin die für den 23. Juni angekündigte Ostmark der SBZ gelten. Doch dagegen protestierten die Westmächte und führten nun die D-Mark in den drei Westsektoren Berlins ein.
Die Sowjetunion nahm den Konflikt zum Anlass für eine **Blockade**: Am 24. Juni 1948 sperrte sie sämtliche Straßen, Eisenbahnlinien und Wasserwege zwischen West-Berlin und den Westzonen. Gleichzeitig unterband sie die Lieferung von Strom, Kohle, Gas und Lebensmitteln. Als einzige Verbindung der Westzonen nach Berlin blieb der Luftweg. Daraufhin beschlossen die USA und Großbritannien, West-Berlin über eine **Luftbrücke** zu versorgen. Nach einem Plan des US-Generals LUCIUS D. CLAY flogen amerikanische und britische Flugzeuge, von der Berliner Bevölkerung liebevoll „**Rosinenbomber**" genannt, 213 000 Mal Berlin an und versorgten die eingeschlossene Stadt mit Lebensmitteln, Kohle, Maschinen und allen anderen Gütern des täglichen Bedarfs. Erst am 12. Mai 1949 brach die sowjetische Führung die fehlgeschlagene Blockade Berlins ab.

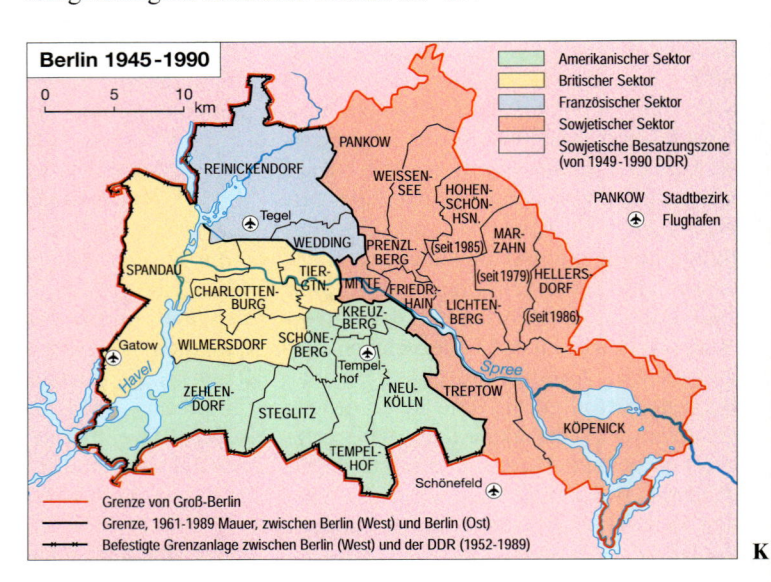

Q1 Berlins Oberbürgermeister E. Reuter am 9. September 1948:

Ihr Völker der Welt! Schaut auf diese Stadt und erkennt, dass ihr diese Stadt und dieses Volk nicht preisgeben dürft! ... Helft uns in der Zeit, die vor uns steht, ... mit dem standhaften und unzerstörbaren Einstehen für die gemeinsamen Ideale, die allein unsere Zukunft und die allein eure Zukunft sichern können! ... Und Volk von Berlin, sei dessen gewiss, diesen Kampf, den wollen, ... den werden wir gewinnen.

(In: A. M. Birke, Nation ohne Haus, Berlin 1998, S. 198. Gekürzt.)

B3 Am Flughafen Tempelhof während der Blockade Berlins, 1948

ARBEITSAUFTRÄGE

1. Beschreibe mit den Karten auf S. 62 die besondere Lage Berlins und erläutere mit K2 die Probleme, die eine gemeinsame Verwaltung Berlins durch die Alliierten mit sich brachte.
2. Verfasse eine Reportage zu Q1 und B3, in der du die Atmosphäre in Berlin zur Zeit der Luftbrücke schilderst.

Deutschland und die Welt im Zeichen des Kalten Krieges
1. Die „Aufteilung" Europas

Der Kampf gegen das nationalsozialistische Deutschland hatte die USA, Großbritannien und die Sowjetunion in einer Militärallianz zusammengeführt. Dennoch entstanden nach 1945 in Europa und weltweit Konflikte zwischen den Siegermächten – vor allem zwischen den USA und der UdSSR –, die die Welt an den Rand eines atomaren Weltkrieges führen sollten. Warum wurden aus Alliierten unerbittliche Gegner?

Bestimmung der Positionen – Der Weltkrieg hatte die bisherige Vorherrschaft der „alten" europäischen Mächte in der Welt beendet; auch die Großbritanniens. Das Ringen um Macht- und Einflusssphären wurde nun von den USA und der Sowjetunion dominiert. Hatten beide bis 1945 noch die Absicht beteuert, zur Erhaltung des Weltfriedens zusammenzuarbeiten, brachen nun die gegensätzlichen machtpolitischen Interessen auf.

Die USA waren bei Kriegsende die stärkste Militär- und Wirtschaftsmacht. Sie allein besaßen seit 1945 mit der **Atombombe** eine verheerende Massenvernichtungswaffe. Diese Stärke wollte der 1945 ins Amt gekommene Präsident HARRY TRUMAN nutzen, um eine **neue Weltordnung** nach den Prinzipien der Demokratie und des freien Welthandels zu schaffen.

Demgegenüber befand sich die Sowjetunion wirtschaftlich in einer schwachen Position. Durch den Krieg hatten mehr als 20 Millionen Menschen in der UdSSR ihr Leben verloren; große Teile des Landes waren verwüstet und die Wirtschaft lag am Boden. Allerdings kontrollierte die Rote Armee weite Teile Mittel- und Osteuropas. Nach der Erfahrung des deut-

B 1 Die „Aufteilung Osteuropas". Handschriftliche Notiz Churchills, von Stalin mit Haken abgezeichnet, Oktober 1944

Q 2 Stalin, Anfang 1945:

1 Dieser Krieg ist nicht wie in der Vergangenheit: Wer immer ein Gebiet besetzt, erlegt ihm auch sein eigenes gesellschaftliches
5 System auf. Jeder führt sein eigenes System ein, so weit seine Armee vordringen kann. Es kann gar nicht anders sein.

(In: M. Djilas, Gespräche mit Stalin, Frankfurt/M. 1962, S. 146)

Q 3 Der ehemalige britische Premierminister Winston Churchill 1946:

1 Von Lübeck an der Ostsee bis nach Triest an der Adria hat sich ein eiserner Vorhang über den Kontinent gesenkt. Dahinter liegen die Hauptstädte der vormaligen Staaten Zentral- und Osteuropas: Warschau, Berlin,
5 Prag, Wien, Budapest, Belgrad, Bukarest und Sofia. Alle diese berühmten Städte und die umwohnende Bevölkerung befinden sich in der Sowjetsphäre und unterstehen in hohem und in vielen Fällen in steigendem Maße der Kontrolle Moskaus...

(In: Geschichte für morgen, Frankfurt/M. 1988, S.102. Gekürzt)

PERSONENLEXIKON

HARRY S. TRUMAN, 1884–1972. 1945–1953 Präsident der USA

JOSEF W. DSCHUGASCHWILI, genannt STALIN 1879–1953. Seit 1922 Generalsekretär der Kommunistischen Partei; erlangte nach Lenins Tod (1924) eine allmächtige Stellung in der Partei und im Staat

schen Überfalls von 1941 wollte JOSEF STALIN diese militärische Position nutzen: Die UdSSR sollte in Zukunft durch einen **Sicherheitsgürtel prosowjetischer Staaten** gegen Angriffe aus dem Westen gesichert werden. Durch die Einsetzung moskautreuer Regierungen und die Unterdrückung freier Wahlen weitete die Sowjetunion seit 1946/1947 ihren Einfluss in den besetzten Gebieten Ost- und Mitteleuropas systematisch aus.

Entstehung des Kalten Krieges – Die Politik der Sowjetunion in Mittel- und Osteuropa werteten die USA und die westlichen Staaten als Beweis für den aggressiven Expansionswillen der Sowjetunion. Sie reagierten mit Protesten und beendeten die Kooperation mit der UdSSR. Die amerikanische Regierung beschloss 1947 eine Politik des „**Containment**" (dt.: Eindämmung): Durch den Aufbau von Bündnissystemen, die Unterstützung antikommunistischer Regimegegner sowie durch amerikanische Wirtschaftshilfe sollte der sowjetische Einfluss in Europa eingedämmt werden. Ein erster Schritt in diese Richtung war die Unterstützung nichtkommunistischer Kräfte in der Türkei und in Griechenland, wo kommunistische Guerillagruppen einen Bürgerkrieg begonnen hatten.

> **Q 4** US-Präsident Truman in einer Rede vor dem amerikanischen Kongress (Truman-Doktrin), 12.3.1947:
>
> 1 In einer Anzahl von Ländern wurde den Völkern kürzlich gegen ihren Willen ein totalitäres Regime aufgezwungen ... Ich bin der Ansicht, dass es die Politik der Vereinigten Staaten sein muss, die freien Völker zu unterstützen, die sich der Unterwerfung durch bewaffnete Minderheiten oder dem
> 10 Druck von außen widersetzen ... Die freien Völker der Erde blicken auf uns und erwarten, dass wir sie in der Erhaltung der Freiheit unterstützen ... Ich bin der Ansicht,
> 15 dass unsere Hilfe in erster Linie in Form wirtschaftlicher und finanzieller Unterstützung gegeben werden sollte, die für eine wirtschaftliche Stabilität und geord-
> 20 nete politische Vorgänge wesentlich ist.
>
> (In: Europa-Archiv, Bonn 1947, S. 819. Gekürzt)

> **Q 5** Der Sekretär des ZK der KPDSU, Shdanov, über die internationale Lage, 1947:
>
> 1 [Nach dem Krieg] sind zwei Lager entstanden: das imperialistische, antidemokratische Lager, dessen Hauptziel darin besteht, die Weltvormachtstellung des amerikanischen Imperialismus zu erreichen und die
> 5 Demokratie zu zerstören, und das antiimperialistische, demokratische Lager, dessen Hauptziel es ist, den Imperialismus zu überwinden, die Demokratie zu konsolidieren und die Überreste des Faschismus zu beseitigen ...
>
> (In: Geschichte in Quellen, Bd. 7, München 1980 S. 460. Gekürzt)

Die Ausdehnung des sowjetischen Machtbereichs in Europa

K

ARBEITSAUFTRÄGE

1. Erläutere und beurteile mit B 1, Q 2 und K 6 die Aufteilung Mittel- und Osteuropas sowie die sowjetische Politik in den von der Roten Armee besetzten Gebieten.
2. Nenne mit Q 3 die Bedrohung, die nach Einschätzung Churchills von der UdSSR für Europa ausging. Vgl. auch B 1.
4. Wie begründete Truman den Führungsanspruch der USA in Q 4? Beurteile die dargestellten Motive und Maßnahmen.
5. Erkläre Inhalt und Funktion der Zwei-Lager-Theorie (Q 5).

2. Marshall-Plan und Blockbildung

US-Präsident Truman hatte im Frühjahr 1947 Wirtschaftshilfen als Maßnahme zur Sicherung und Unterstützung demokratischer Verhältnisse in Europa angekündigt. Wie wurde dies realisiert?

Marshall-Plan – Im Juni 1947 kündigte US-Außenminister MARSHALL ein Wirtschafts- und Wiederaufbauprogramm für ganz Europa an: den „**Marshall-Plan**". Dieses Angebot einer Finanzhilfe für den Wiederaufbau war auch an die Sowjetunion und die übrigen osteuropäischen Staaten gerichtet.

Die sowjetische Führung lehnte den Marshall-Plan ab; sie musste befürchten, dass die USA ihre überlegene Wirtschaftskraft zur Stärkung des politischen Einflusses nutzen würden. Auch die Staaten Ost- und Mitteleuropas mussten auf Druck Moskaus den Marshall-Plan ablehnen. Auf die „Containment"-Politik reagierte Moskau mit der beschleunigten Sowjetisierung Ost- und Mitteleuropas: Die Wirtschafts- und Gesellschaftsordnung der besetzten Länder wurde nach dem Vorbild der UdSSR umgestaltet. In den so genannten „**Volksdemokratien**" besetzten die kommunistischen Parteien alle Führungspositionen; Oppositionsparteien wurden ausgeschaltet.

Blockbildung – Die Blockade Westberlins (1948/49), der Bau der ersten sowjetischen Atombombe (1949) sowie die Gründung der kommunistischen Volksrepublik China (1949) steigerten die Furcht der Westmächte vor einem Krieg. Unter Führung der USA gründeten daher zwölf westliche Staaten 1949 ein Verteidigungsbündnis, die **NATO** (North Atlantic Treaty Organisation). Darin übernahmen die USA eine Sicherheitsgarantie für Westeuropa.
Auf den Marshall-Plan hatte die Sowjetunion 1947 mit der Gründung des **Rats für Gegenseitige Wirtschaftshilfe** (RGW) für die Länder Ost- und Mitteleuropas reagiert. Als 1955 die Bundesrepublik Deutschland in das westliche Bündnis der NATO aufgenommen wurde, gründete die UdSSR einen eigenen Militärblock, den **Warschauer Pakt**. Das Beistandsbündnis sicherte aber auch die Anwesenheit sowjetischer Truppen in den Mitgliedsstaaten.

PERSONENLEXIKON

GEORGE MARSHALL, 1880–1959. US-Außenminister 1947–1949; arbeitete den Marshall-Plan aus

T 3 Wirtschaftshilfe durch den Marshall-Plan (in Mio. US-$)

Großbrit.:	3 443
Frankreich:	2 806
Italien:	1 548
Westdeutschl.:	1 413
Benelux:	1 079
Griechenland:	694
Türkei:	243
weitere zehn Länder:	2 684
Insgesamt:	13 910

Q 1 US-Außenminister Marshall über den Plan der Wirtschaftshilfe, 1947:

1 Unsere Politik richtet sich nicht gegen irgendein Land oder irgendeine Doktrin, sondern gegen Hunger, Armut, Verzweiflung
5 und Chaos. Ihr Zweck ist die Wiederbelebung einer funktionierenden Weltwirtschaft, damit die Entstehung politischer und sozialer Bedingungen ermöglicht wird,
10 unter denen freie Institutionen existieren können ...
Jeder Regierung, die bereit ist, beim Wiederaufbau zu helfen, wird die volle Unterstützung der
15 Regierung der Vereinigten Staaten gewährt werden.

(In: Europa-Archiv, Bonn 1947, S. 821 f. Gekürzt)

B 2 Der Marshall-Plan aus sowjetischer Sicht, Karikatur von 1948

ARBEITSAUFTRÄGE

1. Beurteile Ziele und Motive des Marshall-Plans (Q 1).
2. Erkläre die propagandistische Absicht von B 2. Vgl. T 3.

3. Gründung und Aufgaben der UNO

Der nach dem Ersten Weltkrieg gegründete Völkerbund hatte den Zweiten Weltkrieg nicht verhindern können. Dennoch setzten die Alliierten ihre Hoffnungen erneut auf die Idee einer Weltorganisation. Am 26. Juni 1945 gründeten 51 Staaten in San Francisco die „**United Nations Organization**" (UNO): die Vereinten Nationen. Wie versuchte die UNO den Weltfrieden zu sichern?

Organisation der UNO – Das Scheitern des Völkerbundes hatte gezeigt, dass ein kollektives Sicherheitssystem über entsprechende Machtmittel verfügen musste, um gegen Aggressor-Staaten wirksam vorgehen zu können. Diesem Ziel stand allerdings das Prinzip der Souveränität der einzelnen Staaten entgegen. Daher sind die Beschlüsse der UNO für die Mitgliedsstaaten bis heute nur auf freiwilliger Basis bindend. Staaten, die sich nicht an UNO-Beschlüsse halten, können dazu nicht gezwungen werden. Bei der Gründung der Vereinten Nationen 1945 befürchtete die Sowjetunion zudem, dass die UNO durch ein Übergewicht westlich orientierter Staaten beherrscht werden könnte. Sie beharrte daher auf einem Einspruchsrecht für alle Entscheidungen. Schließlich einigte man sich darauf, dass alle Siegermächte des Weltkriegs im **Weltsicherheitsrat**, dem wichtigsten Entscheidungsgremium der UNO, die Umsetzung von Beschlüssen durch ihr Nein (**Veto**) verhindern können.

Das Symbol der Vereinten Nationen

Q 1 Charta der Vereinten Nationen:

1 Art. 1: Die Vereinten Nationen setzen sich folgende Ziele: 1. den Weltfrieden und die internationale Sicherheit zu wahren, ... wirksame
5 Kollektivmaßnahmen zu treffen, um Bedrohungen des Friedens zu verhüten und zu beseitigen, Angriffshandlungen und andere Friedensbrüche zu unterdrücken.
10 Art. 2: Die Organisation und ihre Mitglieder handeln nach folgenden Grundsätzen: 1. Die Organisation beruht auf dem Grundsatz der souveränen Gleichheit aller ihrer
15 Mitglieder. ... 3. Alle Mitglieder legen ihre internationalen Streitigkeiten durch friedliche Mittel bei. ... 4. Alle Mitglieder unterlassen jede gegen die territoriale Unver-
20 sehrtheit oder die politische Unabhängigkeit eines Staates gerichtete Androhung oder Anwendung von Gewalt.

(In: Geschichte in Quellen, Bd. 7, München 1980, S. 666 f. Gekürzt)

Sicherheitsrat
- 5 ständige Mitglieder: USA, Frankreich, Russland, Großbritannien, VR China
- 10 nicht ständige Mitglieder

Friedenstruppen „Blauhelme" entsendet

Wahl der nicht ständigen Mitglieder für 2 Jahre

Wahl für 5 Jahre

Generalvollversammlung 185 Mitglieder

Generalsekretär Untersekretäre Sekretariat

Wahl für 9 Jahre

Wahl

Internationaler Gerichtshof (Den Haag) 15 Richter/Richterinnen

Wirtschafts- und Sozialrat

Ständige UN-Kommissionen
- ILO Kommission für Arbeit
- FAO Kommission für Ernährung
- UNESCO Kommission für Erziehung und Kultur
- WHO Kommission für Weltgesundheit

Ständige UN-Hilfsorganisationen
- UNICEF Weltkinderhilfswerk
- UNHCR Hoher Kommissar für Flüchtlinge
- UNCTAD Welthandelskonferenz
- UNDP Entwicklungsprogramm
- WFC Welternährung
- UNEP Umwelt

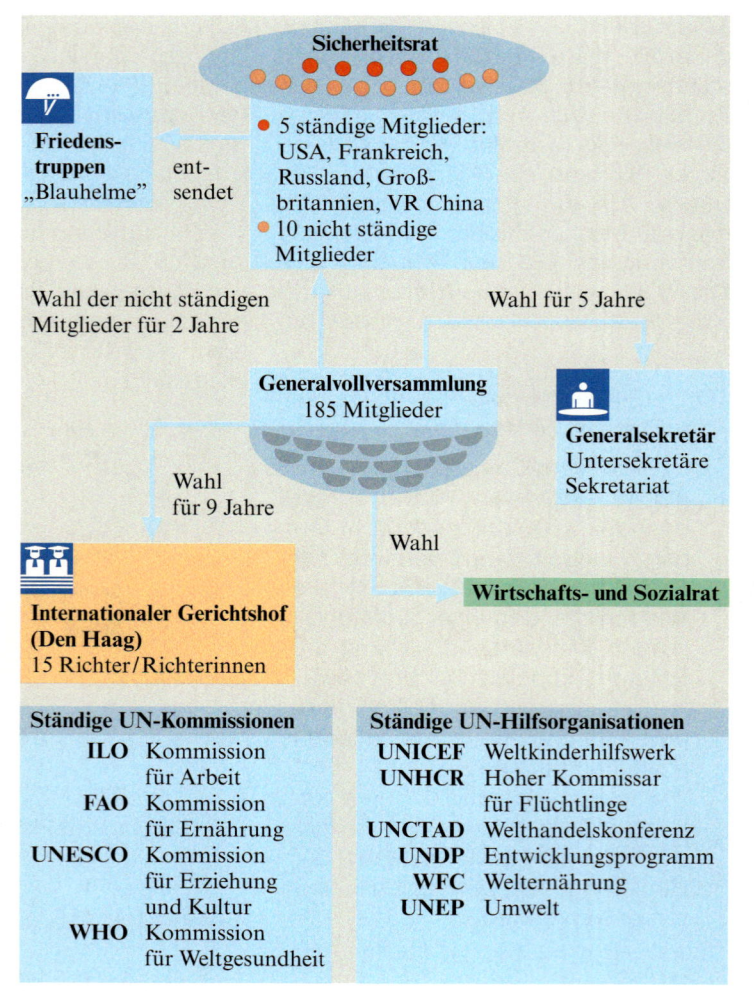

B 2 Der Aufbau der UNO

3. Gründung und Aufgaben der UNO 77

Grenzen der UNO im Kalten Krieg – Da nur der Sicherheitsrat anderen Staaten Weisungen erteilen, Sanktionen verhängen oder Militäreinsätze anordnen kann, zeigte sich bald, dass das Vetorecht der fünf Großmächte die Handlungsfähigkeit der UNO stark einschränkt. Besonders in der Zeit des Kalten Kriegs blockierten die Interessengegensätze der USA und der UdSSR häufig den Sicherheitsrat. In der Vollversammlung verschaffte anfangs u. a. die Stimmen der südamerikanischen Staaten den USA eine Mehrheit. Für die Sowjetunion lag daher ein zusätzlicher Anreiz darin, die Völker in Afrika und Asien in ihrem Kampf gegen Kolonialismus und wirtschaftliche Abhängigkeit zu unterstützen und so eine Front gegen die USA und ihre Verbündeten aufzubauen.

Einsatz für den Frieden – Militärische Friedensmissionen kann die UNO nur unternehmen, wenn sich die Supermächte einig waren. „Blauhelm-Truppen" der UN (wegen der Helmfarbe so genannt) werden eingesetzt, um einen Waffenstillstand zu überwachen und weitere Kämpfe zu verhindern. Doch das gelingt nicht immer, wie sich 1992 in **Somalia** zeigte. Das Land war durch einen blutigen Bürgerkrieg verwüstet, in dessen Folge eine verheerende Hungerkatastrophe einsetzte. Die UNO-Aktion verlief anfangs erfolgreich. Doch als die Bürgerkriegsparteien die UNO-Truppen bekämpften, musste sich die UNO aus Somalia zurückziehen. Als ein Forum des Weltgewissens schrieb die UNO 1948 die **Menschenrechte** fest.

UN-Blauhelmsoldat in Zaire, 1994

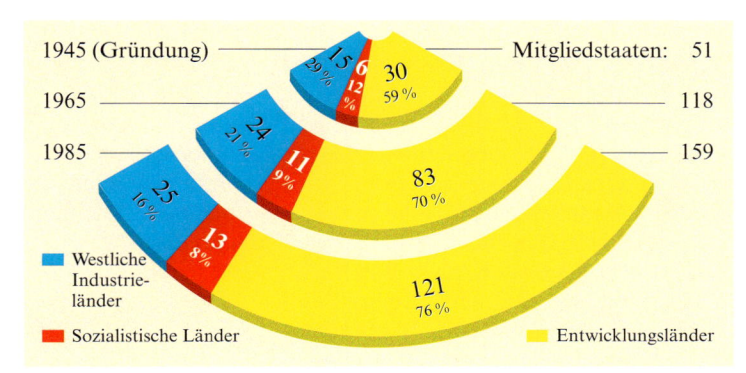

B 4 Mitgliederzahlen und Stimmenblöcke der UNO 1945 bis 1985

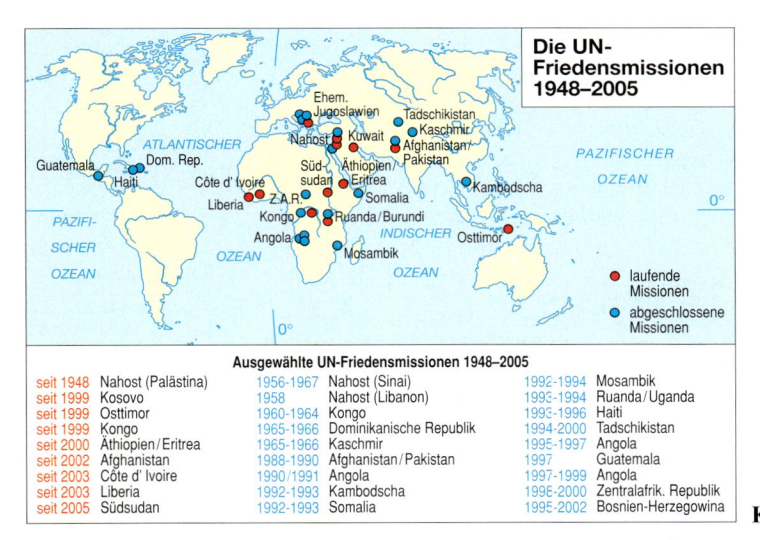

- 1945 (Gründung): 15 (29%), 6 (12%), 30 (59%) – Mitgliedstaaten: 51
- 1965: 24 (21%), 11 (9%), 83 (70%) – 118
- 1985: 25 (16%), 13 (8%), 121 (76%) – 159

Westliche Industrieländer · Sozialistische Länder · Entwicklungsländer

Q 3 Ein Politikwissenschaftler über die UNO im Jahr 2000:

Das Anliegen [der UNO], einen weiteren Weltkrieg zu verhindern, hat sich erfüllt, ... die Hoffnungen auf kollektive Sicherheit nicht. ...
5 Eine Reihe zwischenstaatlicher Kriege [haben] die UN nicht verhindern können. ... [Heute] haben sich andere Gefahren für Frieden und Sicherheit in den Vordergrund
10 geschoben: die Gefahr der unkontrollierten Verbreitung von Massenvernichtungswaffen, ... die Ausweitung von ethnischen, religiösen und verwandten Konflikten, die
15 als Bedrohung des Friedens" zu qualifizieren sind...

(In: W. Kühne, Die Vereinten Nationen an der Schwelle zum nächsten Jahrtausend, in: Weltpolitik im neuen Jahrhundert, Bonn 2000, S. 443 f. Gekürzt)

Die UN-Friedensmissionen 1948–2005

● laufende Missionen
● abgeschlossene Missionen

Ausgewählte UN-Friedensmissionen 1948–2005

seit 1948	Nahost (Palästina)	1956–1967	Nahost (Sinai)	1992–1994 Mosambik
seit 1999	Kosovo	1958	Nahost (Libanon)	1993–1994 Ruanda/Uganda
seit 1999	Osttimor	1960–1964	Kongo	1993–1996 Haiti
seit 1999	Kongo	1965–1966	Dominikanische Republik	1994–2000 Tadschikistan
seit 2000	Äthiopien/Eritrea	1965–1966	Kaschmir	1995–1997 Angola
seit 2002	Afghanistan	1988–1990	Afghanistan/Pakistan	1997 Guatemala
seit 2003	Côte d'Ivoire	1990/1991	Angola	1997–1999 Angola
seit 2003	Liberia	1992–1993	Kambodscha	1996–2000 Zentralafrik. Republik
seit 2005	Südsudan	1992–1993	Somalia	1995–2002 Bosnien-Herzegowina

K 5

ARBEITSAUFTRÄGE

1. Beurteile die in Q 1 genannten Grundsätze der UNO.
2. Informiere dich über den Aufbau der UNO (B 2) sowie das Vetorecht der fünf ständigen Mitglieder des Sicherheitsrates.
3. Erkläre mit B 4, warum die UdSSR besonders in den Anfangsjahren der UNO häufig ihr Vetorecht einsetzte.
4. Erörtere mit Q 3 die Möglichkeiten und Grenzen der UNO.
5. Informiere dich über eine der in K 5 genannten UNO-Missionen und stelle deren Verlauf in der Klasse vor.

4. Der Kalte Krieg wird heiß – der Koreakrieg

Während des Kalten Krieges griffen beide Supermächte wiederholt in regionale Konflikte ein, um dort ihre eigenen Interessen zu sichern. Welche Folgen hatte das für die betroffene Bevölkerung in den Konfliktregionen und für die internationale Lage?

Wettrüsten – Der Bau der Atombombe setzte eine Rüstungsspirale in Gang, die zu immer mehr, schlagkräftigeren und zielgenaueren Waffensystemen führte. Die anfängliche atomare Überlegenheit der USA äußerte sich in einer selbstbewussten Politik, die das „Containment" (Eindämmen) und später das **„Roll Back"** (Zurückdrängen) des sowjetischen Einflussbereichs zum Ziel hatte. Amerikanische Atomraketen waren zum Beispiel in Italien und in der Türkei stationiert und hätten von dort aus das Territorium der Sowjetunion erreichen können.

Ähnlich wie die USA versuchte auch die UdSSR ihren politischen und militärischen Einfluss weltweit auszudehnen. Seit 1949 besaß auch die Sowjetunion die Atombombe. Als es ihr 1957 gelang, den ersten Satelliten, **Sputnik**, in eine Erdumlaufbahn zu schießen, war das für die amerikanische Öffentlichkeit ein Schock. Mit den neuen, interkontinentalen Trägerraketen konnte die UdSSR nun auch das Gebiet der USA erreichen.

Das „atomare Patt" wollte jede der beiden Supermächte bis in die 1980er Jahre durch ein gewaltiges **Wettrüsten** für sich entscheiden. Zwar verschlang das atomare Waffenarsenal auf beiden Seiten immense Summen, doch die Rüstungsspirale mündete immer nur in einem noch bedrohlicheren „Gleichgewicht des Schreckens".

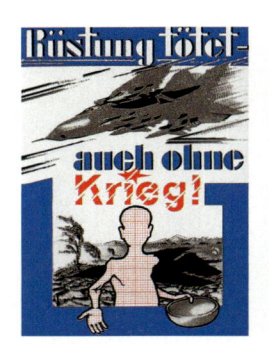

Aufkleber der Internationalen Katholischen Friedensbewegung „Pax Christi", ca. 1982

T 1 Krisen und Kriege seit 1950, an denen die Supermächte beteiligt waren (Auswahl)

1950–53	Koreakrieg
1953	Volksaufstand in der DDR
1954–62	Algerienkrieg
1955–67	Zypernkonflikt
1956	Aufstand in Ungarn
1956	Suezkrise
1960–65	Bürgerkrieg im Kongo
1961–74	Guerillakrieg in Angola
1962	Kubakrise
1963–73	Vietnamkrieg
1967	Sinaikrieg
1968	Prager Frühling
1973	Yom-Kippur-Krieg
1973	Militärputsch in Chile
1977, 82	Bürgerkrieg in Nicaragua
1975–80	Bürgerkrieg in Simbabwe
1978	Revolution im Iran
1979–89	Besetzung Afghanistans
1980–88	Krieg Iran–Irak
1983–85	Besetzung Grenadas

D 2 Rüstungsausgaben der USA und der UdSSR von 1950 bis 1990

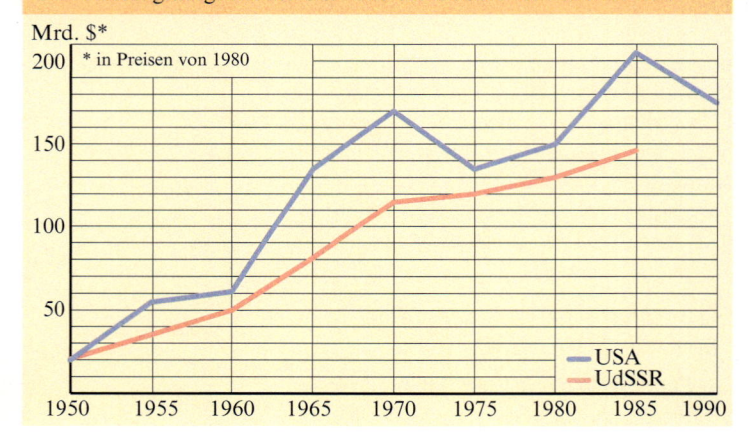

Q 3 Der stellvertretende Außenminister der UdSSR Gromyko zur Ursache des Koreakrieges, 4.7.1950:

Die gegenwärtigen Ereignisse in Korea entstanden am 25. Juni [1950] infolge eines provokatorischen Überfalls von südkoreanischen Truppen auf Grenzbezirke der Koreanischen Volksdemokratischen Republik.

⁵ Dieser Überfall war das Ergebnis eines vorgefassten Plans ... Sein Ziel ist, Korea der nationalen Unabhängigkeit zu berauben, die Gründung eines geeinten, demokratischen koreanischen Staates zu verhindern und in Korea gewaltsam ein volksfeindliches Regime zu errichten,
¹⁰ ten, das den ... USA erlauben würde, Korea zu ihrer Kolonie zu machen und koreanisches Gebiet als strategisches Aufmarschgebiet im Fernen Osten zu benutzen.

(In: B. Gehlhoff, Chronik 1950, Chronik Verlag, Dortmund 1989, S. 107. Gekürzt)

4. Der Kalte Krieg wird heiß – der Koreakrieg

Der Koreakrieg – Die Supermächte vermieden es, einen „heißen Krieg" direkt gegeneinander zu führen. Stattdessen trugen sie ihre Konflikte in Form so genannter **Stellvertreterkriege** in anderen Regionen der Welt aus; so war es auch beim **Koreakrieg** (1950–1953).

Die ehemalige japanische Kolonie Korea war nach dem Zweiten Weltkrieg auf Höhe des 38. Breitengrades in eine sowjetische Besatzungszone im Norden und eine amerikanische im Süden geteilt worden. Auch nach dem Abzug der Besatzungstruppen 1949 blieb das Land geteilt; Nordkorea wurde von der UdSSR und der Volksrepublik China unterstützt, Südkorea von den USA. Die Regierungen beider koreanischen Staaten forderten den jeweils anderen Landesteil für sich. 1950 griff der kommunistische Norden Südkorea an und eroberte es binnen weniger Monate fast ganz. Die USA und die westlichen Staaten sahen darin einen neuen Beweis für die aggressive Politik Moskaus. Der UN-Sicherheitsrat, dem die UdSSR in dieser Zeit fernblieb, verlangte vergeblich die Einstellung der Kämpfe und beschloss den Einsatz von UN-Truppen.

Mit dem **UNO-Mandat** wurden vor allem US-Truppen beauftragt. Sie warfen die Nordkoreaner weit zurück. Als jedoch 300 000 Soldaten der VR China auf Seiten Nordkoreas in den Krieg eingriffen, wurden die UN-Truppen wieder abgedrängt. Schließlich kam der Krieg an der alten Grenze beim 38. Breitengrad zum Stehen. Mehr als eine Millionen Zivilisten und zwei Millionen Soldaten starben bei den Kämpfen. Korea ist bis heute geteilt.

„Wie einer den anderen sieht". Karikatur von 1947

Q 4 US-Präsident Truman zur Ursache des Koreakrieges, 19.7.1950:

1 Es sollte nicht dem geringsten Zweifel unterliegen, dass wir uns bei unserem Vorgehen [in Korea] von grundlegenden moralischen
5 Prinzipien haben leiten lassen. Die Vereinigten Staaten sind einer Nation zu Hilfe gekommen, die ungerechtfertigterweise von einer Angreifermacht überfallen worden ist
10 ... Wir sind entschlossen, die Vereinten Nationen bei allen ihren Bemühungen zur Wiederherstellung des Friedens und der Sicherheit in Korea ... zu unterstützen und dem
15 koreanischen Volk die Möglichkeit zu geben, ohne Zwang seine eigene Regierungsform zu wählen.

(In: B. Gehlhoff, Chronik 1950, Dortmund 1989, S. 107. Gekürzt)

Q 5 Bericht der UN-Kommission für Korea, 4.9.1950:

1 Die Invasion des Gebiets der Republik Korea durch die Streitkräfte der nordkoreanischen Machthaber, die am 25. Juni 1950 begann, war ein Aggressionsakt ... Dieser Aggressionsplan war ... ein wesentlicher Bestandteil der
5 Politik der nordkoreanischen Machthaber, deren Ziel die Kontrolle ganz Koreas war ... Der Ursprung des Konflikts liegt in der künstlichen Teilung Koreas und in dem Versagen der Besatzungsmächte, Übereinstimmung über die Methoden zu erzielen, die bei der Verleihung der Unab-
10 hängigkeit an Korea genutzt werden könnten.

(In: Geschichte in Quellen, Bd. 7, München 1980, S. 592. Gekürzt)

B 6 Amerikanische UN-Soldaten auf dem Vormarsch nach Nordkorea, während Nordkoreaner nach Süden fliehen, August 1950

ARBEITSAUFTRÄGE

1. Bilde dir mit Hilfe von Q 3, Q 4 und Q 5 eine eigene Meinung zu den Ursachen des Koreakriegs.
2. Beurteile mit B 6 Auswirkungen des „Stellvertreterkriegs" auf die koreanische Bevölkerung.
3. Diskutiert mit T 1 und D 2 die Folgen des Wettrüstens und der „Stellvertreterkriege" für den internationalen Weltfrieden.

5. Krisen um Ungarn und Kuba

Besonders wachsam waren die Supermächte, wenn es um die Wahrung ihrer Interessen im direkten Umfeld ihres eigenen Territoriums ging. Wie reagierten sie, wenn sie sich dort bedroht fühlten?

Volksaufstand in Ungarn – Nach dem Krieg hatte die UdSSR in Ungarn eine so genannte „Volksdemokratie" nach sowjetischem Vorbild installiert. Mit Beginn der Ära Chruschtschow hatte sich das politische Klima jedoch zeitweise entspannt. Nun erhielt auch die Opposition innerhalb der Kommunistischen Partei Ungarns Auftrieb. Studenten, Reformkommunisten und Arbeiter prangerten die Misswirtschaft des Systems und die Besatzungspolitik der UdSSR offen an. Am 23. 10.1956 forderten Budapester Studenten tief greifende Reformen: Den Rückzug aller in Ungarn stationierten Sowjettruppen, die Anerkennung der **Souveränität Ungarns** durch die UdSSR, die Demokratisierung der Gesellschaft und die Auflösung der verhassten Geheimpolizei. Als sich die Demonstrationen zu einem regelrechten Aufstand ausweiteten, dem sich auch Teile der ungarischen Armee anschlossen, reagierte die Führung der UdSSR zunächst mit Zugeständnissen. Der neu ernannte Ministerpräsident IMRE NAGY berief auch Nicht-Kommunisten in die Regierung und verkündete die **Abschaffung des Einparteiensystems**.

Am 30. Oktober 1956 veröffentlichte die UdSSR eine Erklärung, die die staatliche Souveränität aller sozialistischen Staaten garantierte und eine sowjetische Einmischung in die inneren Angelegenheiten anderer Staaten ausschloss. Nagy forderte daraufhin Verhandlungen über den Rückzug der sowjetischen Truppen und kündigte die Mitgliedschaft Ungarns im Verteidigungsbündnis des Warschauer Pakts auf. Doch nun setzten sich in Moskau wieder die Befürworter einer harten Linie durch. Am 4.11.1956 besetzten 200 000

PERSONENLEXIKON

IMRE NAGY, 1896–1958. 1953–1955/1956 ungarischer Ministerpräsident; nach dem Aufstand von 1956 verhaftet und 1958 geheim hingerichtet; 1989 rehabilitiert.

Q 1 Telegramm des ungarischen Ministerpräsidenten Nagy an die Regierung der UdSSR, 1.11.1956:

1 Unter Bezugnahme auf die jüngste Erklärung der sowjetischen Regierung, sie sei bereit, mit den Regierungen Ungarns und der
5 anderen Mitgliedsstaaten des Warschauer Pakts über den Abzug der sowjetischen Truppen aus Ungarn zu verhandeln, ersucht die ungarische Regierung
10 die Regierung der Sowjetunion, eine Abordnung zu benennen, damit die Gespräche so bald als möglich beginnen können.

(In: Informationen zur politischen Bildung, H. 225, Bonn 1989,.S. 28 f. Gekürzt)

Q 2 Radiosender Petöfi, Ungarn, 4.11.1956, 14.34 Uhr:

1 Völker der Welt! Hört uns – helft uns! Nicht mit Erklärungen, sondern mit Taten, mit Soldaten und Waffen! Vergesst nicht, dass es für die Sowjets bei ihrem brutalen Anstürmen kein Halten gibt. Wenn wir untergegangen
5 sind, werdet ihr das nächste Opfer sein. Rettet unsere Seelen! ... Völker der Welt! Im Namen der Gerechtigkeit, der Freiheit und des verpflichtenden Prinzips der tatkräftigen Solidarität, helft uns!

(In: Informationen zur politischen Bildung, H. 225, Bonn 1989. S. 28 f. Gekürzt)

B 3 Aufständische vor einem verlassenen Sowjetpanzer, Budapest 1956

5. Krisen um Ungarn und Kuba

Soldaten der Roten Armee mit mehr als 1000 Panzern Budapest und schlugen den Aufstand blutig nieder. In den Kämpfen, die bis zum 11. November 1956 dauerten, starben etwa 25 000 Ungarn und 7000 Rotarmisten. Die Hoffnungen der ungarischen Reformer auf ein Eingreifen des Westens erfüllten sich nicht. Die USA und die anderen Westmächte schreckten vor der Gefahr eines Atomkrieges zurück und beschränkten sich auf Proteste.

Vorgeschichte der Kubakrise – Auf der „Zuckerinsel" Kuba übten die USA auch nach der Phase des Imperialismus bis Ende der 1950er Jahre großen politischen und wirtschaftlichen Einfluss aus. Doch das von den USA unterstützte Regime des Diktators Batista wurde 1959 durch den Guerillaführer FIDEL CASTRO gestürzt. Castro und die neue Regierung suchten zunächst vergeblich den Ausgleich mit den USA. Als Castro allmählich einen sozialistischen Kurs einschlug und amerikanische Firmen enteignete, verhängten die USA ein bis heute geltendes **Handelsembargo gegen Kuba**. Der Ausfall des wichtigsten Handelspartners führte dazu, dass Kuba sich an die UdSSR anlehnte und ein sozialistisches Wirtschaftssystem einführte. Mit der Unterstützung des US-Geheimdienstes CIA unternahmen Exilkubaner 1961 einen Umsturzversuch. Doch die geplante Invasion in der „Schweinebucht" scheiterte. Kuba feierte dies als „Sieg über den US-Imperialismus" und die Sowjetunion intensivierte nun ihre Wirtschafts- und Militärhilfe für Kuba.

Am Rande eines Atomkriegs – Am 15. Oktober 1962 entdeckten amerikanische Aufklärungsflugzeuge, dass die Sowjet-

PERSONENLEXIKON

FIDEL CASTRO, geb. 1927. Kubanischer Ministerpräsident seit 1959. Castro vertritt bis heute einen sozialistischen Kurs.

Q 4 US-Außenminister J. F. Dulles am 15.1.1953 zur Politik der USA gegenüber der UdSSR:

1 Wir werden niemals einen sicheren Frieden oder eine glückliche Welt haben, solange der sowjetische Kommunismus ein Drittel
5 aller Menschen beherrscht ... Deswegen müssen wir immer die Befreiung dieser unterjochten Völker im Sinn behalten ...
[Eine] Politik, die nur darauf zielt,
10 Russland auf den Bereich zu beschränken, in dem es schon ist, [ist] eine unvernünftige Politik, weil eine nur defensive Politik niemals gegen eine aggressive Poli-
15 tik gewinnt ...
Aber all dies kann und muss getan werden in Formen, die keinen allgemeinen Krieg provozieren und in Formen, die auch
20 keinen Aufstand provozieren, der mit blutiger Gewalt zerschlagen würde ...

(In: E. Czempiel/ C. Schweitzer, Weltpolitik der USA nach 1945, Bundeszentrale für politische Bildung, Bd. 210, Bonn 1984, S.125. Gekürzt)

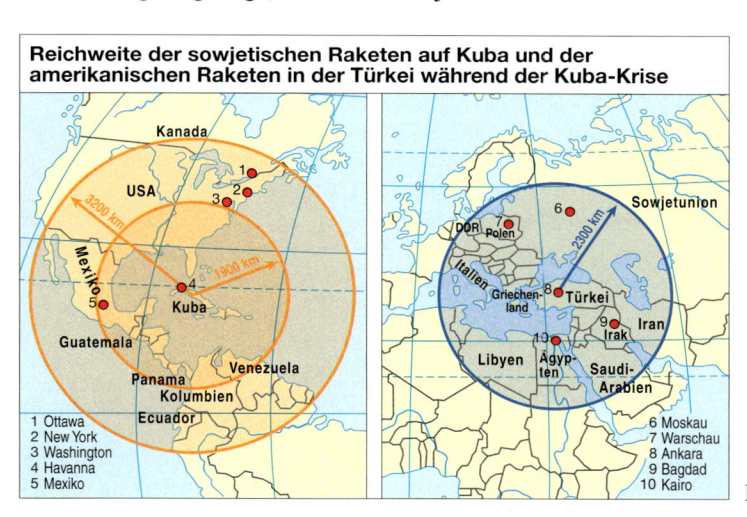

Reichweite der sowjetischen Raketen auf Kuba und der amerikanischen Raketen in der Türkei während der Kuba-Krise

1 Ottawa
2 New York
3 Washington
4 Havanna
5 Mexiko
6 Moskau
7 Warschau
8 Ankara
9 Bagdad
10 Kairo

K 5

Q 6 Begründung des sowjetischen Staatschefs Chruschtschow für die Raketenstationierung auf Kuba:

1 Wir waren sicher, dass die Amerikaner sich niemals mit der Existenz von Castros Kuba abfinden würden. Sie fürchteten ebenso sehr, wie wir es erhofften, dass ein sozialistisches Kuba möglicherweise den Sozialismus
5 für andere lateinamerikanische Länder anziehend machte ... Wir mussten ein greifbares und wirksames Abschreckungsmittel schaffen gegen eine amerikanische Einmischung in der Karibischen See.

(In: N. Chruschtschow, Chruschtschow erinnert sich, Hamburg 1971, S.492 ff.)

union damit begonnen hatte, **atomare Mittelstreckenraketen** auf Kuba zu stationieren. US-Präsident **JOHN F. KENNEDY** entschloss sich, den Transport weiterer Raketen durch eine Seeblockade Kubas zu verhindern, und drohte mit einem Angriff auf die Raketenbasen, falls diese nicht demontiert würden.

Da beiden Seiten ein Nachgeben unmöglich schien, führte die Kraftprobe der beiden Supermächte die Welt einige Tage lang gefährlich nahe an den Rand eines atomaren Kriegs. Schließlich wurde über inoffizielle Kanäle eine Lösung gefunden, die beide Seiten das Gesicht wahren ließ. Die Sowjets zogen die kubanischen Raketen wieder ab, und im Gegenzug verpflichteten sich die USA, auf weitere Interventionen in Kuba zu verzichten und ihre Raketen aus der Türkei abzuziehen.

Q 7 Fernsehansprache von US-Präsident Kennedy, 23.10.1962:

[Die] rasche Umwandlung Kubas in einen wichtigen strategischen Stützpunkt [der UdSSR] stellt eine ausdrückliche Bedrohung des
5 Friedens und der Sicherheit aller amerikanischen Staaten dar ... [Dieser] geheime, rasche und außergewöhnliche Aufbau kommunistischer Raketen ist eine be-
10 wusst provokatorische und ungerechtfertigte Änderung des Status quo, die von den Vereinigten Staaten nicht akzeptiert werden kann ... Wir werden weder voreilig
15 noch unnötigerweise die Folgen eines weltweiten Atomkrieges riskieren, aber wir werden auch niemals ... vor diesem Risiko zurückschrecken ... Es wird die Politik
20 unseres Landes sein, jeden Abschuss einer Atomrakete von Kuba aus ... als einen Angriff der Sowjetunion auf die Vereinigten Staaten anzusehen, der einen
25 umfassenden Vergeltungsschlag gegen die Sowjetunion erfordert.

(In: H. von Borch, Die großen Krisen der Nachkriegszeit, München 1984, S.97ff. Gekürzt)

Q 8 Brief des sowjetischen Staatschefs Chruschtschow an US-Präsident Kennedy, 27.10.1962:

Ihre Raketen sind in Großbritannien [und] in Italien stationiert und ... gegen uns gerichtet. Ihre Raketen sind in der Türkei stationiert. Sie sind beunruhigt über Kuba ..., weil es 90 Seemeilen vor der Küste der USA liegt. Sie
5 halten es ... für berechtigt, für Ihr Land Sicherheit und die Entfernung jener Waffen zu fordern, die Sie als offensiv bezeichnen, erkennen uns aber dies Recht nicht zu ...

(In: H. Krieger, Handbuch des Geschichtsunterrichts, Bd. 6 [1], S. 407, Frankfurt/M. 1983. Gekürzt)

B 9 „Einverstanden, Herr Präsident, wir wollen verhandeln...". Englische Karikatur von 1962 über Chruschtschow und Kennedy

ARBEITSAUFTRÄGE

1. Erläutere, welche Gefahren die sowjetische Führung in den Forderungen Nagys (Q 1) möglicherweise gesehen hat.
2. Beschreibe mit B 3 und den Angaben im Text das Ausmaß des Ungarnaufstands 1956 und der sowjetischen Intervention.
3. Vergleiche die Ziele der US-Politik, die in Q 4 dargestellt sind, mit dem Hilferuf im ungarischen Radio (Q 2) und dem Verhalten der USA 1956. Diskutiert, ob die USA oder andere Westmächte in Ungarn hätten eingreifen sollen.
4. Beschreibe mit K 5 die gegenseitige Bedrohung der Supermächte und beurteile die Situation um 1962.
5. Beurteile die Position Kennedys vor dem Hintergrund der Stationierung von US-Atomwaffen in Europa (Q 7, Q 8, K 5).
6. Beurteile die sowjetische Kubapolitik (Q 6, Q 8) aus der Sicht der UdSSR, der USA und Kubas.
7. Beschreibe, wie der Karikaturist in B 9 die Auseinandersetzung zwischen den Supermächten und die Situation sieht.

6. Der Vietnamkrieg

Seit Anfang der 1960er Jahre waren die USA in den Vietnamkrieg verstrickt, der 1973 für die Supermacht in einem Fiasko endete. Wie war es dazu gekommen?

Ursachen und Verlauf des Vietnamkriegs – Nach dem Rückzug der französischen Kolonialmacht war Vietnam durch Beschluss einer internationalen Konferenz 1954 geteilt worden: in einen kommunistischen Nordteil unter der Regierung Ho Chi Minhs und in einen antikommunistischen Südteil unter Ngo Dinh Diem. Der Teilungsbeschluss sollte einen Bürgerkrieg verhindern; er war zudem mit der Maßgabe verbunden, dass 1956 gesamtvietnamesische **Wahlen und die Wiedervereinigung** des Landes stattfinden sollten. Die südvietnamesische Regierung verhinderte jedoch die Wahlen, da sie einen Sieg der Kommunisten fürchtete, und errichtete in den Folgejahren eine Diktatur. Gegen das Regime des Diktators Diem formierte sich 1960 eine südvietnamesische Widerstandsbewegung: der kommunistische **Vietcong**. Der Vietcong wurde von Nordvietnam, der UdSSR und der Volksrepublik China finanziell und militärisch unterstützt. Das bei einem großen Teil der eigenen Bevölkerung verhasste südvietnamesische Regime wurde von den USA unterstützt, weil diese das weitere Vordringen des Kommunismus in Südostasien verhindern wollten.

Ab 1963 griffen die USA direkt in den Krieg ein – mit zeitweise bis zu 500 000 eigenen Soldaten. Trotz der großen Truppenverbände und eines zerstörerischen Flächenbombardements – die USA warfen über Vietnam dreimal so viele Bomben ab wie im Zweiten Weltkrieg über Europa und Asien zusammen – erlitten sie 1973 eine **militärische Niederlage** gegen die Guerillakämpfer des Vietcong. Große Teile der Öffentlichkeit in den USA sowie in den europäischen Ländern reagierten schockiert auf die Bilder und Berichte von dem entsetzlichen Leiden der vietnamesischen Zivilbevölkerung. Junge Wehrpflichtige verweigerten den Militärdienst, empörte Studenten, Berufstätige, Hausfrauen, Pfarrer protestierten in Massendemonstrationen. Wegen der brutalen Kriegsführung in Vietnam hatte auch das **moralische Ansehen der USA weltweit schweren Schaden** genommen.

B 1 Ein US-Hubschrauber versprüht das Entlaubungsmittel „Agent Orange" über Waldgebiete, in denen Vietcong-Kämpfer vermutet werden. Das Pflanzengift schädigte nicht nur die gesamte Vegetation, es führte auch zu Missbildungen bei tausenden neugeborenen vietnamesischen Kindern.

B 2 Vietnamesische Kinder als Opfer eines Napalmbomben-Angriffs der US-Luftwaffe, Foto 1972. Napalm ist ein heimtückischer Brandstoff, der mit Wasser nicht gelöscht werden kann. Die 9-jährige Kim Phuc (Bildmitte) erlitt schwerste Verbrennungen.

ARBEITSAUFTRÄGE

1. Diskutiert, ob das militärische Eingreifen der USA in Vietnam prinzipiell gerechtfertigt war.
2. Beurteile mit B 1 und B 2 die Kriegführung der USA.

7. Entspannungspolitik und Ende des Kalten Krieges

Die Erkenntnis, dass der Kalte Krieg nicht durch Wettrüsten und „Stellvertreterkriege" zu gewinnen war, setzte sich bei den Supermächten allmählich durch. Wodurch kam der Sinneswandel zustande?

Die Ursachen des Umdenkens – Die gigantischen Kosten des Wettrüstens und die Angst vor einem Atomkrieg lasteten seit Jahrzehnten auf den Menschen – nicht nur in den USA und in der UdSSR. Hinzu kam eine weltpolitische Schwächung beider Supermächte in den 1960er und 1970er Jahren.

Die UdSSR befand sich seit Ende der 1950er Jahre in einer ideologischen, teilweise auch militärisch ausgetragenen **Auseinandersetzung mit China**. Der Konflikt spaltete die kommunistische Einheitsfront und schwächte die Vormachtstellung der UdSSR in der sozialistischen Welt.

Die USA waren seit Mitte der 1960er Jahre in den **Vietnamkrieg** verstrickt. Wegen der militärischen Niederlage, aber mehr noch wegen der brutalen Kriegsführung hatte das Ansehen der Supermacht im eigenen Land sowie weltweit sehr gelitten.

Entspannung und Ende des Kalten Krieges – Verhandlungen zwischen den Supermächten hatten 1972 und 1979 zu ersten **Rüstungskontrollvereinbarungen** geführt. Dabei wurden Obergrenzen für bestimmte Waffensysteme festgelegt, ohne jedoch die vorhandenen Potenziale anzutasten. Doch Ende der 1970er Jahre veranlasste das Übergewicht sowjetischer Mittelstreckenraketen in Europa die NATO zu einem **Doppelbeschluss**: Die UdSSR sollte die überzähligen Raketen abbauen; andernfalls werde die NATO nachrüsten. Auch durch den Einmarsch sowjetischer Truppen in Afghanistan 1979 hatte sich die weltpolitische Lage wieder verschärft.

Der Tiefstand in den Beziehungen beider Supermächte wurde erst 1985 durch den neuen Kremlführer MICHAIL GORBATSCHOW überwunden. Für seine wirtschaftlichen und politischen Reformpläne brauchte er Entlastung von den Rüstungskosten. Gorbatschow machte daher weitreichende Abrüstungsvorschläge. Im Jahr 1987 vereinbarten die Supermächte den Abbau atomarer Mittelstreckenraketen. Obwohl dies nur etwa 4 % der Atomwaffen betraf, war es doch ein Durchbruch: Zum ersten Mal wurde wirklich abgerüstet. Ende 1989 verkündeten beide Seiten das Ende des Kalten Krieges.

B 1 Kosten des Wettrüstens. Bundesdeutsche Karikatur 1982

»Ich hab' mir zwar Friedenstauben anders vorgestellt, aber vielleicht sind das welche!?«

B 2 Gorbatschow und Reagan auf der Genfer Gipfelkonferenz, 1985

ARBEITSAUFTRÄGE

1. Erläutere welche Probleme der Karikaturist in B 1 darstellt. Vergleiche dazu auch D 2 von Seite 78.
2. Interpretiere die Symbolik des Fotos B 2.

Das geteilte Deutschland: 1949–1989
1. Die Gründung zweier deutscher Staaten

Nach dem Ende des Zweiten Weltkriegs hatte Deutschland seine staatliche Souveränität verloren; alle Entscheidungen über die Politik und Wirtschaft des Landes lagen in den Händen der Siegermächte. Von 1949 bis 1990 bestanden dann zwei deutsche Staaten nebeneinander. Wie kam es zu dieser Teilung Deutschlands?

Die Spaltung Deutschlands – Kurz nach Kriegsende traten weltweit die Interessengegensätze der Alliierten zutage; insbesondere zwischen den Westmächten und der UdSSR. Der von tiefem Misstrauen geprägte Konflikt bestimmte fortan die Deutschlandpolitik der Siegermächte. Deren Uneinigkeit hatte zunächst dazu geführt, dass die vier Besatzungszonen weitgehend unabhängig voneinander verwaltet wurden. Anfang 1947 schlossen die Amerikaner und Briten ihre Zonen wirtschaftlich zusammen; im Juni 1948 folgte die französische Zone. Eine einheitliche Wirtschaftspolitik der vier Zonen war schon 1947 endgültig gescheitert, als die sowjetische Zone auf Druck Moskaus die **Marshall-Plan**-Hilfe zum Wiederaufbau Europas ablehnte.

Seit Mitte 1947 zeichnete sich die Errichtung zweier deutscher Teilstaaten immer deutlicher ab. Im Juni 1948 einigten sich die Westmächte auf der **Londoner Sechs-Mächte-Konferenz** (USA, Großbritannien, Frankreich und die Beneluxländer) auf die Gründung eines deutschen Weststaates. Daraufhin verließ die UdSSR den Alliierten Kontrollrat für Deutschland. Die Blockade Berlins durch die UdSSR im Juni 1948, mit der sie die Einbeziehung Berlins in die westdeutsche Währungsreform verhindern wollte, beschleunigte den politischen Zusammenschluss der Westzonen zusätzlich. Und die Westdeutschen empfanden die Besatzungsmächte nun als Beschützer. Aus Siegern und Besiegten wurden Freunde und Verbündete.

Q1 Umfrage des Magazins „Der Spiegel" in den Westzonen, 5.3.1949

1 Sollen die Deutschen
 a) einen westdeutschen Staat bilden und die Ostzone erst später einbeziehen (Ja-Stimmen: 54 %)
5 b) nur dann einen Staat bilden, wenn die Ostzone mitmachen kann (Ja-Stimmen: 13 %)
 c) keinen Staat bilden, solange noch eine Besatzungsmacht auf
10 deutschem Boden ist? (Ja-Stimmen: 33 %)

(In: Chronik 1949, Dortmund 1988, S. 49)

Q2 Aus den Beschlüssen der Koblenzer Ministerpräsidentenkonferenz, 10.7.1948:

1 Die Ministerpräsidenten [der Westzonen] begrüßen es, dass die Besatzungsmächte entschlossen sind, die [ihnen] unterstehenden Gebietsteile Deutschlands zu einem einheitlichen Gebiet zusammenzufassen… [Sie] glauben
5 jedoch, dass alles vermieden werden müsste, was dem zu schaffenden Gebilde den Charakter eines Staates verleihen würde … [und] was geeignet sein könnte, die Spaltung zwischen Ost und West weiter zu vertiefen …

(In: Geschichte in Quellen, Bd. 7, München 1980, S. 149. Gekürzt)

B3 Parlamentarischer Rat: Schlussabstimmung über das Grundgesetz der BRD, Mai 1949. Die beiden KPD-Abgeordneten bleiben sitzen.

Bundesrepublik Deutschland – Im Juli 1948 wurden die westdeutschen Ministerpräsidenten von den Alliierten aufgefordert, eine verfassunggebende Versammlung einzuberufen. Der „**Parlamentarische Rat**" begann am 1. September 1948 mit der Ausarbeitung eines „**Grundgesetzes**". Entsprechend den Stimmenverhältnissen in den Landtagen gehörten dem Gremium Vertreter aller Parteien an, darunter zwei Parlamentarier der KPD. Die bürgerlichen Parteien verfügten gegenüber der SPD über die Mehrheit. Doch allen war wichtig, eine möglichst große Übereinstimmung zu erzielen.

Um die Schwächen der Weimarer Verfassung zu vermeiden, wurde die Stellung von Regierung und Parlament gegenüber der des Bundespräsidenten gestärkt. Die Rolle des Präsidenten wurde weitgehend auf Repräsentationsaufgaben beschränkt. Die Regierung kann nur gestürzt werden, wenn die Opposition über eine Mehrheit zur Wahl eines neuen Regierungschefs verfügt (= **konstruktives Misstrauen**). Die Länder sollten eine starke Stellung gegenüber der Zentralregierung erhalten.
Am **8. Mai 1949** wurde das Grundgesetz vom Parlamentarischen Rat verabschiedet. Nach der Genehmigung durch die Alliierten und der Zustimmung der Landtage (außer Bayern) trat es am 23. Mai in Kraft. Am 14. August 1949 fanden die Wahlen zum Bundestag statt. Dieser wählte KONRAD ADENAUER (CDU) am 15. September 1949 mit einer Stimme Mehrheit zum Bundeskanzler.

PERSONENLEXIKON

THEODOR HEUSS, 1884–1963.
1946 Mitbegründer der FDP, Bundespräsident 1949–1959

Q 4 Das Besatzungsstatut der Alliierten für die Bundesrepublik von 1949:

1 Um sicherzustellen, dass die Grundziele der Besetzung erreicht werden, bleiben auf folgenden Gebieten Befugnisse ausdrücklich
5 vorbehalten …: a) Abrüstung und Entmilitarisierung, … Verbote und Beschränkungen der Industrie …, zivile Luftfahrt; b) Reparationen, Entflechtung, … c) auswärtige An-
10 gelegenheiten, einschließlich internationaler Abkommen …
Die Besatzungsbehörden behalten sich das Recht vor, die Ausübung der vollen Gewalt ganz
15 oder teilweise wieder zu übernehmen, wenn sie dies als wesentlich ansehen für die Sicherheit oder die Aufrechterhaltung der demokratischen Regierung in Deutschland.
20 … Jede Änderung des Grundgesetzes bedarf vor ihrem Inkrafttreten der ausdrücklichen Zustimmung der Besatzungsbehörden.

(In: Geschichte in Quellen, Bd. 7, München 1980, S. 192. Gekürzt)

D 5 Sitzverteilung im ersten deutschen Bundestag

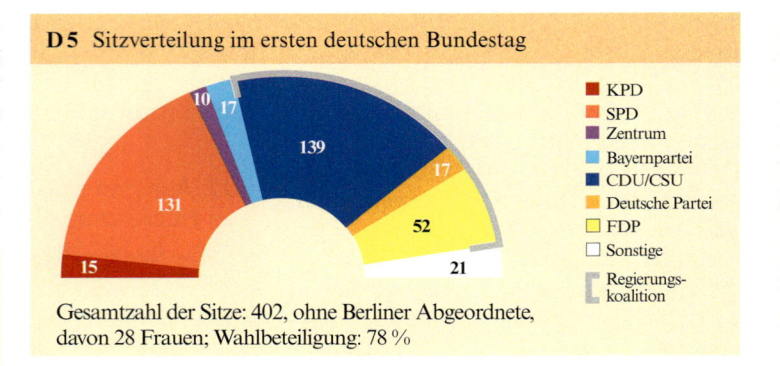

KPD 15, SPD 131, Zentrum 10, Bayernpartei 17, CDU/CSU 139, Deutsche Partei 17, FDP 52, Sonstige 21

Gesamtzahl der Sitze: 402, ohne Berliner Abgeordnete, davon 28 Frauen; Wahlbeteiligung: 78 %

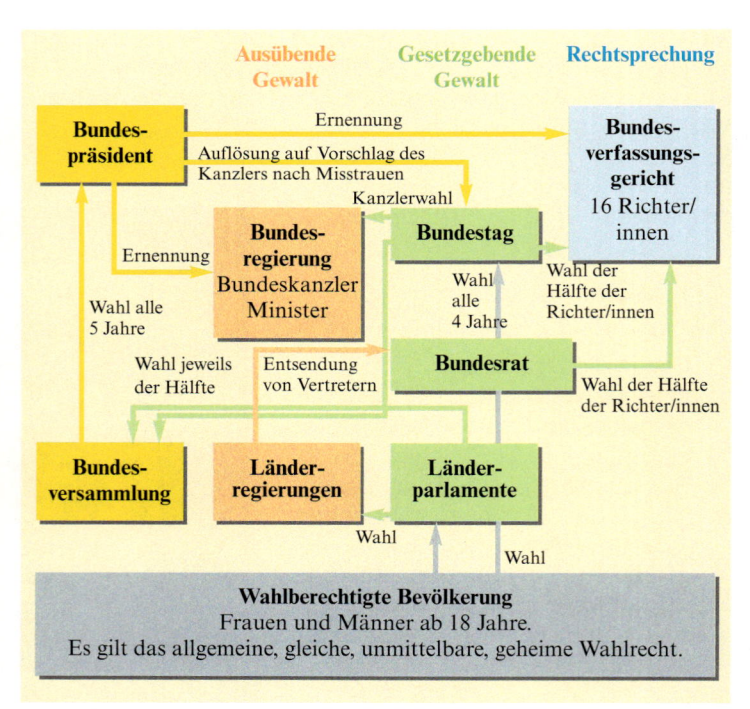

B 6 Staatsaufbau der Bundesrepublik Deutschland

Deutsche Demokratische Republik – Die Sowjetunion wollte zunächst in ganz Deutschland eine „Volksdemokratie" nach osteuropäischem Muster errichten. Ende 1947 beauftragte sie die SED, mit der **Volkskongressbewegung** eine „gesamtdeutsche Volksvertretung" zu schaffen. Im März 1948 wählte der Volkskongress den „**Deutschen Volksrat**" (400 Mitglieder), der über eine Verfassung beraten sollte. Das Ergebnis entsprach weitgehend einem Entwurf der SED von 1946.

Mitte Mai 1949 wurde in der SBZ ein neuer Volkskongress gewählt. Zur „Wahl" stand aber nur noch eine **Einheitsliste** mit vorher **festgelegter Mandatsverteilung**. Dieser Volkskongress wählte seinerseits den „Zweiten Deutschen Volksrat", der sich am 7. Oktober 1949 zur „Provisori-schen Volkskammer" erklärte und die **Verfassungs der Deutschen Demokratischen Republik** in Kraft setzte. WILHELM PIECK (SED) wurde Staatspräsident, OTTO GROTEWOHL (SED) Ministerpräsident der DDR. Die wirkliche Machtzentrale war jedoch das SED-Politbüro.

Die Verfassung der DDR sah das Prinzip der Gewaltenteilung nicht vor. Die Grundrechte waren zwar festgeschrieben, aber wegen der fehlenden Unabhängigkeit der Justiz stark eingeschränkt.

PERSONENLEXIKON

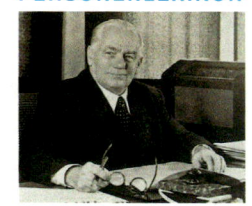

WILHELM PIECK, 1876–1960. KPD/SED-Politiker, 1949–1960 Präsident der DDR

Q7 Die Ost-Berliner Zeitung „Neues Deutschland" am 7.9.1949:

1 Der so genannte Bundestag ... ist ein Spalterparlament, das gegen die Interessen des deutschen Volkes gerichtet ist ... Dieser Bundes-
5 tag und eine kommende Regierung haben keine Rechtsgültigkeit. Sie sind das Resultat der Verletzung der Potsdamer Beschlüsse durch die anglo-amerikanischen
10 Kriegstreiber.

(In: Geschichte in Quellen, Bd. 7, S. 198. Gek.)

Q8 Der amerikanische Außenminister, 12.10.1949:

1 Die so genannte „Deutsche Demokratische Republik" [beruht] nicht auf legalen Grundlagen und [kann] sich nicht auf den Willen der Be-
5 völkerung berufen. Diese neue Regierung wurde durch ein sowjetisches ... Machtwort geschaffen. Sie wurde durch einen „Volksrat" geschaffen, der selbst nicht aus
10 freien ... Wahlen hervorging

(In: H. Krieger [Hg], Die Welt seit 1945, Frankfurt/M. 1983, S. 212. Gekürzt)

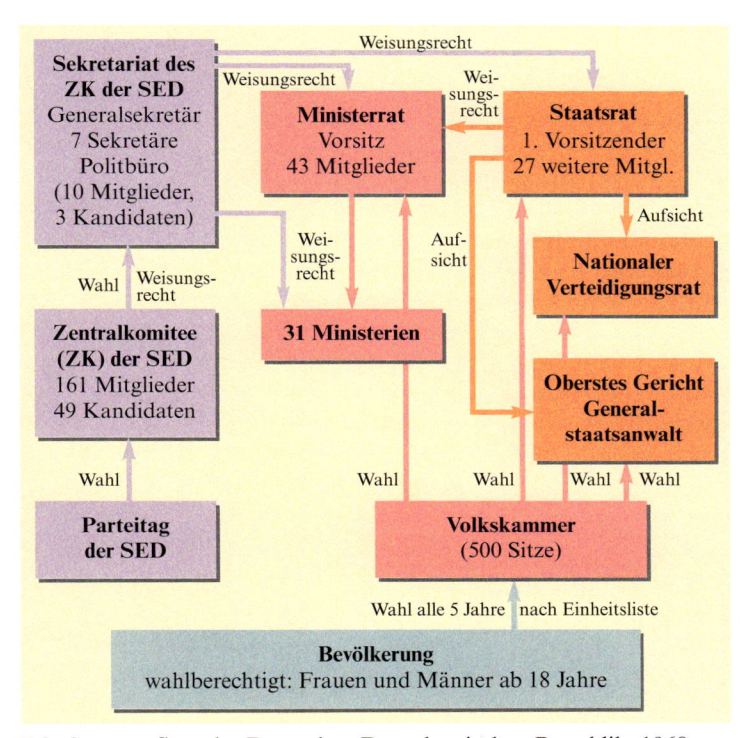

B9 Staatsaufbau der Deutschen Demokratischen Republik, 1968

ARBEITSAUFTRÄGE

1. Diskutiert mit Hilfe von Q1 und Q2 das Für und Wider der Gründung eines westdeutschen Teilstaates.
2. Beurteile, ob die Bundesrepublik bzw. die DDR 1949 schon souveräne Staaten waren (Q4/Text).
3. Erkläre mit B6 und B9 den Staatsaufbau der Bundesrepublik und den Staatsaufbau der DDR. Stelle die Unterschiede zusammen. Bewerte beide Verfassungen unter den Gesichtspunkten a) demokratisches Wahlrecht, b) demokratische Gesetzgebung, c) Gewaltenteilung.
4. Diskutiert, ob die in Q7/Q8 zum Ausdruck gebrachte Kritik des jeweiligen politischen Gegners gerechtfertigt war.

2. Wirtschaftliche Grundentscheidungen in Ost und West

In den ersten Nachkriegsjahren waren die Weichen für die wirtschaftliche Entwicklung der DDR und der Bundesrepublik gestellt worden. Welche Entscheidungen waren das und wie wirkten sie sich aus?

Startbedingungen in Ostdeutschland – Auf der Basis der Beschlüsse der Potsdamer Konferenz hatte die Sowjetunion in den ersten Nachkriegsjahren mehr als 2000 Betriebe der SBZ demontiert und in die stark kriegsverwüstete UdSSR gebracht. Dadurch verringerte sich die Industriekapazität der SBZ um über 40 Prozent. Die UdSSR entnahm darüber hinaus auch **Reparationen** aus der laufenden Produktion. Insgesamt musste die SBZ weit mehr Reparationen leisten als jede der drei Westzonen. Die Westalliierten hatten in ihren Zonen auch weniger Industriebetriebe demontiert und abtransportiert. In der SBZ kam erschwerend hinzu, dass sie über **wenige Rohstoffe** verfügte und von den gewachsenen Wirtschaftsbeziehungen zum Westen abgeschnitten war.

B 1 Plakat zum 1. DDR-Fünfjahrplan 1952

Zentrale Planwirtschaft in der DDR – Der Großgrundbesitz, Banken und wichtige Industriebetriebe wurden schon in der SBZ verstaatlicht. Nach Gründung der DDR plante und überwachte eine staat-

B 2/B 3 Maschinenhalle vor und nach der Demontage, 1945

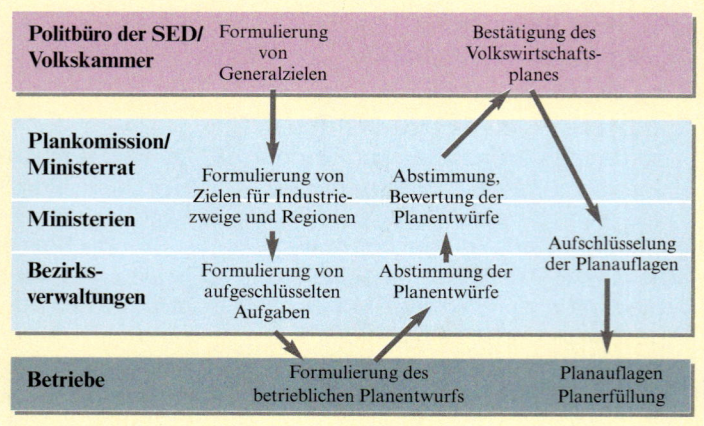

B 4 Modell der sozialistischen Planwirtschaft

liche **Plankommission** alle Wirtschaftsabläufe. Sie sollte Fehlinvestitionen vermeiden helfen und Schwerpunkte der Wirtschaftsentwicklung setzen. Diese Planungsbürokratie erwies sich jedoch auf Dauer als zu unbeweglich, um die komplizierten Wirtschaftsprozesse zu steuern: Produktions- und Versorgungsengpässe waren die Folgen. Der erste **Fünfjahrplan** der DDR von 1951 räumte dem **Aufbau der Schwerindustrie** den unbedingten Vorrang ein; Konsumgüter blieben für die DDR-Bevölkerung lange Mangelwaren.

Voraussetzungen im Westen – LUDWIG ERHARD, Direktor des Wirtschaftsrats der Bizone, setzte 1948 die Neuordnung der Wirtschaft durch. Die Aufhebung zahlreicher Maßnahmen der Zwangswirtschaft durch die Militärregierungen leitete den Übergang zur **Marktwirtschaft** ein.

Soziale Marktwirtschaft – Der Parlamentarische Rat hatte im Grundgesetz festgeschrieben, dass die Bundesrepublik ein **Sozialstaat** sei. In der Auseinandersetzung zwischen Befürwortern einer marktwirtschaftlichen und denen einer sozialistischen Ausrichtung hatten selbst einige CDU-Politiker bis Ende der 1940er Jahre die Verstaatlichung von Schlüsselindustrien gefordert. Als es Anfang 1951 zu einem Anstieg der **Arbeitslosenzahlen** und der Lebenshaltungskosten kam, geriet Erhards Wirtschaftskurs in die Kritik. Zunächst widerstrebend korrigierte Erhard – seit 1949 Wirtschaftsminister der Bundesrepublik – seinen Kurs im Sinne einer **sozialen Marktwirtschaft**: Es wurden Arbeitsbeschaffungsmaßnahmen und Investitionen zugunsten der Kohle- und Stahlindustrie sowie Importbeschränkungen beschlossen. Ab 1952 erholte sich die westdeutsche Wirtschaft: Die Weichen für das „**Wirtschaftswunder**" waren gestellt.

PERSONENLEXIKON

LUDWIG ERHARD, 1897–1977. CDU-Politiker. Er bereitete 1948 die Währungsreform in der Bizone vor; 1948/49 Direktor für Wirtschaft in der Dreizonenverwaltung in Frankfurt/M.; 1949–1963 Bundeswirtschaftsminister; 1963–1966 Bundeskanzler. Begründer der „sozialen Marktwirtschaft" ⊙/6

Q 5 Rede des SPD-Politikers Nölting auf dem SPD-Parteitag, 1.4.1951:

1 Wir sind überhaupt nicht prinzipielle Gegner jeder Marktwirtschaft ... Die Frage nach der wirtschaftspolitischen Methode ist für uns eine
5 [der] Zweckmäßigkeit ... Es ist ja gerade die kritiklose Idealisierung der freien Marktwirtschaft gewesen, der Wahnglaube, dass man bei Entfesselung der Wirtschafts-
10 kräfte die soziale Harmonie automatisch herbeiführen könne wie einen Hobelspan, der in der Werkstatt abfällt, dass die freie Marktwirtschaft von selbst zu einer sozi-
15 alen werde, die blind gegen die offenbaren Mängel dieser Wirtschaftsordnung gemacht hat ...
(Geschichte in Quellen, Bd. 7, S. 216. Gekürzt)

D 6 Bruttosozialprodukt* pro Kopf in US-$

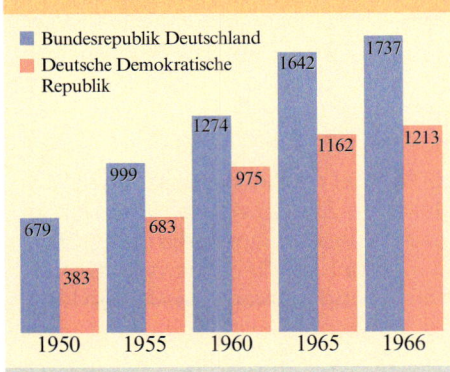

- Bundesrepublik Deutschland
- Deutsche Demokratische Republik

Jahr	BRD	DDR
1950	679	383
1955	999	683
1960	1274	975
1965	1642	1162
1966	1737	1213

* Bruttosozialprodukt = Summe der in einem Jahr in einer Volkswirtschaft geschaffenen Werte

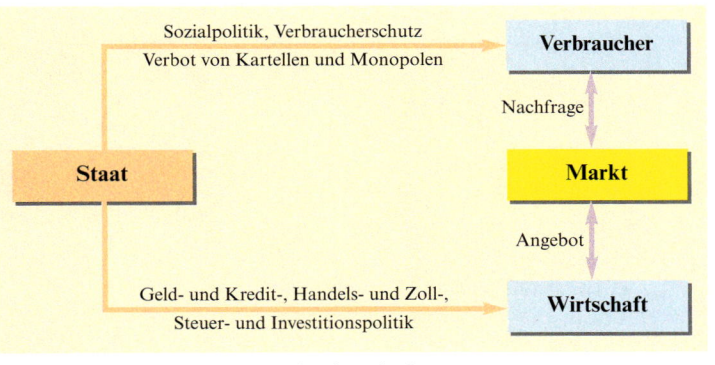

B 7 Modell der sozialen Marktwirtschaft

Staat → Verbraucher (Sozialpolitik, Verbraucherschutz, Verbot von Kartellen und Monopolen)
Staat → Wirtschaft (Geld- und Kredit-, Handels- und Zoll-, Steuer- und Investitionspolitik)
Verbraucher ↔ Markt (Nachfrage)
Wirtschaft ↔ Markt (Angebot)

ARBEITSAUFTRÄGE

1. Erläutere die Wirtschaftskonzepte der DDR und der Bundesrepublik (B 1, B 4, B 7). Beurteile deren Erfolge (D 6).
2. Erkläre mit B 2/B 3, welche Auswirkungen die Demontagen für die Nachkriegswirtschaft hatten.

3. Eingliederung in die militärischen Bündnissysteme

Nur zehn Jahre nach Kriegsende wurden in beiden deutschen Staaten wieder Truppen aufgestellt. Eingebunden in verfeindete Militärbündnisse standen sie sich bewaffnet gegenüber. Wie vollzog sich diese Integration in die Bündnissysteme?

Westintegration der Bundesrepublik – Der Regierung Adenauer schienen eine stabile wirtschaftliche Entwicklung und die Sicherheit der Bundesrepublik nur durch eine Einbindung in das westliche Staaten- und Verteidigungssystem möglich. Auch die Wiedervereinigung war für Adenauer nur nach der Westintegration und aus einer Politik militärischer Stärke gegenüber der UdSSR vorstellbar.

Das **westliche Militärbündnis NATO** war 1949 ohne westdeutsche Beteiligung gegründet worden. Doch als die USA nach dem Ausbruch des Koreakriegs 1950 eine Wiederbewaffnung der Bundesrepublik befürwortete, wurde über einen bundesdeutschen Beitrag zur westeuropäischen Verteidigung diskutiert. Nach langen Verhandlungen wurde im Mai 1952 beschlossen, deutsche Truppen in eine europäische Armee, die „**Europäische Verteidigungsgemeinschaft**" (**EVG**), einzubeziehen.

Noch im März 1952 hatte Stalin den Westalliierten einen **Vorschlag zur Wiedervereinigung Deutschlands** unterbreitet. Doch Adenauer und die Westalliierten sahen darin ein Störmanöver, das die Westintegration der Bundesrepublik verhindern sollte. Da Stalin auch die Forderung nach freien Wahlen ausweichend beantwortete, lehnten sie das Angebot ab.

Q 1 Aus der Note Stalins an die Westmächte vom 10.3.1952:

1. Deutschland wird als einheitlicher Staat wiederhergestellt …
2. Sämtliche Streitkräfte der Besatzungsmächte müssen spätestens ein Jahr nach Inkrafttreten des Friedensvertrages aus Deutschland abgezogen werden …
3. Dem deutschen Volke müssen die demokratischen Rechte …, die Menschenrechte und die Grundfreiheiten [gewährt werden]…
4. In Deutschland muss die freie Betätigung der demokratischen Parteien und Organisationen gewährleistet sein …
5. In Deutschland dürfen Organisationen, die der Demokratie und der Sache des Friedens feindlich sind, nicht bestehen…
7. Deutschland verpflichtet sich, keinerlei … Militärbündnisse einzugehen, die sich gegen einen Staat richten, der mit seinen Streitkräften am Kriege gegen Deutschland teilgenommen hat.

(In: Europa-Archiv 7 [1952], 7. Folge, S. 4832 f.)

B 2 DDR-Plakat zur Stalinnote, 1952

B 3 Plakat gegen die Stalinnote, Bundesrepublik 1952

Q 4 Adenauers Reaktion auf die Stalin-Note, 27.4.1952:

Ich bin seit Jahr und Tag bei meiner ganzen Politik davon ausgegangen, dass das Ziel Sowjetrusslands ist, im Weg der Neutralisierung Deutschlands die Integration Europas zunichte zu machen … und damit die USA aus Europa wegzubekommen und im Wege des kalten Krieges Deutschland, die Bundesrepublik, und damit auch Europa in seine Machtsphäre zu bringen.

(In: H. A. Winkler, Der lange Weg nach Westen, Bd. 2, München 2000, S. 148)

3. Eingliederung in die militärischen Bündnissysteme 91

Beitritt der Bundesrepublik zur NATO – Im Mai 1952 hoben die westlichen Siegermächte im „Deutschlandvertrag" das Besatzungsstatut für die ehemaligen Westzonen auf. In den **„Pariser Verträgen"** von 1954 wurde statt der ursprünglich geplanten EVG das Verteidigungsbündnis **„Westeuropäische Union"** (WEU) ins Leben gerufen. Die WEU sah den Beitritt der Bundesrepublik zur NATO sowie die Stationierung ausländischer Truppen auf Bundesgebiet vor. In der Bundesrepublik wurde nun mit dem **Aufbau der Bundeswehr** begonnen. Sie verpflichtete sich aber, auf die Produktion atomarer, biologischer und chemischer Waffen zu verzichten.

Ostintegration der DDR – Wie die anderen osteuropäischen Staaten wurde die DDR zunächst durch einen bilateralen Vertrag an die UdSSR gebunden. 1950 trat die DDR dem **„Rat für gegenseitige Wirtschaftshilfe"** (RGW) der osteuropäischen Länder bei. Den Aufbau militärischer Organisationen im Westen und die Aufnahme der Bundesrepublik in die NATO beantwortete Stalin mit einem eigenen Militärbündnis: 1955 gehörte die DDR zu den Gründungsmitgliedern des **„Warschauer Pakts"**. Aus der bereits 1952 gegründeten „Kasernierten Volkspolizei" wurde nun die **„Nationale Volksarmee"** (NVA). Aufgrund geheimer Vorbereitungen standen schon im gleichen Jahr 120 000 DDR-Soldaten unter Waffen.

Nach der Westintegration der Bundesrepublik änderte die Sowjetunion ihre gesamtdeutsche Politik. Sie ging nunmehr von der dauerhaften Teilung Deutschlands aus und entließ die DDR im September 1955 in die staatliche Souveränität.

Q5 Aus dem „Deutschen Manifest" (Frankfurter Paulskirche), Bundesrepublik 29.1.1955:

1 Wir [sind davon] überzeugt, dass jetzt die Stunde gekommen ist, Volk und Regierung in feierlicher Form zu entschlossenem Wider-
5 stand gegen die sich immer stärker abzeichnenden Tendenzen einer endgültigen Zerreißung unseres Volkes aufzurufen ... Die Aufstellung deutscher Streitkräfte
10 in der Bundesrepublik und in der Sowjetzone muss die Chancen der Wiedervereinigung für unabsehbare Zeit auslöschen und die Spannung zwischen Ost und
15 West verstärken ... Das furchtbare Schicksal, dass sich Geschwister einer Familie in verschiedenen Armeen mit der Waffe in der Hand gegenüberstehen, würde Wirk-
20 lichkeit werden ...

(In: H. Krieger, Handbuch des Geschichtsunterrichts, Bd.6, Frankfurt/M. 1983, S. 269 f. Gekürzt)

B6 Plakat einer Bürgervereinigung, Bundesrepublik 1953

B7 Plakat der SED, DDR 1954

ARBEITSAUFTRÄGE

1. Erläutere mit Q1 den Vorschlag Stalins. Zeige mit B2, B3 und Q4, wie dieses Angebot in der DDR und in der Bundesrepublik beurteilt wurde.
2. Bis heute ist umstritten, ob die Ablehnung der Stalinnote von 1952 eine verpasste Chance zur frühen Wiedervereinigung war oder es sich bei der Note um einen diplomatischen Schachzug handelte. Wie beurteilst du diese Frage?
3. Führt aus der Sicht der Jahre 1954/55 und mit Hilfe von Q5, B6 und B7 eine Podiumsdiskussion zum Thema: Sollen Deutsche wieder Waffen tragen?

4. Die Bundesrepublik in der „Ära Adenauer"

Die deutsche Teilung sowie das Bemühen um Wiedergutmachung der Verbrechen des nationalsozialistischen Deutschlands waren für die Bundesrepublik Deutschland die wichtigsten Bezugsgrößen der Politik. Wie wurde diese Politik gestaltet?

Westintegration und Versöhnung – Zentrale Figur der Innen- und Außenpolitik der frühen Bundesrepublik war der erste Bundeskanzler KONRAD ADENAUER. Der frühere Kölner Oberbürgermeister hatte nach dem Krieg zu den Gründungsmitgliedern der CDU gehört.
Bereits früh war Adenauer von einer künftigen Teilung Deutschlands überzeugt. Sein Ziel war es daher, die Bundesrepublik als souveränen (unabhängigen) Staat zu etablieren und in die westliche Staatengemeinschaft zu integrieren. Nur an der Seite der Westmächte und aus einer Position der Stärke heraus konnte nach Adenauers Meinung die Wiedervereinigung eines demokratischen, freiheitlichen Deutschlands gelingen. Die **Westintegration** und die europäische Einigung waren nur gemeinsam mit Frankreich möglich. Adenauer verfolgte daher beharrlich eine **Politik der Versöhnung** mit dem französischen Nachbarn.

Aussöhnung mit Frankreich – Nicht ohne Widerstände waren in Frankreich anfangs die Gründung der Bundesrepublik und die deutsche Wiederbewaffnung aufgenommen worden. Auch die ungeklärte Zukunft des Saargebiets belastete noch das Verhältnis der beiden Nachbarstaaten. Doch nach einer Volksabstimmung im Saarland machte Frankreich 1955 den Weg für den **Beitritt des Saarlandes zur Bundesrepublik** frei. Die Aussöhnung der früheren „Erbfeinde" wurde 1963 im **deutsch-französischen Freundschaftsvertrag** dokumentiert.

CDU-Wahlplakat 1957

B 2 Adenauer und Frankreichs Staatspräsident de Gaulle anlässlich der Unterzeichnung des deutsch-französischen Freundschaftsvertrags, 1963

Q 1 Adenauer über die Westorientierung der Bundesrepublik:

1 Wir mussten uns eng mit dem Westen verbinden. Wir mussten ein gleichberechtigter Partner der Westmächte werden, zu dem sie
5 Vertrauen haben, genauso wie wir ... zu ihnen ... Auf uns allein gestellt, würden wir nichts erreichen, mit dem Westen vereinigt, würden wir – das war meine Überzeugung
10 – unsere Freiheit behalten und die Wiedervereinigung Deutschlands in Frieden und Freiheit im Laufe der Zeit verwirklichen.

(In: K. Adenauer, Erinnerungen 1953–1955, Stuttgart 1966, S. 86. Gekürzt)

B 3 Heimkehrer aus sowjetischer Kriegsgefangenschaft, 1955

4. Die Bundesrepublik in der „Ära Adenauer" 93

Aussöhnung mit Israel – Neben den freundschaftlichen Beziehungen zu Frankreich war für Adenauer auch die **Aussöhnung mit Israel** und die Wiedergutmachung der NS-Verbrechen von großer Bedeutung. 1952 schloss die Bundesrepublik mit Israel einen Vertrag über die Entschädigung jüdischer NS-Opfer.

Beziehungen zur UdSSR – Im September 1955 erreichte Adenauer in Moskau die Freilassung der letzten 10 000 deutschen Kriegsgefangenen. Im Gegenzug hatte er der Aufnahme **diplomatischer Beziehungen mit der UdSSR** zugestimmt. Das Ergebnis wurde in Deutschland als großer persönlicher Erfolg Adenauers gefeiert.

In der UdSSR gab es nun neben der DDR-Botschaft eine zweite deutsche Botschaft. Doch das sollte nach dem Willen der Bundesregierung eine Ausnahme bleiben. Denn seit 1949 beharrte sie auf einem „**Alleinvertretungsanspruch**" für alle Deutschen. Die Regierung der DDR sei nicht aus freien Wahlen hervorgegangen und daher nicht legitimiert, für die dortige Bevölkerung zu sprechen. Außenpolitisch kam dieser „Alleinvertretungsanspruch" durch die so genannte **Hallstein-Doktrin** zum Ausdruck: Die Bundesrepublik drohte allen Staaten mit dem Abbruch der diplomatischen Beziehungen, falls sie die DDR als eigenständigen Staat anerkannten. So gelang es zwar, die DDR für einige Jahre international zu isolieren. Andererseits musste die Bundesrepublik auf diplomatische Beziehungen zu ihren östlichen Nachbarn verzichten.

Ende der Ära Adenauer – 1962 erschütterte die „**Spiegel-Affäre**" die Bundesrepublik. Nachdem das Nachrichtenmagazin „Der Spiegel" Ende 1962 über Mängel bei der Bundeswehr berichtet hatte, wurden der Herausgeber RUDOLF AUGSTEIN und mehrere Redakteure verhaftet, die Verlagsräume wurden von Polizeikräften besetzt, Unterlagen wurden beschlagnahmt. Das Vorgehen der Regierung war gesetzwidrig und wurde in der Öffentlichkeit als Angriff auf die Pressefreiheit gewertet. Als sich Adenauer anfangs weigerte, den für die Affäre verantwortlichen Verteidigungsminister FRANZ-JOSEF STRAUSS (CSU) zu entlassen, zog die FDP ihre Minister aus der Koalitionsregierung mit der CDU/CSU zurück. 1963 wurde Adenauer durch den populären Wirtschaftsminister Ludwig Erhard als Bundeskanzler abgelöst.

> **Q 4** Regierungserklärung Adenauers zum „Alleinvertretungsanspruch" der Bundesrepublik, 22.9.1955:
>
> 1 Ich muss unzweideutig feststellen, dass die Bundesregierung auch künftig die Aufnahme diplomatischer Beziehungen mit der „DDR" durch dritte Staaten, mit denen sie offizielle Beziehungen unterhält, als einen un-
> 5 freundlichen Akt ansehen würde, da er geeignet wäre, die Spaltung zu vertiefen.
>
> (In: M. Görtemaker, Geschichte der Bundesrepublik Deutschland, 1999, S. 227 f.)

B 5 Proteste gegen die Durchsuchung der „Spiegel"-Redaktion, 1962

ARBEITSAUFTRÄGE

1. Erläutere und beurteile mit Q 1 die Position Adenauers zur deutschen Wiedervereinigung.
2. Erörtere mit B 3, was die Rückkehr der Kriegsgefangenen nach so langer Abwesenheit für die Familien bedeutete.
3. Erläutere mit Q 4 den „Alleinvertretungsanspruch" der Bundesrepublik und nenne mögliche Konsequenzen für das Verhältnis zur DDR und zu anderen Staaten Osteuropas.
4. Fasse die Außenpolitik der Regierung Adenauer gegenüber den Westmächten zusammen (Q 1, B 2, Darstellungstext).
5. Beurteile mit B 5 die politische Bedeutung der „Spiegel-Affäre". Nenne mögliche Gründe für den Bürgerprotest.

5. „Wirtschaftswunderland" Bundesrepublik

Seit Mitte der 1950er Jahre erlebten die Menschen in der Bundesrepublik das so genannte Wirtschaftswunder. Nach Jahren der Entbehrung konnten breite Schichten einen neuen Wohlstand genießen. Wie gestalteten sie ihr Leben?

„Es geht wieder aufwärts!" – Durch Kriegseinwirkungen und Flucht hatten viele Familien ihren Hausrat ganz oder teilweise verloren. Daher gab es eine große Nachfrage nach allen Gütern des täglichen Bedarfs: Möbel, Kleidung und besonders nach Wohnungen. Im Vergleich zum Wirtschaftswachstum waren die Löhne zunächst noch niedrig, verdoppelten sich aber bis etwa 1960.

Da die Mieten wegen einer **gesetzlichen Mietpreisbindung** während dieser Zeit stabil blieben, hatten die Haushalte nun mehr Geld für **Konsumartikel** zur Verfügung. Viele Menschen sparten, um sich besondere Wünsche erfüllen zu können: eine eigene Wohnung, ein Fernsehgerät oder sogar ein Auto. Wenngleich viele Wünsche vorerst unbezahlbar blieben, so hatten die Menschen nun, nach Jahren des Hungers und der Entbehrungen, wieder ein Ziel vor Augen.

Alltag der Wohlstandsgesellschaft – In den 1950er Jahren konzentrierten sich viele Menschen auf ihren privaten Bereich. Für politische Fragen hatten sie nur geringes Interesse. Viele Familien genossen nach der Gängelung während des NS-Systems, nach Krieg, Ausbombung und Evakuierung die familiäre Gemeinschaft und waren damit zufrieden. Im Zentrum des Feierabends stand anfangs das **Radio**, bis es vom **Fernseher** verdrängt wurde. Zu den wichtigen Freizeitbeschäftigungen außer Haus gehörten Sport und Kino; sonntags oft der Kirchgang.

Anders viele Jugendliche: Begierig nahmen sie neue Musik- und Modetrends auf. Das war – noch – kein Ausbruch aus der Familienidylle, aber ein erster Versuch der Abgrenzung vom als „altbacken" empfundenen Lebensstil der Eltern.

VW-Käfer: Symbol des Wirtschaftsaufschwungs. Foto Anfang der 1950er Jahre

Q2 Erna W., geb. 1918, über ihren ersten Familienurlaub:

1 1953 konnten wir uns einen gebrauchten VW kaufen. Mein Mann verdiente als Handelsvertreter ganz gut. Die Kinder waren jetzt 13 und 11, als wir sagten: Jetzt können wir es wagen! ... Omi sollte auch unbedingt mit. Es
5 war heiß und eng und es dauerte drei Tage von Essen bis zu unserem Campingplatz an der Adria. Dort habe ich übrigens die ersten Bikinis gesehen. Bei englischen Urlauberinnen war das. Die haben uns allerdings z. T. als Nazis beschimpft. Die fanden es sicher überraschend,
10 dass die Deutschen schon wieder in Scharen reisen konnten. Schließlich war der Krieg erst zehn Jahre aus.

(In: H. Mögenburg, Kalter Krieg und Wirtschaftswunder, Frankfurt/M. 1993, S. 144 f. Gekürzt)

T1 Ausstattung west- und ostdeutscher Haushalte mit Konsumgütern, 1955–1970; in %

	1955		1960		1965		1970	
	West	Ost	West	Ost	West	Ost	West	Ost
Fernseher	k.A.	1,2	37	18,5	61	49	85	69,1
Waschmaschine	10	0,5	34	6,2	50	28	75	53,6
Telefon	k.A.	k.A.	14	k.A.	21	k.A.	31	9,7
Auto	3,9	0,2	17	3,2	33	8,2	44	15,6

B3 Wohnzimmer, Bundesrepublik Ende der 1950er Jahre

5. „Wirtschaftswunderland" Bundesrepublik

Marktwirtschaft plus Sozialstaat – Das Wohnungsbaugesetz von 1950 legte den Grundstein für den Bau von mehr als 3 Millionen **staatlich geförderter Sozialwohnungen**. Die wurden dringend benötigt, unter anderem für die etwa 7 Millionen Flüchtlinge und Vertriebenen. Auch das **Lastenausgleichsgesetz** von 1952 trug zur Eingliederung der Flüchtlinge und Vertriebenen bei. Dieser Lastenausgleich basierte auf einer 5-prozentigen Abgabe auf alle Vermögen, die bei der Währungsreform 1948 mehr als 5000,– DM betragen hatten. Nutznießer waren die Kriegsgeschädigten und Vertriebenen.

Viele Westdeutsche fürchteten anfangs, dass der große Zustrom der Vertriebenen die soziale Stabilität gefährde. Doch schon bald zeigte sich, dass gerade deren Arbeitskraft wesentlich zum Wirtschaftsaufschwung der Bundesrepublik beitrug. Auch das **Sozialversicherungssystem** wurde verbessert. Besonders wichtig war die **Neuregelung des Rentensystems**: 1957 wurden die Altersrenten dynamisiert, das heißt an die Entwicklung der Löhne angekoppelt.

Q 4 CDU-Familienminister Wuermeling zum Muttertag 1959:

1 Die Doppelbelastung unserer Hausfrauen und Mütter in Familie und Beruf ist keine „fortschrittliche Lösung", sondern erzwungenes
5 Unheil … Mutterberuf ist Hauptberuf und wichtiger als jeder Erwerbsberuf. Mutterberuf ist Berufung… Sobald die Mutter fehlt oder ihren Platz in Familie und Er-
10 ziehung nicht mehr voll ausfüllen kann, sind gefährliche Rückwirkungen auf Geist und Gesinnung der nächsten Generation unvermeidlich … Eine Mutter daheim
15 ersetzt vielfach alle Fernsehgeräte, Autos … Auslandsreisen, die doch allzu oft mit ihrer den Kindern gestohlenen Zeit bezahlt werden.

(In: Ch. Kleßmann, Zwei Staaten, eine Nation, Bonn 1997, S. 492 f. Gekürzt)

Q 5 Teenagerzeit in einer hessischen Kleinstadt, 1950er Jahre

1 Ich kann mich noch gut an meinen 13. Geburtstag erinnern, weil ich jetzt endlich … ein „Teenager" geworden war – und das war schick!
5 Schon das Wort war es, das meine Omi zeit ihres Lebens nicht begriff. Sie nannte mich ab vierzehn einen „Backfisch" … Ich fand das furchtbar altdeutsch … Wir wollten an-
10 ders sein, so wie die Teenager in den Musikfilmen von Peter Kraus oder in der Zeitschrift „Bravo": So mit Petticoats, … Pferdeschwanz, Lippenstift, Nylonstrümpfen ohne
15 Rückennaht … Schminken mussten Elke und ich uns [noch] lange heimlich auf einer Parkbank …

(In: H. Mögenburg, a.a. O., S. 144 f. Gekürzt)

Elvis Presley, Jugendidol der 1960er Jahre

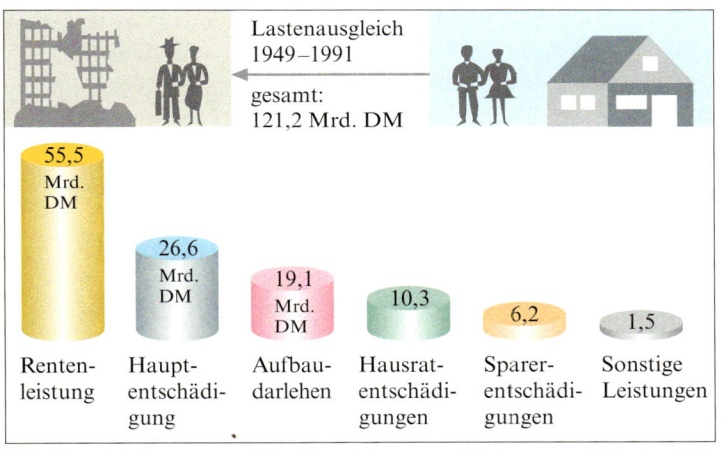

Lastenausgleich 1949–1991 gesamt: 121,2 Mrd. DM

- Rentenleistung: 55,5 Mrd. DM
- Hauptentschädigung: 26,6 Mrd. DM
- Aufbaudarlehen: 19,1 Mrd. DM
- Hausratentschädigungen: 10,3
- Sparerentschädigungen: 6,2
- Sonstige Leistungen: 1,5

B 6 Entschädigungsregel für Vertriebene und Kriegsgeschädigte, 1952

ARBEITSAUFTRÄGE

1. Erkläre mit T 1 und Q 2 die Zufriedenheit der Bevölkerung mit dem „Wirtschaftswunderland" Bundesrepublik.
2. Beschreibe die Familienszene von B 3. Vergleiche früher und heute.
3. Diskutiert das Familien- und Frauenbild, das Minister Wuermeling in Q 4 formuliert.
4. Beschreibe mit Q 5 die Situation von Jugendlichen in der Bundesrepublik der 1950er Jahre. Vergleiche mit heute.
5. Erkläre und bewerte mit B 6 die Bedeutung des Gesetzes zum Lastenausgleich von 1952.

6. Außerparlamentarische Opposition und „68er-Bewegung"

Eine heftige Kontroverse um Notstandsgesetze sowie die amerikanische Kriegführung in Vietnam hatten 1967/68 in der Bundesrepublik zur Entstehung einer studentischen Protestbewegung beigetragen. Was waren die Ziele der Proteste?

Außerparlamentarische Opposition – Um ihrem Protest gegen tatsächliche oder vermeintliche Missstände Ausdruck zu geben, formierten sich überwiegend Studenten in einer **„Außerparlamentarischen Opposition" (APO)**. Als Vorbild diente die amerikanische Bürgerrechtsbewegung. Die Studenten übten vor allem Kritik an der wachsenden Konsumorientierung der Gesellschaft, an der mangelnden Aufarbeitung der NS-Zeit, dem „Meinungsmonopol" des Springer-Pressekonzerns, am Rüstungswettlauf sowie an der Ausbeutung der Entwicklungsländer. Die bisherigen Wertvorstellungen und Autoritäten – Staat, Eltern, Kirchen, Schule – wurden in Frage gestellt. Durch lange Haare, auffällige Kleidung, einen neuen Musikstil, neue Wohnformen (Wohngemeinschaften) und mit dem Ideal einer antiautoritären Erziehung wollten sich große Teile der jungen Generation von ihren Eltern und Großeltern abgrenzen. Diese Ablehnung des „Establishments" ging jedoch oft einher mit einer recht kritiklosen Verehrung kommunistischer Führer wie Mao Tse-tung aus China oder Ho Chi Minh aus Nordvietnam. /7

„Marsch durch die Institutionen" – Das Verhältnis zwischen APO und Staat war sehr angespannt. Als im Juni 1967 der Student Benno Ohnesorg in Berlin bei einer Demonstration von einem Polizisten erschossen wurde, kam es bis weit in das Jahr 1968 zu schweren Unruhen. Die Mehrzahl der so genannten „68er" wählte später „normale" Berufe und Lebensformen. Viele versuchten, die Gesellschaft allmählich „von innen" zu verändern. Langfristig führte die Protestbewegung zu einer bis heute nachwirkenden Modernisierung der Gesellschaft.

Q 1 „Nicht Ursache und Wirkung verwechseln", B.Z. vom 5.6.1967 über den Tod Benno Ohnesorgs:

Radikalinskis haben die Polizei provoziert. Sie haben angegriffen. Sie haben Steine gegen die Beamten geworfen. Und sie haben sich gegenseitig schon Tage vorher gegen die Polizei aufgeputscht. Das Opfer dieses Terrors ist der Student Benno Ohnesorg geworden. Das sollten seine Kommilitonen endlich begreifen. Die Schuldigen, die jetzt mit schwarzen Fahnen durch die Straßen fahren und „Haltet den Dieb!" rufen. Berlins Bürger wollen Ruhe haben und ihren Pflichten nachgehen... [Sie sind] nicht bereit ..., sich von einer Handvoll lautstarker Rabauken terrorisieren zu lassen.

(In: B.Z. vom 5.6.1967. Gekürzt)

PERSONENLEXIKON

RUDI DUTSCHKE, 1940–1979. Einer der Studentenführer der Außerparlamentarischen Opposition (APO). Dutschke starb an den Spätfolgen eines Attentats, das im April 1968 ein 18-jähriger NPD-Anhänger verübte.

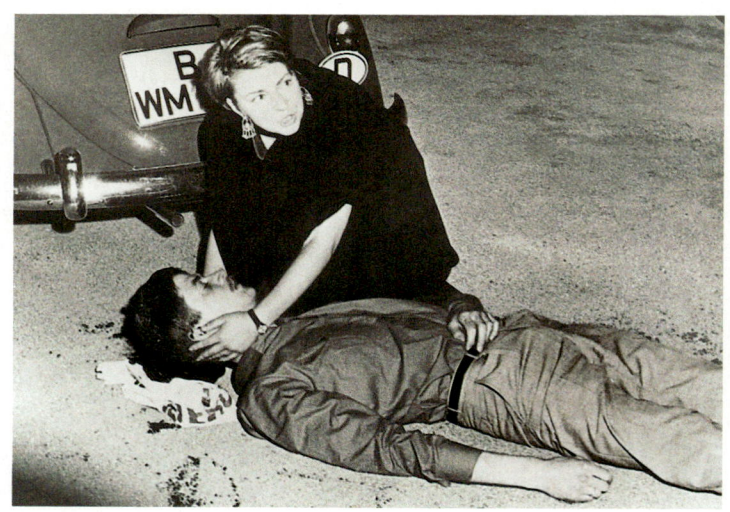

B 2 Der Student Benno Ohnesorg wird bei einer Demonstration in West-Berlin von einem Polizisten erschossen, 2. Juni 1967

ARBEITSAUFTRAG

Gib die Position des B.Z.-Artikels von Q 1 wieder und vergleiche dazu Q 3 von der Methodenseite.

Arbeit mit Zeitungsartikeln

„Ich werde mich so lange frei fühlen, wie mir drei [verschiedene] Zeitungen ein und dasselbe Geschehen auf drei verschiedene Weisen berichten." Mit diesem Satz beschrieb der Schriftsteller LUCIANO DE CRESCENZO einmal, was er unter **Meinungs- und Pressefreiheit** versteht: In den Zeitungen müssen kontroverse Darstellungen zum selben Vorgang zu finden sein; der Leser soll die Möglichkeit haben, sich eine eigene Meinung anhand unterschiedlicher Darstellungen und Bewertungen zu bilden.

Dieses Verständnis von Meinungs- und Pressefreiheit erkennt an, dass niemand – auch keine Zeitung – im Besitz „der" Wahrheit ist oder für sich in Anspruch nehmen kann, stets objektiv und vorurteilsfrei zu berichten. Um die Meinungsvielfalt zu sichern, besitzen Meinungs- und Pressefreiheit im **Grundgesetz** der Bundesrepublik Deutschland (Art. 5 GG) daher einen zentralen Stellenwert.

Zeitungen sind auch **historische Quellen**: Als „Zeitzeugen" können sie einen alltagsnahen Zugang zu politischen, wirtschaftlichen oder kulturellen Ereignissen einer Zeit vermitteln. Sie müssen jedoch kritisch gelesen und ihre Aussagen in den Kontext der Zeit- und Begleitumstände eingeordnet werden.
Für die **Analyse eines Zeitungsartikels** hat der amerikanische Soziologe LASSWELL das Prinzip der „**6 W-Fragen**" formuliert: „Wer sagt was wie zu wem warum mit welcher Wirkung?" Außerdem muss bei der Analyse einer Zeitung zwischen **Nachrichten** und **Kommentaren** unterschieden werden. Während die Nachricht den Anspruch erhebt, möglichst objektiv über die „Fakten" zu berichten, gibt der Kommentar erkennbar eine Bewertung, eine Meinung wider.

Die beiden Zeitungsartikel, die in Auszügen auf dieser bzw. auf der gegenüberliegenden Seite abgedruckt sind, beziehen sich auf die Erschießung des Studenten Benno Ohnesorg durch einen Polizisten. Der Vorfall ereignete sich während einer Demonstration gegen den Schah von Persien in West-Berlin am 2. Juni 1967.

Q 2 „Langjähriger Hass hat sich blutig entladen" Kommentar der Frankfurter Rundschau, 5.6.1967:

1 Die anhaltende Auseinandersetzung zwischen der linken, meist von Studenten getragenen Opposition in West-Berlin und den amtlichen Behörden hat mit der Erschießung eines Studenten ihren Höhepunkt erreicht. Es hat sich er-
5 wiesen, dass Demokratie, dass es demokratischen Geist, wie ihn andere westeuropäische Länder kennen, in West-Berlin kaum gibt. Eine so schwerwiegende Behauptung wird nicht leichtfertig aufgestellt; sie beruht auf langen Beobachtungen der Verhältnisse und Entwicklungen in dieser Stadt. Die Polizeiaktionen vom Freitagabend ... sind
10 der Ausdruck eines Hasses gewesen, in den sich die Massenmedien, die politischen Kräfte und ein Großteil der Bevölkerung gegenseitig hochgesteigert haben, teils absichtsvoll, teils aus mangelnder Einsicht.

(In: Frankfurter Rundschau, 5.6.1967)

WORAUF SIE ACHTEN MÜSSEN

1. Informiere dich über das politische Profil der beiden Zeitungen und über deren Leserschaft/Zielgruppen.
2. Überprüfe, ob es sich bei den beiden Artikeln Q 1 und Q 2 um eine Nachricht oder um einen Kommentar handelt.
3. Stelle die wichtigsten Aussagen der beiden Autoren zusammen und vergleiche diese mit deinem eigenen Wissen über die Ereignisse des 2. Juni 1967 und die Begleitumstände.
4. Untersuche die Argumentationsweise der Autoren (Ist sie eher sachlich oder eher emotional? Welche sprachlichen Mittel werden eingesetzt? Wie leitet die Überschrift ein?)
5. Versuche dich an einer Analyse der beiden Zeitungsartikel nach dem Prinzip der „6 W-Fragen".

7. Die sozialistische Umgestaltung der DDR

Auf der 2. Parteikonferenz der SED im Juli 1952 bezeichnete Ulbricht *„den planmäßigen Aufbau des Sozialismus"* in der DDR als Hauptaufgabe der Zukunft. Wie wurde der Sozialismus verwirklicht?

Stalinismus und demokratischer Zentralismus – Wie in den anderen „Volksdemokratien" Ostmitteleuropas wurde auch in der DDR ein stalinistisches Herrschaftssystem durchgesetzt. Dazu gehörte die Ausbildung einer **Einparteien-Herrschaft** durch die SED sowie deren Machtausübung durch einen zentralistisch organisierten Apparat. Die SED beanspruchte die Führung gegenüber den anderen politischen und gesellschaftlichen Organisationen. Die so genannten Blockparteien CDU, LDPD, DBD und NDPD wurden kontrolliert, widerständige Funktionäre ausgeschlossen, z. T. strafrechtlich verfolgt. Massenorganisationen wie der „Freie Deutsche Gewerkschaftsbund" (FDGB) oder die „Freie Deutsche Jugend" (FDJ) wurden an die SED angebunden. Für die interne Parteiorganisation galt das Lenin'sche Prinzip des „**demokratischen Zentralismus**": Die Schlüsselpositionen der Parteigremien wurden formal zwar gewählt, faktisch aber von oben besetzt. Innerhalb der Partei wurden „Abweichungen" nicht geduldet, Gegner des Parteikurses ausgeschlossen.

Entwicklung des Staatsaufbaus – Nach und nach dehnte die SED ihre Herrschaft auf alle Bereiche des Staates aus. Trotz des in der Verfassung festgelegten freien und geheimen Wahlrechts wurde die Volkskammer nach einer **Einheitsliste** gewählt: Die Sitzverteilung war vorab von der SED festgelegt. Die so gewählte Volkskammer musste die von der SED-Führung festgelegten Ziele umsetzen. Im Juli 1952 wurden die fünf Länder aufgelöst und durch **15 Bezirke** ersetzt; die DDR war nun ein sozialistischer Zentralstaat.

Verfassungsänderungen – Im Jahre 1968 wurde eine neue Verfassung angenommen. Die zentrale Planwirtschaft und die Einbindung der DDR in den Ostblock waren darin nun festgeschrieben. Die neue Verfassung garantierte nach wie vor die bürgerlichen Grundrechte wie Meinungs-, Versammlungs- und Organisationsfreiheit. Da die Verfassung aber von einer grundsätzlichen Interessengleichheit

PERSONENLEXIKON

WALTER ULBRICHT, 1893–1973. 1928–1933 Reichstagsabgeordneter der KPD; 1933 ins Ausland emigriert, ab 1938 in der UdSSR; seit 1945 Aufbau der KPD/SED in der SBZ; 1950–1971 Generalsekretär der SED; 1953–1971 Erster Sekretär des ZK der SED; 1960–1971 Vorsitzender des Staatsrats

---

Q 1 „Die nächsten Aufgaben der SED", Parteikonferenz 1949:

1 Die Parteidiskussion hat Klarheit darüber geschaffen, dass wir auf dem Wege zu einer Partei neuen Typus, d. h. einer Kampfpartei des
5 Marxismus-Leninismus sind. [Sie] beruht auf dem Grundsatz des demokratischen Zentralismus …
Die Parteibeschlüsse haben ausnahmslos für alle Parteimitglieder
10 Gültigkeit, insbesondere für die in Parlamenten, Regierungen, Verwaltungsorganen und in den Leitungen der Massenorganisationen tätigen Parteimitglieder … Die Dul-
15 dung von Fraktionen und Gruppierungen innerhalb der Partei ist unvereinbar mit ihrem marxistisch-leninistischen Charakter.

(In: Protokolle der 1. Parteikonferenz der SED, Berlin (Ost) 1949, S. 524. Gekürzt.)

D 2 Die seit 1950 festgelegte Zusammensetzung der DDR-Volkskammer

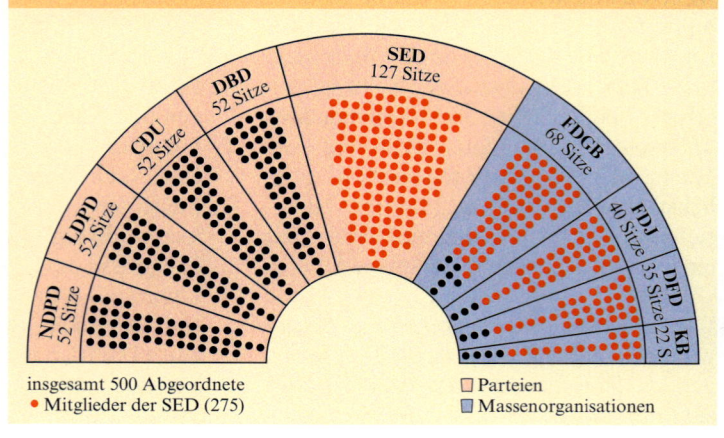

SED 127 Sitze
DBD 52 Sitze
CDU 52 Sitze
LDPD 52 Sitze
NDPD 52 Sitze
FDGB 68 Sitze
FDJ 40 Sitze
DFD 35 Sitze
KB 22 S.

insgesamt 500 Abgeordnete
• Mitglieder der SED (275)
▢ Parteien
▢ Massenorganisationen

zwischen Bürgern und Staat ausging, waren die Grundrechte an die Anerkennung der Grundsätze des Sozialismus und des SED-Regimes gebunden.

WALTER ULBRICHT, der seit 1950 amtierende **Generalsekretär der SED**, besetzte nach dem Tod von Wilhelm Pieck 1960 auch die Position des **Staatsoberhauptes**, übernahm den Vorsitz im neu geschaffenen **Staatsrat** und im „**Nationalen Verteidigungsrat**". Er vereinte nun in seiner Person alle entscheidenden Ämter von Staat und Partei.

Q 3 Artikel 1 der DDR-Verfassungen der Jahre 1949, 1968, 1974:

1949: Deutschland ist eine unteilbare demokratische Republik; sie baut sich auf den deutschen Ländern auf … Es gibt nur eine deutsche Staatsangehörigkeit.
1968: Die Deutsche Demokratische Republik ist ein sozialistischer Staat deutscher Nation. Sie ist die politische Organisation der Werktätigen, die gemeinsam unter Führung der Arbeiterklasse und ihrer marxistisch-leninistischen Partei den Sozialismus verwirklichen.
1974: Die Deutsche Demokratische Republik ist ein sozialistischer Staat der Arbeiter und Bauern. Sie ist die politische Organisation der Werktätigen … unter Führung der Arbeiterklasse und ihrer marxistisch-leninistischen Partei.

(In: Informationen zur politischen Bildung, Heft 231, S. 21. Gekürzt)

Q 4 Art. 6 der Verfassung von 1949:

Boykotthetze gegen demokratische Einrichtungen und Organisationen, Mordhetze gegen demokratische Politiker, Bekundung von Glaubens-, Rassen-, Völkerhass, militaristische Propaganda sowie Kriegshetze und alle sonstigen Handlungen … gegen die Gleichberechtigung sind Verbrechen im Sinne des Strafgesetzbuches.

(In: Geschichte in Quellen, Bd. 7, S. 272. Gekürzt)

B 5 Walter Ulbricht mit Jungen Pionieren, um 1960

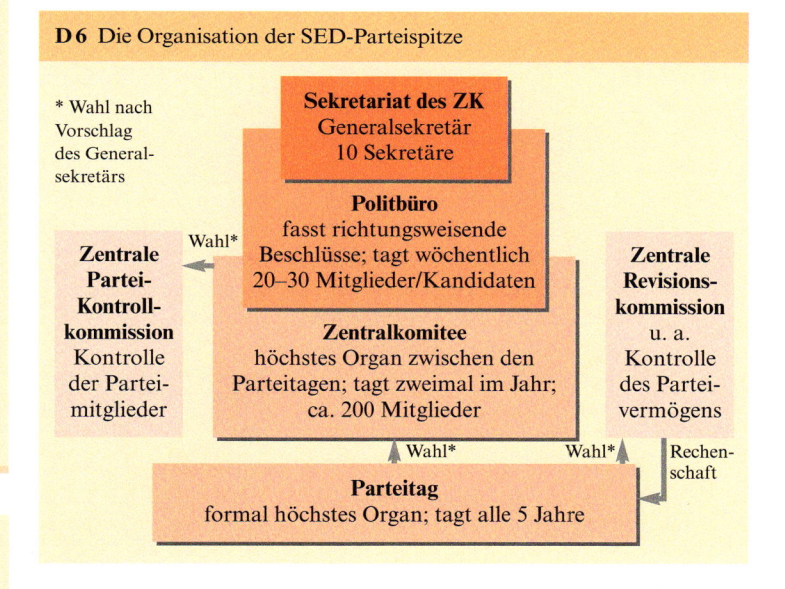

D 6 Die Organisation der SED-Parteispitze

* Wahl nach Vorschlag des Generalsekretärs

Sekretariat des ZK
Generalsekretär
10 Sekretäre

Politbüro
fasst richtungsweisende Beschlüsse; tagt wöchentlich
20–30 Mitglieder/Kandidaten

Zentrale Partei-Kontrollkommission
Kontrolle der Parteimitglieder

Zentrale Revisionskommission
u. a. Kontrolle des Parteivermögens

Zentralkomitee
höchstes Organ zwischen den Parteitagen; tagt zweimal im Jahr; ca. 200 Mitglieder

Parteitag
formal höchstes Organ; tagt alle 5 Jahre

ARBEITSAUFTRÄGE

1. Erkläre mit Q 1, wie die SED sich selbst sah. Beurteile die Bedeutung des „demokratischen Zentralismus" und das Verbot von Fraktionsbildungen für die Partei.
2. Beurteile die Zusammensetzung der Volkskammer (D 2).
3. Analysiere mit Q 3 die Änderungen der DDR-Verfassung. Achte auf das Staatsverständnis und die Stellung der SED.
4. Beurteile die Wirkung der Darstellung Ulbrichts in B 5.
5. Beschreibe die Machtverteilung innerhalb der SED (D 6).

8. Der 17. Juni 1953: Volksaufstand oder „Konterrevolution"?

Am 17. Juni 1953 brach in der DDR spontan ein Aufstand aus. Etwa 1 000 000 Menschen an über 700 Orten beteiligten sich an Streiks, mehr als 400 000 an Demonstrationen. Wie kam es zu diesem Aufstand und welche Forderungen erhob die protestierende Bevölkerung?

Anlass der Unruhe – Unter der Parole „Aufbau des Sozialismus" hatte die SED seit 1952 die politische und wirtschaftliche Umgestaltung der DDR erzwungen. Die ehrgeizigen Ziele zum Aufbau der Schwerindustrie hatten einen anhaltenden Mangel an Konsumgütern sowie steigende Preise zur Folge. Auch die Zwangsmaßnahmen gegen Bauern und selbstständige Gewerbetreibende, die die Kollektivierung (= Übergang von der privaten zur genossenschaftlichen Bewirtschaftung) ablehnten, trugen zur Verschlechterung der Stimmung bei. Sichtbarster Ausdruck waren die Flüchtlingszahlen: Allein 1952 verließen 182 000 Menschen die DDR.

Nach Stalins Tod im März 1953 forderte die neue Moskauer Führung daher von der Staatsführung der DDR eine realistischere Einschätzung sowie einen „**Neuen Kurs**" in Politik und Wirtschaft. Insbesondere sollte sie größere Rücksicht auf die Bedürfnisse der Bevölkerung nehmen. Die SED-Führung gestand zwar Fehler ein und stellte eine bessere Konsumgüterversorgung in Aussicht; auch Preiserhöhungen wurden zurückgenommen. Aber gegenüber der Forderung der Arbeiter, die im Mai 1953 um 10 % erhöhten **Arbeitsnormen** zu mindern, blieb die SED hart.

Ursachen und Verlauf des Aufstands – Am 16. Juni 1953 traten die Bauarbeiter des Projekts „Sozialistische Wohnkultur" an der Stalinallee in Berlin in den Ausstand. Vor dem Haus der Ministerien demonstrierten sie gegen die Erhöhung der Arbeitsnormen und damit gegen die Verlängerung ihrer Arbeitszeit. Durch Kuriere und westliche Medien wurde die Nachricht von dem Berliner Streik schnell ver-

Demonstration Ostberliner Arbeiter am Brandenburger Tor, 17. Juni 1953

> **Q 1** Telegramm der Streikleitung in Bitterfeld an die DDR-Regierung:
>
> Wir Werktätigen des Kreises Bitterfeld fordern von Ihnen:
> 1. Rücktritt der so genannten Deutschen Demokratischen Regierung, die sich durch Wahlmanöver an die Macht gebracht hat,
> 2. Bildung einer provisorischen Regierung aus den fortschrittlichen Werktätigen,
> 3. Zulassung sämtlicher großen demokratischen Parteien Westdeutschlands,
> 4. Freie, geheime, direkte Wahlen in vier Monaten,
> 5. Freilassung aller politischen Gefangenen ...,
> 6. Sofortige Abschaffung der Zonengrenze und Zurückziehung der Vopo [Volkspolizei],
> 7. Sofortige Normalisierung des sozialen Lebensstandards,
> 8. Sofortige Auflösung der so genannten Nationalarmee,
> 9. Keine Repressalien gegen Streikende...
>
> (In: I. Spittmann, 17. Juni 1953, Köln 1982, S. 15)

B 2 Sowjetische Panzer gegen Demonstranten, Ostberlin, 17. Juni 1953

breitet. Obwohl die überraschte SED-Führung nun die Normerhöhung zurücknahm, weitete sich der Streik innerhalb kurzer Zeit zu einer großen Protestwelle aus: An mehr als 700 Orten der DDR fanden Demonstrationen statt. Neben wirtschaftlichen und sozialpolitischen wurden vor allem **politische Forderungen** gestellt. Am Mittag des 17. Juni griffen sowjetische Truppen mit Panzern ein. In 160 Stadt- und Landkreisen wurde der Ausnahmezustand verhängt, Versammlungen waren verboten, es galt das Kriegsrecht. Nach wenigen Tagen war der Aufstand gewaltsam niedergeschlagen.

Folgen und Bewertung – Bei der Niederschlagung des Aufstands kamen mehr als 50 Menschen ums Leben; 3000 Demonstranten wurden von der Sowjetarmee und etwa 13 000 durch die DDR-Behörden festgenommen. Die SED brandmarkte die Ereignisse als „faschistischen, konterrevolutionären Putsch".

Um ihre Macht zu sichern, wurde nun der Überwachungsapparat, das **Ministerium für Staatssicherheit,** weiter ausgebaut. Die SED wurde rigoros von Kritikern „gesäubert": Etwa 70% der SED-Bezirks- und Kreissekretäre verloren ihre Ämter.

B 3 Plakat zum Volksaufstand, BRD 1953

Q 4 Urteil des Bezirksgerichts Leipzig vom 14.7.1953:

Bei allen Angeklagten handelt es sich um Arbeiter, die kein Klassenbewusstsein besitzen und die in den letzten Jahren völlig teilnahmslos und desinteressiert dem demokratischen Neuaufbau gegenüberstanden, jedoch unter dem Einfluss des RIAS [West-Berliner Radiosender] oder anderer staatsfeindlicher Elemente sofort hemmungslos bereit waren, sich in die faschistische Provokation zu stürzen. ...

(In: I. Spittmann, 17. Juni 1953, Köln 1982, S. 77)

Q 5 Eine westdeutsche Journalistin, 25.6.1953:

Jener 17. Juni hat ein Bild enthüllt, das nicht mehr wegzuwischen ist: die ... Gesichter jener Deutschen, die seit Jahren in Sorge und Knechtschaft leben und die plötzlich ... freie Wahlen zur Wiedervereinigung forderten... Der 17. Juni hat unwiderlegbar bewiesen, dass die Einheit Deutschlands eine historische Notwendigkeit ist. Wir wissen jetzt, dass der Tag kommen wird, an dem Berlin wieder die deutsche Hauptstadt ist.

(M. Gräfin Dönhoff in: DIE ZEIT, Hamburg, 25. Juni 1953)

Q 6 Gedicht des Ostberliner Schriftstellers Bertolt Brecht: Die Lösung (1953)

Nach dem Aufstand des 17. Juni
Ließ der Sekretär des Schriftstellerverbandes
In der Stalinallee Flugblätter verteilen,
Auf denen zu lesen war, daß das Volk
Das Vertrauen der Regierung verscherzt habe
Und es nur durch verdoppelte Arbeit
Zurückerobern könne. Wäre es da
Nicht einfacher, die Regierung
Löste das Volk auf und wählte ein anderes?

(In: B. Brecht, Gesammelte Werke 10, Frankfurt/M. 1967, S. 1009 f.)

ARBEITSAUFTRÄGE

1. Erläutern Sie mit Q 1 die Forderungen der Demonstranten und beschreiben Sie mit B 3 den Umfang des Aufstandes.
2. Beurteilen Sie anhand von B 2 das Vorgehen der Sowjets. Schreiben Sie den Tagebuchbericht eines Augenzeugen (Demonstrant, Volkspolizist oder Besucher aus dem Westen).
3. Erläutern und beurteilen Sie mit Q 4, wie die Ereignisse des 17. Juni 1953 durch DDR-Gerichte dargestellt wurden.
4. Diskutieren Sie, ob der Aufstand von 1953 als Vorläufer der friedlichen Revolution von 1989 gelten kann (Q 5, Q 6).

9. Wirtschaftsentwicklung in der DDR: 1950er/60er Jahre

Seit 1950 gehörte die DDR dem Wirtschaftsverbund der sozialistischen Länder an: dem Rat für Gegenseitige Wirtschaftshilfe (RGW). Die Übernahme der sowjetischen Wirtschaftsordnung mit zentraler Planung, Lenkung und Kontrolle wurde danach beschleunigt. Wie verlief die Wirtschaftsentwicklung in der DDR?

Wirtschaftlicher Aufbau des Sozialismus – Die Zeit bis Mitte der 1950er Jahre war geprägt durch den Wiederaufbau und die beginnende Umstrukturierung der Volkswirtschaft. Als Hemmnisse wirkten dabei die Demontage nicht kriegszerstörter Betriebe durch die sowjetische Besatzungsmacht sowie die hohen Reparationszahlungen. Ferner mussten Millionen Vertriebene aus den früheren Ostgebieten integriert werden.
Aufgrund der geforderten Reparationslieferungen erfolgte der Aufbau der Industrie nach Vorgaben der UdSSR vor allem in der **Schwerindustrie**. Die damit einhergehende **Vernachlässigung der Konsumgüterproduktion** war einer der Gründe dafür, dass sich der Lebensstandard der Bevölkerung nur langsam verbesserte.
Die **Bodenreform von 1945** hatte zu einer Umwälzung der Eigentumsverhältnisse in der Landwirtschaft geführt. Die jahrhundertealte Agrarverfassung, die besonders in Mecklenburg und Brandenburg eine Dominanz der Gutsherrschaft bedeutet hatte, war damit beseitigt worden. Doch 1952 setzte im Zuge des weiteren „Aufbaus des Sozialismus" die **Kollektivierung der Landwirtschaft** ein, das heißt der Zusammenschluss vormals privater Bauernhöfe zu Landwirtschaftlichen Produktionsgenossenschaften (LPG). Die Kollektivierung sollte zunächst freiwillig

D 2 Belastungen der Ostzone/DDR und der Westzonen/Bundesrepublik durch **Demontage** und durch **Reparationsleistungen** 1945 bis 1953

Demontage gesamt 1945 bis 1953:
Westzonen (in Mrd. RM, Preisstand 1944)	2,70 Mrd. RM
(= % des ges. Volksvermögens der Westzonen)	(0,995 %)
Ostzone (in Mrd. RM, Preisstand 1944)	6,10 Mrd. RM
(= % des ges. Volksvermögens der Ostzone)	(5,674 %)

Reparationszahlungen gesamt 1945 bis 1953:
Westzonen/BRD (in Mrd. RM, Preisstand 1944)	34,20 Mrd. RM
(= % des durchschnittlichen BSP* 1945–1953)	(7,548 %)
Ostzone/DDR (in Mrd. RM, Preisstand 1944)	38,10 Mrd. RM
(= % des durchschnittlichen BSP* 1945–1953)	(24,935 %)

Höhe der jährlichen Reparationszahlungen 1945–1953 (in Mrd. RM)

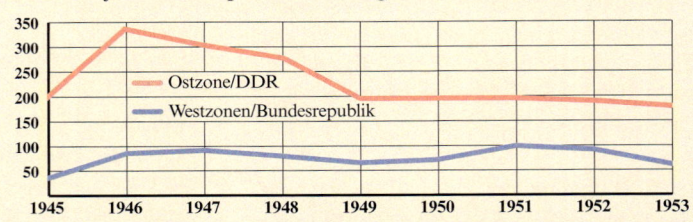

* BSP = Bruttosozialprodukt. Gesamtwert aller produzierten Güter und Dienstleistungen eines Landes pro Jahr. / Mrd. = Milliarden / RM = Reichsmark
(Nach: R. Karlsch, Allein bezahlt? Die Reparationsleistungen der SBZ/DDR 1945–1953, Berlin 1993, S. 231 ff.)

D 1 Aufnahme von Vertriebenen in der Sowjetischen Besatzungszone bzw. in der DDR

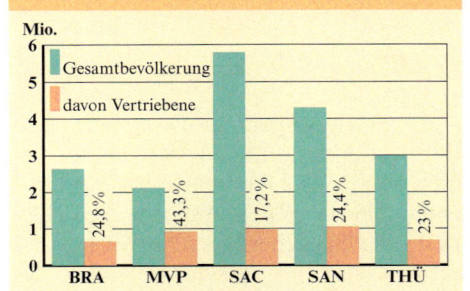

BRA 24,8 % / MVP 43,3 % / SAC 17,2 % / SAN 24,4 % / THÜ 23 %

(M. Wille, Zur Integration der Vertriebenen in der SBZ, In: Geschichte, Erziehung, Politik, 3/1992, S. 163)

Q 3 Bericht eines nach Westen geflüchteten Landwirts:

Seit Januar 1960 wurde ich laufend aufgefordert, in die LPG (Landwirtschaftliche Produktionsgenossenschaft) … einzutreten. Die ersten Werbungen verliefen harmlos. Der eigentliche Druck setzte erst am 6. März 1960 ein …
Oft kamen sie täglich zwei- bis dreimal oder blieben bis nachts zwei Uhr … Pauken, Trompeten, Sprechchöre, Flugblätter wurden beim Einsatz verwendet … Mein Sohn studierte an der TH Dresden, und sie äußerten sich dahingehend, dass mein Sohn im Falle einer Weigerung von der Hochschule entlassen würde.

(In: Bundesministerium für gesamtdeutsche Fragen, Die Flucht aus der Sowjetzone, Bonn 1961, S. 50. Gekürzt)

sein, wurde aber seit Ende der 1950er Jahre erzwungen. Doch statt der vom Staat propagierten Steigerung führte die Kollektivierung der Höfe zu sinkenden Produktionsleistungen in der Landwirtschaft.

Verstaatlichung der Betriebe – Bereits seit 1946 war mit der Verstaatlichung großer Industriebetriebe und des Großhandels zu sogenannten „**Volkseigenen Betrieben**" (VEB) begonnen worden. In den 1950er Jahren setzte auch die weitgehende **Verstaatlichung** der kleinen Einzelhandels- und Handwerksbetriebe ein. Viele Menschen verloren dabei ihr Eigentum durch zwangsweise Enteignungen.

Seit dem Ende der 1950er Jahre wurden in der DDR etwa 90 % aller landwirtschaftlichen, industriellen und gewerblichen Produkte sowie Dienstleistungen durch die VEB und LPG erwirtschaftet. Grundlage dafür waren die zentral vorgegebenen „**Fünfjahrpläne**". Zwar konnte 1958 die Rationierung von Lebensmitteln aufgehoben werden. Doch Wirtschaftskraft und privater Lebensstandard der DDR blieben trotz hoher Arbeitsleistung der Menschen deutlich hinter der Bundesrepublik zurück.

Wirtschaftlicher Reformversuch – Auf die Flucht vieler, vor allem junger Menschen in die Bundesrepublik und die zahlreichen Produktions- und Versorgungsengpässe reagierte die DDR-Staatsführung 1963 mit Wirtschaftsreformen. Durch das „**Neue ökonomische System der Planung und Leitung**" (NÖSPL) sollte das Wirtschafts- und Wohlstandsniveau der Bundesrepublik binnen weniger Jahre überholt werden. Das NÖSPL zielte auf eine Dezentralisierung der wirtschaftlichen Entscheidungen, größere Eigenverantwortung der Betriebe sowie finanzielle Anreize für besondere Leistungen. Doch trotz messbarer Erfolge kehrte die SED-Führung Ende 1965 zum starren System der zentralistischen Planwirtschaft zurück.

Modell eines Trabants

D 5 Entwicklung der Wirtschaftsleistung/Kopf (Bruttoinlandsprodukt) in Preisen von 1989; getrennt nach Gebieten der BRD/alte Bundesländer und der DDR/neue Bundesländer; für die Jahre 1936–2000

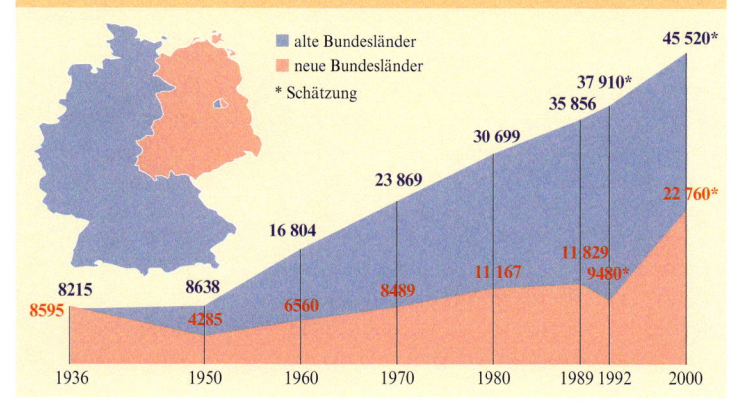

Jahr	alte Bundesländer	neue Bundesländer
1936	8215	8595
1950	8638	4285
1960	16 804	6560
1970	23 869	8489
1980	30 699	11 167
1989	35 856	11 829
1992	37 910*	9480*
2000	45 520*	22 760*

* Schätzung

B 4 DDR-Plakat zur Kollektivierung, 1958

ARBEITSAUFTRÄGE

1. Erläutere mit D 1 und D 2 die schwierigen Ausgangsbedingungen für die Entwicklung der DDR-Wirtschaft nach 1945.
2. Beschreibe mit Q 3 und B 4 die Mittel, mit denen Bauern zum Beitritt in eine LPG „überzeugt" werden sollten.
3. Vergleiche die Ausstattung der Privathaushalte mit Konsumgütern in der DDR und in der Bundesrepublik (T 1, S. 94) und diskutiert mögliche Gründe für die Unterschiede.
4. Erläutere mit D 5 die unterschiedliche Wirtschaftsentwicklung in der DDR und in der Bundesrepublik 1949–1989. Nenne mögliche Ursachen. Diskutiert in der Klasse die These: „*Nicht der Mensch, sondern das System war dafür verantwortlich, dass die Wirtschaftsleistung der DDR hinter der Wirtschaftsleistung der Bundesrepublik zurückblieb.*"

10. Mauerbau und „Zwei-Staaten-Theorie"

1952 hatte die DDR die Grenzen zur Bundesrepublik geschlossen. Nur noch in Berlin gab es die Möglichkeit, ungehindert in den Westen zu gelangen. Hier prallten die gegensätzlichen Wirtschafts- und Gesellschaftssysteme unmittelbar aufeinander. Jährlich verließen mehr als hunderttausend Menschen durch dieses „Tor in den Westen" für immer die DDR. Wie reagierte die SED-Führung auf diese „Abstimmung mit den Füßen"?

Bau der Berliner Mauer – Die Flucht der meist jungen und qualifizierten Personen hatte verheerende Auswirkungen auf die Wirtschaft der DDR. Mit Genehmigung der sowjetischen Führung entschloss sich die SED deshalb, den letzten Fluchtweg abzuriegeln. In der Nacht zum **13. August 1961** bauten Einheiten der NVA und der „Kampfgruppen der Arbeiterklasse" Stacheldrahtverhaue und Panzersperren entlang der Berliner Sektorengrenze. Wenig später wurde dort eine Mauer, von der SED-Propaganda als „antifaschistischer Schutzwall" bezeichnet, errichtet. Ohnmächtig mussten die Berliner zusehen, wie sie von Verwandten und Freunden getrennt wurden. Auch die anderen Grenzen zur Bundesrepublik wurden nun hermetisch gesichert. **„Republikflucht"** stand unter schwerer Strafe und war nur unter Einsatz des Lebens möglich. Von 1961 bis 1989 kamen fast 1 000 Menschen bei Fluchtversuchen ums Leben.

Reaktion der Westmächte – Der sowjetische Staatschef Chruschtschow hatte 1958 die Umwandlung Westberlins in eine entmilitarisierte, von der Bundesrepublik staatlich losgelöste Stadt gefordert; im Juni 1961 wiederholte er seine Forderung. US-Präsident Kennedy lehnte dies ab. Zugleich machte er aber die **Grenze des amerikanischen Engagements** deutlich: Ost-Berlin betrachtete er als dem sowjetischen Machtbereich zugehörig. So protestierten die Westmächte zwar gegen die Einmauerung Ost-Berlins, ihre Sicherheitsgarantie galt jedoch nur für West-Berlin.

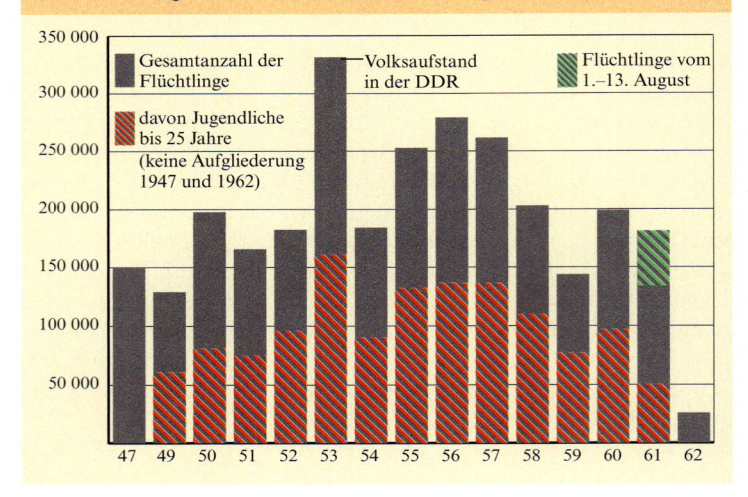

D 1 Flüchtlinge aus der DDR in die Bundesrepublik 1948 bis 1962

Q 2 Die Einschätzung von US-Präsident Kennedy kurz vor dem Mauerbau, 27. Juli 1961:

1 [Am 26./27. Juli] traf sich Kennedys Abrüstungsberater John McCloy... mit Chruschtschow in dessen Urlaubsort Sotschi am Schwarzen Meer ... Chruschtschow habe McCloy „in groben Zügen" über das Bevorstehende in-
5 formiert. Kennedy gab diese ... Hinweise an Walt Rostow weiter: „Chruschtschow steht vor einer unerträglichen Situation. Ostdeutschland blutet aus. Als Folge gerät der ganze Ostblock in Gefahr ... Vielleicht baut er eine Mauer."

(In: DIE WOCHE vom 6. Juli 2001. Gekürzt)

B 3 Bau der Berliner Mauer, 13. August 1961

10. Mauerbau und „Zwei-Staaten-Theorie"

Mauerbau und SED-Deutschlandpolitik – Die mit dem Mauerbau vollzogene Absperrung nach Westen und die Einmauerung der eigenen Bevölkerung stand im Widerspruch zur bisherigen Deutschlandpolitik der DDR und dem Anspruch der ersten DDR-Verfassung. Dort war ausdrücklich von der „einen unteilbaren Republik" und von der „einen deutschen Staatsangehörigkeit" die Rede.

Nach dem Mauerbau veröffentlichte die Nationale Front daher 1962 ein „nationales Dokument", das den Sieg des Sozialismus als historische Gesetzmäßigkeit auch in Westdeutschland voraussagte. Erst danach sei die Einheit Deutschlands möglich, bis dahin stünden sich zwei deutsche Staaten gegenüber. 1967 wurde die gemeinsame Staatsbürgerschaft mit der Bundesrepublik gesetzlich außer Kraft gesetzt. In der neuen DDR-Verfassung von 1968 wurde diese „**Zwei-Staaten-Theorie**" festgeschrieben.

Auch für Bürger der Bundesrepublik war nun die Einreise in die DDR und nach Ost-Berlin sehr erschwert. Seit 1968 wurde wie im Auslandsverkehr Reisepass und Einreisevisum verlangt.

Die westdeutsche Regierung begann 1964 damit, politische Häftlinge aus der DDR freizukaufen; von 1964 bis 1989 über 30 000 Personen für insgesamt 3,5 Milliarden DM.

B 5 Am 17. August 1962 wurde der 22-jährige Ost-Berliner Peter Fechter beim Fluchtversuch von DDR-Grenzsoldaten erschossen

B 4 Titelblatt der westdeutschen Zeitung „Bild" vom 16.8.1961

Q 6 Albert Norden, Mitglied des Politbüros des ZK der SED, über die so genannten „Republikflüchtlinge", 1963:

1 Ich sage, jeder Schuss aus der Maschinenpistole eines unserer Grenzsicherungsposten zur Abwehr solcher Verbrechen rettet in der Konsequenz Hunderten von Kameraden, rettet Tausenden Bürgern der DDR das Le-
5 ben und sichert Millionenwerte an Volksvermögen. Ihr schießt nicht auf Bruder und Schwester, wenn ihr mit der Waffe den Grenzverletzer zum Halten bringt. Wie kann der euer Bruder sein, der die Republik verrät, ... der die Macht des Volkes antastet! Auch der ist nicht
10 unser Bruder, der zum Feinde desertieren will.

(In: Informationen zur politischen Bildung, H. 233, S. 5. Gekürzt)

ARBEITSAUFTRÄGE

1. Prüfe das Ausmaß der Fluchtbewegung (D 1). Beurteile die politischen und wirtschaftlichen Folgen für die DDR.
2. Beschreibe mit B 3 die Durchführung des Mauerbaus.
3. Beurteile mit Q 2 und B 4 das Verhalten der Westalliierten. Diskutiert, ob es andere Handlungsmöglichkeiten für sie gab. Erörtert die möglichen Folgen.
4. Erläutere mit Q 6, wie der Gebrauch der Schusswaffe gegenüber „Republikflüchtigen" gerechtfertigt wurde. Beurteile mit B 5 die Konsequenzen und nimm Stellung.

11. „Nischengesellschaft" und Opposition in der DDR

Die Bürger der DDR wurden durch das SED-Regime regelmäßig politisch „belehrt" und sollten für politische und propagandistische Ziele mobilisiert werden. Deutlich wurde dies in politischen Losungen, Aktionsappellen und den verordneten Gewerkschaftsaktivitäten. Wie hat die Bevölkerung darauf reagiert?

Rückzug ins Private – Es war der SED trotz nahezu allgegenwärtiger Präsenz nicht möglich, die Bevölkerung total zu dirigieren. Zum Teil bewusst, vielfach auch unbewusst zogen sich viele Menschen aus dem politisierten Alltag zurück und schufen sich ihre „private Nische". Der Schrebergarten („Datsche"), ein enger Freundeskreis oder der Sportverein boten meist ein verlässliches Umfeld, in dem Hilfsbereitschaft eine wichtige Rolle spielte. Politische Witze dienten der psychologischen Entlastung und galten als Barometer für die öffentliche Stimmung.

Opposition in der DDR – Die Bildung echter Oppositionsparteien war durch die SED von Anfang an verhindert worden. Offene Kritik an der Politik der SED war für DDR-Bürger stets riskant. Doch als nach dem Tod Stalins 1953 die UdSSR eine Phase der Reformen durchlebte, war dies auch in der DDR spürbar. Bekannte Wissenschaftler wie ROBERT HAVEMANN oder WOLFGANG HARICH, beide überzeugte Kommunisten, traten für einen humanen Sozialismus ein: einen „**Dritten Weg**" zwischen Kapitalismus und Sozialismus sowjetischer Prägung. Doch die SED verhinderte diese Reform-

PERSONENLEXIKON

ROBERT HAVEMANN, 1910–1982. Chemiker. 1933–1945 im Widerstand gegen den Nationalsozialismus. Anfangs SED-Mitglied, nach Kritik an der Partei folgten Parteiausschluss, Berufsverbot und Hausarrest; Engagement für die Friedens- und Ökologiebewegung

B2 Robert Havemann mit Sarah und Rainer Kirsch, Wolf Biermann, Helga Novak, Kurt Bartsch, Fritz Rudolf Fries, Gert Loschütz, Berlin 1965

Q1 Wolf Biermann, Ermutigung (1968)

1 ... Du, lass dich nicht verbittern
In dieser bittren Zeit
Die Herrschenden erzittern
– sitzt du erst hinter Gittern –
5 Doch nicht vor deinem Leid

Du, lass dich nicht erschrecken
In dieser Schreckenszeit
Das wolln sie doch bezwecken
Dass wir die Waffen strecken
10 Schon vor dem großen Streit
...
Wir wolln es nicht verschweigen
In dieser Schweigezeit
Das Grün bricht aus den Zweigen
Wir wolln das allen zeigen
15 Dann wissen sie Bescheid

(In: W. Biermann, Mit Marx- und Engelszungen, Berlin 1968. Gekürzt)

Q3 Aus dem Zentralorgan der SED „Neues Deutschland", 17.5.1957:

1 Manche Bürger fragen, warum es bei uns keine Opposition gibt, und meinen, zu einer richtigen Demokratie gehöre doch auch eine Opposition ... Eine Opposition könnte doch nur gegen die Politik unserer Regierung gerichtet
5 sein. Sie müsste sich also gegen die Einführung der 45-Stunden-Woche, gegen den Bau von zusätzlich hunderttausend Wohnungen ... richten. Sie müsste sich gegen die Einheit der Arbeiterklasse, gegen unseren Arbeiter-und-Bauern-Staat richten. Sie müsste ... für den NATO-
10 Kriegspakt und die Vorbereitung eines Atomkrieges sein. Solch eine Opposition zu dulden wäre verbrecherisch.

(In: H. Weber, DDR, München 1986, S. 229. Gekürzt)

11. „Nischengesellschaft" und Opposition in der DDR   107

ansätze und verfolgte die kritischen Wortführer. 1962 lockerte das SED-Regime den scharfen Kurs erneut. Ähnlich wie die Politik des „NÖSPL" eine Liberalisierung der Planwirtschaft vorsah, so sollten auch die Medien und Künstler mehr Freiräume erhalten. Aber schon 1965 wurden die zaghaften gesellschaftlichen Reformversuche zurückgenommen.

Als die Tschechoslowakei im Frühjahr 1968 einen reformkommunistischen Kurs einschlug, gab es bei vielen DDR-Bürgern Sympathien für den „Prager Frühling". Doch im August 1968 beendete der Einmarsch von Truppen des Warschauer Pakts, darunter DDR-Soldaten, die Hoffnung der tschechoslowakischen Reformer. Der in Ost- und Westdeutschland bekannte Liedermacher WOLF BIERMANN erhielt als Vertreter der literarischen Opposition ein absolutes Auftritts- und Veröffentlichungsverbot. 1976 wurde er aus der DDR ausgebürgert. Zahlreiche Schriftsteller und Kulturschaffende, die dagegen protestiert hatten, gerieten in einen scharfen Konflikt mit der SED.

Auch die evangelische Kirche bestritt den totalen Machtanspruch der SED. Obwohl sie sich nicht als politische Opposition verstand und seit Ende der 1950er Jahre eine **Gratwanderung zwischen Konfrontation und Kooperation** versuchte, wirkte die evangelische Kirche faktisch als Sammelbecken für regimekritische Bürger. Ihr Widerstand richtete sich vor allem gegen die Abschaffung des Religionsunterrichts und die Benachteiligung der in der „Jungen Gemeinde" zusammengeschlossenen jugendlichen Christen.

PERSONENLEXIKON

WOLF BIERMANN, geb. 1936. Liedermacher; 1965 Auftritts- und Publikationsverbot; 1976 Ausbürgerung aus der DDR

B 5 Rückzug ins Private, die „Datsche", Foto 1980er Jahre

Q 4 Anpassung und Rückzug in „private Nischen"

1 Mit dem Bau der Mauer wurde gleichsam die Leibeigenschaft zur Staatsdoktrin erhoben, denn von nun an [gab es kein] Entweichen
5 ... Das Gefühl, wehrlos in der Falle zu sitzen, veränderte das Verhältnis zu diesem Staat ... Der Bürger dachte sich zwar immer noch seinen Teil, aber er konnte
10 es nicht wagen, dies auch auszusprechen ... Für alle, die auch im real existierenden Sozialismus das Leben ... genießen wollten, die fröhlich sein und Kinder haben wollten – für die wurde Anpassung von nun an zu einer Strategie des Überlebens.
Angst bewirkte ... Rückzug in die viel beschriebenen Nischen der
20 DDR-Gesellschaft. Sehr selten bewirkte die Angst auch Protest.

(In: J. Gauck, Die Stasi-Akten. Reinbek 1991, S. 45 ff. Gekürzt)

Q 6 Ein politischer Witz aus der DDR, ca. 1955:

1 Parteitag in Moskau. Chruschtschow fragt Mao Tse-tung: „Wie viele politische Gegner habt ihr bei euch in China?" „Ich schätze so um die siebzehn Millionen." „Das ist nicht so arg", sagt Chruschtschow. Dann wen-
5 det er sich an Ulbricht: „Und ihr?" „Mehr werden es bei uns in der DDR auch nicht sein."

ARBEITSAUFTRÄGE

1. Formuliere mit eigenen Worten, was Wolf Biermann in dem Liedertext (Q 1) kritisiert und wozu er ermutigen will.
2. Informiere dich über eine der in B 2 abgebildeten Personen.
3. Analysiere und beurteile die Argumente der SED, warum es in der DDR keine Opposition geben könne (Q 3).
4. Wie begründet der ostdeutsche Bürgerrechtler J. Gauck die Anpassung und den Rückzug vieler Bürger ins Private (Q 4)?
5. Beschreibe mit B 5 und Q 6 verschiedene Formen, mit denen DDR-Bürger auf die politische Gängelung reagierten.

12. Jugend in der DDR

Kinder und Jugendliche genossen in der DDR große Aufmerksamkeit. Sie sollten für die Ziele der SED gewonnen und aktiv in den Aufbau des Sozialismus einbezogen werden. Erziehung und Bildung in Kindergarten und Schule, die Berufsausbildung und Hochschulen sowie die Freizeitgestaltung sollten dafür ideale Bedingungen schaffen. Wie gestaltete sich das Leben der Jugendlichen in der DDR?

Erziehung durch die FDJ – Die „**Freie Deutsche Jugend**" (FDJ) galt offiziell als unabhängig, faktisch war sie aber die Nachwuchsorganisation der SED und wurde von dieser straff geführt. Die Mitgliedschaft in der FDJ war freiwillig, aber wer Nachteile in der Schule oder beim Studium vermeiden wollte, der konnte sich kaum entziehen; daher waren etwa 80 Prozent aller Kinder und Jugendlichen Mitglieder. Aufgabe der FDJ war es, einen Beitrag zur „**Entwicklung der sozialistischen Persönlichkeit**" zu leisten und die jungen Menschen für den Sozialismus zu begeistern. Doch die vielfältigen Freizeitangebote – vom Zeltlager über die Jugendfeier bis zum Diskoprogramm und Rockkonzert – machten die FDJ für viele Jugendliche auch attraktiv, selbst wenn sie die Uniformierung und den politischen Drill ablehnten.

Für Kinder ab 6 Jahren gab es die „Jungpioniere", ab 10 Jahren die „Thälmann-Pioniere", für Jugendliche zwischen 14 und 25 Jahren die eigentliche FDJ.

Mädchen in FDJ-Bluse (aus dem Film „Sonnenallee" 1999)

Q 1 Die Entwicklung der „sozialistischen Persönlichkeit". Auszug aus dem DDR-Jugendgesetz von 1974:

1 Es ist ehrenvolle Pflicht der Jugend, die revolutionäre Tradition der Arbeiterklasse und die Errungenschaften des Sozialismus zu
5 achten und zu verteidigen, sich für Frieden und Völkerfreundschaft einzusetzen und antiimperialistische Solidarität zu üben. Alle jungen Menschen sollen sich durch
10 sozialistische Arbeitseinstellung und solides Wissen und Können auszeichnen, hohe moralische und kulturelle Werte ihr eigen nennen und aktiv am gesellschaftlichen
15 Leben, an der Leitung von Staat und Gesellschaft teilnehmen.

(In: Gesetzblatt der DDR 1974, S. 48)

Q 2 Bernd Rabehl über seine Erfahrungen als Jugendlicher in der FDJ:

1 Diese Mobilisierung der Jugendlichen löste durchaus Begeisterung aus. Wir kamen heraus aus dem Alltag der Kleinstädte. Wir
5 lernten das Land und Jugendliche aus anderen Regionen der Republik kennen. Wir waren unter uns, ohne die direkte Aufsicht der Lehrer oder der Partei. Erste Flirts
10 wurden gewagt... Trotzdem, das Misstrauen der Partei und der ... FDJ-Sekretäre würgte die Begeisterung immer wieder ab.

(Zit. nach G. Eisenberg/H.-J. Linke [Hg.]: Fuffziger Jahre, Gießen 1980, S. 118. Gekürzt)

B 3 Zeltlager der FDJ

Arbeit mit historischen Liedern

Zu allen Zeiten haben Lieder viel über die Wünsche, Ängste und Lebensumstände der Menschen ausgesagt. Das Liedersingen war auch jahrhundertelang ein wichtiges **Kommunikationmittel** und ein Medium, um die kulturelle Tradition und das Selbstverständnis an spätere Generationen weiterzugeben.

Die Besonderheit des Liedes als historische Quelle beruht auf der Kombination von Sprache und Musik, wobei besonders die Musik eine **emotionale Wirkung** auf den Hörer ausübt. Diese emotionale Wirkung des Liedes birgt die Gefahr, den Verstand „auszuschalten", sich mitreißen zu lassen und die eigentliche Botschaft des Textes zu verkennen. Als historische Quellen sind Lieder daher von doppeltem Interesse: wegen der kulturellen Inhalte, aber auch wegen der (politischen) **Wirkungsabsichten**, die sie zu allen Zeiten und überall besaßen.

Das Lied „*Bau auf, bau auf...*" entstand Anfang der 1950er Jahre. Deutschland war in zwei Staaten geteilt. Die Folgen des Krieges waren überall noch sichtbar; der „Kalte Krieg" überschattete bereits das Leben der Menschen. Besonders in der DDR widmete die Politik der Jugend, dem „Hoffnungsträger" des neuen Staates, große Aufmerksamkeit und wollte Identifikationsangebote schaffen. Ein wichtiges Ziel war es, die Jugend für den Staat zu begeistern. Schon der Liedtitel „*Bau auf...*" sollte Optimismus und Lebensfreude – eine positive Einstellung zur Zukunft – vermitteln, die ins Ohr gehende Melodie eine mitreißende Wirkung haben. Das gemeinschaftliche Singen sollte ein „Wir-Gefühl" erzeugen.

In der „Bildersprache" des Liedes ist die „grausame Nacht" die Zeit des Nationalsozialismus. Die Sonne (auch Emblem der Jugendorganisation FDJ) symbolisiert die strahlende Zukunft. Der Refrain verdichtet das Anliegen: Die **freie Jugend** soll die Heimat DDR aufbauen.

Bau auf, bau auf

1. Jugend, erwach, erhebe dich jetzt, die grausame Nacht hat ein End. Und die Sonne schickt wieder die Strahlen hernieder vom blauen Himmelsgezelt. Die Lerche singt frohe Lieder ins Tal, das Bächlein ermuntert uns all. Und der Bauer bestellt wieder den Acker und Feld, bald blüht es allüberall. 1. u. 2. Bau auf, bau auf, bau auf, bau auf, Freie Deutsche Jugend, bau auf! Für eine beßre Zukunft richten wir die Heimat auf! Bau richten wir die Heimat auf!

Q1 Text und Noten des Liedes „Bau auf ...", DDR 1950er Jahre

WORAUF SIE ACHTEN MÜSSEN

1. Suche nach einer (historischen) Aufnahme des Liedes. Lass Text und Melodie gleichzeitig auf sich wirken. Formuliere, in welche Stimmung dich das Lied versetzt. Hast du neben der Melodie auch den Text wahrgenommen?
2. Sammle Informationen zu den Zeitumständen und zum historischen Hintergrund des Liedes! Ist ein konkretes Ereignis für die Entstehung des Liedes erkennbar oder betrifft es allgemeine Lebensumstände und weitläufigere Zeiträume?
3. Untersuche den Liedtext! Welche Aussagen werden getroffen? Welche Sprachbilder sind enthalten?
4. Formuliere eine persönliche Einschätzung der Absicht und der Wirkung des Liedes in seiner Zeit.

Schule und Ausbildung – Alle Schülerinnen und Schüler besuchten gemeinsam eine 10-jährige Polytechnische Oberschule (Gesamtschule). Dort wurde auch Wert gelegt auf technisch-handwerkliche Kenntnisse (**polytechnische Ausbildung**). Schülerinnen und Schüler mit sehr guten Leistungen und dem Nachweis der „politischen Zuverlässigkeit" konnten danach die Erweiterte Oberschule besuchen, die in zwei Jahren zum Abitur führte. Für Kinder aus christlichen oder regimekritischen Elternhäusern war der Zugang zur Erweiterten Oberschule erschwert.

Die Vermittlung ideologischer Bildungsinhalte erfolgte vor allem in den Fächern Staatsbürgerkunde (ab Klasse 7) sowie Wehrerziehung (ab Klasse 9). Die „Sozialistische Wehrerziehung" war seit 1978 fester Bestandteil des Lehrplans. 🌐/10

Jugendpolitik der SED – Die Mehrzahl der DDR-Jugendlichen nahm mit 14 Jahren – meist im Klassenverband – an der **Jugendweihe** teil. Sie geht auf ein Fest der Arbeiterbewegung aus dem 19. Jahrhundert zurück. Die SED übernahm diese Tradition, um die christliche Konfirmation zurückzudrängen, und verband die Jugendweihe mit politischen Inhalten und einem Bekenntnis zum Sozialismus. Dennoch erlebten die meisten Jugendlichen ihre Jugendweihe als schönes Fest im Kreis ihrer Freunde und Familie.

B 4 SED-Werbeplakat für die Jugendweihe

Seit Anfang der 1970er Jahre versuchte die SED mit Jugendfestivals und einer insgesamt liberaleren Jugend- und Kulturpolitik den aufbrechenden „Generationenkonflikt" zu entschärfen. In dieser Zeit entstand eine DDR-Rockszene mit bekannten Bands wie Karat oder Puhdys.

B 5 Polytechnischer Unterricht in der DDR

T 7 Studierende in BRD und DDR in % der Bevölkerung

	BRD	DDR
1950	1,8	1,7
1960	4,9	5,8
1970	7,9	8,3
1980	16,0	7,8
1990	20,1	7,8

Q 6 Rock-Song „versammlung" aus dem Rock-Stück „Paule-Panke" der DDR-Gruppe Pankow (1980er Jahre):

1 zum feierabend gibt's noch 'n bonbon
 'ne versammlung um fünfzehn uhr dreissig
 ... da spricht wieder einer vom kampfauftrag
 und verliest so 'n langen bericht
5 mir schlafen wie immer die füße ein
 da ist doch kein ende in sicht
 ich sitze am tisch und langweile mich
 mathilde sitzt meilenweit weg von mir
 und ich komm nicht an sie ran
10 der redner meint dass die sonne scheint
 und dass wir alle stolz sein müssen
 mathilde sieht mich nicht einmal an
 und ich würde sie gerne küssen (...)

ARBEITSAUFTRÄGE

1. Erörtere mit Q 1 die Bildungs- und Erziehungsziele der SED. Nutze auch B 5.
2. Erläutere mit Q 2 und B 3, warum viele Angebote der FDJ für Kinder und Jugendliche attraktiv waren.
3. Erläutere die Ziele, die die SED mit der Jugendweihe in der DDR verband (Text, B 4). Diskutiert, welche Bedeutung die Jugendweihe heute für Jugendliche haben kann.
4. Erläutere, welche Kritik und welche Bedürfnisse in dem Rocksong (Q 6) zum Ausdruck kommen.

13. Machtwechsel in Bonn

Mit der Wahl GUSTAV HEINEMANNS zum Bundespräsidenten und WILLY BRANDTS zum Bundeskanzler gelangten 1969 SPD-Politiker in die höchsten Ämter des Staates. Die neue Regierung wurde von SPD und FDP gebildet. Der FDP-Vorsitzende WALTER SCHEEL wurde Außenminister. Welche politischen Ziele verfolgte die sozialliberale Koalition?

„Mehr Demokratie wagen" – Unter dieses Leitmotiv stellte Bundeskanzler Willy Brandt die innenpolitischen Ziele seiner Regierung. Die Herabsetzung des Wahlalters, mehr betriebliche Mitbestimmungsrechte für Arbeitnehmer, größere Bildungschancen für Arbeiterkinder, das waren zentrale innenpolitische Reformziele der sozialliberalen Koalition.

„Wandel durch Annäherung" – So lautete die Formel, mit der Staatssekretär EGON BAHR die neue Deutschlandpolitik der Bundesregierung vorstellte. Sie verzichtete auf den früheren Alleinvertretungsanspruch der Bundesrepublik für ganz Deutschland. Statt dessen war eines der Ziele der neuen Deutschlandpolitik, die innerdeutsche Grenze für persönliche Begegnungen zwischen den Deutschen aus Ost und West durchlässiger zu machen.

Vertrauen schaffen – Noch 25 Jahre nach Ende des 2. Weltkrieges riefen Veränderungen im deutsch-deutschen Verhältnis die Ängste der osteuropäischen Nachbarn vor deutscher Aggression hervor. Ziel der Regierung war daher, in Moskau, Warschau und Prag Vertrauen zu schaffen.

PERSONENLEXIKON

GUSTAV HEINEMANN, 1899–1976, Rechtsanwalt, seit 1957 in der SPD, 1969–74 deutscher Bundespräsident

Q2 Verhandlungsvorschlag Walter Ulbrichts, 17.12.1969:

Art. 1: Die Hohen vertragschließenden Seiten vereinbaren die Aufnahme normaler gleichberechtigter Beziehungen ... zwischen der Deutschen Demokratischen Republik und der Bundesrepublik Deutschland auf der Grundlage der allgemein anerkannten Prinzipien und Normen des Völkerrechts. Ihre gegenseitigen Beziehungen beruhen ... auf den Prinzipien der souveränen Gleichheit, der territorialen Integrität und Unantastbarkeit der Staatsgrenzen, der Nichteinmischung in die inneren Angelegenheiten und des gegenseitigen Vorteils.

(Dokumente des geteilten Deutschland II, Stuttgart 1968, S.169-172. Gekürzt)

Q3 Antwort Bundespräsident Heinemanns, 19.12.1969:

Ich stimme mit Ihnen darin überein, dass wir eine hohe Verantwortung für die Entspannung in Europa tragen. Auch ich fühle mich mit der Bundesregierung der Sicherung des Friedens, der Entspannung und der Zusammenarbeit verpflichtet. Unser gemeinsames Anliegen ist es, die Einheit der deutschen Nation zu wahren. Ich begrüße deshalb die ... Aufnahme von Verhandlungen.

(Dokumente des geteilten Deutschland II, Stuttgart 1968, S. 172/173. Gekürzt)

B1 Wahlplakat für die Bundestagswahl 1969

ARBEITSAUFTRÄGE

1. Historiker bezeichnen die Vereidigung Brandts durch Heinemann als „Machtwechsel". Beurteile diese Auffassung.
2. Analysiere mit Q2/Q3 die Verhandlungsziele beider Seiten. Wo erkennst du Gemeinsamkeiten, wo Unterschiede?

14. Ausgleich und Versöhnung mit den östlichen Nachbarn

In vielen Ländern Osteuropas war 1969 das Misstrauen gegenüber der Bundesrepublik immer noch groß. Die Einbindung der Bundesrepublik in das westliche Verteidigungsbündnis NATO und die Wiederaufrüstung in den 1950er Jahren waren dort mit Misstrauen registriert worden. Zum Teil existierte sogar die Befürchtung, die Bundesrepublik wolle die territorialen Ergebnisse des Zweiten Weltkrieges gewaltsam korrigieren. Welche Schritte unternahm die Regierung Brandt/Scheel zur Verständigung und Aussöhnung?

Neue Ostpolitik und Ostverträge – Das oberste Ziel der Ostpolitik der Bundesregierung bestand darin, Vertrauen zu schaffen. Durch vertragliche **Garantien der Grenzen**, wie sie seit 1945 bestanden, und durch eine Politik des **strikten Gewaltverzichts** sollte den verständlichen Sicherheitsbedürfnissen der Länder Osteuropas Rechnung getragen werden. Im **Vertrag mit Moskau** vom 12.8.1970 erkannte die Bundesregierung alle Staatsgrenzen in Europa als unantastbar an. Das betraf auch die nach dem Zweiten Weltkrieg entstandene polnische Westgrenze an Oder und Neiße und die innerdeutsche Grenze. Die Sowjetunion weigerte sich jedoch, ein deutsches Recht auf staatliche Einheit in den Vertrag aufzunehmen. Außenminister Scheel formulierte daher den **deutschen Anspruch auf friedliche Wiedervereinigung** in einem gesonderten Begleitbrief zum Vertragstext.

Auch in Polen war die Erinnerung an den Zweiten Weltkrieg und die nationalsozialistischen Verbrechen noch lebendig. Dazu kam die Furcht vor deutschen Ansprüchen auf die ehemaligen deutschen Ostgebiete, die seit 1945 zu Polen gehörten. Im **Vertrag mit Warschau** garantierte die Bundesregierung 1970 die territoriale Integrität (= Unverletzlichkeit) Polens. Im deutsch-tschechoslowakischen **Vertrag von Prag** wurde das Münchener Abkommen von 1938 für unwirksam erklärt.

Garantien für Berlin – Mit dem Abschluss des **Viermächte-Abkommens über Berlin** am 3.9.1971 wurde die Freiheit West-Berlins und seiner Zugangswege vertraglich gesichert. Die Sowjetunion garantierte den ungehinderten Zugang zu den Westsektoren durch das Gebiet der DDR und bestätigte die besondere Bindung West-Berlins an die Bundesrepublik. Erstmals seit Jahren durften West-Berliner wieder Verwandte und Freunde

PERSONENLEXIKON

WILLY BRANDT, 1913–1992. SPD-Politiker, 1957–1966 Regierender Bürgermeister von Berlin, 1966–1969 Außenminister in der Großen Koalition, 1969–1974 deutscher Bundeskanzler. 1974 trat er wegen der Spionage-Affäre eines Mitarbeiters zurück. Brandt erhielt 1971 den Friedensnobelpreis für seine europäische Versöhnungspolitik.

Q1 Der deutsch-polnische Vertrag

(1) Die Bundesrepublik Deutschland und die Volksrepublik Polen stellen übereinstimmend fest, dass die bestehende Grenzlinie
5 … die westliche Staatsgrenze der Volksrepublik Polen bildet.
(2) Sie bekräftigen die Unverletzlichkeit ihrer bestehenden Grenzen jetzt und in der Zukunft…
10 (3) Sie erklären, dass sie gegeneinander keinerlei Gebietsansprüche haben und solche auch in der Zukunft nicht erheben werden…

(Geschichte in Quellen 5, München 1980, S.563)

B2 Willy Brandt vor dem Mahnmal des Warschauer Gettos, 1970

im Ostteil der Stadt besuchen. Ein **Transit-Abkommen** regelte den Straßen- und Schienenverkehr zwischen der Bundesrepublik und West-Berlin durch die DDR.

Misstrauensvotum gegen Brandt – Die Ostpolitik der Bundesregierung Brandt/Scheel hatte international große Anerkennung und bei großen Teilen der deutschen Bevölkerung Zustimmung gefunden. Im Frühjahr 1971 wurde Willy Brandt für seine Aussöhnungspolitik mit dem Friedensnobelpreis ausgezeichnet. Dennoch wurde die Ostpolitik von der CDU/CSU-Opposition scharf kritisiert. Als die knappe Mehrheit der Regierung im Bundestag durch Parteiübertritte abbröckelte, stellten CDU/CSU am 25. April 1972 einen Misstrauensantrag zur Abwahl von Bundeskanzler Willy Brandt. Doch der Misstrauensantrag scheiterte.

Stimmenthaltung – Bei der Abstimmung über die Verträge mit Moskau und Warschau enthielten sich die meisten CDU/CSU-Abgeordneten der Stimme; sie wollten das Viermächte-Abkommen für Berlin nicht gefährden.

Die vorgezogenen Bundestagswahlen im September 1972 wurden mit einer Rekordwahlbeteiligung von 91 Prozent zu einer „Volksabstimmung" über die Ostverträge. Die SPD/FDP-Regierungskoalition setzte sich deutlich gegenüber CDU und CSU durch.

Q 3 Der frühere Außenminister Gerhard Schröder (CDU) im Deutschen Bundestag, 1972:

1 Unsere Kritik an den Verträgen beruht daher auf der Befürchtung, dass die Teilung Deutschlands vertieft, die Verwirklichung des
5 Selbstbestimmungsrechts für alle Deutschen erschwert wird; dass das im Deutschland-Vertrag niedergelegte Engagement unserer drei großen westlichen Verbünde-
10 ten, zu einer freiheitlichen Lösung der deutschen Frage beizutragen, mit Sicherheit durch diese Verträge ... vermindert wird.

(In: K. Borcherding (Hg.), Die Deutsche Frage, Hannover 1982, S.128. Gekürzt)

Q 4 Der spätere Bundeskanzler Helmut Schmidt (SPD) im Deutschen Bundestag, 1972:

1 In der Bundesrepublik Deutschland hat es lange gedauert, ehe klar wurde, dass die beiden Teile der Nation nur dann wieder zueinander kommen können, wenn auch Europa wieder zusammenwächst. Vielen in unserem
5 Lande fällt es heute noch schwer, zu begreifen, dass dies keineswegs von den Deutschen allein bewirkt werden kann, sondern dass ein Zusammenwachsen in Europa nur möglich ist, wenn beide Weltmächte und die ost- und westeuropäischen Staaten und das deutsche Volk in seinen beiden Teilen dies wollen.

(In: K. v. Schubert (Hg.), Sicherheitspolitik der Bundesrepublik Deutschland. 1945–1977, T. 2, Köln 1978, S. 341 ff.)

B 5 Demonstration von Gegnern der Ostverträge, Bonn 1972

ARBEITSAUFTRÄGE

1. Erkläre die geschichtliche Bedeutung von Willy Brandts Kniefall im Warschauer Getto (B 2).
2. Stelle anhand von Q 1 die Kernpunkte des Vertrages mit Polen zusammen. Welche Ängste der Polen sollten mit diesem Vertrag abgebaut werden?
3. Nenne anhand von Q 3 und Q 4 Pro- und Contra-Argumente zu den Ostverträgen. Formuliere deine persönliche Meinung dazu und begründe sie.
4. Betrachte B 5. Versuche die Parolen der Demonstranten zu lesen und nenne mögliche Gründe für den Widerstand gegen die Ostverträge.

15. Deutsch-deutsche Annäherung

Die SED-Führung hatte in den 1960er Jahren das Ziel der deutschen Einheit aufgegeben. Sie strebte nun die internationale Anerkennung der DDR als souveräner Staat an. Die Regierung Brandt hatte zwar auf den Alleinvertretungsanspruch für ganz Deutschland verzichtet, nicht jedoch auf das langfristige Ziel der deutschen Wiedervereinigung. Ihre Deutschlandpolitik zielte daher auf Erleichterungen beim Zusammenleben und auf die Überwindung der deutschen Teilung im Rahmen einer gesamteuropäischen Friedensordnung. Wie versuchten beide Seiten ihre Ziele zu erreichen?

Politik der menschlichen Erleichterungen – Die Konstrukteure der neuen bundesdeutschen Ostpolitik, Willy Brandt und Egon Bahr, hatten die Folgen des Mauerbaus in Berlin miterlebt: die Trennung von Familien, die Toten an der Mauer und die Angst vor der Aufgabe West-Berlins durch die Westalliierten. Die Folgen der Teilung zu mildern, zum Beispiel durch Fortschritte im Zusammenleben, durch die Möglichkeit von Besuchen, Telefongesprächen, Familienzusammenführungen und einen Reiseverkehr, das waren zentrale Anliegen ihrer Politik.

Treffen in Erfurt und Kassel – In den Ostverträgen hatte die Bundesregierung die Unverletzlichkeit der Grenzen in Europa anerkannt. Diese Entspannungspolitik mit den osteuropäischen Nachbarn war zugleich eine Voraussetzung für die Aufnahme deutsch-deutscher Verhandlungen. Mit sowjetischer Vermittlung trafen sich 1970 erstmals die beiden deutschen Regierungschefs, Brandt und Stoph, in Erfurt und Kassel. Die DDR-Bevölkerung jubelte Willy Brandt zu. In seine Politik setzte sie große Hoffnungen.

PERSONENLEXIKON

EGON BAHR, geb. 1922. 1960–1966 Chef des Presse- und Informationsamtes des Landes Berlin, 1969–1972 Staatssekretär im Kanzleramt

Q1 Aus der Regierungserklärung Willy Brandts vom 28.10.1969:

20 Jahre nach Gründung der Bundesrepublik Deutschland und der DDR müssen wir ein weiteres Auseinanderleben der deutschen Nation verhindern ... Die Bundesregierung bietet dem Ministerrat der DDR erneut Verhandlungen ... an, die zu vertraglich vereinbarter Zusammenarbeit führen sollen. Eine völkerrechtliche Anerkennung der DDR durch die Bundesregierung kann nicht in Betracht kommen. Auch wenn zwei Staaten in Deutschland existieren, sind sie doch füreinander nicht Ausland; ihre Beziehungen zueinander können nur von besonderer Art sein.

(In: Dokumente des geteilten Deutschland II, Stuttgart 1968, S.167 ff. Gekürzt)

Q2 Willi Stoph, Rede in Kassel am 21.5.1970:

Es widerspricht den Interessen des europäischen Friedens, wenn ein Staat ... einen Nachbarstaat nicht völkerrechtlich anerkennt und seine souveräne Gleichheit missachtet. Wer so an der Scheidelinie zwischen den großen militärischen Gruppierungen die Grundfragen von Krieg oder Frieden offen halten will, der beschwört ... die Gefahr ernster Konfliktsituationen herauf ... Die völkerrechtliche Anerkennung der DDR durch die BRD ist ... ein Erfordernis für Frieden und Sicherheit in Europa.

(Dokumente des geteilten Deutschland II, Stuttgart 1968, S.207 ff. Gekürzt)

B3 Helmut Schmidt und Erich Honecker in Güstrow, 1981

Im Jahr 1971 löste Erich Honecker Ulbricht als SED-Parteichef ab. Er machte die sofortige Aufnahme diplomatischer Beziehungen zwischen der Bundesrepublik und der DDR nicht länger zur Vorbedingung für die Aufnahme von Verhandlungen.

Bereitschaft zu Kompromissen – Nach schwierigen Verhandlungen fanden die Bundesrepublik und die DDR schließlich zu einem für beide Seiten vertretbaren Kompromiss. Im „**Vertrag über die Grundlagen der Beziehungen**" vom 21.12.1972 erkannte die Bundesrepublik die DDR als gleichberechtigten Staat an, vermied aber die Anerkennung der DDR als Ausland. Folglich wurden zwischen der DDR und der Bundesrepublik keine Botschaften, sondern „**Ständige Vertretungen**" eingerichtet. In der Präambel des Vertrages wurde die unterschiedliche Auffassung zur deutschen Einheit festgestellt. Auch das Problem der Staatsangehörigkeit blieb offen. In zusätzlichen Vereinbarungen wurden Verbesserungen bei der Familienzusammenführung, für Besuchs- und Reiseerleichterungen in dringenden Familienangelegenheiten – auch für DDR-Bürger – sowie bessere Arbeitsmöglichkeiten für Journalisten geregelt.

Die DDR-Führung erreichte mit dem Grundlagenvertrag ein wichtiges Ziel ihrer internationalen Politik: Der Vertrag mit der Bundesrepublik machte den Weg frei für die staatliche Anerkennung durch andere westliche Staaten. So wurden 1973 beide deutschen Staaten in die UNO aufgenommen. Dennoch blieben Differenzen: Während die DDR den Grundlagenvertrag als **völkerrechtliche Anerkennung** wertete und von einer eigenen **DDR-Staatsbürgerschaft** ausging, hielt die Bundesregierung an der Position fest, dass es nur **eine deutsche Nation** und nur eine deutsche Staatsangehörigkeit gebe.

PERSONENLEXIKON

WILLI STOPH, 1914–1999. Seit 1931 Mitglied der KPD, ab 1946 der SED, 1964–1973 und 1976–1989 Ministerratsvorsitzender der DDR

B 4 „Gewiß nicht komfortabel, aber statt des Seils doch immerhin schon ein Brett!" Karikatur von Eckart Munz, 11.11.1972

D 6 Deutsch-deutscher Reiseverkehr 1970–1988 (in Millionen)

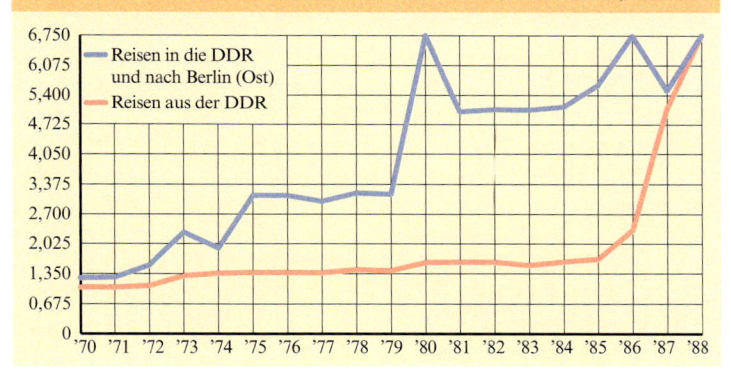

— Reisen in die DDR und nach Berlin (Ost)
— Reisen aus der DDR

T 5 Anerkennung der DDR durch östliche und westliche Staaten

Bis 1971:	von 28 östlichen und blockfreien Staaten; von keinem westlichen Staat
1972:	Schweiz, Schweden, Österreich, Australien, Belgien, Finnland
1973:	Niederlande, Luxemburg, Spanien, Dänemark, Island, Norwegen, Italien, Großbritannien, Frankreich, Griechenland, Liechtenstein
1974:	Türkei, Portugal, USA

ARBEITSAUFTRÄGE

1. Lege mit Q 1 und Q 2 die unterschiedlichen Zielsetzungen dar, mit denen beide Seiten die Verhandlungen aufnahmen.
2. Erörtert am Beispiel des Reiseverkehrs (B 3, D 6), ob bzw. in welchem Umfang die neue Deutschlandpolitik Chancen für eine Überwindung der deutschen Teilung eröffnete.
3. Gib die Position des Karikaturisten von B 4 wieder.
4. Erläutere mit T 5 die Bedeutung des Grundlagenvertrags für die Verbesserung des völkerrechtlichen Status der DDR.
5. Beurteile am Beispiel des Reiseverkehrs (D 6) bundesdeutsche Zielsetzungen und Ergebnisse des Grundlagenvertrages.

16. Krise und Kontinuität – die Bundesrepublik bis 1989

Im weiteren Verlauf der 1970er Jahre durchlebte die Bundesrepublik mehrere Krisen. Eine Serie brutaler Terroranschläge erschütterte die Republik. Amtsmüde und geschockt durch die Enttarnung seines Referenten Günter Guillaume als DDR-Spion, trat Willy Brandt 1974 als Bundeskanzler zurück. Sein Nachfolger wurde HELMUT SCHMIDT (SPD), neuer Außenminister HANS DIETRICH GENSCHER (FDP). Ausgelöst durch den drastischen Anstieg der Erdölpreise kam die lange Phase des Wirtschaftswachstums in der Bundesrepublik zum Erliegen. Wie wurden die Krisen bewältigt?

Herausforderung Terrorismus – In Anlehnung an die russische Revolutionsarmee hatte sich eine extremistische Splittergruppe der 68er Studentenbewegung den Namen **Rote Armee Fraktion** (RAF) gegeben. Ihr Ziel war der Kampf gegen den Staat Bundesrepublik, dem die RAF kapitalistische Ausbeutung und Unterdrückung vorwarf. Nach einer Ausbildung in Militärlagern der palästinensischen PLO verübte die RAF in den 1970/80er Jahren zahlreiche brutale Terroranschläge, denen mehr als 30 Personen zum Opfer fielen; darunter prominente Politiker und Wirtschaftsführer.

Der bundesdeutsche Rechtsstaat war besonders herausgefordert, als ein Kommando der RAF den Arbeitgeberpräsidenten HANNS-MARTIN SCHLEYER und – mit Hilfe palästinensischer Terroristen – ein deutsches Flugzeug mit 87 Insassen entführte. Die Entführer verlangten von der Regierung die Freilassung von elf inhaftierten Terroristen. Als die dem Erpressungsversuch nicht nachgab, ermordeten die Terroristen den entführten Arbeitgeberpräsidenten. Die Passagiere des entführten Flugzeugs konnten durch eine Einheit des Bundesgrenzschutzes unverletzt befreit werden. Einige der inhaftierten Terroristen, darunter Andreas Baader und Gudrun Ensslin, begingen daraufhin Selbstmord.

B1 1977 entführte und ermordete die RAF den Präsidenten des Arbeitgeberverbandes Hanns-Martin Schleyer

PERSONENLEXIKON

HELMUT SCHMIDT, geb. 1918. Mitglied der SPD, 1974–1982 Kanzler der Bundesrepublik Deutschland

Q2 Helmut Schmidt in einer Regierungserklärung zur Bekämpfung des Terrorismus, 20.10.1977:

1 Die drei Maximen, die unser Handeln bestimmen sollten ...:
1. Dr. Schleyer lebend zu befreien; ... ebenso die 82 Passagiere und 5 Besatzungsmitglieder ... in dem entführten Lufthansa-Flugzeug.
5 2. Die Täter zu ergreifen und vor Gericht zu stellen.
3. Die Fähigkeit des Staates, seine Bürger vor Gefahren zu schützen ... und das Vertrauen der Bürger in diese Schutzfunktion ... zu wahren.
Von Anfang an [war] klar ..., dass die Erfüllung jeder einzelnen der drei Maximen ... die Erfüllung der übrigen Maximen einschränken oder gar gefährden musste. In dieser unausweichlichen Gewissheit hatten wir unsere Entscheidungen zu treffen.

(In: Archiv der Gegenwart, 20.10.1977, S. 21 307. Gekürzt)

D3 Der Arbeitsmarkt in der Bundesrepublik 1950–1989 (in Prozent)

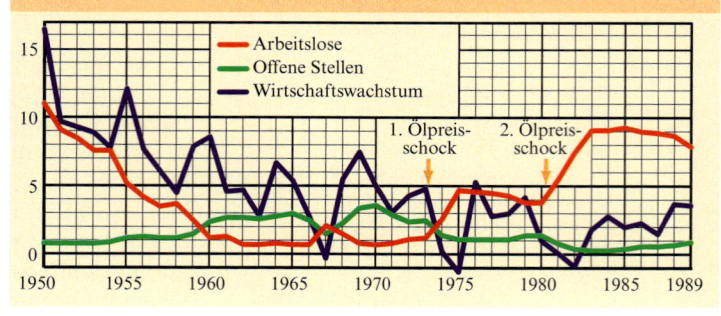

"Ölpreisschock" und Wirtschaftskrise –
Der Anstieg des Ölpreises um 172 Prozent in den Jahren 1973/74, eine Krise der US-Wirtschaft sowie Lohnerhöhungen über den Produktivitätszuwachs hinaus hatten in der Bundesrepublik zu einer Wirtschaftskrise geführt. Die Arbeitslosigkeit stieg auf 1,1 Millionen Menschen. Die Regierung nahm zusätzliche Kredite auf und finanzierte ein staatliches Wirtschaftsförderungsprogramm. Obwohl die Wirksamkeit des Förderprogramms umstritten war, kam die Wirtschaft 1976 allmählich wieder in Schwung.

Ende der sozialliberalen Koalition –
Ende der 1970er, Anfang der 1980er Jahre schienen die Gemeinsamkeiten der SPD/FDP-Koalition aufgebraucht zu sein. Hinzu kam, dass eine zweite Welle von Ölpreiserhöhungen die Wirtschaft erneut ins Stocken gebracht hatte. Vor allem in der Wirtschaftspolitik zeichneten sich nun grundsätzliche Differenzen in der Regierungskoalition ab. Die FDP kritisierte die wachsende Staatsverschuldung und forderte den Abbau von Sozialleistungen sowie Steuererleichterungen zur Ankurbelung der Wirtschaft. Der Streit der Regierungskoalition und die erneut steigende Zahl der Arbeitslosen ließen bei den Bürgern das Ansehen der Regierung und das Vertrauen in sie sinken.

Regierungswechsel in Bonn –
Den Streit zwischen SPD und FDP nutzte die Opposition für ein **konstruktives Misstrauensvotum**: Am 1. Oktober 1982 wurde der CDU-Vorsitzende HELMUT KOHL von den Abgeordneten des Bundestages mit den Stimmen von CDU/CSU und FDP zum Bundeskanzler gewählt; damit war die Regierung Schmidt gestürzt. Nicht das Wählervotum, sondern eine Mehrheitsentscheidung im Parlament hatte zu dem Regierungswechsel geführt.
Helmut Kohl rief zu einer „Politik der geistig-moralischen Wende" auf und appellierte an die Eigenverantwortlichkeit in der Gesellschaft. Begünstigt durch eine positive Weltkonjunktur gelang der Wirtschaftsaufschwung tatsächlich. Aber die Staatsverschuldung konnte nicht dauerhaft gesenkt werden. Auch die hohe Arbeitslosigkeit blieb bestehen und ist ein bis heute andauerndes Strukturproblem. Bei der Deutschland- und Europapolitik setzte die neue Regierung aus CDU/CSU und FDP die bisherige Politik der sozialliberalen Koalition fort.

Q 4 Regierungserklärung Helmut Kohls vom 13.10.1982:

1 Die geistig-politische Krise. Wir stecken nicht nur in einer wirtschaftlichen Krise ... Die Frage der Zukunft lautet nicht, wie viel mehr der Staat für seine Bürger tun kann, [sondern] wie sich Freiheit, Dynamik und Selbstverant-
5 wortung neu entfalten können ... Zu viele haben zu lange auf Kosten anderer gelebt: der Staat auf Kosten der Bürger, Bürger auf Kosten von Mitbürgern und wir alle auf Kosten der nachwachsenden Generationen. Es ist jetzt auch ein Gebot des sozialen Friedens und der sozialen
10 Gerechtigkeit, dass wir der Ehrlichkeit, Leistung und Selbstverantwortung eine neue Chance geben.

(In: Bulletin des Presse- und Informationsamtes der Bundesregierung, 93 / 14.10.1982, S. 854 ff. Gekürzt)

B 5 Helmut Kohl empfängt am 7. September 1987 DDR-Staats- und Parteichef Erich Honecker zu einem Arbeitsbesuch in Bonn. Das Musikkorps der Bundeswehr spielte beide Nationalhymnen.

ARBEITSAUFTRÄGE

1. Diskutiert die Konfliktsituation, in der die Bundesregierung 1977 bei der Terrorismusbekämpfung steckte (B 1, Q 2). Hätte sie die Forderungen der Terroristen erfüllen sollen?
2. Analysiere die Zusammenhänge zwischen Ölpreisentwicklung, Wirtschaftsentwicklung und Arbeitslosigkeit (D 3).
4. Analysiere mit Q 4 die politischen Ziele Helmut Kohls.
5. Beurteile mit B 5 die deutsch-deutschen Beziehungen.

17. Die Entwicklung in der DDR 1970 bis 1989

SED-Generalsekretär Walter Ulbricht geriet 1970 in einen Konflikt mit der Sowjetunion und deren Führungsanspruch in der kommunistischen Welt. Am 3. Mai 1971 wurde Ulbricht durch seinen Stellvertreter ERICH HONECKER abgelöst. Welchen politischen Kurs verfolgte der neue SED-Generalsekretär?

Die sozialistische Nation – Honecker erkannte die verbindliche Führungsrolle der UdSSR an. Im Verhältnis zur Bundesrepublik und der internationalen Staatengemeinschaft betonte die DDR ihre staatliche Souveränität. Das Bekenntnis zur einen deutschen Nation wurde 1974 aus der Verfassung gestrichen und durch die „**Zwei-Staaten-Theorie**" ersetzt.

Die Schlussakte von Helsinki – Zusammen mit 35 weiteren europäischen Staaten unterzeichneten die DDR und die Bundesrepublik 1975 in Helsinki die **Schlussakte der Konferenz für Sicherheit und Zusammenarbeit in Europa** (KSZE). In der „Schlussakte" wurden 10 Prinzipien für die zwischenstaatlichen Beziehungen der europäischen Länder, aber auch für die Einhaltung der Menschen- und Bürgerrechte in den einzelnen Staaten vereinbart. Die Prinzipien der „Schlussakte von Helsinki" waren für die Bürgerrechtsbewegungen der Ostblockstaaten eine große Ermutigung, politische Unterdrückung und die Verletzung der Menschenrechte anzuklagen. Auch die 1972 im „Grundlagenvertrag" zwischen der Bundesrepublik und der DDR vereinbarte Gewährung größerer Freizügigkeit, von Reiseerleichterung, von Familienzusammenführung sowie die Verbesserung von Arbeitsmöglichkeiten für Journalisten trugen dazu bei. Die Zahl der **Ausreiseanträge** stieg nach 1975 sprunghaft an.

Neugewichtung von Konsumbedürfnissen – Mit Honecker setzte sich ein neuer wirtschaftspolitischer Kurs durch: Die Wirtschaftspolitik der DDR nahm Abschied von der reinen Industrieförderung; stattdessen rückte die Befriedigung von Konsumentenbedürfnissen stärker in den Vordergrund. Wirtschafts- und Sozialpolitik wurden als Einheit betrachtet. In den folgenden Jahren stiegen die Realein-

---

PERSONENLEXIKON

ERICH HONECKER, 1912–1994. Seit 1971 Erster Sekretär des ZK der SED und seit 1976 Vorsitzender des DDR-Staatsrats. 1989 wurde er aller Ämter enthoben.

Q 1 Prinzipien der Schlussakte der Konferenz für Sicherheit und Zusammenarbeit in Europa (KSZE), 1975:

1. Souveräne Gleichheit, wechselseitige Achtung der Souveränität...
2. Keine Androhung oder Anwendung von Gewalt zwischen den Teilnehmerstaaten der Konferenz...
3. Unverletzlichkeit der Grenzen ...
4. Territoriale Integrität der Staaten
5. Friedliche Regelung von Streitfällen...
6. Nichteinmischung in die inneren Angelegenheiten...
7. Achtung der Menschenrechte und Grundfreiheiten, einschließlich der Gewissens-, Religions- oder Überzeugungsfreiheit ...
8. Gleichberechtigung und Selbstbestimmungsrecht der Völker...
9. Zusammenarbeit zwischen den Staaten ...
10. Erfüllung völkerrechtlicher Verpflichtungen ...

(In: Europa-Archiv, 30. Jg.1977, S. D 438 ff.)

T 2 1983 erforderliche Arbeitszeit zum Kauf/zur Bezahlung in Std:Min

(monatliches Nettoeinkommen:	Bundesrepublik 2160 DM	DDR 969 Mark)
Herrenschuhe	5:55	27:53
Damenkleid	5:20	40:23
Kühlschrank	40:00	293:23
Farbfernsehgerät	96:13	846:09
Pkw	607:24	3807:42
Eisenbahnwochenkarte	1:47	0:29
Monatsmiete einer 80 m²-Wohnung	62:15	16:45
Roggenbrot	0:13	0:06
Blumenkohl	0:10	0:21
Schokolade	0:54	0:44

(Bundesministerium für innerdeutsche Beziehungen [Hg.], Zahlenspiegel, Bonn 1986, S. 75 f., 86)

kommen um 30 Prozent. Die schrittweise Einführung der 40-Stunden-Woche und ein verlängerter Erholungsurlaub gehörten zu einem Maßnahmenpaket, das die SED-Führung 1976 beschloss. Auch der Ausbau von Schulen und Kinderhorten und die Familienförderung erhielten einen hohen Stellenwert.

Wohnungsbaupolitik – 1974 beschloss die SED, die „Wohnungsfrage" bis 1990 zu lösen. In den Außenbezirken der Städte entstanden gigantische Betonburgen, vom DDR-Witz als „Arbeiterschließfächer" oder „Schnarchsilos" bezeichnet. Wegen ihres vergleichsweise modernen Wohnstandards wurden diese Plattenbauten jedoch von der Bevölkerung geschätzt. Die Kehrseite dieser staatlich geförderten Wohnungsbaupolitik war der Verfall der Innenstädte. Die geringen Wohnungsmieten zwischen 0,80 bis 1,25 Mark pro Quadratmeter machten den Erhalt und die Sanierung älterer Häuser und Wohnungen fast unmöglich. So verfielen etwa 50 Prozent des vor 1945 erbauten Wohnungsbestandes.

Wirtschaftliche Stagnation – Die Subventionspolitik der SED hatte tief greifende wirtschaftliche Konsequenzen. Schon die weltweite Ölpreiskrise des Jahres 1973 traf die DDR hart, da die Preise für Rohstoffimporte drastisch stiegen. Doch die SED-Führung gab die höheren Kosten nur zum Teil an die Bevölkerung weiter und subventionierte für viele Konsumgüter und Dienstleistungen die Preise. Dafür nahm sie eine ständig wachsende Staatsverschuldung in Kauf. Bis 1989 hatte die Verschuldung eine Höhe von ca. 26,5 Milliarden Dollar erreicht; der wirtschaftliche Kollaps war absehbar. Allerdings kannten die DDR-Bürger das ganze Ausmaß der Misere meist nicht.

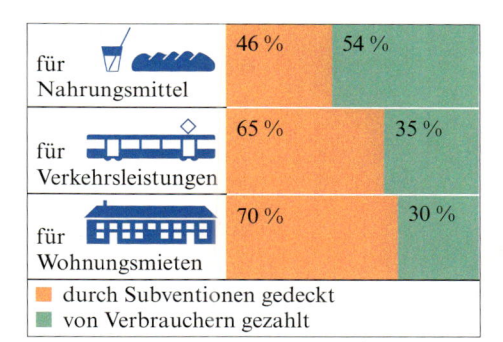

	durch Subventionen gedeckt	von Verbrauchern gezahlt
für Nahrungsmittel	46 %	54 %
für Verkehrsleistungen	65 %	35 %
für Wohnungsmieten	70 %	30 %

B 3 DDR-Subventionswirtschaft

B 4 Die Altstadt von Halberstadt

B 5 Käuferschlange vor einem Gemüseladen in Bitterfeld, Foto 1989

ARBEITSAUFTRÄGE

1. Erörtere mit Q 1 die Bedeutung der „Schlussakte von Helsinki" für das Entstehen der DDR-Bürgerbewegung.
2. Erläutert mit T 2 und B 3 die Schwerpunkte der DDR-Subventionspolitik. Diskutiert mögliche Vorteile und Nachteile für die Bevölkerung sowie für die Gesamtwirtschaft. Zieht auch B 4 und B 5 hinzu.

18. Frauen in beiden Teilen Deutschlands

Die Gleichberechtigung von Frau und Mann war in den Verfassungen der DDR und der Bundesrepublik festgelegt. Doch die gesellschaftliche Wirklichkeit entsprach dem nur zum Teil. Familie und Berufstätigkeit ließen sich für Frauen in Ost und West oft nicht leicht vereinbaren. Welche Wege gingen die beiden deutschen Staaten, um das Problem zu lösen?

DDR: Berufstätigkeit als Grundlage – Als Voraussetzung für die Gleichberechtigung der Frau galt in der DDR ihre Berufstätigkeit. Seit den 1950er Jahren wurde die Berufstätigkeit lediger und verheirateter Frauen systematisch gefördert; auch deshalb, weil ihre Arbeitskraft für die ökonomische Entwicklung der DDR dringend benötigt wurde. In den 1960er Jahren wurden auch die Bedingungen der beruflichen Qualifizierung von Frauen verbessert. Um berufstätige Mütter zu entlasten, wurden die **Angebote zur Kinderbetreuung** ausgebaut. Dadurch konnten Frauen in der DDR in der Regel ohne Unterbrechung erwerbstätig sein. Neben bezahltem Schwangerschaftsurlaub gab es die Möglichkeit, ein **bezahltes Babyjahr** zu nehmen. Frauen waren alle beruflichen Bereiche geöffnet. Sie gelangten jedoch in einigen Berufen seltener als Männer in Führungspositionen. „Typische" Frauenberufe wurden, wie auch in der Bundesrepublik, oft schlechter bezahlt als Männerberufe.

B 2 Abteilungsleiterin im VEB Kabelwerk Oberspree, DDR 1985

Q 1 Zuschrift einer Architektin an die DDR-Frauenzeitschrift „Für Dich"

1 Ich bin nach der Arbeit um 17.00 Uhr zu Hause. Bis 18.00 Uhr dann Einkäufe, Dienstleistungen, Schulsachen angucken. Jeden Abend
5 wasche ich nur Dinge, die die Wäscherei nicht annimmt. Beim Kleinen muss ich jeden Abend die Hausaufgaben kontrollieren. Etwa um 18.00 Uhr gibt es Abendbrot.
10 Bis 19.00 Uhr ist Familientreff. Anschließend waschen sich die Kinder. Andreas (der Ehemann) macht die nötige Hausarbeit. Dann wird gespielt, Würfelspiele
15 oder Vorlesen... Um 20 Uhr geht Achim ins Bett, eine halbe Stunde später Sebastian. Ab 21.00 Uhr verfügen wir über unsere Zeit...

(In: Für Dich 20/1988, S. 26f. Gekürzt)

D 3 Anteil erwerbstätiger Frauen an allen Erwerbstätigen in Prozent

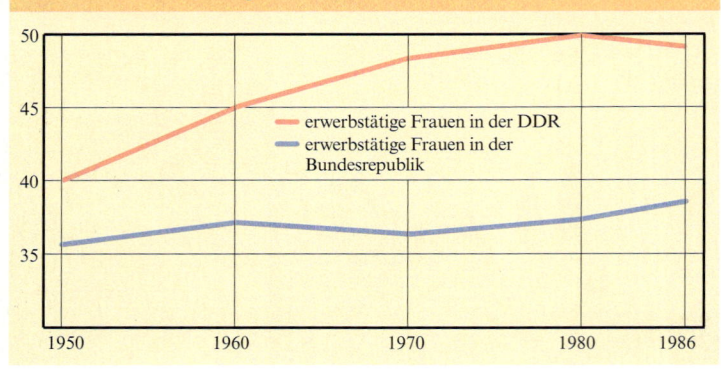

(erwerbstätige Frauen in der DDR; erwerbstätige Frauen in der Bundesrepublik)

T 4 Die Gleichstellung von Frauen in den achtziger Jahren im Vergleich

Frauenanteil in Bildung, Beruf, Politik (in Prozent)	BRD	DDR
Studierende an Hochschulen (1989)	41	59
Promotionen (1988)	26	38
Habilitationen (1988)	9	15
Richterinnen (1989)	18	50
Schuldirektorinnen (1988 bzw. 1982)	20	32
Betriebsrat-/BGL-Vorsitz (1986/1987)	21	50

(In: Informationen zur politischen Bildung, Nr. 270/2001)

Bundesrepublik: Hausfrau und Mutter als Ideal? – Anfang der 1950er Jahre kehrten viele Kriegsgefangene zurück und Millionen Flüchtlinge zogen in das Gebiet der Bundesrepublik. Viele berufstätige Frauen wurden nun aus so genannten Männerberufen verdrängt, in denen sie seit dem Zweiten Weltkrieg gearbeitet hatten. Verheirateten Beamtinnen konnte gekündigt werden, wenn auch ihr Ehemann im Öffentlichen Dienst tätig war. Alte Familienstrukturen und Rollenmuster wurden wiederhergestellt. So bekräftigte das Gleichberechtigungsgesetz von 1958 die im Bürgerlichen Gesetzbuch verankerte so genannte **Hausfrauenehe** und ordnete die Erwerbstätigkeit der Frau ihren Pflichten in Ehe und Familie unter. Doch viele Familien konnten es sich gar nicht leisten, auf den Verdienst der Frauen zu verzichten. Das Einkommen arbeitender Frauen war bei gleicher Qualifikation und Leistung meist niedriger als das von Männern. Auch ihre Ausbildungschancen waren schlechter.

Emanzipation – In den 1970er Jahren entstand in der Bundesrepublik eine von Parteien unabhängige **Frauenbewegung**, in der Frauen für die Verwirklichung der Gleichberechtigung kämpften. Sie kritisierten die einseitige Arbeitsteilung zwischen Männern und Frauen und lehnten die traditionelle Rolle als „Hausfrau und Mutter" ab. Frauen kämpften auch gegen das **Verbot der Abtreibung**, die gemäß § 218 des Strafgesetzbuchs bis 1974 mit Gefängnis bestraft wurde. Erst Ende der 1970er Jahre wurde das Leitbild der Hausfrauenehe aufgegeben. In den 1980er Jahren wurden in Parteien, Verbänden und im Öffentlichen Dienst die so genannten **Quotenregelungen** eingeführt: Bei gleicher Qualifikation sollen Frauen ihren männlichen Mitbewerbern so lange vorgezogen werden, bis die vereinbarte Quote an Frauen erreicht ist.

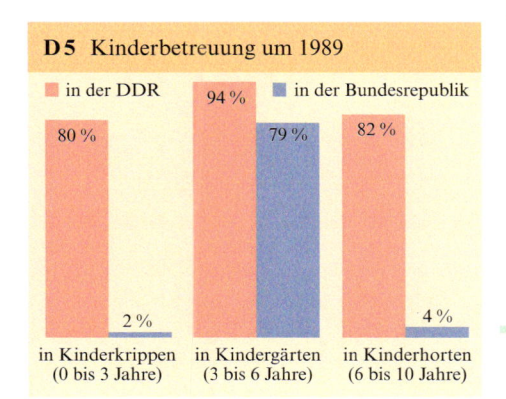

B 6 Titelseite der Zeitschrift „stern", BRD, 6. Juni 1971

D 5 Kinderbetreuung um 1989

	in der DDR	in der Bundesrepublik
in Kinderkrippen (0 bis 3 Jahre)	80 %	2 %
in Kindergärten (3 bis 6 Jahre)	94 %	79 %
in Kinderhorten (6 bis 10 Jahre)	82 %	4 %

ARBEITSAUFTRÄGE

1. Beschreibe anhand von Q 1 die Doppelbelastung berufstätiger Frauen.
2. Formuliere eine These, wie das Selbstverständnis der Frauen in der DDR durch die Berufstätigkeit geprägt wurde (B 2).
3. Erläutere mit D 3 und D 5 die unterschiedliche Entwicklung der Berufstätigkeit von Frauen in beiden Ländern.
4. Vergleicht anhand von T 4 den Anteil von Frauen in höheren Positionen in beiden Ländern und diskutiert Vor- und Nachteile einer Quotenregelung.
5. Erörtere die Bedeutung der Aktion in B 6 für die Frauen in der Bundesrepublik. Informiere dich, wie die Regelung zum Schwangerschaftsabbruch in der DDR war.

19. Sport und Sportförderung in der DDR

Mit 18 Mio. Einwohnern gehörte die DDR zu den kleinen Staaten der Welt. Doch in den Nationenwertungen der Olympischen Spiele gehörte sie neben den USA und der Sowjetunion zu den großen drei. Kein Land der Welt gab pro Kopf der Bevölkerung soviel Geld für die Förderung des Spitzensports aus wie die DDR. Welches Ziel verfolgte die DDR-Führung mit ihrer Sportpolitik?

Sportler als Botschafter der DDR – Bis 1968 traten die Sportler aus Ost- und Westdeutschland bei den Olympischen Spielen gemeinsam in einer Mannschaft auf. Doch 1972 schaffte die DDR auch sportpolitisch den Durchbruch zur internationalen Anerkennung: Sie konnte mit eigener Olympiamannschaft, eigener Fahne und Hymne antreten. Die großen Erfolge von DDR-Sportlern in internationalen Wettkämpfen waren ein wichtiger Baustein für das Ansehen der DDR.

Sportförderung – In speziellen Kinder- und Jugendsportschulen wurden Talente früh und systematisch gefördert. „Ihr seid Botschafter der DDR", lauteten die Appelle der Funktionäre an die DDR-Sportler. Erfolgreiche Sportler genossen seit den 1950er Jahren Privilegien: bei der Wohnungsvergabe oder beim Neukauf eines Autos. Sogenannte „Meisterathleten" bezogen Gehälter und Zuschläge durch Patenbetriebe, die Partei oder die Armee.

Licht- und Schattenseiten – Als Kaderschmiede für DDR-Sportler dienten die Kinder- und Jugendsportschulen und die Sportklubs. Das „Forschungsinstitut für Körperkultur und Sport" in Leipzig schuf die sportwissenschaftlichen Grundlagen für die Erfolge der DDR-Sportler. Gleichzeitig war es aber auch Ausgangspunkt für das gezielt eingesetzte **Doping im DDR-Sport**. Seit Mitte der 1960er Jahre wurden an viele männliche und weibliche Athleten verbotene und langfristig gesundheitsschädliche Mittel zum Muskelaufbau und zur Leistungsförderung verabreicht. Meist geschah das ohne Wissen der Sportler. Nach 1990 wurden mehrere frühere Sportfunktionäre der DDR dafür wegen Körperverletzung angeklagt und verurteilt.

Katharina Witt, erfolgreiche DDR-Eiskunstläuferin

D1 Medaillenspiegel Olympia 1972

	Gold	Silber	Bronze
UdSSR	50	27	22
USA	33	31	30
DDR	20	23	23
BRD	13	11	16
Japan	13	8	16
Australien	8	7	2
Polen	7	5	9
Ungarn	6	13	16

Q2 Sportpolitische Argumentation zur Vorbereitung des Olympiakaders für München 1972:

Die Klassenauseinandersetzung auf sportlichem Gebiet hat ein solches Ausmaß erreicht, dass prinzipiell kein Unterschied zur militärischen Ebene besteht. So wie der Soldat der DDR, der an der Staatsgrenze seinem imperialistischen Feind in der NATO-Bundeswehr gegenübersteht, so muss der DDR-Sportler in dem Sportler der BRD seinen politischen Gegner sehen. Unser Kampf ist so hart, dass er ... auch gegen die Sportler der BRD geführt werden muss... Für uns bedeutet das: Es kann keine Verbindungen, keine Kontakte mehr zu Personen der BRD und anderer kapitalistischer Länder geben. Jeder Briefverkehr, jedes auch noch so freundschaftlich scheinende und teilweise vielleicht ehrlich gemeinte Gespräch muss von unseren Sportlern abgelehnt, ... jede Lücke in unserer Mannschaft muss geschlossen werden.

(G. Hartmann, Goldkinder – die DDR im Spiegel ihres Spitzensportes, Leipzig 1997, S. 83. Gekürzt)

ARBEITSAUFTRÄGE

1. Beschreibe anhand von D1, welche Position die DDR im internationalen Spitzensport einnahm. Erläutere, welche innen- und außenpolitische Bedeutung dies hatte.
2. Lege mit Q2 dar, wie sich DDR-Sportler gemäß staatlicher Weisung im Ausland zu sehen und zu verhalten hatten.

Das geteilte Deutschland – Zeitstrahl

	Politik	Kultur	Alltag/Wirtschaft
1985	1987: Staatsbesuch Honeckers in der Bundesrepublik; 1982: Regierungswechsel in Bonn: H. Kohl wird Kanzler	1980 ff.: Entstehung einer Friedensbewegung in beiden Teilen Deutschlands	1981 ff.: starker Anstieg der Ausreiseanträge in der DDR; 1980er Jahre: wirtschaftliche Stagnation und Staatsverschuldung in der DDR
1975	1975: KSZE-Schlussakte von Helsinki; 1972: Grundlagenvertrag zwischen der DDR und der Bundesrepublik; 1971: in der DDR löst E. Honecker W. Ulbricht ab 1970/71: Ostverträge; 1969: Regierungswechsel in Bonn, W. Brandt wird Bundeskanzler; 1967 ff. Entstehung einer Außerparlamentarischen Opposition (APO), v.a. Studenten	1976: Ausbürgerung des Liedermachers W. Biermann aus der DDR; 1967 ff.: Studentenproteste in der Bundesrepublik (APO); 1964: „Deutschlandtreffen der Jugend" in Ost-Berlin; 1963 ff.: Entstehung einer Oppositionsbewegung in der DDR; 1962: „Spiegelaffäre"/ Diskussion über Pressefreiheit in der Bundesrepublik	1975/77: Terroranschläge und Entführungen in der Bundesrepublik durch die RAF; 1974/76: wirtschaftliches Reformprogramm in der DDR; 1973: Erster Ölpreisschock; 1972 ff.: der innerdeutsche Reiseverkehr steigt mit Abschluss des Grundlagenvertrags; 1955 ff.: Anwerbung von „Gastarbeitern in der BRD; 1955 ff.: Arbeitskräftemangel in der DDR durch zunehmende Flucht v. a. junger Menschen; 1953 ff.: schlechte Konsumgüterversorgung; erhöhte Arbeitsnormen in der DDR
1965	1963: L. Erhard wird Nachfolger Adenauers als Kanzler der Bundesrepublik		
1955	13.8.1961: verschärfte Abgrenzung der DDR zum Westen, Bau der Berliner Mauer; 1955: Beitritt der Bundesrepublik zur NATO, der DDR zum Warschauer Pakt; 17.6.1953: Volksaufstand in der DDR; 1949: Gründung der BRD und der DDR; 1948: Berlinblockade und Luftbrücke; 1945: Wiedergründung politischer Parteien; 1945/46: Nürnberger Kriegsverbrecherprozesse; 2. 8.45: Potsdamer Abkommen	1955 ff.: Zunahme der Urlaubsreisen von Bundesbürgern; Rückzug ins Private; 1946 ff.: politische Kontrolle von Presse, Rundfunk, Schule und Universitäten in der SBZ; 1945 ff.: Errichtung des öffentlich-rechtlichen Rundfunksystems in den Westzonen; Entstehung unabhängiger Presse; 1945 ff.: Entnazifizierung; Neulehreranwerbung in der DDR; 1946 ff.: Gründung der Jugendorganisation FDJ in der DDR; 1945 ff.: Integration von über 12 Mio. Heimatvertriebenen;	1953 ff.: „Wirtschaftswunder" in der Bundesrepublik; 1952 ff.: Kollektivierung der Landwirtschaft in der DDR; 1950 ff.: Anbindung der DDR-Massenorganisationen an die SED; 1949 ff.: Einführung der zentralen Planwirtschaft in der DDR, der sozialen Marktwirtschaft in der Bundesrepublik; Juni 1948: Währungsreform; Juni 1947 ff.: Marshall-Plan-Hilfe für Westzonen; 1945 ff.: Bodenreform und Verstaatlichungen in der SBZ;
1945	8.5. 1945: Ende des 2. Weltkriegs in Europa	1945 ff.: Aufbauleistung der „Trümmerfrauen"	1945 ff.: Lebensmittelrationierung, Schwarzmarkthandel

Zusammenfassung – Deutsch-deutsche Geschichte 1945–1989

Nach der Kapitulation am 8. Mai 1945 wurde ganz Deutschland von den alliierten Siegermächten besetzt und in vier Zonen geteilt. Die Ziele der Alliierten in Deutschland waren: Demilitarisierung, Entnazifizierung und Demokratisierung. Zunehmende Differenzen zwischen den Westmächte auf der einen und der UdSSR auf der anderen Seite führten zum „**Kalten Krieg**" und 1949 zur **Gründung zweier deutscher Staaten**.
Die DDR entstand nach sowjetischem Vorbild als „**Volksdemokratie**" **mit zentraler Planwirtschaft**. Sie wurde Mitglied des Warschauer-Pakt-Bündnisses.
In der Bundesrepublik Deutschland wurde eine **parlamentarische Demokratie** und die **soziale Marktwirtschaft** eingeführt. Die Bundesrepublik wurde Mitglied des Verteidigungsbündnisses NATO.

In der DDR sicherte sich die SED eine **Einparteienherrschaft**, die sich auf alle Bereiche des Staates ausdehnte. Die Niederschlagung eines Volksaufstand am **17. Juni 1953** sowie der **Bau der Mauer** im Jahr 1961 waren sichtbarer Ausdruck des Unrechtsregimes durch die SED. Gegenüber der Bundesrepublik vertrat sie die „**Zwei-Staaten-Auffassung**". Anfang der 1970er Jahre leitete die SED eine Phase wirtschaftlicher Liberalisierung ein: Die Verbesserung der Konsumgüterversorgung ging aber mit einer wachsenden Staatsverschuldung der DDR einher.
Die Bundesrepublik erlebte nach dem so genannten **Wirtschaftswunder** der 1950/60er Jahre einige wirtschaftliche und politische Krisen, konnte diese aber durch Reformen und im demokratischen Wettstreit konkurrierender Parteien meistern. Gegenüber der DDR formulierte sie bis Ende der 1960er Jahre einen „**Alleinvertretungsanspruch**" für ganz Deutschland.

Bundeskanzler Willy Brandt (SPD) leitete 1969 eine Politik der Versöhnung mit den Staaten Osteuropas sowie der Annäherung zwischen beiden deutschen Staaten ein.

ARBEITSAUFTRÄGE

1. Die deutsche Bundesregierung unter Bundeskanzler Brandt hatte ihre Deutschland- und Ostpolitik unter das Motto „Wandel durch Annäherung" gestellt. Erläutere und beurteile diese Zielsetzung.
2. Diskutiert mögliche Gründe dafür, warum die Bürgerbewegung in der DDR erst Ende der 1980er Jahre zu einer Massenbewegung wurde.

ZUM WEITERLESEN

H. Bosetzky: Capri und Kartoffelpuffer. Argon, Berlin 1997
K. Kordon: Ein Trümmersommer. Beltz & Gelberg, Weinheim 1994
I. Heyne: „...und keiner hat mich gefragt". Arena, Würzburg 1989
A. Schwarz: Wir werden uns wiederfinden. dtv, München 1981
A. Schwarz: Die Grenze – ich habe sie gespürt! dtv, München 1991

- /1 www.salvator.net/salmat/pw/pw2/spaltung/besatzer.htm
- /2 www.spd.de/servlet/PB/-s/16p3a6urjpmnbh4uuy14ilqvgcnjw82/menu/1009537/index.html
- /3 www.br-online.de/bildung/databrd/gesch2.htm/zusatz.htm
- /4 www.salvator.net/salmat/pw/luft/blockade.html
  www.dra.de/dok_07.htm
- /5 www.uno.de
- /6 www.dhm.de/ausstellungen/kalter_krieg/a_r02.htm
- /7 www.bundestag.de/info/parlhist/g1960_7.html
- /8 www.fr-aktuell.de/
  http://bz.berlin1.de
- /9 www.jump.to/1953
- /10 www.schlossbergmuseum.de/sportstadt/c6-ddr.htm

Die Wiedervereinigung Deutschlands

Der sowjetische Generalsekretär Gorbatschow leitete 1985 unter dem Schlagwort Perestroika einen grundlegenden Umbau des sowjetischen Staates und der Gesellschaft ein. Die lange unterdrückten Demokratiebewegungen in den Staaten Osteuropas erhielten neuen Auftrieb. In einem dramatischen und doch unblutigen Kampf gelang es den Deutschen in der DDR, sich von der SED-Herrschaft zu befreien.

Die Wiedervereinigung Deutschlands

Politik

Kultur

Alltag

1950 — 1980 — 1985 — 1990 — 1995 — 2000

Politischer Wandel in Ost-, Mittel- und Südosteuropa 1989/1990

- Staatsgrenze
- Grenze der Warschauer-Pakt-Staaten
- Grenzen der baltischen SSR und der neu entstehenden Staaten auf dem Gebiet Jugoslawiens
- 5.1989 Öffnung der Grenze
- Grenze des vereinten Deutschlands seit dem 3.10.1990
- blutige Unruhen
- 3.1990 erste freie Wahlen
- Übergang zum Mehrparteiensystem und zu freien Wahlen
- Reformen unter Führungsanspruch der Kommunisten
- SSR Sozialistische Sowjetrepublik

ARBEITSAUFTRAG

Analysiere die politischen Veränderungen in Ost-, Mittel- und Südosteuropa in den Jahren 1989/90. Fasse in einer Tabelle zusammen, in welchen Ländern die Veränderungen bereits 1989/90 zu einem Mehrparteiensystem führen.

1. Der Niedergang der Sowjetunion

Nach dem Tod Stalins 1953 setzten die neuen Führer der Kommunistischen Partei, NIKITA CHRUSCHTSCHOW (1953–1964) und LEONID BRESCHNEW (1964–1982) nur halbherzig Reformen in Gang. Welche Folgen hatte dies für das Land und die Menschen in der Sowjetunion?

Staat, Partei und Gesellschaft – Trotz eines vorsichtig eingeschlagenen Reformkurses blieb die Alleinherrschaft der Kommunistischen Partei (KPdSU) bestehen. Vom Moskauer **Politbüro** aus regierte eine kleine Gruppe meist älterer Funktionäre die Partei und den von ihr beherrschten Staat. Die nach 1953 erreichten Verbesserungen in der Industrie und Landwirtschaft waren nicht von Dauer; weiterhin blieben die Produktionsergebnisse hinter den ehrgeizigen Planzielen zurück. Das fortgesetzte **Wettrüsten mit den USA** verschlang Unsummen und die **zentrale Planwirtschaft** ließ viele Reformansätze wirkungslos verpuffen. Insgesamt verbesserte sich die Versorgung der Bevölkerung mit Lebensmitteln und Konsumgütern kaum. Angehörige der Nomenklatura (= höhere Parteifunktionäre) genossen dagegen zahlreiche Vorrechte: bessere Lebensmittelversorgung, eigene Krankenhäuser, Auslandsreisen und anderes mehr.

Widerstand und Unterdrückung – Viele Wissenschaftler, Künstler und Schriftsteller forderten nach Stalins Tod und mit Beginn der Reformen die Anerkennung und Umsetzung der Menschenrechte in der UdSSR. Doch Partei und Staat gingen

D2 Wachstumsraten der Industrieproduktion der UdSSR 1951–1985, in % zu den Vorjahren

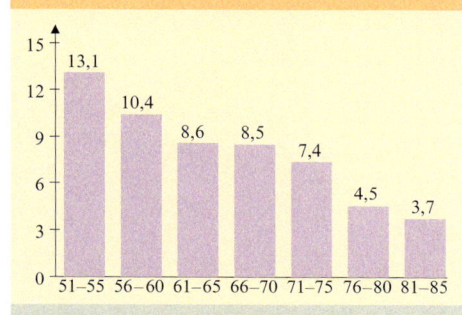

Zeitraum	Wachstum in %
51–55	13,1
56–60	10,4
61–65	8,6
66–70	8,5
71–75	7,4
76–80	4,5
81–85	3,7

(Nach: M. Hildermeier, Geschichte der Sowjetunion 1917–1991, München 1998, S. 1174)

PERSONENLEXIKON

NIKITA SERGEJEWITSCH CHRUSCHTSCHOW, 1894–1971.
1953–1964 Erster Sekretär der KPdSU; gab 1956 den Auftakt zur Entstalinisierung, schlug aber in demselben Jahr einen Aufstand in Ungarn blutig nieder; 1962 provozierte er eine Raketenkrise um Kuba. Chruschtschow wurde 1964 gestürzt und verlor alle Parteiämter.

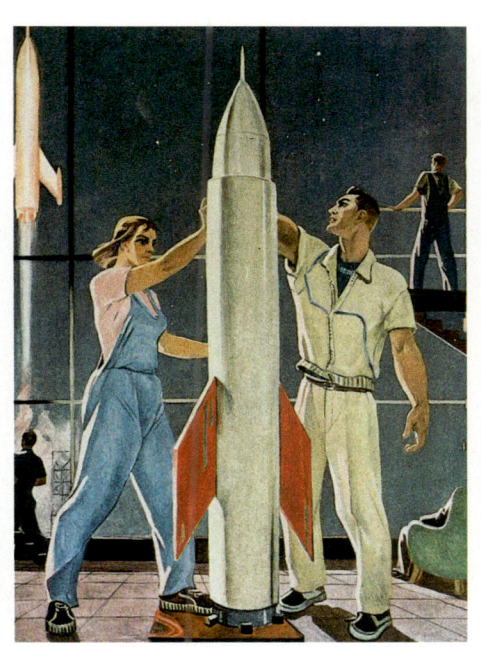

B1 „Bezwinger des Kosmos", Aquarell 1961

B3 Der zerstörte Reaktor des Atomkraftwerks Tschernobyl nach der Explosion, Luftaufnahme vom Mai 1986

mit Gefängnisstrafen, Verbannung und Einweisung in psychiatrische Kliniken gegen die **Dissidenten** (= anders Denkende) vor, um sie zum Schweigen zu bringen.

Glasnost und Perestroika – Im März 1985 wurde MICHAIL GORBATSCHOW zum neuen Generalsekretär der Kommunistischen Partei gewählt. Mit 54 Jahren war er ein Vertreter der jüngeren Generation im Politbüro. Gorbatschow kritisierte die Missstände in der UdSSR: die Konzentration auf die Schwerindustrie, die schlechte Versorgung der Bürger mit Lebensmitteln und Konsumgütern, Korruption und Gleichgültigkeit der Funktionäre. Er forderte den **grundlegenden Umbau von Staat und Gesellschaft** (= Perestroika). Voraussetzungen für das Gelingen der Perestroika seien **Information und Diskussion** über alle wichtigen Angelegenheiten (= Glasnost). Gorbatschow wollte den Sozialismus durch marktwirtschaftliche Elemente und durch eine Demokratisierung weiterentwickeln. 🔗/1

Demokratisierung – Erstmals seit 70 Jahren hatte die Bevölkerung 1989 bei geheimen Wahlen eine Auswahl zwischen konkurrierenden Kandidaten. Die Massenmedien berichteten offen über die Missstände im Land. Doch die wirtschaftlichen Probleme der Sowjetunion blieben trotz der eingeschlagenen Reformen bestehen. Die Produktion sank sogar noch weiter, Versorgungsengpässe nahmen zu, Inflation und Arbeitslosigkeit stiegen.

Gleichzeitig lebten in der UdSSR **nationale Unabhängigkeitsbewegungen** auf. Estland, Lettland und Litauen, die 1940 von der UdSSR annektiert worden waren, erklärten 1990 ihre Unabhängigkeit. Die anderen Unionsrepubliken folgten.

PERSONENLEXIKON

MICHAIL S. GORBATSCHOW, geb. 1931. Jurist. 1985–1991 Erster Generalsekretär der KPdSU, 1990–1991 Staatspräsident.

Q 4 Bericht einer Ärztin über das Schicksal eines Dissidenten, 1976:

1 Im April 1974 wurde Anatolij D. Ponomarew mein Patient. 1970 wurde er … verhaftet, denn der KGB [die sowjetische Geheim-
5 polizei] hatte nicht vergessen, dass er sich 1968 als Einziger an seinem Arbeitsplatz gegen die [sowjetische] Invasion in der Tschechoslowakei ausgesprochen hat-
10 te. Unter Chruschtschow hatte er bereits angefangen, Unterschriften zu sammeln. Nun wurde seine Wohnung durchsucht und dabei fand man diese Unterschriften zu-
15 sammen mit einem Brief von Solschenizyn an den Schriftstellerverband sowie einige satirische Gedichte. Dies genügte, um ihn … zu verurteilen. Man wies ihn in
20 die Spezialabteilung einer psychiatrischen Abteilung … ein.

(In: H. Mögenburg, Russland im Umbruch. Frankfurt/M. 1992, S.138. Gekürzt)

Q 5 Der sowjetische Parteichef Gorbatschow über Perestroika und Glasnost, 1987:

1 Perestroika ist eine unumgängliche Notwendigkeit… Diese Gesellschaft ist reif für eine Veränderung. Sie hat sich lange danach gesehnt. Jeder Aufschub … hätte in naher Zukunft zu einer Verschlechterung der Situation
5 im Innern führen können und … eine ernste soziale, wirtschaftliche und politische Krise heraufbeschworen … Wir wollen Offenheit in allen öffentlichen Angelegenheiten und in allen Bereichen des Lebens. Das Volk muss wissen, was gut und was schlecht ist, um das
10 Gute zu mehren und das Schlechte zu bekämpfen. So sollten die Dinge im Sozialismus sein.

(In: M. Gorbatschow, Perestroika, Die zweite russische Revolution, München 1987. S. 17; S. 92. Gekürzt)

T 6 Ein Arbeiter mit Durchschnittseinkommen arbeitete 1982 …

…für	in Moskau	in Washington
1 kg Brot	17 Minuten	16 Minuten
1 kg Kartoffeln	7 Minuten	7 Minuten
1 kg Rindfleisch	123 Minuten	69 Minuten
1 kg Butter	222 Minuten	56 Minuten
1 kg Äpfel	22 Minuten	10 Minuten
1 Herrenhemd	615 Minuten	137 Minuten
Herrenschuhe	25 Stunden	8 Stunden
Fernsehgerät (schwarz-weiß)	299 Stunden	38 Stunden
Auto (Kleinwagen)	53 Monate	5 Monate
Bus-Fahrschein (2–3 km)	3 Minuten	7 Minuten
Miete (für 4-Personen-Haushalt)	12 Stunden	51 Stunden

(Nach: H. Altrichter, Kleine Geschichte der Sowjetunion, München 1993, S. 220)

1. Niedergang der Sowjetunion und Zerfall des Ostblocks 129

Das Ende der Sowjetunion – Gorbatschow wollte das Auseinanderbrechen der Sowjetunion, das sich mit den wachsenden Autonomiebestrebungen der Republiken anbahnte, verhindern. Doch der Zerfall der UdSSR war nicht aufzuhalten. Gorbatschow trat vom Amt des Staatspräsidenten zurück; am 31.12.1991 endete die 69-jährige Geschichte der Sowjetunion. Nach der Auflösung der UdSSR gründete Russland mit zehn anderen ehemaligen Sowjetrepubliken die „**Gemeinschaft Unabhängiger Staaten**" (GUS), eine lockere Verbindung zur politischen und wirtschaftlichen Zusammenarbeit. 1991 wurde **Boris Jelzin** zum ersten Präsidenten der **Russischen Föderation**, wie Russland sich jetzt nannte, gewählt.

Reformbewegung in Osteuropa – Schon 1980 hatten in Polen die Arbeiter der Danziger Lenin-Werft die unabhängige Gewerkschaft „**Solidarnosc**" (= Solidarität) gegründet. Unterstützt durch die katholische Kirche, ließ sich die Opposition auch durch das 1981 ausgerufene **Kriegsrecht** nicht mundtot machen. Eine Wirtschaftskrise und die neue Politik in der Sowjetunion veranlassten die polnische Regierung Ende 1989, mit der Opposition an einem „**Runden Tisch**" über politische und wirtschaftliche Reformen zu verhandeln. Schrittweise erfolgte der **Übergang zu Demokratie und Marktwirtschaft**. 1990 wurde Gewerkschaftsführer **Lech Walesa** in freien und geheimen Wahlen zum Präsidenten der Republik Polen gewählt.

Auch Ungarn und die Tschechoslowakei schlugen den Weg zur Demokratie ein. Die Kommunistische Partei Ungarns verzichtete auf ihr Machtmonopol und leitete den Übergang zu einer parlamentarischen Demokratie ein. In der Tschechoslowakei organisierte ein „**Bürgerforum**" Massenproteste und zwang die Regierung zum Verhandeln. Ende 1989 wurde der Schriftsteller **Vaclav Havel** zum Staatspräsidenten gewählt. Die Führung der DDR lehnte die Reformpolitik Gorbatschows ab und versuchte, die Ideen von Glasnost und Perestroika in der DDR zu unterdrücken.

B 8 Demonstration in Prag vor der Präsidentschaftswahl, Dez. 1989

ARBEITSAUFTRÄGE

1. Erläutere, welches Bild der Sowjetunion das Aquarell B1 vermitteln soll. Vergleiche B1 mit dem Foto des explodierten Atomreaktors von Tschernobyl (B3). Recherchiere im Internet, welche Folgen der Reaktorunfall hatte.
2. Beschreibe mit D2 die Entwicklung der sowjetischen Industrieproduktion 1951–1985 und nenne mögliche Folgen.
3. Beurteile mit Q4 die Situation eines Dissidenten in der Sowjetunion in den 1970er Jahren.
4. Beurteile die Ziele von Glasnost und Perestroika (Q5). Erläutere die Veränderungen gegenüber den 1970er Jahren.
5. Vergleiche die Kaufkraft eines sowjetischen und eines amerikanischen Arbeiters. Interpretiere Besonderheiten. (T6)
6. Beschreibe mit Hilfe von K7 den Zerfall der UdSSR.

2. Die Vierzigjahrfeier der DDR – Nicht alle feiern mit!

Die Partei- und Staatsführung wollte den 40. Jahrestag der Gründung der DDR am 7. Oktober 1989 mit großem Aufwand feiern. Doch in welcher Lage befand sich die DDR zum Zeitpunkt des Jubiläums?

Drohender Staatsbankrott – In den 1980er Jahren waren viele Industrieanlagen in der DDR veraltet und reparaturbedürftig. Da aber das Geld für Investitionen fehlte, sank die Pro-Kopf-Produktion und lag 1985 nur noch bei knapp 36 % des Wertes der Bundesrepublik.
Dennoch blieben die Lebensverhältnisse in der DDR deutlich besser als in anderen sozialistischen Staaten. Die Ausstattung der Haushalte mit langlebigen Konsumgütern und die Wohnverhältnisse waren vergleichsweise gut. Durch **Subventionen** (= Zuschüsse) hielt der Staat die Preise für viele Nahrungsmittel und Dienstleistungen niedrig. Doch die teure Subventions- und Sozialpolitik konnte nur durch eine ständige Neuverschuldung gegenüber dem (westlichen) Ausland bezahlt werden. Ende der 1980er Jahre drohte der DDR die **Zahlungsunfähigkeit** und der Staatsbankrott. Die Partei- und Staatsführung schreckte aber auch jetzt noch vor notwendigen Einschnitten bei der Subventions- und Sozialpolitik zurück, weil sie eine steigende Unzufriedenheit der Bevölkerung sowie eine Massenflucht in die Bundesrepublik fürchtete.

Ein missglücktes Fest – Am 6. Oktober 1989 traf der sowjetische Parteichef Michail Gorbatschow in Ostberlin ein, um an den Feiern zum 40. Jahrestag der DDR teilzunehmen. Am Flughafen sagte er zu Journalisten: „*Wer zu spät kommt, den bestraft das Leben*". Gorbatschow drängte die SED-Führung, endlich mit den notwendigen Reformen in der DDR zu beginnen – vergebens: Honecker und die maßgeblichen SED-Politiker lehnten dies ab. Während des Festbanketts am 7. Oktober demonstrierten Tausende vor dem „Palast der Republik". Die Sicherheitskräfte nahmen 700 Demonstranten fest, viele wurden misshandelt.

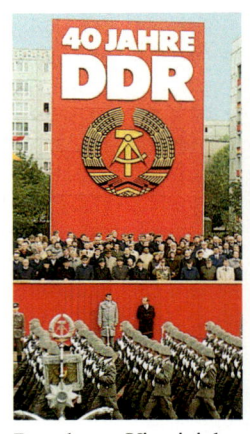

Parade zur Vierzigjahrfeier der DDR, 1989

B 2 Karikatur des Münchner Zeichners Horst Haitzinger, 1989

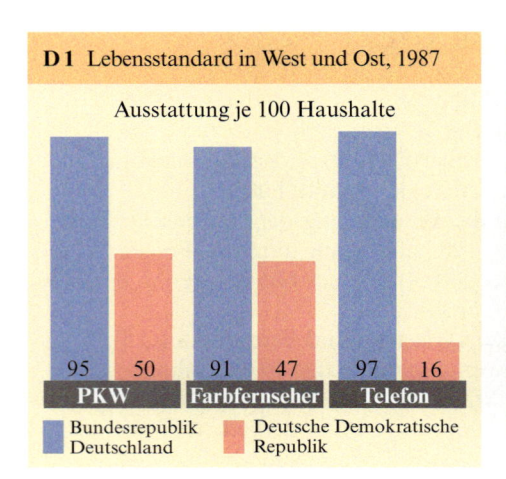

D 1 Lebensstandard in West und Ost, 1987
Ausstattung je 100 Haushalte

	Bundesrepublik Deutschland	Deutsche Demokratische Republik
PKW	95	50
Farbfernseher	91	47
Telefon	97	16

B 3 Chemieindustrie in Bitterfeld, 1980er Jahre

2. Die Vierzigjahrfeier der DDR – Nicht alle feiern mit!

Entstehung der Demokratiebewegung – Seit den 1970er Jahren war die Unzufriedenheit über die politischen und materiellen Lebensbedingungen in der DDR gewachsen. Anfangs waren es nur wenige – vor allem Schriftsteller, Künstler und Theologen –, die den Mut hatten, ihre Kritik auch öffentlich zu formulieren. Doch in den 1980er Jahre stieg deren Zahl: Als Antwort auf das atomare Wettrüsten der Supermächte war auch in der DDR eine vom Staat und von der SED unabhängige **Friedensbewegung** entstanden. Umweltgruppen befassten sich mit dem Problem der zunehmenden Luft- und Wasserverschmutzung. Auch die **Menschenrechtsbewegung** machte vor der DDR nicht halt. Die Regierung hatte sich in Helsinki 1975 mit der Unterzeichnung der Schlussakte der „Konferenz über Sicherheit und Zusammenarbeit in Europa" (KSZE) zur Respektierung der Menschenrechte und der Grundfreiheiten verpflichtet. Auf diese Schlussakte der KSZE beriefen sich Friedens- und Bürgerrechtsbewegung und forderten mehr Demokratie. Unterstützung erhielten sie von den Kirchen, die als einzige Institutionen in der DDR nicht der kommunistischen Weltanschauung verpflichtet waren.
Doch die SED reagierte auf die Proteste mit Verboten, Haftstrafen sowie mit der Ausweisung von Kritikern. Eine Folge war, dass immer mehr Bürger **Ausreiseanträge** stellten oder direkt aus der DDR flüchteten, z. B. während eines „Urlaubs" unter den Schutz der bundesdeutschen Botschaften in Polen, Ungarn oder in der Tschechoslowakei.

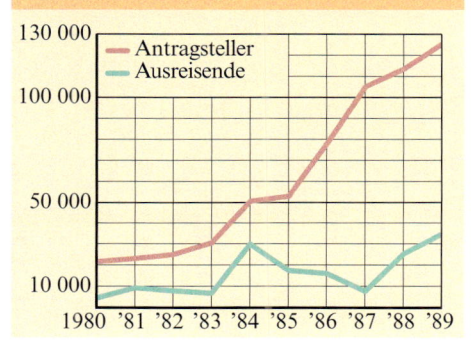

PERSONENLEXIKON

FRIEDRICH SCHORLEMMER, geb. 1944, ev. Theologe; Mitbegründer des Demokratischen Aufbruchs (DA); erhielt 1993 den Friedenspreis des deutschen Buchhandels.

Q 4 Aufruf des „Neuen Forums" vom 9./10.9.1989:

1 In unserem Lande ist die Kommunikation zwischen Staat und Gesellschaft offensichtlich gestört ... [Es] bedarf ... eines demokrati-
5 schen Dialogs über die Aufgaben des Rechtsstaates, der Wirtschaft und der Kultur. Über diese Fragen müssen wir in aller Öffentlichkeit, gemeinsam und im ganzen Land
10 nachdenken und ... sprechen.
Wir bilden deshalb ... eine politische Plattform..., die es Menschen aus allen Berufen [und] Lebenskreisen ... möglich macht, sich an der Diskussion ... wichtiger Gesellschaftsprobleme ... zu beteiligen.

(In: B. Lindner, Die demokratische Revolution in der DDR 1989/90, Bonn 1998, S. 50. Gekürzt)

D 5 Entwicklung der Anträge auf Ausreise und ihre Gewährung (in Tausend)

B 6 Das bundesdeutsche Botschaftsgelände in Prag, September 1989

ARBEITSAUFTRÄGE

1. Erläutere mit D 1 und B 3 die wirtschaftliche Situation in der DDR Ende der 1980er Jahre.
2. Interpretiere die Karikatur B 2; beziehe dabei D 1 ein.
3. Stelle Absichten und Ziele des „Neuen Forums" dar (Q 4); überlege, welche Position die SED-Führung dazu einnahm.
4. Nenne mögliche Gründe für die Entwicklung bei den Ausreiseanträgen (D 5) sowie für die der tatsächlichen Ausreisen.

3. Die friedliche Revolution in der DDR

Am 40. Jahrestag der DDR schien die SED die Lage noch unter Kontrolle zu haben, aber schon zwei Tage später, am 9. Oktober 1989, stand sie vor einer neuen Herausforderung – diesmal in Leipzig. Wie kam es dazu, dass diese Stadt im Herbst 1989 eine besondere Rolle spielte?

Leipzig, 9. Oktober 1989 – Seit Beginn der 1980er Jahre hatte sich in Leipzig eine Friedens- und Menschenrechtsbewegung entwickelt. Sie wurde von der evangelischen Kirche mit **Friedensgebeten** unterstützt. Seit August 1989 fand jeden Montag im Anschluss an das Friedensgebet in der Nikolaikirche eine Demonstration im Zentrum Leipzigs statt. Daran beteiligten sich spontan und friedlich immer mehr Menschen; am 2. Oktober waren es schon etwa 20 000. Für die geplante **Montagsdemonstration** am 9. Oktober 1989 hatte die Staatsführung große Militär- und Polizeiverbände sowie Betriebskampfgruppen (= paramilitärische Einheiten der volkseigenen Betriebe) aufgeboten, um die Demonstration mit Gewalt niederzuschlagen. Doch die befürchtete blutige Auseinandersetzung konnte verhindert werden. Der Dirigent KURT MASUR und andere prominente Leipziger – darunter auch drei SED-Funktionäre – hatten einen Aufruf zur Gewaltlosigkeit verbreitet. Am Abend des 9. Oktober zogen 70 000 Menschen mit Sprechchören: „Wir sind das Volk!" und „Keine Gewalt!" durch die Straßen Leipzigs. Auf Anordnung des Leipziger SED-Chefs hielten sich die Sicherheitskräfte zurück. Die Opposition hatte sich gewaltfrei durchgesetzt.

Honeckers Rücktritt – Die Beispiele in Berlin und Leipzig lösten eine ganze Welle gewaltloser Demonstrationen überall im Land aus. Die Angst der Menschen war gebrochen; die Staatsführung stand einer Demokratiebewegung gegenüber, deren Forderungen nicht mehr unterdrückt werden konnten.

Ein Teil der SED-Führung hoffte, ihre Macht durch einige Reformen und einen

PERSONENLEXIKON

EGON KRENZ, geb. 1937. Seit 1974 Leiter der DDR-Jugendorganisation FDJ, seit 1983 Mitglied des Politbüros der SED; 18.10.–3.12.1989 Honeckers Nachfolger als Generalsekretär der SED sowie 24.10.–6.12.1989 Vorsitzender des Staatsrats der DDR

Q 1 Erklärung einer Leipziger Betriebskampfgruppe zu den Demonstrationen in Leipzig (6.10.1989):

1 Wir sind dagegen, dass diese kirchlichen Veranstaltungen [in der Nikolaikirche] missbraucht werden, um staatsfeindliche Provo-
5 kationen gegen die DDR durchzuführen. ... [Wir] erwarten, dass alles getan wird, um die öffentliche Ordnung und Sicherheit zu gewährleisten, um die in 40 Jahren
10 harter Arbeit geschaffenen Werte und Errungenschaften des Sozialismus in der DDR zu schützen... Wir sind bereit und willens, das von uns ... Geschaffene wirksam
15 zu schützen, um diese konterrevolutionären Aktionen endgültig zu unterbinden. Wenn es sein muss, mit der Waffe in der Hand!

(In: Leipziger Volkszeitung vom 6.10.1998. Gekürzt)

B 2 Kerzenaktion vor der Bezirksbehörde der Deutschen Volkspolizei Schwerin, 30.10. 1989

Wechsel an der Spitze noch retten zu können. Am 18. Oktober zwang das Politbüro der SED Honecker zum Rücktritt und bestimmte als dessen Nachfolger EGON KRENZ zum Parteichef und Staatsoberhaupt der DDR. Krenz versprach zwar sogleich eine „Wende" sowie Reformen. Doch als langjähriger „Kronprinz" Honeckers hatte er dessen Politik mitverantwortet und galt als unglaubwürdig.

Die Opposition organisiert sich – Seit dem Sommer 1989 waren in der DDR Oppositionsgruppen mit politischen Forderungen an die Öffentlichkeit getreten. Sie beriefen sich dabei auf die DDR-Verfassung, die den Bürgern das Recht garantierte, Vereinigungen zu bilden. Am 9. September wurde das „**Neue Forum**" gegründet. Es wandte sich an „*alle Bürger und Bürgerinnen der DDR, die an der Umgestaltung unserer Gesellschaft mitwirken wollen*". Den Schritt zur Gründung einer neuen, bis dahin in der DDR nicht zugelassenen Partei, vollzog am 7. Oktober die „**Sozialdemokratische Partei in der DDR**" (SDP). Das Machtmonopol der SED begann zu bröckeln. Die Menschen hatten das Vertrauen in die SED und in die von ihr beherrschten Massenorganisationen verloren. Weitere Bürgervereinigungen und Parteien entstanden im Herbst 1989.   /5

Am 4. November 1989 versammelten sich auf dem Berliner Alexanderplatz mehr als eine halbe Million Menschen. Prominente Künstler hatten die Demonstration angemeldet. Einhellig waren die Forderungen nach grundlegenden Veränderungen in der DDR, freien Wahlen, der Gewährung von Presse-, Meinungs-, und Versammlungsfreiheit sowie nach freiem Reiserecht. Aber noch stand in Berlin die Mauer, noch flohen täglich Tausende aus der DDR. Wie verhielt sich die Regierung angesichts des immer stärker werdenden Rufs nach Reisefreiheit?

PERSONENLEXIKON

BÄRBEL BOHLEY, geb. 1945. Freischaffende Malerin; 1982 Gründungsinitiatorin des Netzwerks „Frauen für den Frieden" in der DDR; 1985/86 Mitbegründerin der „Initiative Frieden und Menschenrechte"; 1988 Abschiebung aus der DDR und Rückkehr; 1989 Mitbegründerin des „Neuen Forums"

Q3 Proteste in Weißenfels, Oktober 1989:

1 [Am] 11.10. gab es die erste Friedensandacht in Weißenfels in einer kleinen Kirche. Ich ging und fand mich plötzlich in den Kirchenbänken
5 eingekeilt zwischen schrankgroßen Stasi-Leuten [= Mitarbeiter der geheimen Staatssicherheit] … Etwa 100 Menschen waren in der Kirche, die Hälfte Partei, FDJ, Stasi.
10 Draußen warteten Polizeiwagen. Aber es wurde nicht eingegriffen. Beim nächsten Friedensgebet, das ich am 11.11. besuchte, waren bereits 1500 Menschen in der
15 großen Stadtkirche. Auch meine Tochter mit beiden Kindern dabei (Sebastian: 12, Anna: 10). Mitten bei den Gebeten steht Anna bleich aber mutig auf, geht zum Mikro-
20 phon und spricht laut: „Ich wünsche mir, dass ich in der Schule immer die Wahrheit sagen darf." Und erhält brausenden Beifall. Danach ziehen wir mit Kerzen durch
25 die Stadt … und rufen unentwegt: „Wir sind das Volk!"

(In: B. Lindner, Die demokratische Revolution in der DDR 1989/90, Bonn 1998, S. 94. Gekürzt)

B4 Gruppierungen der Bürgerrechtsbewegung 1989/90

Der Fall der Mauer – Anfang November 1989 waren die meisten Altfunktionäre der SED aus ihren Ämtern verdrängt. Das am 8. November neu gewählte Politbüro hatte die immer drängender werdende **Frage der Reisefreiheit** zu lösen. Am Abend des 9. November teilte der für Information zuständige Sekretär Günter Schabowski nach der Sitzung des ZK der SED auf der allabendlich stattfindenden und live im Fernsehen übertragenen Pressekonferenz mit, dass die Bürger der DDR „ab sofort" Genehmigungen zur Ausreise aus der DDR erhalten könnten. Diese Nachricht verbreitete sich wie ein Lauffeuer in Berlin und im ganzen Land.

Noch am gleichen Abend setzte ein Ansturm auf die Grenzübergänge nach Westberlin ein. Unter dem Druck der zusammenströmenden Menschen öffneten die ersten DDR-Grenzposten um 21.30 Uhr an der Bornholmer Straße die Übergänge. Gegen Mitternacht mussten die Grenzschranken auch in anderen Stadtteilen geöffnet werden. Zu Fuß, mit dem Auto und der Bahn kamen in den nächsten Tagen Hunderttausende aus der DDR nach Westberlin und in die Bundesrepublik. Mit der Grenzöffnung am 9. November 1989 hatte die unter Zugzwang stehende SED-Führung nur die „Flucht nach vorne" antreten wollen. Doch unfreiwillig stand sie nun vor einer ganz neuen Situation: Die Mauer war gefallen, die Trennung der Menschen in Ost- und Westdeutschland war unwiderruflich zu Ende. ⊘/6

Q6 Aus der Reportage eines westdeutschen Reporters über die Nacht vom 9. zum 10. November 1989:

1 ... Knapp 5000 mögen es sein, die jetzt am Checkpoint versammelt sind. Sektkorken knallen. Bald, heißt es, wird die Grenze geöffnet. Das passiert kurz nach Mitternacht. Die ersten DDRler kommen zu Fuß, viele sind verwirrt,
5 sagen: „Hoffentlich kann ich auch wieder zurück."... [Sie werden] bejubelt von der wartenden Menge [im Westen]. Sie werden umarmt und mit Sekt übergossen ... Wir versuchen, zum Brandenburger Tor zu kommen ... Es ist etwa 3 Uhr. Das Brandenburger Tor ist grell erleuchtet – von
10 den Scheinwerfern der TV-Teams ... Auf der Mauerbrüstung stehen die Leute bereits dicht an dicht ...

(In: Stern, Nr. 47/1989, S. 47 f. Gekürzt)

B 5 Berlinerinnen und Berliner feiern den Fall der Mauer, Foto 10.11.1989

Geschichte im / Geschichte durch das Fernsehen

Seit den 1950er Jahren hat sich das Medium Fernsehen weltweit ausgebreitet. Es kann aktuell und unmittelbar sehr viele Menschen über Ereignisse an nahezu jedem Ort der Erde informieren. In demokratischen Gesellschaften, in denen die Inhalte der Sendungen keiner politischen Zensur unterliegen, leistet das Fernsehen einen wichtigen Beitrag zur politischen Information und zu einer **kritischen Öffentlichkeit**. Doch wie bei allen anderen Medien müssen die Inhalte von Fernsehsendungen einer kritischen Analyse unterzogen werden.

Auch Politiker nutzen die Vorteile des Massenmediums Fernsehen, um möglichst viele Bürger(innen) aktuell zu informieren. Das geschieht zum Beispiel durch **Pressekonferenzen**, durch Interviews in **Nachrichtensendungen** oder bei wichtigen Anlässen im Rahmen von **Sondersendungen**. Im Herbst 1989 wurden solche Sondersendungen in der DDR mit Spannung erwartet, denn die politischen Ereignisse überschlugen sich und das Medienklima hatte sich zugunsten einer freieren Meinungsäußerung verändert. Viele DDR-Bürger hofften darauf, im Fernsehen Nachrichten über geforderte Erleichterungen im Reiseverkehr zu erhalten.

Am **9.11.1989** hatte das Politbüro des ZK der SED zu einer **Pressekonferenz** geladen, die live übertragen wurde. Als um 18.57 Uhr die Frage nach dem Entwurf eines neuen Reisegesetzes gestellt wurde, verlas das zuständige Politbüromitglied GÜNTHER SCHABOWSKI vor laufenden Kameras einen Beschluss des Ministerrats, dass eine Regelung getroffen werde, die es jedem Bürger der DDR möglich mache, ohne besondere Voraussetzungen über Grenzübergangspunkte der DDR auszureisen. Auf die Frage eines Journalisten, ab wann diese neue Reisefreiheit denn gelte, antwortete der irritierte und unvollständig informierte Schabowski: *„Das tritt nach meiner Kenntnis ... ist das sofort, unverzüglich."*

Dieser Satz vor laufenden Fernsehkameras verbreitete sich in Windeseile in der ganzen DDR. Hunderttausende DDR-Bürger strömten zu den Grenzübergängen, um die von Schabowski zugesagte Reisefreiheit sofort für einen Kurzbesuch im Westen zu nutzen. Noch ehe das überraschte Politbüro der SED die Lage diskutieren und mit Gegenmaßnahmen reagieren konnte, erzwang der Ansturm der Menschen die Öffnung der noch verschlossenen Grenzübergänge.

Die Liveübertragung eines Missverständnisses zwischen SED-Politbüro und Minsterrat hatte die Geschehnisse in der Nacht vom 9. auf den 10. November 1989 entscheidend mit beeinflusst. Das Fernsehen hatte "Geschichte gemacht".

B 1 Günther Schabowski auf der Pressekonferenz am 9.11.1989

WORAUF SIE ACHTEN MÜSSEN

1. Handelt es sich um eine Nachrichtensendung, um einen Meinungskommentar, um ein politisches Magazin oder um eine Pressekonferenz? Wird die Sendung von einem öffentlich-rechtlichen oder einem privaten Fernsehsender ausgestrahlt?
2. Erkennst du Parteilichkeit oder Wertungen in dem Bericht?
3. Achte bei Interviews mit Politikern darauf, welche Fragen gestellt, welche nicht gestellt werden bzw. welche Fragen beantwortet, welche nicht beantwortet werden.
4. Ist die Berichterstattung umfassend? Vergleiche die Berichterstattung mit anderen Sendungen und Medien zum gleichen Thema.

Veränderungen sind nicht aufzuhalten – Bereits am 7. November 1989 war der gesamte DDR-Ministerrat zurückgetreten. Die Hoffnungen der SED richteten sich nun auf HANS MODROW, den SED-Bezirksleiter von Dresden. Im öffentlichen Auftreten zurückhaltend, nicht durch Korruption in Verruf geraten und als reformwillig bekannt, wurde er in der Volkskammer am 13. November 1989 fast einstimmig zum Ministerpräsidenten gewählt. Modrow bildete eine Koalitionsregierung mit den Blockparteien CDU, LDPD und DBD. Innenpolitisch befand sich die DDR in einer schwierigen Situation. Die bisherige Alleinherrschaft der SED schien zwar gebrochen, aber noch galt die alte DDR-Verfassung mit ihren undemokratischen Strukturen. Auch die Ausreisewelle war nach der Öffnung der Mauer noch nicht abgebrochen.

Der „Runde Tisch" – Die Bürgerbewegungen, die einen **friedlichen Übergang zur Demokratie und zur Marktwirtschaft** erreichen wollten, griffen das polnische Vorbild des „Runden Tisches" auf. Am 7.12.1989 trafen sich die Vertreter der Bürgerbewegungen mit den Vertretern der SED, der „Blockparteien" und der Massenorganisationen. Der „Runde Tisch" sollte an allen Entscheidungen der Regierung und der Volkskammer, auch über die Zukunft der DDR, beteiligt werden. So beschloss er bereits bei seiner ersten Sitzung im Dezember 1989, dass am 6.5.1990 die ersten freien Wahlen in der DDR stattfinden sollten. Im Januar 1990 wurde dieser Termin auf den 18. März vorverlegt.

PERSONENLEXIKON

CHRISTA WOLF, geb. 1929. Schriftstellerin; 1976 Protest gegen die Ausbürgerung des Liedermachers W. Biermann aus der DDR; 1989/90 Austritt aus der SED

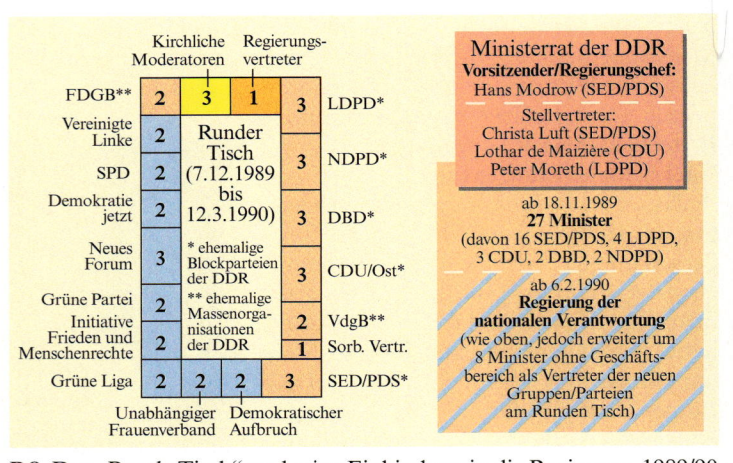

Q 7 „Für unser Land". Aufruf einer DDR-Initiativgruppe (u. a. die Schriftsteller St. Heym, Ch. Wolf und der Pfarrer F. Schorlemmer), 26.11.1989:

1 Entweder können wir auf der Eigenständigkeit der DDR bestehen und versuchen, mit allen unseren Kräften in unserem Land eine
5 solidarische Gesellschaft zu entwickeln, in der Frieden und soziale Gerechtigkeit, Freiheit des Einzelnen, Freizügigkeit und die Bewahrung der Umwelt gewährlei-
10 stet sind, oder wir müssen dulden, dass, veranlasst durch ökonomische Zwänge und einflussreiche Kreise aus Wirtschaft und Politik in der Bundesrepublik ein Aus-
15 verkauf unserer materiellen und moralischen Werte beginnt und über kurz oder lang die Deutsche Demokratische Republik durch die Bundesrepublik vereinnahmt
20 wird. Lasst uns den ersten Weg gehen. Noch haben wir die Chance, eine sozialistische Alternative zur Bundesrepublik zu entwickeln.

(In: G. Meier, Die Wende in der DDR, Bonn 1990, S. 53. Gekürzt)

	Kirchliche Moderatoren	Regierungsvertreter		
FDGB**	2	3	1	3	LDPD*
Vereinigte Linke	2			3	NDPD*
SPD	2	Runder Tisch (7.12.1989 bis 12.3.1990)		3	DBD*
Demokratie jetzt	2			3	CDU/Ost*
Neues Forum	3	*ehemalige Blockparteien der DDR			
Grüne Partei	2	**ehemalige Massenorganisationen der DDR		2	VdgB**
Initiative Frieden und Menschenrechte	2			1	Sorb. Vertr.
Grüne Liga	2	2	2	3	SED/PDS*
	Unabhängiger Frauenverband	Demokratischer Aufbruch			

Ministerrat der DDR
Vorsitzender/Regierungschef:
Hans Modrow (SED/PDS)

Stellvertreter:
Christa Luft (SED/PDS)
Lothar de Maizière (CDU)
Peter Moreth (LDPD)

ab 18.11.1989
27 Minister
(davon 16 SED/PDS, 4 LDPD, 3 CDU, 2 DBD, 2 NDPD)

ab 6.2.1990
Regierung der nationalen Verantwortung
(wie oben, jedoch erweitert um 8 Minister ohne Geschäftsbereich als Vertreter der neuen Gruppen/Parteien am Runden Tisch)

B 8 Der „Runde Tisch" und seine Einbindung in die Regierung, 1989/90

ARBEITSAUFTRÄGE

1. Erläutere und beurteile die Argumente der Verfasser von Q 1 gegenüber der Oppositionsbewegung in Leipzig.
2. Beurteile die Wirkung der Bilder der Leipziger Demonstration vom 9.10.1989 auf die Bevölkerung der DDR.
3. Erläutere mit Q 3 die gesellschaftspolitischen Hintergründe für das Auftreten der 10-jährigen Anna am 11.10.1989.
4. Ermittle, ob die politischen Gruppen/Parteien von B 4 und B 9 noch existieren bzw. wohin sie sich entwickelt haben.
5. Verfasse mit Hilfe von B 5 und Q 6 eine Pressenotiz über den Ablauf der Maueröffnung in der Nacht vom 9./10.11.1989.
6. Nenne die politischen Ziele und die Befürchtungen der „Initiativgruppe DDR" aus Q 8. Beurteile, ob das Hauptziel der Initiativgruppe Ende 1989 realisierbar war.
7. Untersuche mit B 9 die Zusammensetzung des „Runden Tisches". Erläutere den Einfluss auf die Regierungspolitik.

4. Der Weg zur deutschen Wiedervereinigung

Im November 1989 änderte sich die Stimmung in der DDR. Hatten die Menschen bisher gerufen: „Wir sind *das* Volk", so hieß es jetzt immer häufiger „Wir sind *ein* Volk" und „Deutschland einig Vaterland". Welche Ursachen hatte dieser Stimmungswechsel und welche Konsequenzen ergaben sich daraus für die weitere Zukunft der DDR?

Die deutsche Frage – Nach dem Fall der Mauer stellte sich auch die Frage einer **Wiedervereinigung** der beiden deutschen Staaten. Die Spaltung nach 1945 war von den meisten Deutschen in Ost und West als aufgezwungen empfunden worden. Hinzu kam, dass die DDR nach 40 Jahren SED-Diktatur wirtschaftlich ruiniert war. Viele Menschen in Ostdeutschland sahen daher in der Vereinigung mit der wirtschaftlich leistungsfähigeren und reicheren Bundesrepublik eine hoffnungsvolle Alternative. Andere wollten zwar das politische und wirtschaftliche System der DDR grundlegend reformieren, aber die DDR als eigenständigen Staat erhalten.

Als im November 1989 das Ausmaß der wirtschaftlichen Zerrüttung sowie der politischen Bespitzelung durch das DDR-Regime den Menschen mehr und mehr bekannt wurde, wuchs auch die Zahl der DDR-Bürger, die eine schnelle Wiedervereinigung mit der Bundesrepublik wollten.

Auch in der Bundesrepublik war anfangs umstritten, wie auf die Frage einer möglichen Wiedervereinigung zu reagieren sei. Das **„Zehn-Punkte-Programm"** von Bundeskanzler KOHL vom 28.11.1989 sah ein schrittweises Vorgehen vor: Sofortigen humanitären und Wirtschaftshilfen für die DDR sollte langfristig eine bundesstaatliche Ordnung in einem vereinten Deutschland folgen. Ab Jahresbeginn 1990 trat die CDU/FDP-Bundesregierung jedoch für eine schnellere Vereinigung beider deutschen Staaten ein.

Die Haltung der SPD zur Wiedervereinigung war anfangs gespalten. Ein Teil um den langjährigen SPD-Vorsitzenden WILLY BRANDT strebte vorbehaltslos die schnelle Wiedervereinigung an. Andere führende SPD-Politiker zögerten jedoch, weil sie als Folge einer zu schnellen Vereinigung den totalen Zusammenbruch der ostdeutschen Wirtschaft befürchteten.

Die Märzwahlen 1990 in der DDR – Am 18. März 1990 fanden die ersten freien Wahlen in der DDR statt. Auch die SED stellte sich zur Wahl – nun unter dem Namen „Partei des demokratischen Sozialismus" (PDS). Das Wahlergebnis zeigte eine deutliche Mehrheit derjenigen Parteien, die sich für eine baldige Wiedervereinigung Deutschlands aussprachen. Aus diesen Parteien bildete der ostdeutsche CDU-Politiker LOTHAR DE MAIZIÈRE eine Koalitionsregierung.

B 3 Demonstration im November 1989

B 4 Demonstration im Februar 1990

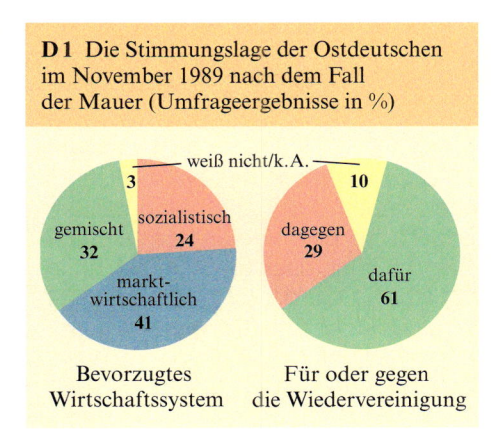

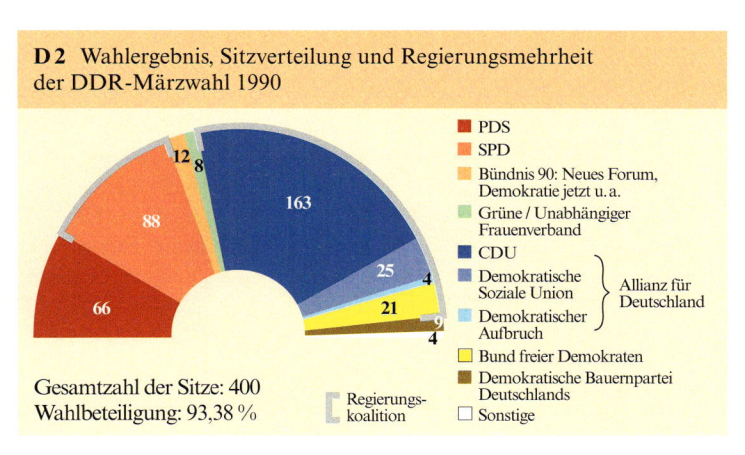

D 1 Die Stimmungslage der Ostdeutschen im November 1989 nach dem Fall der Mauer (Umfrageergebnisse in %)

Bevorzugtes Wirtschaftssystem: gemischt 32; sozialistisch 24; marktwirtschaftlich 41; weiß nicht/k.A. 3

Für oder gegen die Wiedervereinigung: dafür 61; dagegen 29; weiß nicht/k.A. 10

D 2 Wahlergebnis, Sitzverteilung und Regierungsmehrheit der DDR-Märzwahl 1990

PDS 66; SPD 88; Bündnis 90: Neues Forum, Demokratie jetzt u.a. 12; Grüne / Unabhängiger Frauenverband 8; CDU 163; Demokratische Soziale Union 25; Demokratischer Aufbruch 4 (Allianz für Deutschland); Bund freier Demokraten 21; Demokratische Bauernpartei Deutschlands 9; Sonstige 4

Gesamtzahl der Sitze: 400
Wahlbeteiligung: 93,38 %

Deutsch-deutsche Schritte zur Einheit – Mit dem Wahlergebnis vom März 1990 hatte eine deutliche Mehrheit der DDR-Bürger ihren Willen zur Wiedervereinigung dokumentiert. Dennoch gab es viele offene Fragen: Sollte die Vereinigung nach **Artikel 23 des Bonner Grundgesetzes** erfolgen, also durch den Beitritt der DDR zur Bundesrepublik, oder nach **Artikel 146 des Grundgesetzes**, auf der Basis einer neuen, gesamtdeutschen Verfassung? Sollte die Wiedergutmachung widerrechtlicher Enteignungen in der DDR nach dem Grundsatz „Entschädigung statt Rückgabe" erfolgen, oder sollten die früheren Eigentumsrechte Vorrang haben? Sollte die Angleichung der ökonomischen und rechtlichen Bedingungen in beiden Teilen Deutschlands in einem einzigen oder in mehreren, zeitlich gestreckten Schritten erfolgen? Und schließlich: Würden die Siegermächte des Zweiten Weltkriegs einer deutschen Wiedervereinigung überhaupt zustimmen?

Als erster Schritt zur Wiedervereinigung trat am 1. Juli 1990 eine „**Wirtschafts-Währungs- und Sozialunion**" zwischen beiden deutschen Staaten in Kraft: Die D-Mark wurde gesetzliches Zahlungsmittel in der DDR, die soziale Marktwirtschaft löste die Planwirtschaft ab. In Berlin nahm die **Treuhandanstalt** ihre Arbeit auf. Sie sollte die „Volkseigenen Betriebe" (VEB) der DDR in privatwirtschaftliche Unternehmen überführen.

Die Volkskammer der DDR fasste den Beschluss zur **Neugründung der Länder** Brandenburg, Mecklenburg-Vorpommern, Sachsen, Sachsen-Anhalt und Thüringen. Am 23. August 1990, noch während die Vertreter der bundesdeutschen Regierung und der Regierung DE MAIZIÈRE den „**Einigungsvertrag**" zwischen beiden deutschen Staaten aushandelten, beschlossen die Abgeordneten der DDR-Volkskammer mit großer Mehrheit den Beitritt der DDR zur Bundesrepublik Deutschland nach Artikel 23 des Grundgesetzes.

PERSONENLEXIKON

LOTHAR DE MAIZIÈRE, geb. 1940. CDU-Politiker; 12.4.–3.10.1990 letzter Ministerpräsident der DDR

Q 5 Aus dem „Vertrag zwischen der Bundesrepublik Deutschland und der Deutschen Demokratischen Republik über die Herstellung der Einheit Deutschlands" vom 20/21.9.1990:

Artikel 3: Inkrafttreten des Grundgesetzes: Mit dem Wirksamwerden des Beitritts [der DDR] tritt das Grundgesetz für die Bundesrepublik Deutschland ... in den Ländern Brandenburg, Mecklenburg-Vorpommern, Sachsen, Sachsen-Anhalt und Thüringen [und im Ostteil Berlins] ... in Kraft.

Artikel 4, Absatz 6: Der Artikel 146 [des Grundgesetzes] wird wie folgt gefasst: Dieses Grundgesetz, das nach Vollendung der Einheit und Freiheit für das gesamte deutsche Volk gilt, verliert seine Gültigkeit an dem Tag, an dem eine Verfassung in Kraft tritt, die von dem deutschen Volk in freier Entscheidung beschlossen worden ist.

(In: Presse- und Informationsamt der Bundesregierung, Bonn 1990)

Q 6 US-Außenminister James Baker am 12.12.1989:

Gemeinsam müssen wir eine neue Architektur für ein neues Zeitalter entwerfen und schrittweise verwirklichen. Diese neue Architektur muss den alten Fundamenten und Strukturen Platz bieten, die – wie die NATO – ihre Gültigkeit behalten. Gleichzeitig muss sie der Tatsache Rechnung tragen, dass diese auch neuen, gemeinsamen Zielen dienen können. Die neue Architektur ... muss einen Rahmen schaffen ... in dem die Teilung Europas überwunden und der Atlantik überbrückt werden kann.

(In: M. Görtemaker, M. Hdrlicka, Das Ende des Ost-West-Konflikts? Berlin 1990, S. 153 f. Gekürzt)

Q 7 Der sowjetische Deutschlandexperte Valentin Falin im Frühjahr 1990:

Ich plädiere für militärische Neutralität ... Dabei sollen auch die deutschen Sicherheitsinteressen berücksichtigt werden. Die Deutschen haben das Recht, eine militärische Potenz zu besitzen, die eine vernünftige Verteidigung ermöglicht ... Wer dafür ist, dass ganz Deutschland an die NATO fällt, ist nicht für die deutsche Einheit. Wer dafür ist, dass ein halbes Deutschland [die Bundesrepublik] in der NATO bleibt, der ist halbherzig für die... Einheit.

(In: Spiegel Spezial II/ 1990, S. 22. Gekürzt)

4. Der Weg zur deutschen Wiedervereinigung

Die beiden deutschen Regierungen mussten bei der Wiedervereinigung auf die Siegermächte des Zweiten Weltkriegs und auf Polen Rücksicht nehmen. Welche Gründe gab es dafür?

Die Haltung der Siegermächte – Die UdSSR verlor mit der Wiedervereinigung einen wichtigen Bündnis- und Handelspartner. Seit dem Ende des Zweiten Weltkrieges waren in der DDR zudem Streitkräfte der UdSSR stationiert. Deren Eingreifen war zu befürchten, falls wichtige Interessen der UdSSR verletzt würden. Auch die westlichen Siegermächte Großbritannien und Frankreich hegten anfangs Bedenken. Sie fürchteten, die wirtschaftliche und militärische Macht eines vereinten Deutschlands könnte das Gleichgewicht in Europa und den europäischen Frieden erneut gefährden. Polen, Deutschlands Nachbar im Osten, war beunruhigt, weil die Bundesrepublik die polnische Westgrenze von 1945 (= Oder-Neiße-Grenze) noch nicht als endgültige Ostgrenze Deutschlands anerkannt hatte. Die USA unterstützten die Wiedervereinigung von Anfang an vorbehaltlos.

Verhandlungen mit den Siegermächten – Im Mai 1990 hatten die „Zwei-plus-Vier-Gespräche" zwischen den Außenministern der vier Siegermächte und der beiden deutschen Staaten über die Bedingungen der Wiedervereinigung begonnen. Strittig war dabei auch die Frage, ob das wiedervereinte Deutschland dem westlichen Militärbündnis NATO angehören dürfe. Als Mitte Juli 1990 auch der sowjetische Staatschef Gorbatschow – nach anfänglichem Zögern und trotz Kritik aus dem eigenen Land – der Vereinigung Deutschlands und dessen Mitgliedschaft in der NATO zustimmte, war der Weg frei: Im September 1990 wurden die Verhandlungen mit dem „**Zwei-plus-Vier-Vertrag**" erfolgreich abgeschlossen.
Nachdem auf internationaler Ebene die Lösung der „deutschen Frage" erreicht war, konnte am 3. Oktober 1990 der zwischen den beiden deutschen Staaten ausgehandelte **Einigungsvertrag** in Kraft treten. Die deutsche Teilung war beendet. ⓔ/7

B 8 Gorbatschow, Kohl und Genscher verhandeln über die Zukunft Deutschlands. Kaukasus, 15. Juli 1990

B 9 Der 2+4-Vertrag vom 12.9.1990 zwischen Bundesrepublik Deutschland und DDR sowie Frankreich, Großbritannien, USA und UdSSR

Das vereinte Deutschland umfasst die Bundesrepublik, die DDR und ganz Berlin.

Die bestehenden deutschen Grenzen sind endgültig. Die Grenze zu Polen (Oder-Neiße-Grenze) wird anerkannt.

Deutschland bekräftigt seinen Verzicht auf ABC-Waffen. Beschränkung der deutschen Streitkräfte auf 370 000 Mann.

Abzug der alliierten Truppen aus Deutschland bis 12/1994

Das vereinte Deutschland kann Mitglied der NATO sein; der NATO unterstellte deutsche Truppen dürfen in Ostdeutschland stationiert sein.

Beendigung der alliierten Viermächte-Rechte über Deutschland und Berlin. Volle staatliche Souveränität für das vereinte Deutschland

ARBEITSAUFTRÄGE

1. Erläutere anhand von D1, B3 und B4 den Stimmungswandel in der DDR und nenne Gründe für den wachsenden Wunsch nach einer deutschen Wiedervereinigung.
2. Lies Q5. Informiere dich über die Artikel 23 und 146 des Grundgesetzes (Fassung vor 1990). Erläutere die darin formulierten Alternativen zu einer Wiedervereinigung.
3. Diskutiert die Konsequenzen der Volkskammerwahl vom März 1990 für den deutschen Einigungsprozess (D2).
4. Gib die Positionen zur Wiedervereinigung von Q6 und Q7 wieder. Begründe, warum die Stellung Deutschlands zur NATO für die USA und die UdSSR von Bedeutung war.
5. Nenne die wesentlichen Bestimmungen des „2+4-Vertrags" (B9) aus deutscher, sowjetischer und polnischer Sicht.

5. Nur mühsam wächst zusammen …

Am 2. Dezember 1990 fanden die ersten gesamtdeutschen Bundestagswahlen statt. Mit 43,8 % der Stimmen erhielt die CDU/CSU den Auftrag, zusammen mit der FDP (11 %) die neue Bundesregierung zu bilden. Die Regierung stand vor der schweren Aufgabe, die großen wirtschaftlichen Probleme Ostdeutschlands sozialverträglich zu lösen und den „inneren Einigungsprozess" zu fördern. Konnte sie diese Aufgaben bewältigen?

Wirtschaftlicher Niedergang – Zahlreiche ostdeutsche Betriebe waren technisch veraltet. Sie produzierten zu langsam und zu teuer und konnten oft nicht mit den Produkten westdeutscher Unternehmen konkurrieren. Die ostdeutschen Verbraucher bevorzugten zunächst auch westdeutsche Konsumgüter, selbst wenn deren Qualität nicht immer die bessere war. Die Länder Osteuropas, die ein wichtiger Absatzmarkt für ostdeutsche Produkte gewesen waren, spielten aufgrund eigener Wirtschaftsprobleme als Absatzmarkt kaum noch eine Rolle. Der Verkauf der ostdeutschen Betriebe durch die von der Bundesregierung beauftragte Treuhandanstalt erwies sich häufig als Fehlschlag: Da die Verkaufserlöse der oft maroden Volkseigenen Betriebe gering waren, konnte die Treuhand ihre Aufgabe nur zum Teil und mit staatlicher Finanzhilfe erfüllen. Manche westdeutsche Unternehmer schlossen die gekauften Betriebe auch umgehend, weil sie unerwünschte Konkurrenz ausschalten wollten. Die Folgen fehlgeschlagener Privatisierungen sowie der Betriebsschließungen wogen schwer: ganze Industrieregionen veröderten, **Massenarbeitslosigkeit** wurde vielerorts zum Schreckgespenst. Zahlreiche gut ausgebildete Menschen zogen in die westlichen Bundesländer, um dort eine ihrer Qualifikation gemäße Arbeit zu finden. Anderen Arbeitslosen – darunter viele Frauen, Jugendliche, ältere Menschen – blieb oft nur die Hoffnung auf eine staatlich geförderte Arbeitsbeschaffungsmaßnahme.

PERSONENLEXIKON

HELMUT KOHL, geb. 1930. 1969–1976 Ministerpräsident von Rheinland-Pfalz; 1973–1998 Parteivorsitzender der CDU, 1982–1998 Bundeskanzler der Bundesrepublik Deutschland

Q2 Rückgabe vor Entschädigung:

1 Das Ziel: … die Bundesregierung [gab] den Besitzansprüchen von Alteigentümern, die zu DDR-Zeiten enteignet worden waren, den Vorrang, anstatt sie für ihren Verlust nachträglich zu entschädigen …

5 Die Folgen: Der Streit um das Eigentum bremste den Aufschwung: Wegen der Unklarheit der Besitzansprüche und jahrelanger Bearbeitungszeiten [der Rückgabeanträge] waren vielen investitionsbereiten Firmen die Hände gebunden … Statt in den Innenstädten entstanden so Kauf-
10 häuser und Einkaufszentren auf der grünen Wiese.

(In: DER SPIEGEL Nr.40/2000, S.82. Gekürzt)

B1 Demonstration in Sondershausen, 1990

D3 Entwicklung der Arbeitsquote in % (Werte für 2005 geschätzt)

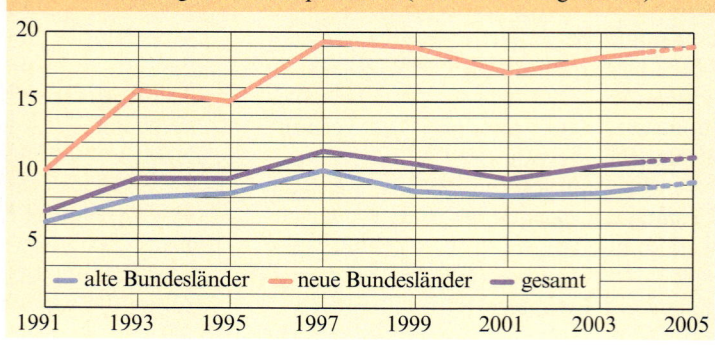

5. Nur mühsam wächst zusammen ... 141

Erfolge in den östlichen Bundesländern – Die Einkommen der Berufstätigen sowie die Renten stiegen nach der Wiedervereinigung deutlich. Im Vergleich zur DDR haben sich die Kaufkraft der Haushalte, das Angebot an Konsumgütern und der **Lebensstandard** verbessert. Milliardeninvestitionen trugen dazu bei, **Straßen und Autobahnen** zu erneuern, **moderne Telekommunikationsmittel** zu schaffen und die Infrastruktur insgesamt zu verbessern. In Städten und Gemeinden gab es Programme zur **Sanierung von Häusern und Wohnungen**. Vielerorts entstanden neue, leistungsfähige Industriebetriebe – und mit diesen neue Arbeitsplätze. ◉/8

Enttäuschungen und Vorurteile – Nach der ersten Begeisterung über den Mauerfall und die Einheit Deutschlands vollzog sich bei vielen Deutschen ein Stimmungswechsel. Manches, was die Politiker versprachen und die Menschen in den neuen Bundesländern von der Wiedervereinigung erhofft hatten, war nicht oder nur zum Teil eingetroffen. Enttäuschung machte sich breit. Auch in Westdeutschland kühlte die positive Stimmung ab: Die Finanz- und Steuerbelastung durch die Kosten der Wiedervereinigung seien zu hoch; ein Ende der Unterstützungsleistung an die neuen Bundesländer – seit 1990 über 400 Milliarden € – sei nicht abzusehen. So machten sich auf beiden Seiten **Vorurteile** breit. Hielten manche Ostdeutschen die Westdeutschen für überheblich und rücksichtslos, so warfen diese den Ostdeutschen mangelnde Eigeninitiative und Wehleidigkeit vor. Angesichts der wirtschaftlichen und sozialen Probleme, die es infolge des Zusammenbruchs der DDR zu bewältigen gilt, ist vielen das Verständnis für die Chancen, die uns Deutschen durch den Fall der Mauer und die Wiedervereinigung eröffnet wurden, schon fast verloren gegangen.

Q5 Stimmen deutscher Schüler zur Wiedervereinigung:

1 Ein 15-jähriger Schüler aus Thüringen, 1992
Es ist alles ganz schön, was wir Ostdeutschen jetzt noch alles aus unserem Leben machen können. Ich denke da an Reisefreiheit ..., Hifi-Anlagen, Videorekor-
5 der, Autos. Aber die Einheit hat nicht nur Schokoladenseiten ... Und wenn manche „Wessis" hierher kommen mit Parolen „Wir werden euch das Arbeiten lehren" ..., also da platzt einem manchmal die Hutschnur.
Eine 15-jährige Schülerin aus Rheinland-Pfalz, 1992
10 Seitdem die Mauer geöffnet wurde, geht es uns allen wieder schlechter. Die [Ostdeutschen] bilden sich doch ein, dass wir ihnen alles geben müssten, dass sie ein schönes Leben haben. Wir hatten auch nie das beste Leben. Die werden bei den meisten Dingen ... bevor-
15 zugt. Dann reden die einen auch noch so eingebildet und eitel an ... Dann werde ich richtig sauer und wünsche, dass die Mauer noch da wäre.

(In: J. Brune u. a.: „... aber die Mauern bauen die Menschen sich selbst!", Speyer/ Arnstadt 1992, S. 188. Gekürzt)

D4 Entwicklung der Bruttolöhne/-gehälter und der Renten in Euro, 1991–2004

Alle Arbeitnehmer (Voll- und Teilzeit)

	1991 ♂	1991 ♀	2004 ♂	2004 ♀
alte Bundesländer	1845	1510	2390	1960
neue Bundesländer	1048	893	2055	1568
%	57 %	59 %	86 %	80 %

Rentner

	1991 ♂	1991 ♀	2004 ♂	2004 ♀
alte Bundesländer	865	372	1004	483
neue Bundesländer	635	422	1037	665
%	73 %	113 %	103 %	138 %

■ in den alten Bundesländern
■ in den neuen Bundesländern

ARBEITSAUFTRÄGE

1. Erkläre mit Q2 den Grundsatz „Rückgabe vor Entschädigung". Welche Probleme sieht der Verfasser damit verbunden?
2. Erläutere mit B1, Q2 und D3 Gründe für die Enttäuschung vieler Ostdeutscher nach 1990.
3. Diskutiert die Aussage, in den östlichen Bundesländern gebe es „Gewinner und Verlierer der Wiedervereinigung"(D4).
4. Diskutiert und beurteilt die Aussagen von Q5.
5. Gab es für die DDR eine Alternative zur Wiedervereinigung? Berücksichtige die wirtschaftliche Situation der DDR vor 1990 und den Zusammenbruch der osteuropäischen Märkte.

6. Die Hinterlassenschaft der Staatssicherheit der DDR

Eine unheilvolle Hinterlassenschaft der SED-Diktatur ist der Aktenberg des **Ministeriums für Staatssicherheit (MfS)**, der Stasi. Allein im Berliner Zentralarchiv fand man etwa 180 Kilometer Stasi-Akten mit Aufzeichnungen über die Privatsphäre von Bürgern der DDR, aber auch anderer Staaten. Wie hatte die Stasi in der DDR gearbeitet?

Aufbau und Arbeitsweise – Die Stasi hatte etwa 91 000 hauptamtliche Mitarbeiter und 174 000 **inoffizielle Mitarbeiter** (IM), die verdeckt arbeiteten. Bei etwa 16 Millionen DDR-Bürger kam daher ein Stasi-Mitarbeiter auf 60 Einwohner. Zum Teil benutzte die Stasi Menschen jedoch auch ohne deren Wissen als IM.

Einzelne Abteilungen der Stasi erledigten jeweils spezielle Aufgaben. Die „Hauptabteilung XX" befasste sich damit, die oppositionellen Gruppen in der DDR zu bespitzeln. Die IM, die sich in diese Gruppen einschlichen, berichteten ihren „Führungsoffizieren", was sie erfahren hatten. Die Stasi führte auch Festnahmen durch und hatte eigene Gefängnisse.

Q1 Aus einem Auftrag der Stasi an den inoffiziellen Mitarbeiter (IM) „Hans Heiner" (3.8.1979):

1 Als Problemkreise interessieren: ... 2. Umgangskreis, Verbindungskreis des [Schriftstellers Erich] Loest. 3. Wie sind die Eheverhältnisse einzuschätzen? Wie ist das Verhältnis des L. zu seinen Kindern? ... 6. Welche Möglichkeiten bestehen, damit der IM in den zeitweiligen Besitz der Dokumentation des L. kommt (privater Schriftverkehr des L. usw.)?

IM „Hans Heiner" berichtet über Erich Loest (6.9.1979):

Zum Umgangskreis des L. gehört [der Maler Wolfgang] Mattheuer. Zwischen beiden besteht ein herzliches, freundschaftliches Verhältnis. L. fühlt sich in seiner neuen Wohnung sehr wohl ... Die Wohnung ist wie folgt aufgeteilt: 1 Arbeitszimmer für L., 1 Zimmer für seine Frau, 1 Schlafzimmer für L., ein gemeinsames Wohnzimmer. Die Familienverhältnisse sind ... geordnet. Zu seinen Kindern hat L. ein gutes Verhältnis.

(In: E. Loest, Die Stasi war mein Eckermann, Göttingen 1991, S. 43 f und S.49. Gekürzt)

Q2 Das Stasi-Gefängnis „Roter Ochse" in Halle:

1 Schon die Revolutionäre von 1848 saßen in diesem wuchtigen Ziegelsteinbau. Die Nazis vollstreckten hier Hunderte von Todesurteilen. Nach dem Krieg übernahm der sowjetische Sicherheitsdienst NKWD die Guillotine, ab 1950 wurde der Knast vom MfS [Ministerium für Staatssicherheit, Stasi] genutzt. Die Tigerkäfige und Tobsuchtszellen wurden erst nach der Wende abgebaut.

Der „Rote Ochse" war eine Maschine, um „Systemfeinde" zu brechen. Auch wenn sie gebrochen waren, überließ man nichts dem Zufall – der Stasi-Bericht notiert über die Beerdigung eines Selbstmörders: „Die Trauerfeierlichkeiten wurden durch IM abgesichert." ... Heute ist der „Rote Ochse" ein ganz gewöhnlicher Knast.

(In: DER SPIEGEL Nr.10/1999, S.139. Gekürzt)

B3 Ehemaliger Zellentrakt des Schweriner Justizgebäudes, heute Dokumentationszentrum für die Opfer deutscher Diktaturen

6. Die Hinterlassenschaft Staatssicherheit der DDR

Die Gewinnung von IM durch das MfS – Wer als IM für die Stasi arbeitete, unterschrieb eine Verpflichtungserklärung, in der er die strikte Geheimhaltung seiner IM-Tätigkeit zusagte. Sehr viele der IM haben diese Verpflichtungserklärung freiwillig unterschrieben, sei es aus politischer Überzeugung oder wegen der damit verbundenen materiellen Vorteile. Andere waren in Notlagen erpresst worden und wurden so zu Stasi-Mitarbeitern. Einige wenige, die von der Stasi angeworben werden sollten, verweigerten die Mitarbeit aus Gewissensgründen.

Umgang mit den Stasi-Akten – Nach der Wiedervereinigung war umstritten, was mit den Akten der Stasi geschehen sollte. Diskutiert wurde, ob sie zu vernichten oder so lange wegzuschließen seien, bis sich nur noch Historiker dafür interessieren würden. Der Bundestag entschied im **Stasi-Akten-Gesetz**, „dem Einzelnen Zugang zu den vom Staatssicherheitsdienst zu seiner Person gespeicherten Informationen zu ermöglichen, damit er die Einflussnahme des Staatssicherheitsdienstes auf sein persönliches Schicksal aufklären kann". Eine Behörde wurde eingerichtet, die die Unterlagen verwahren und den Zugang der Betroffenen regeln soll. Nach ihrem ersten Leiter JOACHIM GAUCK wurde sie „**Gauck-Behörde**" genannt. 🔗/9

Q 4 Aus einem Bericht des MfS zur Gewinnung eines neuen IM:

1 Da der berufliche Einsatz verhindert [wurde] ... stand der Kandidat noch im März 1969 ohne feste Arbeit in finanziellen Schwierig-
5 keiten. [Es] wurde beschlossen, den Kandidaten unter Ausnutzung seiner Schwierigkeiten ... und der daraus resultierenden gedrückten Haltung anzusprechen und bei
10 entsprechend positiver Reaktion [für die Stasi-Mitarbeit] zu gewinnen. Im Verlauf dieses Gesprächs wurde [er] zur Zusammenarbeit verpflichtet. ... Unter Wahrung der
15 Konspiration wurde [dann] über den 1. Sekretär der SED-Kreisleitung eine Einstellung des Kandidaten im VEB ... erreicht.

(In: J. Gauck, Die Stasi-Akten, Reinbek 1991, S. 57 f. Gekürzt)

Q 5 Verweigerung der IM-Tätigkeit durch einen DDR-Bürger:

1 Auch nach gründlicher ... Prüfung vor meiner religiösen Überzeugung als Christ muss ich Ihnen bekennen, dass ich eine derartige Hand-
5 lung nicht mit den Grundsätzen meines Glaubens vereinbaren kann. Ich war nicht in der Lage, ein solches Handeln ... vor dem Neuen Testament rechtfertigen zu kön-
10 nen. Matthäus 16, 26: „Was hülfe es dem Menschen, so er die ganze Welt gewönne und nähme doch Schaden an seiner Seele?"

(In: J. Gauck, Die Stasi-Akten, Reinbek 1991, S. 59. Gekürzt)

PERSONENLEXIKON

JOACHIM GAUCK, geb. 1940. Evangelischer Theologe aus Rostock; 1990–2000 Beauftragter der Bundesregierung für die Unterlagen des ehemaligen Staatssicherheitsdienstes der DDR; in dieser Zeit Leiter der nach ihm benannten „Gauck-Behörde"

B 6 Stasi-Akten in der „Gauck-Behörde", Berlin-Lichtenberg

ARBEITSAUFTRÄGE

1. Erläutere anhand von Q 1 den Umgang der Stasi mit der Privatsphäre der Betroffenen.
2. Werte Q 2 sowie B 3 aus und beurteile die Haftbedingungen in den Gefängnissen der Stasi.
3. Mache dir mit Q 4 und Q 5 ein Bild von den Anwerbemethoden der Stasi für IM.
4. Diskutiert, ob die Stasi-Akten weiterhin ausgewertet werden sollen oder ob man einen „Schlussstrich" ziehen soll (B 6).

7. Mecklenburg-Vorpommern nach der Wiedervereinigung

Mit dem Beitritt der DDR zur Bundesrepublik war die Übernahme der **föderalen Struktur** (Gliederung in Bundesländer) verbunden. Wie vollzog sich die Neugründung des Landes Mecklenburg-Vorpommern und welche Entwicklung nahm es seit 1990?

Neugründung Mecklenburg-Vorpommerns – Im Jahr 1952 hatte die DDR-Regierung die 1945 neu gegründeten Länder wieder aufgelöst und die Verwaltung in Berlin zentralisiert. An die Stelle der fünf Länder waren **15 Bezirke** getreten; in Mecklenburg-Vorpommern waren das die drei Bezirke Neubrandenburg, Rostock und Schwerin.

Doch mit der Wende Ende 1989 bekundeten viele Bürger auch den Wunsch nach Wiedereinrichtung ihres früheren Landes. Diesen Wunsch der Bevölkerung setzte die im März 1990 gewählte DDR-Regierung unter Lothar de Maizière um: Im Einigungsvertrag zwischen der DDR und der Bundesrepublik wurde die **Neugründung der Länder** Brandenburg, Mecklenburg-Vorpommern, Sachsen, Sachsen-Anhalt und Thüringen sowie deren Beitritt zur Bundesrepublik vereinbart. Am 14. Oktober 1990 fanden in allen fünf „neuen Bundesländern" **Landtagswahlen**

D1 Die Ergebnisse der Landtagswahlen in Mecklenburg-Vorpommern sowie der Bundestagswahlen 1990–1998, in Prozent

Landtagswahlen / Bundestagswahlen

1990: Landtag – 5,5; 13,5; 15,7; 27; 38,3. Bundestag – 2,4; 1,2; 8,1; 11; 33,5; 43,8.

1994: Landtag – 10,1; 22,7; 29,5; 37,7. Bundestag – 3,5; 4,4; 7,3; 6,9; 36,4; 41,5.

1998: Landtag – 11; 24,4; 34,4; 30,2. Bundestag – 5,1; 6; 6,2; 6,7; 40,9; 35,1.

☐ FDP ■ CDU (im Bund CDU/CSU) ■ SPD ■ PDS
■ Bündnis 90/Die Grünen ⊏ Regierungskoalition
☐ Sonstige (nicht im Parlament vertreten)

B 2 Das Ostseebad Binz auf Rügen in neuer Pracht, 2000

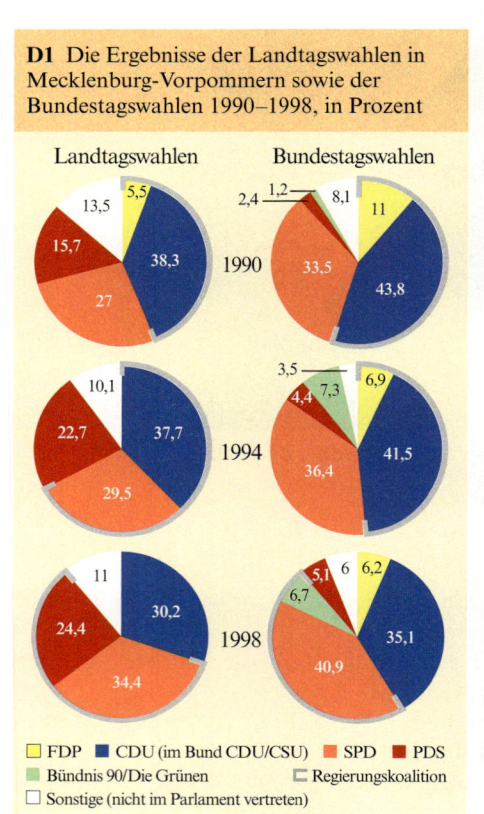

B 3 Ehemalige Schiffswerft in Stralsund, 2001

statt. Die CDU erhielt in Mecklenburg-Vorpommern die Stimmenmehrheit und stellte mit ALFRED GOMOLKA den ersten Ministerpräsidenten einer CDU/FDP-Regierung. Am 27.10.1990 bestimmte der neu gewählte Landtag **Schwerin als Hauptstadt**; am 23.5.1993 wurde die neue Landesverfassung verabschiedet.

Strukturkrise und Wiederaufbau – Auch in Mecklenburg-Vorpommern konnten viele ehemalige Staatsbetriebe der DDR nicht gegen die marktwirtschaftlich erfahrene Konkurrenz aus dem Westen bestehen. Massenhafte **Firmenzusammenbrüche** und hohe **Arbeitslosigkeit** waren die Folgen. Plötzlich sahen sich die Menschen mit einer zu DDR-Zeiten nie gekannten Form der beruflichen Existenzgefährdung konfrontiert. Die tief greifende Strukturkrise hätte das Land jedoch auch ohne Wiedervereinigung getroffen. Denn neben Fehlern in der Wirtschafts- und Finanzpolitik des Bundes waren vor allem die Überalterung vieler Produktionsanlagen, eine zu geringe Produktivität sowie das Wegbrechen früherer Märkte in Osteuropa für die Krise verantwortlich.

Bei der Schaffung neuer Arbeitsplätze legt Mecklenburg-Vorpommern Schwerpunkte in der Landwirtschaft und im Tourismus. Zwar macht der „Aufbau Ost" Fortschritte. Doch mehr als 10 Jahre nach der Wende ist die bestehende hohe Arbeitslosigkeit ein noch ungelöstes Problem.

D4 Arbeitslosigkeit von Jugendlichen unter 25 Jahren in Europa (2004) und in Mecklenburg-Vorpommern (2004), in Prozent

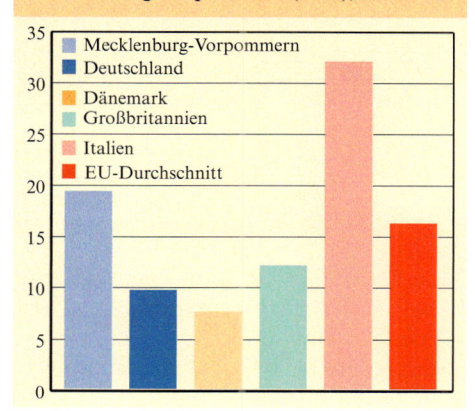

Q5 Der Theologe Richard Schröder schrieb über die Probleme der Wiedervereinigung, 1995:

1 Es ist nicht die Schuld der Ostdeutschen, dass sie die weniger erfreuliche Besatzungsmacht hatten, die ihnen die Diktatur auf-
5 zwang, die Unterstützung des Marshallplans verweigerte ... und eine ineffektive Wirtschaftsform aufnötigte ... Wir sollten das Ganze so betrachten: Auf unserem ge-
10 meinsamen Elternhaus liegen Hypotheken, und es hat Risse, vorwiegend im östlichen Flügel. [Die] müssen wir gemeinsam beheben.

(In: DIE ZEIT, 22.09.1995. Gekürzt)

PERSONENLEXIKON

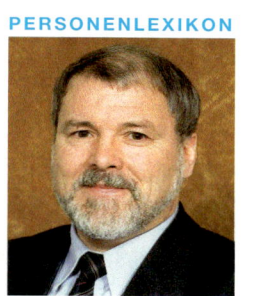

HARALD RINGSTORFF geb. 1939; SPD-Politiker; seit 1998 Ministerpräsident von Mecklenburg-Vorpommern

Abwanderung und Arbeitslosigkeit in der Bundesrepublik 2003/2004 in %

Schleswig-Holstein 10,9
Hamburg 8,8
Mecklenburg-Vorpommern −7,0 21,6
Bremen 16,7
Niedersachsen 10,4
Berlin 19,2
Brandenburg +0,9 18,7
Sachsen-Anhalt −7,8 20,7
Nordrhein-Westfalen 11,0
Polen 19,5
Hessen 8,1
Thüringen −5,2 17,4
Sachsen 18,2 −6,4 9,8
Rheinland-Pfalz 8,4
Saarland 11,0
Baden-Württemberg 7,0
Bayern 8,1

18,6 Arbeitslose 2004 in %
−7,0 Abwanderung 2003 in %
+0,9 Zuwanderung 2003 in %

Arbeitslose in %, 2004
Deutschland gesamt: 10,5
Ostdeutschland: 18,9
Westdeutschland: 9,3
EU-Durchschnitt: 8,5

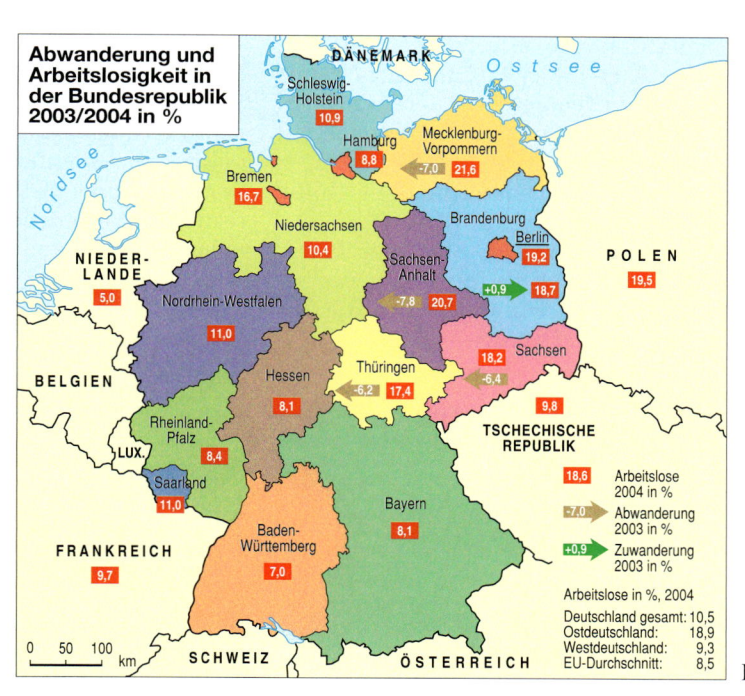

K6

ARBEITSAUFTRÄGE

1. Erläutere mit den Karten S. 62 und dem Darstellungstext S. 144/145 die Geschichte Mecklenburg-Vorpommerns.
2. Diskutiert mögliche Ursachen der Strukturkrise des Landes nach 1990 sowie die Folgen für die Menschen (B2–K6).
3. Analysiere die Ergebnisse der Landtagswahlen 1990 bis 2002 (D1). Prüfe, welche Beurteilung der Politik der Landesregierung durch die Wähler daraus abzuleiten ist.

8. Deutschland nach 1998

1998 verloren die seit 1982 regierenden Parteien CDU/CSU und FDP die Bundestagswahlen. Helmut Kohl wurde von dem niedersächsischen Ministerpräsidenten GERHARD SCHRÖDER (SPD) abgelöst; SPD und Bündnis 90/ Die Grünen bildeten die neue Bundesregierung. Welche Aufgaben hat sie zu lösen?

Innere Reformen – Die alte Regierung war seit 1990 vor allem um die Lösung der wirtschaftlichen und sozialen Aufgaben bemüht, die mit der deutschen Einheit zusammenhängen. Davon gelang einiges, doch viele drängende Probleme warteten auf die neue Bundesregierung:
- Die hohe Arbeitslosigkeit von 4,4 Mio. sollte drastisch reduziert werden.
- Eine Reform der Sozialversicherungssysteme (Renten- bzw. Krankenversicherung) war dringend notwendig, um die Kostenexplosion in zu dämpfen.
- Die hohe Staatsverschuldung sollte schrittweise abgebaut werden.
- Mit einem neuen Staatsangehörigkeitsrecht sollte die Integration der bereits in Deutschland lebenden Ausländer verbessert werden.

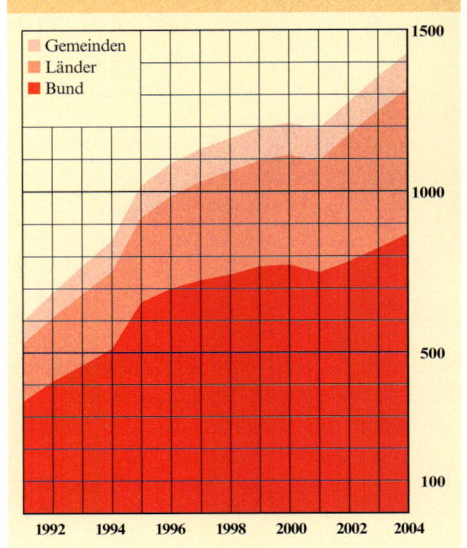

Äußere Gefahren – An die Stelle des „Ost-West-Konflikts" traten nach 1989/90 neue friedensbedrohende Konflikte. Im Rahmen der internationalen Bemühungen um Friedenssicherung hatte sich auch die außenpolitische Rolle des wiedervereinten Deutschlands verändert: Von der Bundesrepublik wurde ein größerer, auch aktiver Beitrag zu friedenssichernden Maßnahmen gefordert.

Der seit 1991 andauernde Krieg im ehemaligen Jugoslawien griff 1999 auf die Provinz Kosovo über. Um die Vertreibung der albanischen Bevölkerung durch Serben zu verhindern, beteiligte sich die Bundesrepublik erstmals seit 1945 aktiv an einem umstrittenen Militäreinsatz der NATO gegen serbische Truppen. Auch als die USA nach dem Terroranschlag auf das New Yorker World-Trade-Center vom 11. September 2001 in Afghanistan militärisch eingriffen, waren deutsche Soldaten an der Bekämpfung des Terrorismus und an friedenssichernden Maßnahmen in Afghanistan beteiligt. **e**/10

PERSONENLEXIKON

GERHARD SCHRÖDER, geb. 1944. Jurist und SPD-Politiker; 1978–1980 Bundesvorsitzender der Jusos; 1990–1998 Ministerpräsident des Bundeslandes Niedersachsen. Deutscher Bundeskanzler von 1998–2005.

D 1 Schuldenentwicklung Deutschlands 1991–2004 in Milliarden Euro

B 2 Bundeswehrpanzer im Kosovo

ARBEITSAUFTRÄGE

1. Nenne mögliche Gründe der hohen Verschuldung. Ermittle für 2001 die Zinsbelastung (Zinssatz: 6 %) von Bund, Ländern und Kommunen infolge der Verschuldung (D 1).
2. Analysiere B 2 und interpretiere das Verhalten der einheimischen Bevölkerung. Vergleiche auch Seite 241.

Die Wiedervereinigung Deutschlands – Zeitstrahl

	Politik	Kultur	Alltag/Wirtschaft
2000	1999: Die Bundesrepublik beteiligt sich am Militäreinsatz der NATO gegen serbische Truppen 1998: Wahl G. Schröders (SPD) zum Bundeskanzler 1.92: Gründung der GUS; 12.91: Zerfall der UdSSR; 6.1991: Wahl B. Jelzins zum Präsidenten Russlands;	1991 ff.: Zunahme des Rechtsradikalismus 1991 ff. „Ossi"-„Wessi"-Vorurteile nehmen zu 20.12.91: Einrichtung der „Gauck-Behörde" zur Verwahrung der Stasi-Akten	1991 ff.: starke Zunahme der Arbeitslosigkeit in den östlichen Bundesländern 1991 ff.: wirtschaftliche Strukturkrise und massenhafte Firmenzusammenbrüche in den östlichen Bundesländern 3.10.1990: Freudenfeiern in ganz Deutschland über die Wiedervereinigung
1990	12.1990: Wahl L. Walesas zum Staatspräsidenten Polens; 3.10.1990: Tag der deutschen Wiedervereinigung; 12.9.1990: 2+4-Vertrag: Ende der Rechte der Alliierten und Souveränität für Deutschland; 23.8.1990: DDR-Volkskammer beschließt Beitritt zur BRD nach Art. 23 GG; 20.7.1990 Wiedererrichtung der Länder in der DDR; 18.3.1990: erste freie Volkskammerwahl in der DDR; März/ Mai 1990: Unabhängigkeitserklärungen der baltischen Staaten; 12.1989: V. Havel wird tschechischer Staatspräsident; 28.11.1989 „Zehn-Punkte-Programm" von Bundeskanzler Helmut Kohl; 9.11.1989: Fall der Mauer in Berlin. Öffnung der Grenze zwischen DDR und BRD; 18.10.1989: Sturz Honeckers; 9.1989: Öffnung der ungarischen Grenze nach Österreich	1990: Diskussionen über das zukünftige Gesellschafts- und Wirtschaftssystem in der DDR 7.12.1989 – 12.3.1990: „Runder Tisch" in der DDR 4.11.1989: Demonstration von über 500 000 Bürgern in Berlin; 9.10.1989: 70 000 DDR-Bürger demonstrieren in Leipzig; 7.10.1989: Vierzigjahrfeier der DDR Sommer 1989: Massendemonstrationen in der DDR, Gründung von Oppositionsgruppen 1985: „Glasnost" und „Perestroika" in der UdSSR; 1980ff.: Entstehung einer Friedensbewegung in der DDR	1.7.1990: Treuhandanstalt soll volkseigene Betriebe sanieren, privatisieren oder stilllegen und die volkseigenen Güter und Wälder übernehmen; 1.7.1990: Wirtschafts-, Währungs- und Sozialunion zwischen DDR und BRD 9.–10.1989: Massenflucht von DDR-Bürgern über die österreichisch-ungarische Grenze 7.–9.1989: Besetzung der bundesdeutschen Botschaften in Ost-Berlin, Budapest, Prag und Warschau durch DDR-Bürger; 1988: Wachsende Zahl von Ausreiseanträgen in der DDR 1985 ff.: Öffnung für marktwirtschaftliche Strukturen in der UdSSR 1980er Jahre: Wirtschaftliche Stagnation in der DDR
1980	3.1985: Amtsantritt Gorbatschows als Generalsekretär der KPdSU; 1.8.1975: Schlussakte von Helsinki	1978: Einführung des „Wehrunterrichts" in DDR-Schulen; 1975 ff.: hartes Vorgehen gegen Dissidenten in der UdSSR	Okt.1980: Gründung der freien Gewerkschaft „Solidarnosc" in Polen

Zusammenfassung – Die Wiedervereinigung Deutschlands

Seit 1985 setzte der neue Generalsekretär der KPdSU, Michail Gorbatschow, in der Sowjetunion politische und wirtschaftliche Reformen durch. Dennoch zerfiel die UdSSR Ende 1991, und in der Folge setzte eine Auflösung des gesamten Ostblocks ein. In der DDR war bereits Anfang der 1980er Jahre aus Friedens-, Umwelt- und Menschenrechtsgruppen eine **Bürgerrechtsbewegung** entstanden. Ermutigt durch die Reformen in der Sowjetunion forderte sie mehr Demokratie. Die Unzufriedenheit der Bevölkerung drückte sich zudem in einer deutlich ansteigenden **Fluchtwelle** aus.

Die DDR-Staatsführung suchte zunächst über personelle Veränderungen wie den **Sturz Erich Honeckers** eine „Wende" einzuleiten. Doch die Forderungen der Bevölkerung nach mehr Demokratie und Reisefreiheit hielten an. Durch ein Missverständnis zwischen Politbüro und Staatsrat wurden am 9. November 1989 die Grenzen zur Bundesrepublik und Westberlin geöffnet: In Berlin wurde die Mauer buchstäblich gestürmt. Die Trennung der Menschen in Ost- und Westdeutschland war damit überwunden!

Die friedliche Revolution in der DDR führte am 18.3.1990 zu der **ersten freien Volkskammerwahl der DDR**. Dabei erhielten die Parteien die Stimmenmehrheit, die sich für eine rasche **Wiedervereinigung mit der Bundesrepublik** aussprachen. Am 3. Oktober 1990 trat der zwischen beiden Staaten geschlossene Einigungsvertrag in Kraft. Eine Voraussetzung für die staatliche Wiedervereinigung war das **Einverständnis der Siegermächte** des Zweiten Weltkriegs im 2+4-Vertrag.

Mit der Wiedervereinigung verbesserte sich auch der Lebensstandard vieler Menschen in den neuen Bundesländern. Andere fühlen sich jedoch als „Verlierer" der Wende, denn trotz gewaltiger Aufbauleistungen der Wirtschaft ist die hohe Arbeitslosigkeit ein drängendes Problem.

ARBEITSAUFTRÄGE

1. Die Mehrheit der DDR-Bürgerinnen und -Bürger wollte eine schnelle Wiedervereinigung mit der Bundesrepublik. Diskutiert Vor- und Nachteile.
2. Diskutiert mögliche Maßnahmen, um den Prozess des Zusammenwachsens der Menschen aus Ost- und Westdeutschland zu fördern.

ZUM WEITERLESEN

K. König: Ich fühl mich so fifty-fifty. dtv, Müchen 1991
G. Herbert: Ein Sommer, ein Anfang. Oetinger, Hamburg 1995
G. Preuß: Vertauschte Bilder, Fischer TB, Frankfurt/Main 1995
K. Kordon: Hundert Jahre und ein Sommer. Beltz & Gelberg, Weinheim und Basel 1999

/1 www.glasnost.de/db/Osteuropa/chronik.html
/2 www.kssursee.ch/schuelerweb/kalter-krieg/ende/sowjetunion.htm
/3 www.siebenbuergen-reisen.de/geschi/kron_89.php3
/4 www.hdg.de/Final/deu/page157.htm
/5 www.dhm.de/lemo/html/DieDeutscheEinheit/WandelImOsten/neuesForum.html
/6 www.remote.org/frederik/culture/berlin/
/7 www.dhm.de/lemo/html/DieDeutscheEinheit/Wiedervereinigung/index.html
/8 www.kssursee.ch/schuelerweb/kalter-krieg/ende/deutschland.htm
/9 www.bstu.de/
/10 www.glasnost.de/kosovo/

Aus der Geschichte lernen

Aus der Geschichte lernen? – Der Grieche THUKYDIDES (etwa 460–400 v. Chr.) gilt als Begründer der kritischen Geschichtsschreibung. Von seinem eigenen Werk über den Peloponnesischen Krieg (431–404 v. Chr.) meinte er: *„Es ist genug, wenn sich denjenigen mein Werk als nützlich erweist, die Genaues über das Geschehene erfahren wollen und auch über das, was gemäß der menschlichen Natur in Zukunft in derselben oder in ähnlicher Weise geschehen kann. Es ist daher nicht als ein Prunkstück für den augenblicklichen Genuss verfasst, sondern mehr als Besitz für immer."*

Thukydides war davon überzeugt, dass die Menschheit aus ihrer Geschichte lernen könne. Gleichwohl vertrat er die Auffassung, dass es in der *„menschlichen Natur"* Triebkräfte gebe, die Geschichte *„in derselben oder in ähnlicher Weise"* wiederholbar machen. Darin scheint ein Widerspruch zu stecken. Denn wie könnten wir aus der Geschichte lernen, wenn diese sich aufgrund der *„menschlichen Natur"* in einem ständigen Kreislauf so oder ähnlich immer wiederholt?

Doch Thukydides hatte erkannt, dass die menschliche Geschichte **nicht determiniert** (= vorherbestimmt) abläuft. Denn immer sind es Menschen, die durch ihr Handeln oder Unterlassen den Verlauf und die Richtung der Geschichte mitbestimmen. Die *„menschliche Natur"* könne (!) zwar dazu führen, dass sich Geschichte *„in derselben oder in ähnlicher Weise wiederhole"*. Aber, so Thukydides, wer die Entstehungsgründe des Peloponnesischen Krieges, die Motive der kriegsführenden Menschen kenne und verstehe, der könne zukünftige Kriege verhindern.

Athen, die mächtige und blühende Stadt der Antike, hatte den Peloponnesischen Krieg 431 v. Chr. ausgelöst. Am Ende des Kriegs lag Athen in Schutt und Asche. So erging es seither vielen mächtigen Reichen, die ihre Macht missbrauchten. Auch die deutsche Geschichte hält dazu einige „Lehrstücke" bereit. In diesem Sinne können – und müssen – wir aus der Geschichte lernen; nicht nur, um *„klüger für das nächste Mal, sondern weise für alle Zeiten"* zu werden (Jakob Burckhardt).

PERSONENLEXIKON

THUKYDIDES, ca. 460–400 v. Chr. Feldherr; 424 v. Chr. aus Athen verbannt. Er schrieb die Geschichte des Peloponnesischen Krieges und gilt als Begründer der kritischen Geschichtsschreibung.

1. „Am deutschen Wesen soll die Welt genesen"?

„Am deutschen Wesen soll die Welt genesen..." – dieser Satz markiert die nationalistische Überheblichkeit und Aggressivität, mit der Deutschland zwischen 1871 und 1945 drei Kriege gegen seine europäischen Nachbarn entfesselte. Dabei wurden über 60 Millionen Menschen getötet.

„Einig Vaterland" im Schatten des Kriegs – Die Gründung des Deutschen Reiches 1871 im besiegten Frankreich war von Anfang an mit schweren Hypotheken belastet: Im Bewusstsein der Deutschen war und blieb sie lange ein Ergebnis des gewonnenen Krieges. Sie war zugleich mit einer **Demütigung des besiegten Nachbarn** verbunden, denn die Proklamation des Deutschen Reiches war im französischen Versailles erfolgt. Drittens ging die Grün-

B 2 Proklamation Wilhelms I. zum deutschen Kaiser 1871. Der Festakt fand im gerade besiegten Frankreich statt, im Schloss von Versailles.

Q 1 Fernsehansprache des früheren Bundespräsidenten Gustav Heinemann am 17. Januar 1971:

1 Als das Deutsche Reich vor hundert Jahren in Versailles ausgerufen wurde, war keiner von den 1848ern zugegen. Männer wie
5 August Bebel und Wilhelm Liebknecht und andere Sozialdemokraten, die sich gegen den nationalistischen Übermut des Sieges über Frankreich geäußert hatten,
10 saßen in Gefängnissen. Um den Kaiser standen allein die Fürsten, die Generäle, die Hofbeamten, aber keine Volksvertreter ...
Für unsere französischen Nach-
15 barn war es eine tiefe Demütigung, dass unser Nationalstaat in ihrem Lande [Schloss von Versailles] ausgerufen wurde ... [Doch] Hundert Jahre Deutsches Reich, dies
20 heißt ... zweimal Versailles, 1871 und 1919 [Vertreter Deutschlands erhielten nach dem verlorenen ersten Weltkrieg die Friedensbedingungen in Versailles] ...

(In: G. W. Heinemann, Zur Reichsgründung 1871, Stuttgart 1971. S. 10 f. Gekürzt)

Q 3 Reichskanzler von Bülow zur imperialistischen deutschen Kolonialpolitik, Rede vor dem Reichstag 1897:

1 ... Die Zeiten, wo der Deutsche dem einen seiner Nachbarn die Erde überließ, dem anderen das Meer und sich selbst den Himmel reservierte ... diese Zeiten sind vorüber. Wir müssen verlangen, dass der deutsche Missionar
5 und der deutsche Unternehmer, die deutschen Waren, die deutsche Flagge und das deutsche Schiff in China genauso geachtet werden wie diejenigen anderer Mächte. (Lebhaftes Bravo!) ... Mit einem Worte: Wir wollen niemanden in den Schatten stellen, aber wir verlangen auch
10 unseren Platz an der Sonne. (Bravorufe im Reichstag)

(In: G. A. Ritter, Das Deutsche Kaiserreich 1871–1914, Göttingen 1977, S. 136 f.)

B 4 Die Grauen des Krieges, von Otto Dix (1929–1932)

dung des deutschen Nationalstaates – im Gegensatz zu vielen anderen europäischen Staaten – nicht mit einer Demokratisierung von Staat und Gesellschaft einher.

Als sich gegen Ende des 19. Jahrhunderts die Konkurrenz der europäischen Großmächte um Kolonialgebiete verstärkte, führte dies zu einer weiteren Militarisierung der deutschen Politik und Gesellschaft. All dies – Imperialismus und Militarismus, nationale Überheblichkeit und mangelnde parlamentarische Kontrolle – mündeten 1914 in den **Ersten Weltkrieg**. Auch nach dem verlorenen Krieg blieben viele Deutsche anfällig für nationalistische Parolen, waren empfänglich für den Größenwahn von der Überlegenheit der deutschen [arischen] „Rasse". Zwar kann dies den **Aufstieg Hitlers**, die Dikatur des NS-Staates und die deutschen Kriegsverbrechen im Zweiten Weltkrieg allein nicht erklären, aber es trug wesentlich dazu bei.

B 6 Willy Brandt vor dem Mahnmal des Warschauer Gettos, 1970

Q 5 Adolf Hitler über seine „Lebensraumideologie", 1925:

1 Die Forderung nach Wiederherstellung [nur] der Grenzen des Jahres 1914 ist ein politischer Unsinn ... Das Recht auf Grund und Boden
5 kann zur Pflicht werden, wenn ohne Bodenerweiterung ein großes Volk dem Untergang geweiht erscheint. Noch ganz besonders dann, wenn es sich ... um die ger-
10 manische Mutter all des Lebens [handelt], das der heutigen Welt ihr kulturelles Leben gegeben hat. Deutschland wird entweder Weltmacht oder überhaupt nicht sein.
15 Zur Weltmacht aber braucht es jene Größe, die ihm in der heutigen Zeit die notwendige Bedeutung und seinen Bürgern neuen Lebensraum gibt ... Wenn wir
20 aber heute in Europa von neuem Grund und Boden reden, können wir in erster Linie nur an Russland und die ihm untertanen Randstaaten denken.

(In: A. Hitler, Mein Kampf, München 1942, S. 742)

Q 7 Bundespräsident von Weizsäcker zum 40. Jahrestag der deutschen Kapitulation 1945, Rede vom 8. Mai 1985:

1 Der 8. Mai ist für uns vor allem ein Tag der Erinnerung an das, was Menschen erleiden mussten. Er ist zugleich ein Tag des Nachdenkens über den Gang unserer Geschichte ... Wer vor der Vergangenheit die Augen ver-
5 schließt, wird blind für die Gegenwart. Wer sich der Unmenschlichkeit nicht erinnern will, der wird anfällig für neue Ansteckungsgefahren ...
Während des Krieges hat das nationalsozialistische Regime viele Völker gequält und geschändet ... bevor wir
10 selbst Opfer unseres eigenen Krieges wurden ...
Die Jungen sind nicht verantwortlich für das, was damals geschah. Aber sie sind verantwortlich für das, was in der Geschichte daraus wird ...
Hitler hat stets damit gearbeitet, Vorurteile, Feindschaft
15 und Hass zu schüren. Die Bitte an die jungen Menschen lautet: Lassen Sie sich nicht hineintreiben in Feindschaft und Hass gegen andere Menschen, gegen Russen oder Amerikaner, gegen Juden oder Türken, gegen Alternative oder Konservative, gegen Schwarz oder Weiß. Ler-
20 nen Sie, miteinander zu leben, nicht gegeneinander.

(R. von Weizsäcker, Rede vom 8. Mai 1985. In: R. Grix und W. Knöll, Texte zum Erinnern, Verstehen und Weiterdenken, Oldenburg 1987, S. 18 f. Gekürzt)

ARBEITSAUFTRÄGE

1. Erarbeite mögliche Gründe für die Kriegspolitik Deutschlands in den vergangenen 130 Jahren (Q 1, B 2, Q 3 und Q 5).
2. Erläutere mit B 4 und B 6 und Q 7 Folgen dieser Politik.
3. Diskutiert, welche Schlussfolgerungen die Deutschen aus ihrer Geschichte der vergangenen 130 Jahre ziehen sollten.

2. Freiheit, Demokratie und Menschenrechte verteidigen!

Der 8. Mai 1945, der Tag der Kapitulation, war für Deutschland auch ein Tag der Befreiung – von dem mörderischen NS-Regime. Doch nur in den Westzonen Deutschlands konnte eine freiheitliche Demokratie aufgebaut werden. In der sowjetischen Besatzungszone gerieten die Menschen nach 1945 erneut unter die Herrschaft einer Regierung, die ihnen elementare Bürger- und Freiheitsrechte verweigerte. Erst mit der friedlichen Revolution von 1989 haben sich die Bürger der früheren DDR diese Rechte erkämpft. Sie zu achten und zu bewahren ist eine fortwährende Aufgabe für uns alle.

Q 1 Erklärung der Menschen- und Bürgerrechte durch die französische Nationalversammlung, 1789:

1. Die Menschen sind und bleiben von Geburt an frei und gleich an Rechten. ...
5. Das Gesetz allein hat das Recht, die der Gesellschaft schädlichen Handlungen zu verbieten ...
6. Das Gesetz muss für alle gleich sein ...
9. Jeder gilt so lange für unschuldig, wie er [durch ein unabhängiges Gericht] nicht für schuldig befunden ist ...
10. Niemand darf wegen seiner Meinung, selbst religiöser Art, belangt werden ...
11. Freie Gedanken- und Meinungsfreiheit ist eines der kostbarsten Menschenrechte. Jeder Bürger kann daher frei schreiben, reden und drucken ...

(In: Geschichte in Quellen, Bd. 4, München 1981, S. 200. Gekürzt.)

Q 3 Bundespräsident Roman Herzog über die Freiheit und ihre Verteidigung, Rede in Leipzig am 23.6.1998:

Im Westen Deutschlands wurde uns die Demokratie nach dem Krieg geschenkt; wir haben sie dann allerdings mit Energie, Ausdauer und innerer Überzeugung festigen können. Aber selbst erkämpft hat man sie nur in Ostdeutschland. Dafür schulden alle Deutschen den Ostdeutschen Dank und Respekt! Die Massenbewegung, die im Herbst 1989 zum Erfolg der friedlichen Revolution führte, stand auf den Schultern eines kleinen Kreises aktiver Oppositioneller. Man darf sagen: Damit die Mauer fiel, war beides notwendig – die Massenbewegung und die vorherige beharrliche, unerschrockene Arbeit vieler, insbesondere der Bürgerrechtler ...
Die Erfahrung lehrt, dass eine freie ... Gesellschaft nur als zukunftsoffene Demokratie denkbar ist. Offen für neue Ideen und bereit zur Korrektur von Irrwegen, die natürlich auch ihr nicht erspart bleiben. ... Diese Offenheit setzt den Meinungsstreit voraus und vor allem die Gewissheit, dass niemand im Besitz der absoluten Wahrheit ist. ... [Demokratie] muss auf einfache Antworten verzichten, obwohl diese in einer immer komplizierteren Welt so attraktiv sind wie eh und je. Sie muss sich ... denen entgegenstellen, die dem Berg realer Probleme das schlichte Heilsversprechen einer Gesellschaftsutopie entgegenstellen ...

(In: Frankfurter Allgemeine Zeitung, 24.6.1998. Gekürzt.)

B 2 Demonstration, Leipzig, November 1989

ARBEITSAUFTRÄGE

1. Vergleiche die Menschen- und Bürgerrechtserklärung von 1789 (Q 1) mit den Grundrechten des Grundgesetzes.
2. Diskutiert mit B 2 und Q 3 die Bedeutung der Bürgerrechtsbewegung für die friedliche Revolution in der DDR.

Die Entwicklung der Sowjetunion bis 1991

Im Vergleich mit den westeuropäischen Ländern war Russland zu Beginn des 20. Jahrhunderts ein rückständiges Land: Die Industrie war noch wenig entwickelt, die einfache Bevölkerung lebte meist in sehr ärmlichen Verhältnissen. Mitten im Krieg, im Oktober 1917, fand in Russland eine sozialistische Revolution statt. Sie veränderte die russische Gesellschaft tiefgreifend und hatte großen Einfluss auf die Weltgeschichte des 20. Jahrhunderts.

Die Entwicklung der Sowjetunion bis 1991

Politik

Kultur

Alltag

1910　1920　1930　1940　1950　1960　1970　1980　1990

Russland und die Sowjetunion bis 1990

Legende:
- Russlands Grenze 1914
- Grenze der Sowjetunion 1922
- Grenze der Sowjetunion nach 1939
- Wichtige Eisenbahnlinien vor 1917
- Wichtige Eisenbahnlinien nach 1917
- nach 1939 gebaute Erdölleitungen
- Industriegebiet vor 1917
- Industriegebiet 1917–1939
- Industriegebiet nach 1939

Industrie (vor 1917 / 1917–1939 / nach 1939):
- Eisen- und Stahlindustrie
- Maschinenindustrie
- Chemische Industrie
- Textilindustrie

Förderung von Bodenschätzen (vor 1917 / 1917–1939 / nach 1939):
Steinkohle, Erdöl, Eisen, Gold, Kupfer, Mangan, Bauxit, Blei, Zink, Zinn, Nickel

ARBEITSAUFTRÄGE

Beschreibe die geografische und wirtschaftliche Entwicklung Russlands bzw. der Sowjetunion von der Zeit vor dem Ersten Weltkrieg bis 1990.

1. Die russische Gesellschaft zu Beginn des 20. Jahrhunderts

Tiefe soziale, wirtschaftliche und politische Gegensätze spalteten die russische Gesellschaft zu Beginn des 20. Jahrhunderts. Immer häufiger forderten Arbeiter, Bauern und Intellektuelle bei Streiks und Demonstrationen bessere Arbeits- und Lebensbedingungen sowie politische Mitsprache. Doch Zar NIKOLAUS II. ließ aus Angst vor dem Verlust seiner Alleinherrschaft (=Autokratie) jeden Widerstand gewaltsam niederschlagen. Welche Ursachen hatten diese Konflikte?

Die Lage der Bauern und der Arbeiter – Über 80 Prozent der russischen Bevölkerung lebten auf dem Land. Doch zwei Drittel des Bodens befanden sich im Besitz einer kleinen Schicht meist adliger **Gutsbesitzer**. Zwar war die Leibeigenschaft 1861 aufgehoben worden, doch das hatte nicht zu einer gerechten Verteilung des Bodens geführt. Die Gutsbesitzer ließen sich das Land teuer abkaufen; schon für ein kleines Stück Land mussten sich die Bauern hoch verschulden. Viele verarmte Bauern und Landarbeiter wanderten daher in die neuen **Industriezentren** ab, um dort als **Lohnarbeiter** ein Auskommen zu finden. Die Industrie war auf wenige Zentren wie Moskau und St. Petersburg begrenzt. Aufgrund von Kapitalmangel im eigenen Land befand sie sich weitgehend in ausländischer Hand; auch die Gewinne flossen meist ins Ausland. Ohne gesetzlichen Schutz litten die Arbeiter unter unmenschlichen Arbeitsbedingungen.

T2 Ökonomische Entwicklung Russlands

	1860	1890	1900	1913
Bevölkerung (in Mio.)	74	118	133	175
Roheisen (in 1000 t)	336	976	2934	4636
Kohle (in 1000 t)	467	6015	16156	36036
Eisenbahn (in 1000 km)	1,6	30,6	53,2	70,2

(Nach: K. Funken, Die ökonomischen Voraussetzungen der Oktoberrevolution, Zürich 1976, S. 203)

PERSONENLEXIKON

ZAR NIKOLAUS II., 1868–1918, russischer Zar von 1894–1917. Er setzte die konservative Politik seiner Vorgänger fort und behinderte Russlands Modernisierung; im Juli 1918 wurden er und seine Familie ermordet.

Q1 Aus der vom Zaren 1906 erlassenen Verfassung:

4: Dem Kaiser von Allrussland gehört die Oberste Selbstherrschende Gewalt. 14: [Er] ist der herrschende Führer der russischen Armee und Flotte. 17: [Er] ernennt und entlässt den Vorsitzenden des Ministerrats, die Minister und die Hauptchefs der Verwaltungen. 86: Kein Gesetz kann ohne Zustimmung der Staatsduma [Volksvertretung] erfolgen und ohne Bestätigung Seiner Majestät in Kraft treten. 105: Die Staatsduma kann durch eine Verordnung des Kaisers aufgelöst werden...

(In: H.G. Linke: Die russischen Revolutionen 1905/1917, Stuttgart 1991, S.44 f. Gekürzt)

B3 So genannte Treidler ziehen ein Lastschiff flussaufwärts, Foto 1900

ARBEITSAUFTRÄGE

1. Benenne und vergleiche mit Q1 die Rechte, die die Verfassung dem Zaren und der Volksvertretung gab. Hältst du den Titel „Oberster Selbstherrscher" für angemessen?
2. Beurteile mit T2 die Wirtschaftsentwicklung Russlands 1860–1913. Vergleiche sie mit der anderer Länder (S.183, T5).
3. Betrachte B3 und formuliere einen Zeitungsbericht über die Arbeitsbedingungen der Treidler.

2. Sozialistische Ideen von einer gerechten Gesellschaft

Im 18. und 19. Jahrhundert entstanden in Mittel- und Westeuropa sozialistische Vorstellungen von einer gerechteren Gesellschaft. Wie sollte diese neue Gesellschaftsordnung aussehen? Und wie wurden diese Ideen im zaristischen Russland aufgenommen?

Frühsozialismus – Während der Französischen Revolution forderte FRANÇOIS NOËL BABEUF (1760–1797) die Abschaffung des Privateigentums und die gemeinschaftliche Nutzung aller Güter. Die von ihm zum Sturz der Regierung organisierte Verschwörung scheiterte jedoch. Babeuf wurde hingerichtet. In der ersten Hälfte des 19. Jahrhunderts, mit Beginn der Industrialisierung, forderten immer mehr Menschen eine Änderung der als ungerecht empfundenen gesellschaftlichen Zustände. Graf HENRI DE SAINT SIMON (1760–1825) teilte die Gesellschaft in zwei Gruppen ein: in „Müßiggänger" und „Arbeitende". Die „Müßiggänger" (Adelige, Offiziere, Priester) seien überflüssig. Ihre Macht müsse in die Hände der Arbeitenden (Arbeiter, Bauern, Unternehmer) übergehen. Auf der Grundlage der christlichen Nächstenliebe forderte der deutsche Schneidergeselle WILHELM WEITLING (1808–1871) eine **kommunistische Gesellschaft**, in der das Privateigentum abgeschafft ist.

Der „Wissenschaftliche Sozialismus" – Der Journalist KARL MARX und der Unternehmer FRIEDRICH ENGELS beschrieben Mitte des 19. Jahrhunderts die Geschichte der Menschheit als eine Abfolge von **Klassenkämpfen**. Seit der Frühzeit hätten sich die Klasse der Unterdrücker und die der Unterdrückten gegenübergestanden. In der Menschheitsgeschichte sei die Arbeiterklasse, das **Proletariat**, die letzte unterdrückte Klasse. Sie werde die Kapitalistenklasse, die **Bourgeoisie**, durch eine Revolution stürzen und deren Privateigentum an Boden und Gütern in Gemeinschaftsbesitz umwandeln. Industrie und Landwirtschaft würden danach einen großen Aufschwung erleben, sodass die Bedürfnisse aller Menschen befriedigt

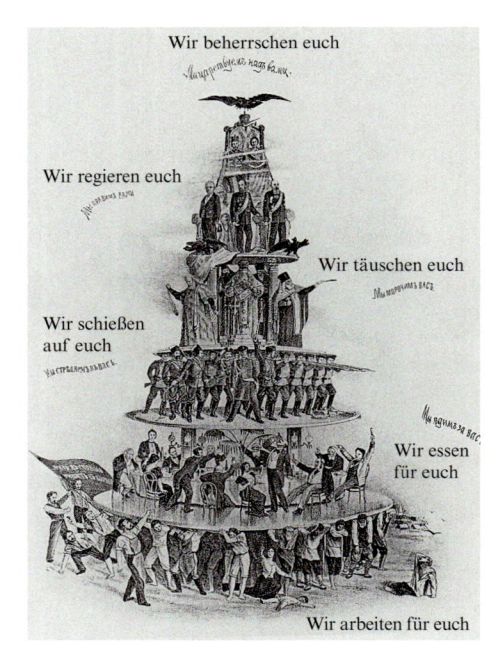

PERSONENLEXIKON

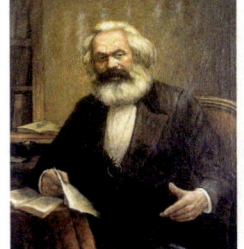

KARL MARX, 1818–1883. Deutscher Philosoph; Begründer des „Wissenschaftlichen Sozialismus" (Marxismus); veröffentlichte mit Engels das „Kommunistische Manifest"; nach der Revolution von 1848 Ausweisung aus Preußen und Emigration nach London; von dort Einwirken auf die deutsche Sozialdemokratie; Hauptwerk: „Das Kapital" (1867)

FRIEDRICH ENGELS, 1820–1895. Sozialistischer Theoretiker; stammte aus einer Unternehmerfamilie. Er beschrieb 1845 die sozialen Verhältnisse in England, veröffentlichte mit Marx das Kommunistische Manifest; lebte ab 1870 in England und unterstützte Marx finanziell im englischen Exil.

B 1 „Die Gesellschaft des Zarenreichs", Lithografie eines russischen Flugblatts, 1900

Q 2 Der Dichter Heinrich Heine: Deutschland. Ein Wintermärchen (1844) / Caput I (Auszug)

1 Ein neues Lied, ein besseres Lied,
O Freunde, will ich Euch dichten!
Wir wollen hier auf Erden schon
Das Himmelreich errichten.

5 Wir wollen auf Erden glücklich sein,
Und wollen nicht mehr darben;
Verschlemmen soll nicht der
        faule Bauch
Was fleißige Hände erwarben.

10 Es wächst hienieden Brot genug
Für alle Menschenkinder,
Auch Rosen und Myrten,
        Schönheit und Lust,
Und Zuckererbsen nicht minder.

(In: H. Heine, Werke, Bd. 2., 2. Teil, Wiesbaden o.J. S. 92)

werden könnten. Für eine Übergangszeit werde das Proletariat eine „**revolutionäre Diktatur**" ausüben, die den Aufbau einer **sozialistischen Gesellschaft** sicherstelle. Dann sei der Staat überflüssig geworden.

Die sozialistische Bewegung in Russland – Im Laufe des 19. Jahrhunderts fanden auch in Russland die sozialistischen Ideen von Marx und Engels Anhänger, vor allem unter der so genannten **Intelligentsia** (= Rechtsanwälte, Lehrer, Studenten etc.). Sie vertraten jedoch verschiedene Meinungen über den richtigen Weg zu einer erfolgreichen Revolution. So zogen etwa im Sommer 1874 russische Studenten in die Dörfer, um die Bauern für die Revolution zu mobilisieren. Allerdings scheiterte diese Bewegung der **Narodniki** (dt.: Volksfreunde), da die Bauern noch immer auf die Hilfe des Zaren hofften.

Die Anhänger von Marx und Engels setzten dagegen auf die Arbeiterschaft als Träger der Revolution. Doch die Industrialisierung hatte in Russland erst begonnen und das Proletariat machte Ende des 19. Jahrhunderts erst 3 % der russischen Bevölkerung aus. Nach Ansicht des Rechtsanwalts WLADIMIR I. ULJANOW (1870–1924), der sich seit 1901 LENIN nannte, brauchte das Proletariat die Führung von „Berufsrevolutionären", um sich zu einer revolutionären Klasse zu entwickeln. Diese Aufgabe sollte, so Lenin, die 1898 gegründete **Russische Sozialdemokratische Arbeiterpartei** übernehmen.

Deckblatt des 1848 von Karl Marx und Friedrich Engels veröffentlichten „Kommunistischen Manifestes"

Q 3 Aus den „Statuten des Bundes der Kommunisten" (1847):

1 Art. 1. Der Zweck des Bundes ist der Sturz der Bourgeoisie, die Herrschaft des Proletariats, die Aufhebung der alten, auf Klassen-
5 gegensätzen beruhenden bürgerlichen Gesellschaft und die Gründung einer neuen Gesellschaft ohne Klassen und ohne Privateigentum.

(In: K. Marx / F. Engels, Das Manifest der Kommunistischen Partei, Stuttgart 1953, S. 79)

Q 4 Lenin über das Bündnis von armen Bauern und städtischen Arbeitern, 1903:

1 Damit alle Werktätigen vollständig befreit werden, muss die Dorfarmut [= Landbewohner mit sehr wenig oder ohne Landbesitz] im
5 Bündnis mit den städtischen Arbeitern den Kampf gegen die gesamte Bourgeoisie, darunter auch gegen die reichen Bauern führen. [Sonst] wird die Dorfarmut sich
10 nie von jeder Knechtschaft, von Not und Elend befreien. Unser letzter Schritt aber in Stadt und Land wird darin bestehen: Wir werden den Gutsbesitzern und
15 der Bourgeoisie den ganzen Grund und Boden und alle Fabriken wegnehmen und die sozialistische Gesellschaft errichten.

(In: H. G. Linke, Die russischen Revolutionen 1905/1917, Stuttgart 1991, S. 34. Gekürzt)

Q 5 Lenin über die „Diktatur des Proletariats" (1917):

1 Die Diktatur des Proletariats kann nicht nur eine Erweiterung der Demokratie ergeben. Zugleich bringt die Diktatur eine Reihe von Freiheitsbeschränkungen für die Unterdrücker, die Ausbeuter, die Kapitalisten. Diese müs-
5 sen wir niederhalten, um die Menschheit von der Lohnsklaverei zu befreien; ihr Widerstand muss mit Gewalt gebrochen werden, und es ist klar, dass es dort, wo es Gewalt gibt, keine Freiheit, keine Demokratie gibt ...

(In: H.G. Linke, Die russischen Revolutionen 1905/1917, Stuttg. 1991, S. 35. Gek.)

ARBEITSAUFTRÄGE

1. Beschreibe den Aufbau der russischen Gesellschaft, wie ihn die sozialdemokratische Partei Russlands in B 1 darstellt.
2. Erläutere die Vorstellungen des Dichters Heinrich Heine von einer besseren Welt, wie sie in Q 2 zum Ausdruck kommen.
3. Benenne mit Q 3 die Ziele des „Bundes der Kommunisten".
4. Erläutere mit Q 4 die Bedeutung eines Bündnisses zwischen städtischen Arbeitern und der Dorfarmut aus der Sicht Lenins.
5. Diskutiert mit Q 5 die Rechtfertigung Lenins für eine „Diktatur des Proletariats" und das damit verbundene Vorgehen.

3. Russland im Ersten Weltkrieg / Beginn der Revolution

„Nieder mit dem Krieg" – Um den von Österreich 1914 bedrohten Serben zu helfen und um seine eigene Großmachtstellung auf dem Balkan ausbauen zu können, kämpfte Russland seit August 1914 an der Seite Frankreichs und Großbritanniens im Ersten Weltkrieg gegen Deutschland und Österreich-Ungarn. Die anfängliche Kriegsbegeisterung der russischen Bevölkerung schlug jedoch angesichts schwerer militärischer Niederlagen, über 1 Million getöteter Soldaten und einer katastrophalen Versorgungslage bald in wachsenden Widerstand um. Wie würde der Zar auf den Stimmungswandel und die Not der Menschen reagieren?

Die Februarrevolution – Am 23. Februar 1917 – nach dem damaligen russischen Kalender Internationaler Frauentag – demonstrierten Tausende verzweifelter Mütter in der Hauptstadt Petrograd für mehr Lebensmittel. Schon bald solidarisierten sich rund 400 000 Arbeiter mit ihnen und forderten das Ende des Krieges sowie den Sturz des Zaren. Aus der Demonstration wurde ein **Generalstreik**. Erneut wollte Zar Nikolaus II. den Widerstand mit Waffengewalt unterdrücken. Doch die Soldaten, meist Arbeiter- und Bauernsöhne, liefen zu den Streikenden über: Aus dem Generalstreik wurde eine **Revolution**. Die Revolutionäre stürmten die Waffenlager, befreiten die Gefangenen und verhafteten die zaristische Regierung. Am 2. März 1917 musste der Zar abdanken. Die Abgeordneten der DUMA (= russ. Parlament) bildeten eine neue **Provisorische Regierung**, in der neben gemäßigten Sozialisten mehrheitlich bürgerliche Politiker vertreten waren.

Q1 Fürst G. L. Lwow in einem Brief an den Präsidenten der Reichsduma, 29. Oktober 1916:

Die gewaltige patriotische Erhebung des Volkes ist von der Staatsmacht nicht ausgenützt worden. In der Provinz erregen die Maßnahmen [der Regierung] Gefühle des Zweifels, der Gereiztheit, ja sogar der Empörung und der Wut. Alle Maßnahmen scheinen darauf abzuzielen, die Lage des Landes weiter zu erschweren. Dazu gehören etwa die Maßnahmen in Fragen der Lebensmittelversorgung, die die Lage mehr und mehr verschärfen. Die Verabsäumung anderer militärischer Maßnahmen [setzt] sogar Menschen und Material des Landes aufs Spiel.

(In: M. Hellmann [Hg.], Die russische Revolution 1917, München 1969, S. 86 f. Gekürzt)

B2 Revolutionäre Bauern stürmen ein Gut, G. Gorolew, Gemälde 1953

B3 Bewaffnete Arbeiter auf dem Schlossplatz von Petrograd, 1917

3. Russland im Ersten Weltkrieg / Beginn der Revolution

Doppelherrschaft – Im Verlauf der Revolution hatten sich im ganzen Land Arbeiter-, Bauern- und Soldatenräte (russisch: Sowjets) gebildet. Auch sie verstanden sich als Vertreter der russischen Bevölkerung und bildeten in Petrograd das **Exekutivkomitee der Sowjets**. Noch im Februar 1917 einigten sich Regierung und Exekutivkomitee der Sowjets auf ein gemeinsames Reformprogramm, wonach Russland in eine Republik nach westlichem Vorbild umgewandelt werden sollte.

„Alle Macht den Räten" – Mit dieser Parole und dem Ziel einer sozialistischen Neuordnung Russlands kehrte der Führer der radikalen Sozialisten, WLADIMIR ILJITSCH LENIN, am 3. April 1917 mit deutscher Hilfe aus seinem Schweizer Exil nach Petrograd zurück. Bereits seit 1903 hatten die russischen Sozialdemokraten über den richtigen Weg zu einer sozialistischen Revolution gestritten: Während der gemäßigte Flügel der Sozialdemokraten, die **Menschewiki**, das rückständige Russland noch nicht reif für eine sozialistische Revolution hielt, wollte der radikale Flügel, die **Bolschewiki**, die Februarrevolution weiterführen. Im Sommer 1917 konnten die Bolschewiki ihren politischen Einfluss beträchtlich steigern, denn die Provisorische Regierung verlor den Rückhalt in der Bevölkerung, weil sie den verhassten Krieg fortgesetzt und auch die erhoffte Landreform verzögert hatte.

Q 5 Am 4. April 1917 verkündet Lenin sein Programm („Aprilthesen"):

1 2. Die Revolution muss die Macht in die Hände des Proletariats und der armen Schichten der Bauernschaft legen. 3. Keine Unterstützung der Provisorischen Regierung. 5. Nicht parlamentarische Republik, sondern eine Republik von Arbeiter-, Landarbeiter- und Bauerndeputiertenräten. Abschaffung der Polizei, der Armee, des Beamtentums. 6. Enteignung des gesamten adligen Grundbesitzes. Nationalisierung des gesamten Bodens im Lande.

(In: M. Hellmann [Hg.], Die russische Revolution 1917, München 1969, S.189 f. Gekürzt)

Q 6 Lenin und die kaiserliche deutsche Regierung 1917:

1 Lenin wollte die Weltrevolution, einschließlich der Revolution gegen das deutsche Kaiserreich, seine deutschen Partner wollten den Sieg und die europäische Vorherrschaft dieses deutschen Kaiserreichs ... Beide Seiten wollten eine Revolutionsregierung in Russland und ein Friedensangebot dieser Regierung; und jeder hoffte, sich des anderen für seine Zwecke zu bedienen.

(In: S. Haffner, Der Teufelspakt, Die deutsch-russischen Beziehungen vom Ersten zum Zweiten Weltkrieg, Zürich 1988, S.19 f. Gekürzt)

Q 4 Erklärung der Provisorischen Regierung vom 3. März 1917:

1 1. Vollständige Amnestie aller politischen Vergehen. 2. Freiheit der Rede, der Presse, Vereins-, Versammlungs- und Streikfreiheit. 3. Abschaffung aller benachteiligenden Unterschiede [wegen] Zugehörigkeit zu bestimmten Ständen, Religionsgemeinschaften und Nationalitäten. 4. Einberufung einer Konstituierenden Versammlung auf der Grundlage des allgemeinen, gleichen, geheimen und direkten Wahlrechts. 5. Ersetzung der Polizei durch eine Volksmiliz.

(In: M. Hellmann [Hg.], Die russische Revolution 1917, München 1969, S.152 f. Gekürzt)

PERSONENLEXIKON

WLADIMIR I. LENIN, 1870–1924. Führer der radikalen Sozialisten, die im November 1917 die Macht in Russland an sich rissen. Lenin war Vorsitzender des Rats der Volkskommissare (Regierung).

ARBEITSAUFTRÄGE

1. Welche Einschätzung gibt Fürst Lwow in Q 1 von der zaristischen Regierung und der Lage in Russland Ende 1916?
2. Betrachte B 2 und B 3. Überlege, warum die russischen Arbeiter sich nach der Februarrevolution bewaffneten und eigene Milizen (kämpfende Verbände) aufstellten.
3. Erläutere anhand von Q 4 die politischen Veränderungen in Russland nach der Februarrevolution.
4. Vergleiche Q 4 mit Q 5. Worin unterscheiden sich die Forderungen Lenins von denen der neuen Regierung? Wie sollten Staat und Gesellschaft nach Lenin gestaltet sein?
5. Versuche die Zusammenarbeit Lenins mit der kaiserlichen deutschen Regierung, die in Q 6 geschildert wird, zu erklären.

4. Oktoberrevolution und Gründung der UdSSR

Staatsstreich der Bolschewiki – Als die Bolschewiki im September 1917 einen Großteil der Stimmen in den einflussreichen Räten von Moskau und Petrograd erhielten, drängten Lenin und Leo Trotzki auf den Sturz der Provisorischen Regierung, um selber die Macht zu übernehmen. Dies gelang ihnen am 25. Oktober 1917 in einem Staatsstreich, der kaum auf Widerstand stieß. Die Bolschewiki setzten eine neue Regierung unter der Führung Lenins ein, den **Rat der Volkskommissare**. Warum traf der Staatsstreich nicht auf Widerstand in der Bevölkerung?

Maßnahmen zur Sicherung der Herrschaft – Schon im Oktober 1917 erfüllten die Bolschewiki die wichtigsten Forderungen der Bauern und Arbeiter. Gegen heftigen Widerstand innerhalb der eigenen Partei schlossen Lenin und Trotzki im März 1918 in Brest-Litowsk einen für Russland sehr harten Frieden mit Deutschland und Österreich-Ungarn. Russland musste auf die baltischen Länder verzichten und die Unabhängigkeit Finnlands sowie der Ukraine anerkennen. Dadurch verlor es ein Viertel seiner Bevölkerung sowie drei Viertel seiner Eisenindustrie und Kohlebergwerke. Doch die Bolschewiki wollten sich die Sympathie der kriegsmüden Arbeiter, Bauern und Soldaten sichern, um ihre Macht gegen die politischen Gegner im eigenen Land stabilisieren zu können.

Sowjetisches Propagandaplakat von 1920: „Genosse Lenin säubert die Welt vom Unrat"

Q1 Ein Historiker über den Umsturz im Oktober 1917 in Petrograd:

Am 25. Oktober um zwei Uhr morgens besetzten Soldaten den Bahnhof der Strecke nach Moskau, wenig später Elektrizitätswerk, Post- und Telegrafenamt, Staatsbank und die wichtigsten Plätze und Brücken. Als sie um acht Uhr auch im Warschauer Bahnhof patrouillierten, war der Machtwechsel bereits vollzogen – kampflos und ohne Blutvergießen. Gegen Mittag umzingelten bewaffnete Aufständische den Winterpalast und forderten die Kapitulation der Regierung. Die Minister harrten jedoch aus. Erst am nächsten Morgen, als die Verteidiger ihre Posten schon aufgegeben hatten, verschafften sich die Angreifer – entgegen der späteren Legende ohne Sturmangriff – Zutritt und verhafteten das versammelte Kabinett.

(In: M. Hildermeier, Geschichte der Sowjetunion 1917–1991, München 1998, S.112 f. Gekürzt)

Q2 Aus dem Dekret über Grund und Boden, 26. Oktober 1917:

1. Das Eigentumsrecht der Gutsbesitzer an Grund und Boden wird unverzüglich aufgehoben. Eine Entschädigung wird nicht geleistet. 4. Jedes Land wird zum Besitz des ganzen Volkes erklärt und denen, die es bearbeiten, zur Nutznießung überlassen. Alle Bodenschätze: Erze, Erdöl, Kohle, Salz gehen in den ausschließlichen Besitz des Staates über…

(In: M. Hellmann [Hg.], Die russische Revolution 1917, München 1969, S. 315 ff. Gekürzt)

Kalenderreform
Am 1. Februar 1918 wurde in Russland der im übrigen Europa gültige Gregorianische Kalender eingeführt. Der 1. Februar wurde damit zum 14. Februar 1918. Die Zeitangaben im Buch folgen dem jeweils gültigen Kalender.

B3 Erstürmung des Winterpalais, Szenenfoto aus einem sowjetischen Film von 1927/28

4. Oktoberrevolution und Gründung der UdSSR

Alleinherrschaft oder Mehrparteiensystem? – Im Januar 1918 trat die frei gewählte **verfassunggebende Versammlung** zusammen, um über die künftige politische Ordnung des Landes zu entscheiden. Die Bolschewiki hatten diesen Wahlen widerwillig zustimmen müssen, um in der Bevölkerung nicht ihre Glaubwürdigkeit zu verlieren. Wie befürchtet erlitten sie eine Wahlschlappe und erhielten nur ein Viertel der Stimmen. Als die mehrheitlich von gemäßigteren Sozialrevolutionären besetzte Versammlung sich weigerte, einer von den Bolschewiki geforderten **Räterepublik** zuzustimmen, ließ Lenin die verfassunggebende Versammlung auflösen, Oppositionspolitiker verhaften und nichtbolschewistische Zeitungen verbieten. Die Bolschewiki lehnten die demokratischen Regeln eines frei gewählten Parlaments ab. Eine neue Räteverfassung erlaubte auch nur den Arbeitern, Angestellten, Bauern und Soldaten zu wählen; und nur sie konnten gewählt werden.

Bürgerkrieg und Kriegskommunismus – Mit großer Härte bekämpften sich Trotzkis millionenstarke **Rote Armee** und die als „Weiße" bezeichneten Gegner der Bolschewiki. Schließlich siegten die „Roten" mithilfe erfahrener Offiziere der Zarenzeit über die uneinigen „Weißen". Etwa 10 Millionen Menschen verloren in diesen Kämpfen ihr Leben. Die Maßnahmen des Kriegskommunismus (Verstaatlichung aller Betriebe, Verbot des Privathandels, Lebensmittelzuteilungen) sollten alle Kräfte für den Sieg mobilisieren und gleichzeitig den Aufbau einer sozialistischen Gesellschaft vorantreiben.

Wirtschaftskrise und Massenelend – Nach vier Jahren Weltkrieg, nach Bürgerkrieg und Kriegskommunismus war Russlands Wirtschaft 1920 vollkommen zerrüttet: Millionen Menschen verhungerten. Landesweite Unruhen der Bauern und Streiks der Arbeiter zwangen die Sowjetregierung zu einer neuen Wirtschaftspolitik. Die **Neue Ökonomische Politik** (russisch abgekürzt NEP) gab der Bevölkerung vorübergehend wieder mehr wirtschaftliche Freiheit: So durften Bauern ihre überschüssigen Produkte frei auf Märkten verkaufen und private Kleinbetriebe konnten Dienstleistungen anbieten.

Gründung der UdSSR – 1922 schlossen sich die russische, ukrainische, transkaukasische und die weißrussische Räterepublik zur **Union der sozialistischen Sowjetrepubliken (UdSSR)** zusammen. Moskau wurde neue Hauptstadt.

PERSONENLEXIKON

LEO D. TROTZKI, 1879–1940. Trotzki war neben Lenin die treibende Kraft der Revolution und Organisator der Roten Armee. Stalin, dessen politischer Gegenspieler er in den 1920er Jahren war, ließ ihn 1940 im mexikanischen Exil ermorden.

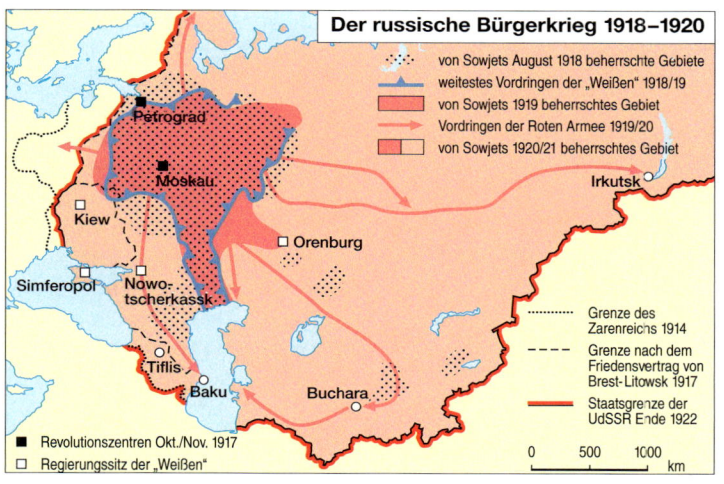

Der russische Bürgerkrieg 1918–1920
- von Sowjets August 1918 beherrschte Gebiete
- weitestes Vordringen der „Weißen" 1918/19
- von Sowjets 1919 beherrschtes Gebiet
- Vordringen der Roten Armee 1919/20
- von Sowjets 1920/21 beherrschtes Gebiet
- Grenze des Zarenreichs 1914
- Grenze nach dem Friedensvertrag von Brest-Litowsk 1917
- Staatsgrenze der UdSSR Ende 1922
- ■ Revolutionszentren Okt./Nov. 1917
- ☐ Regierungssitz der „Weißen"

K 5

T 4 Agrarische Produktion. 1917–1929 in % der Produktion von 1913 (1913 = 100 %)
- Viehzucht
- Ackerbau
- Gesamtproduktion

(Nach: R. A. Clarke, Soviet Economic Facts 1917–1970, Basingstoke 1972, S. 10)

ARBEITSAUFTRÄGE

1. Prüfe mit Q1, welche Aktionen für den Erfolg der Revolution entscheidend war, welche mehr Symbolcharakter hatten.
2. Erläutere mit Q2, wie die Bolschewiki den Forderungen der Arbeiter- und Bauernräte nachkamen.
3. Betrachte B 3. Welchen Eindruck wollte der Regisseur des Filmes mit dieser Darstellung hervorrufen? Vergleiche das Bild mit der Darstellung in Q1.
4. Beschreibe mit T4 die Entwicklung der Landwirtschaft. Erkläre die Produktionssteigerung nach 1921.
5. Fasse mit K 5 den Verlauf des Bürgerkriegs zusammen.

5. Industrialisierung und Kollektivierung

Die Bolschewiki (seit 1918 Kommunistische Partei) wollten den Aufbau des Sozialismus und die Unabhängigkeit vom kapitalistischen Ausland durch eine rasche Industrialisierung der Sowjetunion erreichen. Deshalb entschieden sie sich für den Weg einer staatlich gesteuerten **Planwirtschaft**. Die Ziele des ersten Fünfjahresplanes von 1928 waren hoch: Binnen fünf Jahren sollte die Industrieproduktion, insbesondere die Schwerindustrie, mehr als verdoppelt werden. Konnte dieses ehrgeizige Ziel erreicht werden?

Beschleunigte Industrialisierung – Trotz erheblicher Wachstumsraten erreichte die Sowjetunion ihr Planziel nicht. Es fehlte an gut ausgebildeten Ingenieuren und Facharbeitern. Der Lebensstandard der Arbeiter sank, da die Preise für Nahrungsmittel und andere Güter des täglichen Bedarfs stiegen und sich die Versorgung insgesamt verschlechterte. Daraufhin übten die Planungsbehörden starken **Leistungsdruck auf die Arbeiter** aus. Dies hatte zwar zur Folge, dass die Produktionszahlen stiegen, die Qualität der Produkte jedoch ließ nach. Trotzdem gelang es der Sowjetunion insgesamt, das Industrialisierungstempo enorm zu steigern. Ende der 1930er Jahre lag der Umfang ihrer Produktion weltweit auf dem zweiten Platz hinter den USA.

Zwangskollektivierung – Auch 1928 waren noch etwa drei Viertel der Bevölkerung Bauern. Während der Revolution war die Sympathie dieser größten Bevölkerungsgruppe für die Bolschewiki sehr wichtig gewesen. Daher hatten sie der Aufteilung des Adels- und Kirchenbesitzes unter den Bauern zunächst zugestimmt. Grundsätzlich lehnten sie den Privatbesitz von Bauernhöfen jedoch ab. Die Bauern sollten sich zu **Kolchosen** (genossenschaftliche Großbetriebe) und **Sowchosen** (landwirtschaftliche Spezialbetriebe in staatlicher Regie) zusammenschließen und das Land „**kollektiv**" (gemeinschaftlich) bebauen. Für die private Bewirtschaftung sollte ihnen nur ein kleines Stück Land und etwas Vieh bleiben.

1929/30 beschloss die Kommunistische Partei daher die **Zwangskollektivierung** aller landwirtschaftlichen Betriebe. Der Hauptangriff richtete sich zunächst gegen die Mittel- und Großbauern, die so genannten **Kulaken**. Sie stellten zwar nur etwa fünf Prozent der bäuerlichen Bevölkerung, produzierten aber über 20 % des Getreides und anderer Agrarerzeugnisse. Man beschimpfte sie als „Klassenfeinde", die den Aufbau des Sozialismus verhindern würden. Mit ihren Familien wurden sie von ihren Höfen verjagt, nach Sibirien verschleppt oder getötet. Als die Zwangs-

„Wir werden für den Aufbau des Sozialismus 1931 8 Millionen Tonnen Roheisen erzeugen." Propagandaplakat, 1931

T1 Industrielle Produktion 1917–1940 in % der Produktion von 1913

	Insgesamt	Produktionsgüter	Konsumgüter
1913	100	100	100
1917	71	81	67
1921	31	29	33
1925	73	80	69
1927	111	128	102
1930	193	276	151
1935	411	713	258
1940	852	1554	497

(Nach: H. Altrichter, Kleine Geschichte der Sowjetunion 1917–1991, München 1993, S. 216)

B2 Elektrizität und elektrisches Licht halten Einzug im Dorf, Foto 1926

kollektivierung auch die Kleinbauern traf, regte sich erbitterter Widerstand. Die Bauern schlachteten ihr Vieh ab und versteckten die Vorräte. Kommunistische Milizen gingen mit großer Härte gegen die Bauern vor. Die **Zerstörung der traditionellen bäuerlichen Arbeitsformen** führte zu einem starken Rückgang der Erträge. Da die staatlichen Zwangseintreiber keine Rücksicht auf schlechte Ernten nahmen, kam es 1932/33 erneut zu schweren **Hungersnöten** mit Millionen Toten. Dennoch hatte die Kommunistische Partei 1936 schon 90% der Bauern gezwungen, in Kolchosen und Sowchosen zu arbeiten.

Q 5 Stalin über die Liquidierung des Kulakentums als Klasse (1929):

Heute haben wir die Möglichkeit, es [das Kulakentum] als Klasse zu liquidieren und seine Produktion durch die Produktion der Kollektiv- und Sowjetwirtschaften zu ersetzen. Natürlich darf man [den Kulaken] nicht in die Kollektivwirtschaft lassen, weil er ein geschworener Feind der kollektivwirtschaftlichen Bewegung ist.

(In: Geschichte in Quellen, Bd. 5, S. 142. Gek.)

Q 3 Der deutsche Journalist Egon Erwin Kisch berichtet über einen Besuch in der Sowjetrepublik Usbekistan (1931):

Noch immer stößt die Durchführung der allgemeinen Schulpflicht für Mädchen auf steile Hindernisse ... Im Frauenklub werden Tageskurse und Abendkurse zur Liquidierung des Analphabetentums abgehalten. Die Klubmitglieder bilden verschiedene Zirkel: Sport, Theater, Musik und Landesverteidigung ... Eine Filiale der staatlichen Sparkasse amtiert im Klubgebäude, verschleierte Frauen legen erspartes Geld auf ihren Namen ein ...

(In: E. E. Kisch: Asien gründlich verändert, Berlin [Ost]/Weimar 1980, S. 237. Gekürzt.)

B 6 Hungernde Bauernkinder in der Sowjetunion, Foto 1920er Jahre

T 4 Anzahl der Lese- und Schreibkundigen in Russland in Prozent

	1887	1926	1939
Insgesamt	24	51,5	81,2
Männer	35,8	66,5	90,8
Frauen	12,4	37,1	72,6
Stadtbewohner insgesamt	52,3	76,3	89,5
Dorfbewohner insgesamt	19,6	45,2	76,8
Dorfbewohner Frauen	8,6	30	66,5

ARBEITSAUFTRÄGE

1. Beschreibe mit T 1 die Fortschritte der Industrialisierung in der UdSSR. Erläutere, welche Bedeutung die Produktions- bzw. die Konsumgüter für die Menschen hatten.
2. Betrachte B 2; erläutere, welche Veränderungen die Elektrizität für das Leben der bäuerlichen Bevölkerung brachte.
3. Erläutere mit Q 3, wie die Emanzipation der Frauen in der Sowjetrepublik Usbekistan vorangetrieben wurde.
4. Analysiere T 4. Welche Fortschritte in der allgemeinen Volksbildung werden deutlich? Welche Unterschiede zwischen den einzelnen Gruppen der Bevölkerung lassen sich erkennen?
5. Vergleiche Q 5 mit Q 2 auf S. 160. Wie beurteilst du die Enteignung der Kulaken? (Vergleiche auch B 6.)

6. Die Sowjetunion unter Stalin – Terror und Personenkult

Im Januar 1924 starb Lenin. Mit großer Zielstrebigkeit und Härte gegenüber Andersdenkenden hatte er die Entwicklung Russlands seit 1917 entscheidend geprägt. Die politische Opposition – auch kritische Geister in der eigenen Partei – hatte er ausgeschaltet und der Kommunistischen Partei eine fast allmächtige Stellung verschafft. Welche Entwicklung nahm die Sowjetunion nach Lenins Tod?

Kampf um die Macht – Seit 1922 war JOSEF W. STALIN Generalsekretär der Kommunistischen Partei. Geschickt hatte er es verstanden, viele wichtige Positionen mit treuen Anhängern zu besetzen. Zwar hatte sich der schon schwer kranke Lenin kurz vor seinem Tod in einem „Brief an den Parteitag" gegen Stalin als seinen Nachfolger ausgesprochen, aber dieser Brief wurde von Stalin unterdrückt. Mit der Unterstützung seiner Anhänger gelang es ihm, sich gegen Trotzki im innerparteilichen Machtkampf durchzusetzen. Durch politische Intrigen, **Schauprozesse**, deren Urteile schon vorher feststanden, und auch durch Mord schaltete Stalin bis 1928 alle innerparteilichen Gegner aus. So machte er sich in den folgenden Jahren zum Alleinherrscher in der Kommunistischen Partei und im Staat. 🌐/2

Politischer Kurswechsel – Lenin hatte die Auffassung vertreten, dass der Agrarstaat Russland nicht im Alleingang den Sozialismus aufbauen könne. Sein Ziel war es daher, die kommunistische Revolution in den fortgeschrittenen Industriestaaten zu fördern. Stalin vertrat dagegen nach dem Scheitern der kommunistischen Revolution in Deutschland die Meinung, dass zunächst der Aufbau des Sozialismus in der Sowjetunion Vorrang habe. Seit 1927 setzte er die Abkehr von der Neuen Ökonomischen Politik (NEP) und allen privatwirtschaftlichen Erleichterungen durch. Stattdessen wurde die Zwangskollektivierung in der Landwirtschaft mit großer Härte durchgeführt und die rasche Industrialisierung des Landes beschlossen.

Die veränderten Verhältnisse in der Sowjetunion wurden 1936 durch eine **neue Verfassung** festgeschrieben: Bodenschätze und Industriebetriebe gehörten demnach dem Staat; das Land der Kolchosen war „genossenschaftliches" Eigentum. Die neue Verfassung versprach aber auch die demokratischen Rechte der arbeitenden Bevölkerung zu stärken. Die Räte als gesetzgebende Organe sollten demokratisch gewählt werden und die Richter unabhängig sein. Doch dieser Anschein einer sozialistischen Demokratie war trügerisch. Denn die Kommunistische Partei war die einzig anerkannte Partei. Jeder Abgeordnete und jeder Amtsinhaber war Parteimitglied.

Aufgaben und Struktur der Partei – Die Kommunistische Partei hatte 1933 etwa 3,5 Millionen Mitglieder. Sie wurde straff von oben nach unten geführt. Alle Parteimitglieder hatten die Anweisungen der Führung widerspruchslos auszuführen. Die Parteiführung überwachte alle Mitglieder und zog jeden zur Rechenschaft, der von der „richtigen" Linie abwich. Die einfachen Kommunisten hatten die Aufgabe, der Bevölkerung die Entscheidungen der Parteiführung zu vermitteln und ihre Durchführung zu überwachen.

PERSONENLEXIKON

JOSEF W. DSHUGASHWILI, genannt STALIN, 1879–1953.
Stalin stammte aus Georgien; seit 1904 gehörte er zum bolschewistischen Flügel der Arbeiterpartei. Nach der Revolution 1917 wurde er einer der Volkskommissare, 1922 Generalsekretär der Kommunistischen Partei. Nach Lenins Tod erlangte er eine allmächtige Stellung in der Partei und im Staat.

Q1 Aus einem Brief Lenins an den Parteitag der Kommunistischen Partei, diktiert vom 23.12.1922–4.1.1923 (veröffentlicht 1956):

1 Genosse Stalin hat, nachdem er Generalsekretär geworden ist, eine unermessliche Macht in seinen Händen konzentriert, und ich bin nicht überzeugt, dass er es immer verstehen wird, von dieser Macht vorsichtig genug
5 Gebrauch zu machen ... Persönlich ist Trotzki wohl der fähigste Mann im gegenwärtigen ZK [Zentralkomitee der Partei], aber [er ist] auch ein Mensch, der ein Übermaß von Selbstbewusstsein und eine übermäßige Leidenschaft für rein administrative Maßnahmen hat ...
10 Stalin ist zu grob [und] kann in der Funktion des Generalsekretärs nicht geduldet werden.

(In: H. Hecker, Staat zwischen Revolution und Reform, Die innere Entwicklung der Sowjetunion 1922–1990, Stuttgart 1991, S. 14. Gekürzt)

Arbeit mit historischen Fotografien

Seit der Entwicklung der Fotografie im 19. Jahrhundert geben Fotos Informationen über eine konkrete Zeit und Situation an die nachfolgenden Generationen weiter. Das Foto zeigt dabei nur einen Ausschnitt der Wirklichkeit, es stellt eine Momentaufnahme dar. Selbst ein „Schnappschuss" ist keine genaue Abbildung der Realität, er dokumentiert vielmehr das, was aus Sicht des Fotografen oder seines Auftraggebers interessant erscheint.

Eine nachgestellte Aufnahme, wie zum Beispiel die von der Erstürmung des St. Petersburger Winterpalais (vgl. Seite 160), ist zwar auch ein Zeitdokument, aber kein authentisches. Vielmehr muss man in diesem Fall kritisch fragen, warum und für wen die Szene des Fotos nachgestellt wurde und ob sie wahrheitsgemäß nachgestellt wurde.
Trotz dieser Einschränkungen sind historische Fotos wichtige Quellen, die Rückschlüsse auf die Vergangenheit zulassen.

So alt wie die Fotografie selbst sind aber auch die Versuche, Fotografien nachträglich zu verändern (zu fälschen), um sie dann zu missbrauchen. Die beiden Fotos auf dieser Seite sind ein bekanntes Beispiel dafür aus dem Bereich der politischen Geschichte. Sie stammen aus dem Jahr 1920 und zeigen Lenin, der Soldaten der Roten Armee verabschiedet. Der Fotograf machte damals zwei Aufnahmen von dieser Szene; nur die Perspektiven waren etwas verschieden. Auf dem ersten Foto sieht man rechts neben der Tribüne in Uniform Leo Trotzki, den Organisator der Roten Armee. Auf dem zweiten Foto ist Trotzki später „wegretuschiert" worden. In wessen Auftrag, wann und mit welcher Absicht geschah dies?

Trotzki war ein enger Wegbegleiter Lenins. Als Stalin nach Lenins Tod im Jahr 1924 dessen Nachfolger wurde, ließ er viele seiner Gegenspieler entmachten, um seine eigene Position zu sichern. So war es auch bei dem angesehenen Trotzki, den Stalin 1940 sogar umbringen ließ. Alle Hinweise auf Trotzki mussten auf Anweisung Stalins entfernt werden – auch auf Fotos.

B 1 und B 2 Lenin verabschiedet Soldaten der Roten Armee, 1920

WORAUF SIE ACHTEN MÜSSEN

1. Stelle fest, aus welcher Zeit das Foto stammt, wo es gemacht wurde und, falls möglich, von wem es gemacht wurde.
2. Betrachte das Foto genau und sammle Informationen, die du dem Foto direkt entnehmen kannst.
3. Ordne das Foto in den geschichtlichen Zusammenhang ein.
4. Formuliere Fragen, auf die du durch das Foto keine ausreichenden Antworten erhältst, die dir aber wichtig sind. Versuche nun, mit Hilfe anderer Quellen darauf Antworten zu finden.
5. Wenn du weißt, dass ein Bild (nachträglich) gestellt oder gefälscht wurde, suche nach möglichen Motiven dafür.

Terror durch die Tscheka – Bereits im Dezember 1917 hatte FELIX DSERSHINSKI, ein Mitstreiter Lenins, die Geheimpolizei der Bolschewisten gegründet: die **Tscheka**. Unter verschiedenen Bezeichnungen (Tscheka, GPU, NKWD, KGB) erlangte sie im Laufe der Jahre große Macht. Schon im Bürgerkrieg erschossen Tscheka-Angehörige mit ausdrücklicher Zustimmung Lenins zahlreiche politische Gegner. Während der Industrialisierung und Zwangskollektivierung verfolgten sie angebliche Verschwörer, spürten geheime Vorräte der Bauern auf, vertrieben oder ermordeten Kulaken. Als die Zahl der Inhaftierten nach 1930 stark anstieg, übernahm die Geheimpolizei auch die Verwaltung der über die gesamte Sowjetunion verteilten **Zwangsarbeitslager**. 1938 gab es ca. 10 Millionen Männer und Frauen, die unter unmenschlichen Bedingungen im Straßen-, Eisenbahn- und Bergbau, in Fabriken oder in der Landwirtschaft arbeiten mussten. Man schätzt, dass mehr als 1 Million Menschen in den Lagern umkamen.

„Große Säuberungen" – Auf Befehl des krankhaft misstrauischen Stalin nahm der Terror der Geheimpolizei seit 1935 kaum vorstellbare Ausmaße an. Eine beispiellose Welle von Verhaftungen überrollte das ganze Land. Bereits eine kritische Bemerkung über Stalin konnte die Todesstrafe zur Folge haben. Der Höhepunkt dieses Terrors waren die drei **„Moskauer Schauprozesse"** in der Zeit von 1936 bis 1938. Unter dem Vorwurf, den Sturz der Regierung und seine Ermordung geplant zu haben, ließ Stalin nicht nur fast die gesamte Parteiführung der 1920er Jahre, sondern auch Offiziere der Roten Armee und sogar zahlreiche Mitglieder der Geheimpolizei umbringen. Seinen Erzfeind Trotzki ließ Stalin zuerst nach Zentralasien verbannen, 1929 des Landes verweisen und 1940 im mexikanischen Exil ermorden. An die Stelle der Verschwundenen und Ermordeten traten in der Partei wie im Staat ergebene Nachwuchskräfte. Diese hatten vor allem eines gelernt: den Anweisungen der Parteiführung blind zu folgen.

Q2 Stalin 1936 über das sowjetische Einparteiensystem:

1 Es gibt bei uns keine einander entgegengesetzten Parteien, ebenso wie es bei uns keine einander entgegengesetzten Klassen der Kapi-
5 talisten gibt oder von Kapitalisten ausgebeutete Arbeiter. Unsere Gesellschaft besteht ausschließlich aus freien Werktätigen ... – aus Arbeitern, Bauern und der Intelli-
10 genz. Jede dieser Schichten kann ihre speziellen Interessen haben und sie durch die vorhandenen zahlreichen gesellschaftlichen Organisationen zum Ausdruck bringen.
15 gen. Aber sobald es keine Klassen gibt, sobald sich die Grenzen zwischen den Klassen verwischen, kann es keinen Nährboden für die Bildung einander bekämpfender
20 Parteien geben...

(In: K. Farner [Hg.], Verfassung der UdSSR, Zürich 1945, S.15 f. Gekürzt)

B3 „Die harte Hand Jeshows". N.I. Jeshow war seit 1937 Chef der Geheimpolizei NKWD. Er zerdrückt eine Schlange mit den Köpfen der Stalingegner Trotzki, Bucharin, Rykow; der Schwanz der Schlange ist als Hakenkreuz dargestellt. Russisches Plakat von 1937

6. Die Sowjetunion unter Stalin – Terror und Personenkult

Personenkult – Während Lenin die wachsende Verehrung seiner Person abgelehnt hatte, ließ Stalin sich 1929 an seinem 50. Geburtstag mit riesigen Abbildungen an allen öffentlichen Gebäuden feiern. Diese Verherrlichung Stalins wurde bewusst inszeniert und stellte seine Verdienste zuerst neben, später sogar über die Lenins, den Gründer der Sowjetunion. Sein Bild und sein Name waren allgegenwärtig. Die staatlichen Medien und Künstler der Partei priesen Stalin in geradezu religiöser Verehrung als „gütigen" Vater aller Völker der Sowjetunion, als unfehlbares Genie, das außerhalb jeder Kritik stand. Man gab den Menschen damit ein Vorbild, dem sie einerseits nacheifern sollten, das sie andererseits wegen seiner Allmacht und Allgegenwart aber auch fürchten sollten. Erst nach Stalins Tod im Jahr 1953 wurde nach und nach das Ausmaß seiner Terrorherrschaft bekannt.

Q4 Eine Augenzeugin berichtet über ihre Erlebnisse im Jahr 1934:

1 In jenen schrecklichen Dezembertagen [begann] eine Verhaftungswelle. Sie ergriffen fast jeden, der vom NKWD [Geheimpolizei] ver-
5 dächtigt worden war. Einer der Ersten war unser Wohnungsnachbar, ein Bursche von siebenundzwanzig Jahren. Wir kannten ihn als ruhigen, bescheidenen jungen
10 Mann, der sich für seine invalide Mutter aufopferte. Dann erklang plötzlich um zwei Uhr morgens ein schrilles, unaufhörliches Klingeln in unserer Wohnung. Alle wachten
15 auf und hatten nur den einen Gedanken: „Zu wem sind sie gekommen?" Zwei NKWD-Männer traten ein, in Begleitung unseres verwirrten und erschrockenen
20 Hausmeisters. Er bezeichnete die Tür unseres Nachbarn Pawlow. Mir wurde leichter ums Herz; zumindest diesmal waren sie dran und nicht wir…

(In: E. Skrjabin, Von Petersburg bis Leningrad, Wiesbaden 1986, S.127 f. Gekürzt)

B5 Steine klopfende Zwangsarbeiter in einem Lager, Foto 1930er Jahre

B6 „Rosen für Stalin", Gemälde von B. E. Wladimirski, 1949

ARBEITSAUFTRÄGE

1. Gib Lenins Einschätzung über Stalin und Trotzki in Q1 wieder. Erkläre, warum der Brief erst 1956 veröffentlicht wurde.
2. Wie begründet Stalin in Q2, dass in der Sowjetunion nur eine einzige Partei, die KPdSU, existieren sollte?
3. Interpretiere B3: An wen richtet sich das Plakat? Welche Aussage will es vermitteln? Wie beurteilst du die Wirkung?
4. Lies Q4. Entwirf einen Brief, mit dem die Autorin ihrem Bruder Georg die Ereignisse jener Nacht mitteilt. Berücksichtige dabei, dass dieser Brief in andere Hände geraten konnte.
5. Beschreibe B5 und stelle die Bildaussage in einen Zusammenhang mit der in Q4 beschriebenen Verhaftungswelle.
6. Welches Bild von Stalin sollte mit B6 vermittelt werden? Mit welchen Darstellungsmitteln hat der Maler versucht, den beabsichtigten Eindruck zu erreichen?

7. Die Außenpolitik der UdSSR 1922–1939

Nach dem Ersten Weltkrieg war Russland politisch isoliert. Aus Angst vor einer Ausbreitung des Kommunismus unterstützten Frankreich, Großbritannien, Japan und die USA im russischen Bürgerkrieg die Gegner der Bolschewiki, die so genannten „Weißen". Daher näherte sich Russland dem ebenfalls isolierten früheren Kriegsgegner Deutschland an: 1922 nahmen beide Länder diplomatische Beziehungen auf (**Rapallo-Vertrag**); 1926 vereinbarten sie gegenseitige Neutralität im Fall eines Angriffs durch ein drittes Land (**Berliner Vertrag**). Welche Ziele hatte die Außenpolitik der UdSSR?

Stalin wollte den raschen Aufbau des Sozialismus ohne Störungen durch außenpolitische Konflikte fortsetzen. Daher schloss die UdSSR Nichtangriffspakte mit ihren Nachbarländern. Auch als in Deutschland 1933 die Nationalsozialisten unter HITLER an die Macht kamen, wollte Stalin die guten politischen und wirtschaftlichen Beziehungen zu Deutschland aufrechterhalten. Als jedoch die Verfolgung der deutschen Kommunisten durch das NS-Regime immer brutalere Formen annahm und der friedensgefährdende Charakter der deutschen Außenpolitik deutlich wurde, änderten die kommunistischen Parteien 1935/36 auf Anweisung Stalins ihre Politik: Die Kommunisten sollten nun mit den bisher bekämpften Sozialdemokraten und anderen gesellschaftlichen Kräften eine „**Volksfront**" gegen den Faschismus bilden.

Hitler-Stalin-Pakt – Nach der Annexion Österreichs im März 1938 und dem deutschen Überfall auf die Tschechoslowakei im März 1939 glaubte Stalin nicht mehr an die Hilfe der Westmächte im Fall eines deutschen Angriffs auf die UdSSR. Er schloss daher im August 1939 mit Hitler einen Nichtangriffspakt. In einem geheimen Zusatzprotokoll beschlossen die Diktatoren, Polen unter beiden Ländern aufzuteilen. Die deutsche Wehrmacht begann daraufhin im September 1939 den lang geplanten Überfall auf Polen; sowjetische Soldaten marschierten in Ostpolen ein. ⓩ/3

> **Q 1** Aus den Beschlüssen des VII. Weltkongresses der Kommunistischen Internationalen vom 20.8.1935:
>
> Angesichts der immer größer werdenden Gefahr des Faschismus für die Arbeiterklasse ist die Aktionseinheit aller Gruppen der
> 5 Arbeiterklasse [erforderlich]. Deshalb muss die Unterstützung der Sowjetunion die Handlungen jeder revolutionären Organisation des Proletariats, jedes parteilosen Ar-
> 10 beiters, jedes ehrlichen Intellektuellen und Demokraten bestimmen.
>
> (In: H.-W. Ballhausen, Aufstieg und Zerfall der Sowjetunion, Stuttgart 1998, S. 87. Gekürzt)

B 2 Ein sowjetischer Kommissar mit deutschen Offizieren über eine Landkarte Polens gebeugt, Foto 1939

ARBEITSAUFTRÄGE

1. Erarbeite mit Hilfe von Q 1 die Schlussfolgerungen, die die kommunistischen Parteien auf ihrem Weltkongress 1935 aus dem Erstarken des Faschismus zogen.
2. Betrachte B 2. Vor welchen Problemen hätte ein sowjetischer Kommunist gestanden, der einem in die UdSSR geflüchteten deutschen Kommunisten dieses Bild erklären sollte? Berücksichtige bei deinen Überlegungen auch Q 1.

8. Die Sowjetunion im Zweiten Weltkrieg

Der deutsche Angriff – Trotz des Nichtangriffspakts von 1939 überfiel die deutsche Wehrmacht am 22. Juni 1941 die Sowjetunion. Bis zum Ende des Zweiten Weltkriegs und der deutschen Kapitulation am 8. Mai 1945 verloren etwa 27 Millionen sowjetischer Soldaten und Zivilisten ihr Leben. Wie konnte die Sowjetunion diesen Krieg bestehen und welche Auswirkungen hatte er für die Menschen?

Der „Große Vaterländische Krieg" – Stalin appellierte an die patriotischen Gefühle der Menschen, indem er sie an die erfolgreiche Abwehr früherer Bedrohungen erinnerte, etwa an den Sieg über Napoleon im Jahre 1812. Gleichzeitig wurde den Soldaten unter Androhung der Todesstrafe jeder Rückzug verboten. Die seit langem in Russland lebenden Wolgadeutschen ließ Stalin in die östlichen Steppen verschleppen, da er sie der Zusammenarbeit mit dem deutschen Feind verdächtigte. Obwohl seit 1917 unterdrückt, rief auch die orthodoxe Kirche die Gläubigen zur Verteidigung Russlands auf.

Kriegsalltag – Wegen der Flüchtlingsströme aus den von den Deutschen eroberten und zerstörten Gebieten kam es zu einer großen Wohnungsnot. Auch die streng rationierten Lebensmittel waren bald aufgebraucht, sodass die Menschen unter Hunger litten. Mit allen Mitteln versuchten Staat und Partei die Produktion zu steigern: Die Arbeitszeiten wurden erhöht und die gesetzlichen Feiertage abgeschafft. 1944 arbeitete ein Industriearbeiter durchschnittlich 54–55 Stunden in der Woche. Frauen nahmen die Arbeitsplätze der kämpfenden, gefallenen oder gefangenen Männer ein. 1944 stellten sie 57,4 % der Arbeiter und Angestellten.

„Die Heimat ruft", Sowjetisches Propagandaplakat von 1941

> **Q 1** Der 16-jährige Jura Rjabinkin über die Belagerung Leningrads
>
> 1 6./7. November 1941: Wir haben keinen Reis für Brei mehr. Demnach werde ich drei Tage hungern müssen. Ich kann den Unter-
> 5 richtsstoff einfach nicht mehr aufnehmen. Ich denke immer ans Essen.
> 9./10. November 1941: Jetzt ist Alarm. Er dauert schon an die zwei
> 10 Stunden. Not und Hunger treiben die Leute zu den Läden, in die Kälte und in die langen Menschenschlangen, wo sie sich drängen und stoßen lassen. Und das wo-
> 15 chenlang. Danach hat man keine Wünsche mehr. Es bleibt nur stumpfe, kalte Gleichgültigkeit gegenüber allem, was vor sich geht.
>
> (In: H. Altrichter/H. Naumann [Hg.], Die Sowjetunion, Bd. 2, München 1987, S. 454 f. Gekürzt)

B 2 Von Deutschen in Brand gestecktes russisches Bauernhaus, 1941

ARBEITSAUFTRÄGE

1. Beschreibe die Stimmung des 16-jährigen Schülers Jura in Q 1. Versetze dich in seine Lage und überlege, warum Stalins Propaganda vom „Großen Vaterländischen Krieg" nicht auf ihn gewirkt hat.
2. Beschreibe B 2 und suche Erklärungen dafür, dass die deutschen Truppen Bauern töteten oder vertrieben und ihre Dörfer zerstörten. Beurteile die Verhaltensweise.

9. Die UdSSR nach Stalin

Als Siegermacht im Zweiten Weltkrieg war die UdSSR 1945 zu einer Weltmacht aufgestiegen. Den osteuropäischen Nachbarstaaten zwang sie ihr politisches System auf. Als Stalin 1953 starb, hofften viele Menschen in der UdSSR und ganz Osteuropa auf mehr Freiheit und ein besseres Leben. Wie entwickelte sich die Sowjetunion nach dem Tod des Diktators?

Entstalinisierung und Reformen – Nach kurzem Machtkampf setzte sich der Parteichef von Moskau, NIKITA S. CHRUSCHTSCHOW, als Nachfolger Stalins durch. Er entmachtete den Chef der Geheimpolizei BERIJA und ließ ihn hinrichten. Im Jahr 1956 wagte Chruschtschow einen Aufsehen erregenden Schritt, indem er den Terror der stalinistischen Säuberungen und den Personenkult um Stalin verurteilte. Das Lagersystem (**Gulag**) wurde allmählich abgeschafft. Die Menschen hofften auf eine bessere Zukunft, da die neue Parteiführung umfassende wirtschaftliche, gesellschaftliche und politische Reformen ankündigte.

Den Aufbruch in eine bessere und modernere Zukunft symbolisierte das Weltraumprogramm. Tatsächlich konnte die UdSSR 1961 kurzzeitig die Führung in der bemannten Weltraumfahrt übernehmen, als ihrem Kosmonauten JURI GAGARIN erstmals die **Umkreisung der Erde** gelang. Doch trotz vielfältiger Reformen gelang es Chruschtschow nicht, den niedrigen Lebensstandard der Bevölkerung spürbar zu erhöhen. Seine Reform der Kommunistischen Partei brachte ihm mehr Gegner als Freunde ein. Zwischen 1956 und 1961 wechselte er zwei Drittel der Parteifunktionäre aus, sodass viele Amtsinhaber um ihre Posten fürchteten; ehemalige Funktionäre wollten ihre Macht zurückgewinnen. 1964 wurde Chruschtschow entmachtet.

Stillstand und Reformstau – Die neue Führung unter LEONID BRESCHNEW machte die meisten Reformen Chruschtschows wieder rückgängig. Außerdem sicherte sie die Vorrechte der Nomenklatura (= höhere Parteifunktionäre) wie

PERSONENLEXIKON

NIKITA SERGEJEWITSCH CHRUSCHTSCHOW 1894–1971.
1953–1964 Erster Sekretär der KPdSU; betrieb vorsichtig den Abbau des Kalten Kriegs, schlug aber 1956 einen Aufstand in Ungarn nieder; gab den Auftakt zur Entstalinisierung; provozierte 1962 eine Raketenkrise um Kuba; wurde 1964 gestürzt und verlor bis 1966 alle Parteiämter

---

Q 1 Aus Chruschtschows Geheimrede auf dem XX. Parteitag der Kommunistischen Partei (1956):

1 [Es] ist dem Geist des Marxismus-Leninismus zuwider, eine Person zu einem Übermenschen zu machen. Stalin hielt sich nicht
5 damit auf, die Menschen zu überzeugen, sondern er zwang anderen seine Absichten auf und verlangte absolute Unterwerfung unter seine Meinung. Wer sich
10 seiner Konzeption widersetzte, wurde sowohl moralisch als auch physisch vernichtet. Zahlreiche prominente Parteiführer und auch einfache Parteimitglieder, die der
15 Sache des Kommunismus mit aufrichtiger Hingebung dienten, [fielen] dem Despotismus Stalins zum Opfer.

(In: W. Süß, Die Sowjetunion. Machtentfaltung und Niedergang, Frankfurt/M. 1997. S.17 f. Gekürzt)

T 2 Ein Arbeiter mit Durchschnittseinkommen arbeitete 1982 für

	in Moskau	in Washington
1 kg Brot	17 Min.	16 Min.
1 kg Kartoffeln	7 Min.	7 Min.
1 kg Rindfleisch	123 Min.	69 Min.
1 kg Butter	222 Min.	56 Min.
100 g Tee	53 Min.	10 Min.
1 kg Äpfel	22 Min.	10 Min.
1 Herrenhemd	615 Min.	137 Min.
Herrenschuhe	25 Stunden	8 Stunden
Fernsehgerät (schwarz-weiß, 61-cm-Bildröhre)	299 Stunden	38 Stunden
Auto (Kleinwagen)	53 Monate	5 Monate
Bus-Fahrschein (2–3 km)	3 Minuten	7 Minuten
Miete (staatl. subventioniert für 4-Personen-Haushalt)	12 Stunden	51 Stunden

(Nach: H. Altrichter, Kleine Geschichte der Sowjetunion, München 1993, S. 220)

bessere Versorgung mit Lebensmitteln oder die Möglichkeit, ins Ausland zu reisen. Das politische System erstarrte, jüngere Parteimitglieder gelangten kaum noch an die Spitze. Der Staat gab gewaltige Summen für das **Wettrüsten** aus, um den Westen zu überholen. Die Versorgung der Bevölkerung mit Lebensmitteln, Konsumgütern und gutem Wohnraum wurde dagegen stark vernachlässigt.

Unterdrückung und Verbannung – Gegen das Wettrüsten mit dem Westen, den Niedergang der Wirtschaft, die Verarmung der Bevölkerung und die politische Unterdrückung regte sich Widerstand in der Gesellschaft. Bekannte Schriftsteller wie ALEXANDER SOLSCHENIZYN und Wissenschaftler wie ANDREJ SACHAROW forderten die kritische Auseinandersetzung mit der Stalinzeit, umfassende Reformen und die Verwirklichung der Menschenrechte in der UdSSR. Um die kritischen Stimmen zum Schweigen zu bringen, wies die sowjetische Führung viele **Dissidenten** (= Andersdenkende) in psychiatrische Kliniken ein, schickte sie in die Verbannung oder trieb sie ins Exil.

PERSONENLEXIKON

ANDREJ D. SACHAROW, 1921–1989. Sowjetischer Physiker und Regimegegner

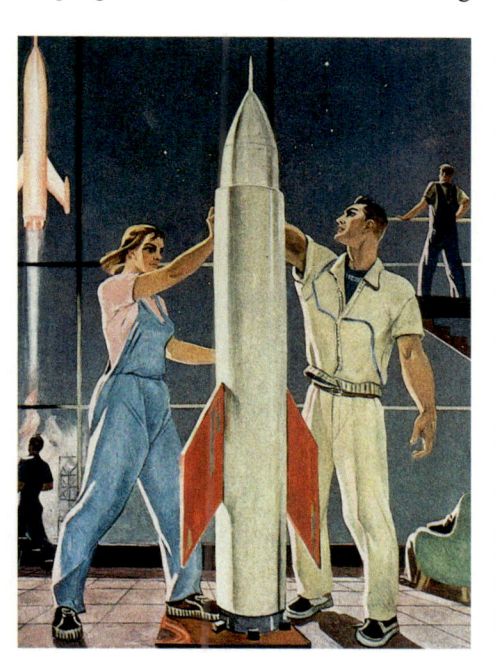

B 3 „Bezwinger des Kosmos", Aquarell 1961

Q 5 Aus einem Brief Sacharows und anderer Dissidenten an die Partei- und Staatsführung (1970):

1 Wir schlagen folgendes Musterprogramm vor, das in vier bis fünf Jahren verwirklicht werden könnte:
1. Offizielle Erklärung der Partei- und Regierungsorgane über die Notwendigkeit einer weiteren Demokratisierung ...
3. Auf breiter Basis Organisation von komplexen Produktionseinheiten (Firmen) mit einem hohen Grad von Selbstständigkeit in Fragen der Produktionsplanung sowie in Finanz- und Personalfragen.
10 4. Freier Verkauf ausländischer Bücher und Zeitschriften. Erleichterung des internationalen Fremdenverkehrs in beiden Richtungen ...
6. Amnestie politischer Gefangener ...
12. Stufenweise Einführung eines neuen Wahlmodus
15 mit Aufstellung mehrerer Kandidaten bei Wahlen in die Partei- und Sowjetorgane auf allen Ebenen.

(In: A. D. Sacharow, Stellungnahme, Wien-München-Zürich 1974, S. 73-76, Gekürzt)

D 4 Wachstumsraten der Industrieproduktion der UdSSR 1951–1985, in % zu den Vorjahren

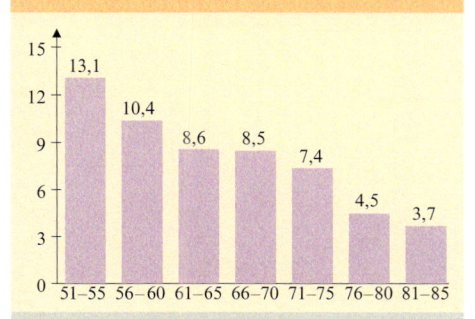

Zeitraum	%
51–55	13,1
56–60	10,4
61–65	8,6
66–70	8,5
71–75	7,4
76–80	4,5
81–85	3,7

(Nach: M. Hildermeier, Geschichte der Sowjetunion 1917–1991, München 1998, S. 1174)

ARBEITSAUFTRÄGE

1. Benenne mit Q 1 Chruschtschows Kritik an Stalin. Überlege, wie die Menschen in der UdSSR darauf reagiert haben.
2. Liste mit T 2 die Produkte oder Dienstleistungen auf, für die ein sowjetischer Arbeiter deutlich länger arbeiten musste als ein amerikanischer. Für welche hat er kürzer gearbeitet?
3. Erläutere, welches Bild der Sowjetunion das Aquarell B 3 vermitteln soll.
4. Beschreibe und beurteile mit D 4 die Entwicklung des Wachstums der sowjetischen Industrieproduktion 1951–1985.
5. Stelle die Hauptforderungen Sacharows zusammen. Wie beurteilst du diese Forderungen? Wie mag die Führung der Sowjetunion auf die Forderungen reagiert haben?

10. Die Ära Gorbatschow

Im März 1985 wurde MICHAIL GORBATSCHOW zum neuen Generalsekretär der Kommunistischen Partei gewählt. Gorbatschow – mit 54 Jahren ein Vertreter der jüngeren Generation in der stark überalterten Führungsspitze – nahm sofort ein umfassendes Reformprogramm in Angriff. Was wollte er verändern und waren seine Bemühungen erfolgreich?

Glasnost und Perestroika – Gorbatschow kritisierte die zahlreichen Missstände in der UdSSR: die einseitige Konzentration auf die Schwerindustrie, Vernachlässigung der Lebensmittel- und Konsumgüterversorgung, Korruption der Funktionäre und das fehlende Mitspracherecht für die Bevölkerung. Er forderte den **grundlegenden Umbau** (= Perestroika) von Wirtschaft, Gesellschaft und Politik. Um dies hoch gesteckte Ziel zu erreichen, müsse es **Offenheit und Öffentlichkeit** (= Glasnost) geben. Mehr Information und öffentliche Diskussionen sollten staatliche Entscheidungen künftig für die Menschen durchschaubarer machen. Trotz seines umfassenden Reformprogramms blieb Gorbatschow jedoch ein überzeugter Anhänger des Sozialismus. Diesen wollte er durch die Aufnahme **marktwirtschaftlicher Elemente** und eine **Demokratisierung** zu seiner vollen Entfaltung bringen.   🌐/4

Erfolge und Rückschläge – Die sowjetische Wirtschaft wurde seit 1987 durch die Gründung von Privatbetrieben belebt. Auch Kooperationsverträge (engl.: **joint-ventures**) mit dem Ausland brachten der UdSSR westliches Know-how und Kapital. Die Medien zeigten auch kritische Berichte, etwa über den Atomkraftunfall von Tschernobyl (1986). Man holte Dissidenten wie Sacharow aus der Verbannung zurück. Demonstrationen wurden erlaubt. In Partei und Regierung nahmen Reformbefürworter wichtige Positionen ein. 1989 wurde eine neue gesetzgebende Versammlung einberufen, der **Kongress der Volksdeputierten**. Ein Drittel seiner Mitglieder wurde von der Bevölkerung – erstmals seit 70 Jahren – in geheimen Wahlen aus mehreren

PERSONENLEXIKON

MICHAIL S. GORBATSCHOW, *1931 Jurist. 1985–1991 Erster Generalsekretär der KPdSU, 1990–1991 Staatspräsident. Er ermöglichte einen Wandel durch Demokratisierung und Offenheit nach innen und außen. Gorbatschow erhielt 1990 den Friedensnobelpreis; seine Politik ermöglichte auch die deutsche Wiedervereinigung.

Q1 Der sowjetische Parteichef Gorbatschow über Perestroika und Glasnost:

1 Perestroika ist eine unumgängliche Notwendigkeit ... Diese Gesellschaft ist reif für eine Veränderung. Sie hat sich lange danach
5 gesehnt. Jeder Aufschub hätte in naher Zukunft zu einer Verschlechterung der Situation im Innern führen können und eine ernste soziale, wirtschaftliche
10 und politische Krise heraufbeschworen ... Wir wollen Offenheit in allen öffentlichen Angelegenheiten und in allen Bereichen des Lebens. Das Volk muss wissen,
15 was gut und was schlecht ist, um das Gute zu mehren und das Schlechte zu bekämpfen. So sollten die Dinge im Sozialismus sein.

(In: M. Gorbatschow, Perestroika, Die zweite russische Revolution, München 1997, S.17 und S.92. Gekürzt)

B 2 Der zerstörte Reaktor des Atomkraftwerks Tschernobyl nach der Explosion, Luftaufnahme vom Mai 1986.   🌐/5

10. Die Ära Gorbatschow   173

Kandidaten gewählt. Es entstanden weitere Parteien. Die Alleinherrschaft der Kommunistischen Partei war zu Ende.

Doch die alte, um ihre Macht besorgte Funktionärselite versuchte Gorbatschows Reformen zu behindern. Vor allem aber zeigte sich, dass mit dem alten, von Gorbatschow anfänglich noch befürworteten System der Planwirtschaft die Probleme nicht mehr zu lösen waren. Die weiter sinkende Produktion, Versorgungsengpässe, die beschleunigte Inflation und eine hohe Arbeitslosigkeit wandelten die anfängliche Begeisterung der Bevölkerung bald in Enttäuschung über die **Verschlechterung des Lebensstandards**. Gleichzeitig lebten überall in der UdSSR **nationale Unabhängigkeitsbewegungen** auf. So erklärten Estland, Lettland und Litauen, die 1940 zum Anschluss an die UdSSR gezwungen worden waren, 1990 ihre Unabhängigkeit. Andere Unionsrepubliken folgten.

Das Ende der UdSSR – Gorbatschow, der 1990 zum Staatspräsidenten gewählt worden war, wollte das Auseinanderbrechen der UdSSR verhindern. Doch künftig sollten die Einzelrepubliken mehr Selbstständigkeit besitzen. Am 19. August 1991, am Tag vor der geplanten Unterzeichnung des Unionsvertrags, unternahmen Reformgegner einen Putschversuch. Dieser schlug vor allem dank des unerschrockenen Widerstands der Moskauer Bevölkerung fehl. Glasnost war nicht ohne Wirkung auf die Menschen geblieben. Der Zerfall der Union war dennoch nicht aufzuhalten. Am 31.12.1991 endete die Geschichte der UdSSR. Gorbatschow trat zurück. ⓔ/6

B 4 Demonstration in Vilnius für die Unabhängigkeit Litauens, 1990

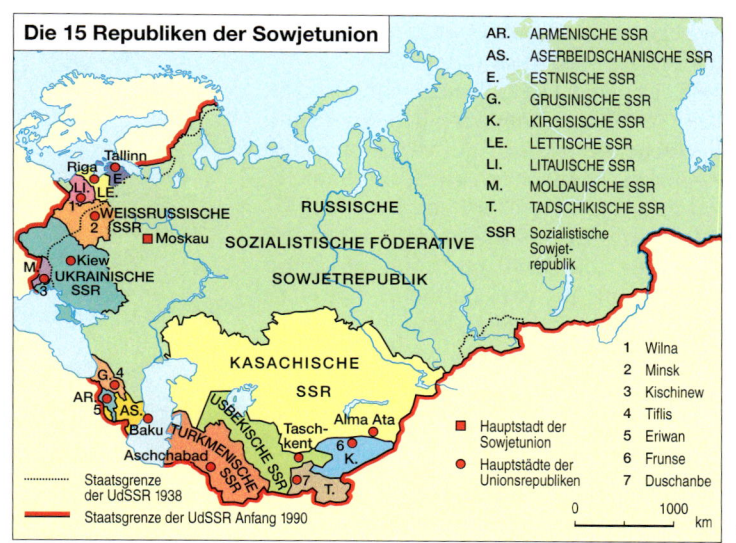

B 3 „Lasst uns Demokratie lernen". Karikatur aus dem Wahlkampf 1989

ARBEITSAUFTRÄGE

1. Benenne mit Hilfe von Q 1 die Ziele, die Gorbatschow mit Glasnost und Perestroika verfolgte.
2. Beschreibe mit B 2 das Ausmaß der Zerstörung des Reaktors von Tschernobyl. Lies nach, welche Folgen der Reaktorunfall für die Menschen und die Umwelt hatte.
3. Beschreibe die Karikatur aus dem Wahlkampf von 1989. Überlege, welche Absicht der Zeichner damit verfolgte.
4. Betrachtet B 4 und stellt Vermutungen über die Forderungen der Demonstranten an. Spielt eine Fernsehdiskussion über die Forderung nach der Unabhängigkeit Litauens. Besetzt die Rollen eines Funktionärs der KPdSU, eines Unabhängigkeitsführers und des Fernsehmoderators.
5. Liste mit K 5 die ehemaligen Sowjetrepubliken auf.

11. Russland nach 1991

Nach Auflösung der UdSSR gründeten 11 der 15 ehemaligen Sowjetrepubliken im Dezember 1991 unter Führung Russlands die „**Gemeinschaft unabhängiger Staaten**" (**GUS**). Sie war als lockere Verbindung für eine politische und wirtschaftliche Zusammenarbeit der früheren Sowjetrepubliken geplant. Die baltischen Staaten und Georgien blieben der GUS fern. Wie sieht Russlands Zukunft aus?

Neuordnung von Politik und Wirtschaft – Der ehemalige Präsident des Obersten Sowjets, BORIS JELZIN, hatte sich Ende der 1980er Jahre an die Spitze der Reformbewegung gestellt. 1992 wurde er zum ersten Präsidenten Russlands gewählt.
1993 erhielt Russland eine dem Prinzip der Gewaltenteilung verpflichtete **demokratische Verfassung**. An der Spitze der Regierung steht ein mit großen Vollmachten ausgestatteter **Präsident**. Für die Gesetzgebung ist das **Parlament** (= Duma) zuständig. Die Rechtsprechung soll unabhängig sein. In wirtschaftlicher Hinsicht hatte die sehr radikal betriebene Umgestaltung von der Planwirtschaft zur Marktwirtschaft für den Großteil der russischen Bevölkerung bisher jedoch überwiegend negative Folgen.

Russland zu Beginn des 21. Jahrhunderts – Gegenwärtig steht das Land vor schweren Problemen. Einige Völker, besonders in der Kaukasusregion, sind mit der ihnen zugestandenen Selbstverwaltung innerhalb der Russischen Föderation nicht zufrieden und streben nach Unabhängigkeit. Außerdem zweifeln viele Menschen angesichts zunehmender Verarmung und wachsender Kriminalität an den Vorzügen der westlichen Demokratie und der Marktwirtschaft. Wird es Russland gelingen, seine wirtschaftlichen, sozialen und politischen Probleme bald zu lösen?

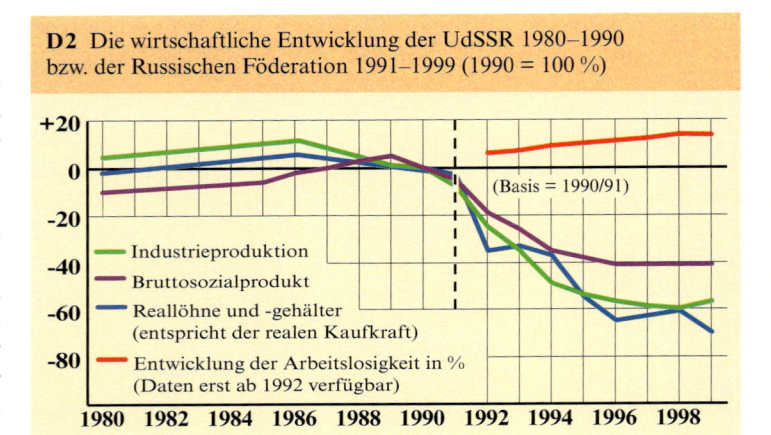

D2 Die wirtschaftliche Entwicklung der UdSSR 1980–1990 bzw. der Russischen Föderation 1991–1999 (1990 = 100 %)

- Industrieproduktion
- Bruttosozialprodukt
- Reallöhne und -gehälter (entspricht der realen Kaufkraft)
- Entwicklung der Arbeitslosigkeit in % (Daten erst ab 1992 verfügbar)

(Basis = 1990/91)

Q1 Der Schriftsteller Alexander Solschenizyn über die Privatisierung der russischen Industrie:

1 Das war der reinste Betrug. Das staatliche Eigentum gelangte in private Hände von ein paar Halunken und Hochstaplern. Ganze
5 Industrie-Giganten wurden verschleudert. Binnen zwei Jahren sank die Produktion um 50 Prozent. Unsere Reformen waren eine Katastrophe. Über die Hälfte un-
10 serer Bevölkerung wurde ins Elend gestürzt und lebt nicht vom Lohn oder Gehalt, sondern von ihren kleinen Privatgrundstücken.

(In: DER SPIEGEL Nr.10/2000, S.192. Gekürzt.)

Q3 Der Journalist Christian B. Sucher berichtet 1996:

1 [Die] Neureichen, die selbst für westliche Verhältnisse außergewöhnlich vermögend sind, über die besten Kontakte zur Mafia verfügen oder ihr selbst angehören, haben die Macht übernommen. Es gibt kein soziales Netz [...]
5 Bettler kauern überall. Wer den Fernseher anmacht, wähnt sich in einem anderen Land. [In] der Werbung werden Brillanten, Autos und Parfums angeboten, die sich kein Arzt, kein Taxifahrer wird je leisten können.

(C.B. Sucher, in: Süddeutsche Zeitung, 30./31. März 1996. Gekürzt.)

ARBEITSAUFTRAG

Beschreibe mit Hilfe von Q1, D2 und Q3 die wirtschaftliche und soziale Situation in Russland 1996/98. Nenne mögliche Auswirkungen auf den Demokratisierungsprozess in Russland.

Die Entwicklung der Sowjetunion – Zeitstrahl

	Politik	Kultur	Alltag/Wirtschaft
1990	1993: demokrat. Verfassung; 1991/1992: Gründung der GUS; Wahl Jelzins zum Präsidenten Russlands	seit Ende der 1980er Jahre: zunehmende Enttäuschung der Menschen von Glasnost und Perestroika	seit 1992: von Problemen begleitete Einführung der Marktwirtschaft; seitdem Massenarmut und wachsende Unzufriedenheit; seit Ende der 1980er Jahre: Versorgungsengpässe, Inflation, hohe Arbeitslosigkeit; seit 1987: Gründung von Privatbetrieben; Zunahme von Demonstrationen
	März 1985: umfangreiches Reformprogramm des neuen Generalsekretärs der KPdSU Gorbatschow	seit Mitte der 1980er Jahre: Glasnost und Perestroika sollen zur vollen Entfaltung des Sozialismus führen; kritische Berichterstattung der Medien, z. B. über Tschernobyl	
1970	seit 1964: Erstarrung des Systems unter Breschnew; 1964: Entmachtung Chruschtschows	1960er–1980er Jahre: Dissidenten fordern Demokratie, der Staat reagiert mit Unterdrückung	1960er – Mitte der 1980er Jahre: Gewaltige Ausgaben für das Wettrüsten, dadurch starke Vernachlässigung der Versorgung der Bevölkerung
	1956: Chruschtschows „Geheimrede" leitet Entstalinisierung und Reformen ein	1961: Weltraumprogramm, erste Erdumkreisung durch den Kosmonauten Juri Gagarin	Anfang der 60er Jahre: Niedriger Lebensstandard trotz Reformen;
1950	seit 1945: Aufstieg der UdSSR zur Weltmacht; 8. Mai 1945: Ende des 2. Weltkriegs; seit 1941: Verschleppung von Völkern innerhalb der UdSSR; Juni 1941: Angriff Deutschlands auf die UdSSR, Stalin erklärt den „Großen Vaterländischen Krieg"; Sept. 1939: Beginn 2. Weltkrieg; Aug. 1939: Hitler-Stalin-Pakt; 1924–1928: Stalin setzt sich gegen Trotzki und andere führende Politiker der KPdSU durch;	seit den 1930er Jahren: atheistische Propaganda und Kirchenverfolgung

seit Ende der 1920er Jahre: ausgeprägter Stalinkult, heroisierende Propaganda- und Revolutionsfilme bzw. -bilder

seit den 1920er Jahren: Verbesserung der Volksbildung

seit den 1920er Jahren: Kunst als Mittel der politischen Agitation | 1941–1945: Hunger und Wohnungsnot; Frauen übernehmen die Arbeitsplätze der kämpfenden Männer; ca. 27 Mill. Kriegstote der UdSSR; seit den 1930er Jahren: Allgegenwart der Geheimpolizei; Ende der 1930er Jahre: die UdSSR belegt Platz zwei der weltweiten Industrieproduktion; ab 1928/29: Ende der NEP, Zwangskollektivierung und Planwirtschaft; 1922: „Neue Ökonomische Politik" (NEP) mit größerer wirt-schaftlicher Freiheit; |
| 1930 | 1924: Tod Lenins; 1922: Gründung der UdSSR; März 1918: Frieden von Brest-Litowsk; Okt. 1917: Staatsstreich der Bolschewiki („Oktoberrevolution"); Feb./März 1917: Revolution, Abdankung des Zaren; Aug. 1914: Beginn 1. Weltkrieg; Autokratie des Zaren | ab 1916: aus Kriegsbegeisterung wird Kriegsmüdigkeit; die russische Gesellschaft und Kultur sind noch stark durch die Feudalgesellschaft des 19. Jahrhunderts geprägt | 1917–1922: Bürgerkrieg: Millionen Tote und Hungersnöte; Okt. 1917: Enteignung der Gutsbesitzer, Verstaatlichung der Industrie; 1916/17: Massenstreiks der Arbeiter, Aufstände der Soldaten; geringe Industrialisierung; über 80 % der Bevölkerung leben auf dem Land |
| 1910 | | | |

Zusammenfassung – Die Entwicklung der Sowjetunion

Im Vergleich mit west- und mitteleuropäischen Ländern waren Russlands Gesellschaft und Wirtschaft zu Beginn des 20. Jahrhunderts rückständig. Bauern und Arbeiter lebten in sehr ärmlichen Verhältnissen. Millionen Kriegstote und die schlechte Versorgungslage der Bevölkerung im Ersten Weltkrieg führten zu Massenstreiks und Aufständen der Soldaten, die im Februar 1917 in einer Revolution mündeten. Der Zar wurde zur Abdankung gezwungen. Die **neue Regierung** musste die Macht mit den **Arbeiter- und Soldatenräten** teilen.

Unter der Parole „Alle Macht den Räten!" forderten die radikalen Sozialisten, die **Bolschewiki**, die Umwandlung Russlands in einen **sozialistischen Staat**. Unter Führung Lenins rissen sie am 26.10. 1917 in einem Staatsstreich die Macht an sich und errichteten eine Alleinherrschaft. Die russische Räterepublik und andere Räterepubliken auf dem Gebiet des früheren Zarenreiches schlossen sich 1922 zur **Union der sozialistischen Sowjetrepubliken** (UdSSR) zusammen.

Das kriegsbedingte Massenelend der Bevölkerung und die schwere Wirtschaftskrise Anfang der 1920er Jahre wollten die Bolschewiki mit einer „**Neuen Ökonomischen Politik**" (NEP) beenden. Die damit verbundene größere wirtschaftliche Freiheit wurde unter Lenins Nachfolger Stalin wieder aufgehoben. Die Wirtschaftspolitik war nun durch **Zwangskollektivierung** in der Landwirtschaft und eine forcierte **Industrialisierung unter staatlicher Kontrolle** geprägt. Stalins Herrschaft fielen Millionen Bürgerinnen und Bürger zum Opfer; zugleich war er Mittelpunkt der Propaganda und des **Personenkults**.

Unter Gorbatschow wurde Mitte der 1980er Jahre mit umfassenden **politischen und wirtschaftlichen Reformen** begonnen. Doch die Mehrheit der Bevölkerung hat davon bisher nicht profitiert. Die UdSSR zerfiel 1991 in zahlreiche Einzelstaaten. /6

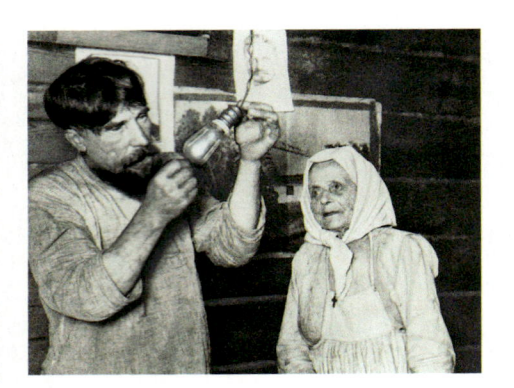

ARBEITSAUFTRAG

Stelle in einer Tabelle zusammen, wodurch sich die Sozialistische Sowjetrepublik der 1920er und 1930er Jahre von einer demokratischen Republik nach westlicher Prägung unterschied. Berücksichtige bei deiner Zusammenstellung die Wirtschaftsordnung sowie die Stellung und Macht der Regierung bzw. einzelner Personen.

ZUM WEITERLESEN

A. Rybakow: Die Kinder vom Arbat. dtv, München 1994.
A. Rybakow: Stadt der Angst. dtv, München 1994.
V. Pelewin: Generation P. Volk und Welt, Berlin 1999.
M. Scholochow: Michail, Der stille Don. dtv, München 1994.
J. ter Haap: Oleg oder die belagerte Stadt. dtv, München 1994.
/1 http://www.hdg.de/lemo/html/biografien/NikolausII/index.html
/2 http://www.hdg.de/lemo/html/biografien/StalinJosef/index.html
/3 http://www.dhm.de/sammlungen/zendok/hitler-stalin-pakt/
/4 http://www.kssursee.ch/schuelerweb/kalter-krieg/ende/gorbatschow.htm
/5 http://archiv.greenpeace.de/GP_DOK_3P/ZUSAMMEN/C02FF01.HTM
/6 http://www.ruhr-uni-bochum.de/lirsk/plakateb.htm

Der Aufstieg der USA zur Weltmacht

Zu Beginn des 19. Jahrhunderts wanderten Hunderttausende Menschen aus Nord- und Westeuropa in die USA ein. Sie wollten die wirtschaftliche Not sowie die politische und religiöse Reglementierung ihrer Heimatländer hinter sich lassen. In den USA wollten sie teilhaben am „American Dream", der Gleichheit, Selbstbestimmung und Wohlstand versprach. Doch nicht für alle ging dieser Traum in Erfüllung.

Der Aufstieg der USA zur Weltmacht

Politik

Kultur

Alltag

1840 — 1860 — 1880 — 1900 — 1920 — 1940

Die Entwicklung der Vereinigten Staaten

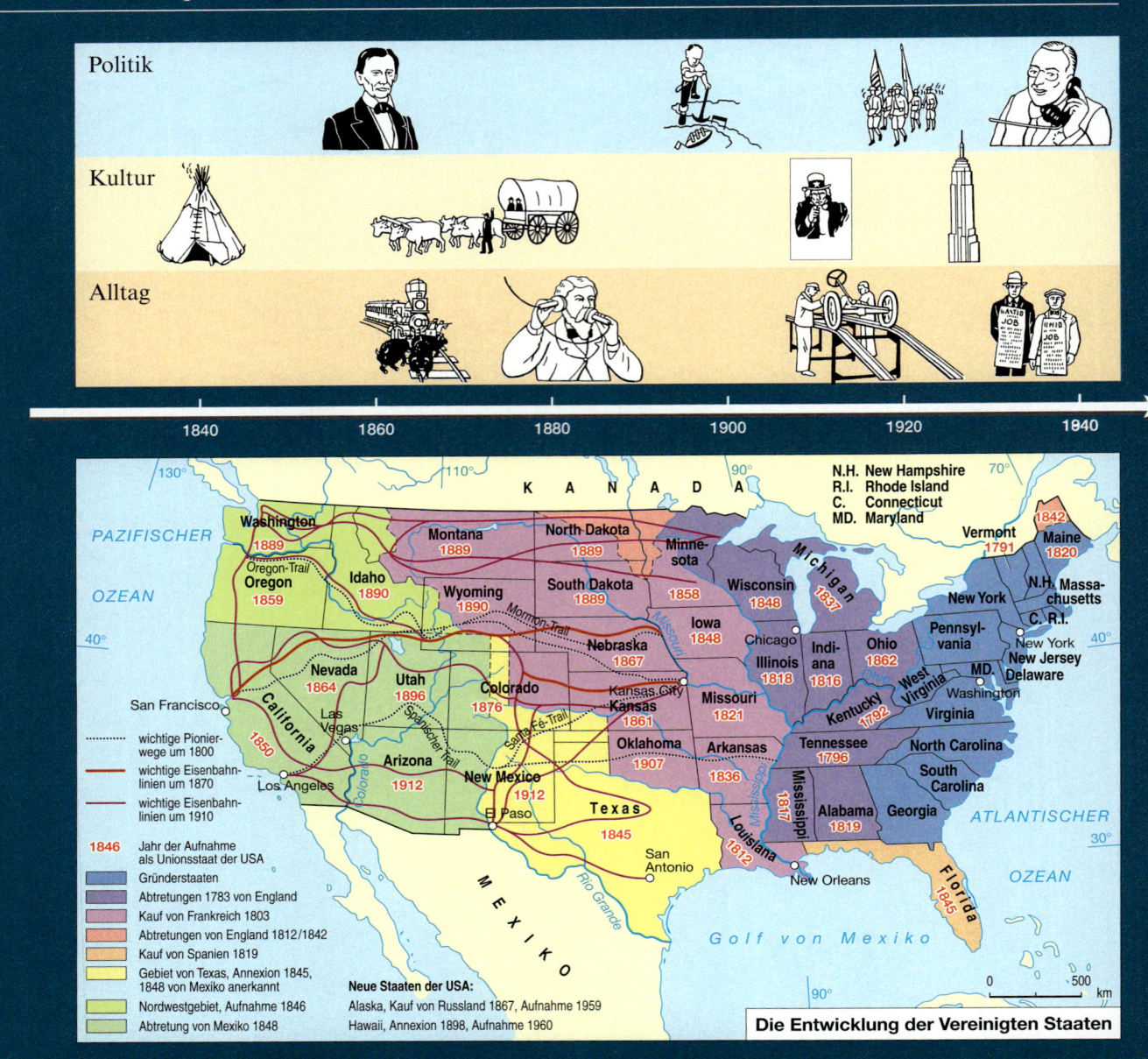

Legende:
- .... wichtige Pionierwege um 1800
- —— wichtige Eisenbahnlinien um 1870
- —— wichtige Eisenbahnlinien um 1910
- **1846** Jahr der Aufnahme als Unionsstaat der USA
- Gründerstaaten
- Abtretungen 1783 von England
- Kauf von Frankreich 1803
- Abtretungen von England 1812/1842
- Kauf von Spanien 1819
- Gebiet von Texas, Annexion 1845, 1848 von Mexiko anerkannt
- Nordwestgebiet, Aufnahme 1846
- Abtretung von Mexiko 1848

Neue Staaten der USA:
Alaska, Kauf von Russland 1867, Aufnahme 1959
Hawaii, Annexion 1898, Aufnahme 1960

N.H. New Hampshire
R.I. Rhode Island
C. Connecticut
MD. Maryland

ARBEITSAUFTRAG

Beschreibe die Phasen und den zeitlichen Verlauf der Besiedlung der USA durch die weißen Einwanderer. Erkläre, warum die Besiedlung von Osten nach Westen erfolgte.

1. Kolonisation des Westens und Bürgerkrieg

Im 19. Jahrhundert begann die Entwicklung der USA zur Großmacht. Dies war mit einer massiven Einwanderungswelle sowie tief greifenden Veränderungen des nordamerikanischen Kontinents verbunden. Aus welchen Gründen kamen die Menschen in die USA?

Einwanderer werden zu Siedlern – In der Mehrzahl kamen Familien aus Ländern Nord- und Westeuropas, die ihre Arbeitsplätze in der Landwirtschaft durch die dort einsetzende Industrialisierung verloren hatten. In den weiten Gebieten des nordamerikanischen Kontinents hofften sie auf Landbesitz und Arbeit. Die **Homestead Act**, ein Gesetz von 1862, machte es jedem Bürger möglich, in den von Weißen noch unerschlossenen Gebieten des Westens 65 ha Land gegen eine geringe Gebühr zu erwerben und zu besiedeln. Unter den Einwanderern waren auch viele Abenteurer, die als Jäger, Pelzhändler und Goldgräber oder beim Eisenbahnbau ihr Glück suchten.

„**Melting pot of nations**" – Die Neuankömmlinge vereinte ein starker **Pioniergeist** und die Zuversicht, in einem freien Land voller scheinbar unbegrenzter Möglichkeiten ihr Glück zu finden. Trotz unterschiedlicher Herkunftsländer wuchs diese Pioniergeneration im 19. Jahrhundert zu einer Nation zusammen. Die USA wurden zum „**melting pot of nations**" (dt.: Schmelztiegel der Nationen).

T1 Fläche und Einwohnerzahl der USA

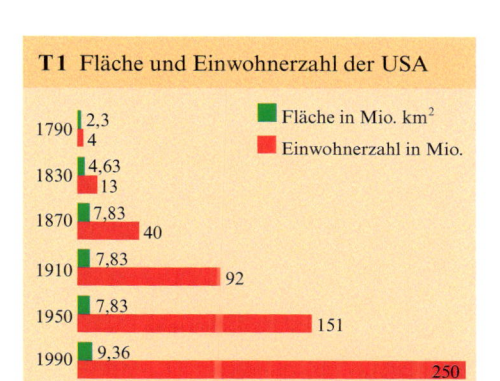

Jahr	Fläche in Mio. km²	Einwohnerzahl in Mio.
1790	2,3	4
1830	4,63	13
1870	7,83	40
1910	7,83	92
1950	7,83	151
1990	9,36	250

T2 Einwanderung in die USA 1820–1990

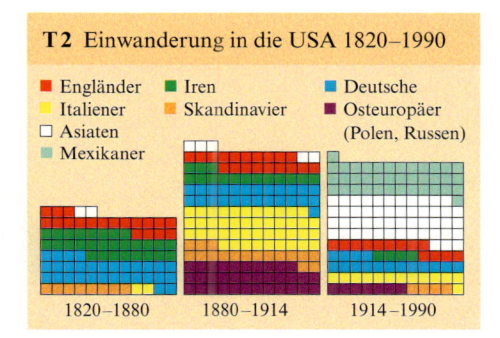

Engländer, Iren, Deutsche, Italiener, Skandinavier, Osteuropäer (Polen, Russen), Asiaten, Mexikaner

Zeiträume: 1820–1880 | 1880–1914 | 1914–1990

B4 Das Vordringen der Eisenbahn in den Westen der USA

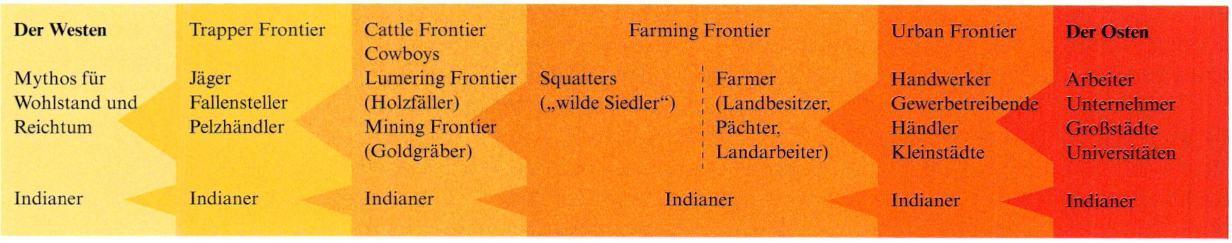

Der Westen	Trapper Frontier	Cattle Frontier Cowboys	Farming Frontier			Urban Frontier	Der Osten
Mythos für Wohlstand und Reichtum	Jäger Fallensteller Pelzhändler	Lumering Frontier (Holzfäller) Mining Frontier (Goldgräber)	Squatters („wilde Siedler")		Farmer (Landbesitzer, Pächter, Landarbeiter)	Handwerker Gewerbetreibende Händler Kleinstädte	Arbeiter Unternehmer Großstädte Universitäten
Indianer	Indianer	Indianer		Indianer		Indianer	Indianer

B3 „Go West" – Verlaufsschema der von Ost nach West wandernden Grenze (= Frontier) der USA

Der Zug nach Westen – Als Mitte des 19. Jahrhunderts die Industrialisierung auch in den USA einsetzte, wurden zahlreiche Eisenbahnstrecken von Ost nach West gebaut. Die Menschen und alle Transportgüter, die ursprünglich mit Pferdetrecks nach Westen gelangten, erreichten nun sehr viel schneller die Siedlungsgrenze der Weißen, **Frontier** genannt. Die nordamerikanischen Ureinwohner, etwa **500 Indianervölker**, wurden dabei vertrieben, getötet oder zwangsumgesiedelt. Um 1890 war Nordamerika von europäischen Siedlern im Wesentlichen erschlossen.

Krieg zwischen Nord- und Südstaaten – In den Jahren 1775 bis 1783 hatten sich die ehemals englischen Kolonien in einem blutigen Krieg die Selbstständigkeit erkämpft. Nicht einmal hundert Jahre später kam es zwischen den Bundesstaaten der USA zu einem erbitterten **Bürgerkrieg**, in dem mehr als eine halbe Million Amerikaner ihr Leben verloren. Welche Konflikte führten zu diesem Krieg?

In den **Südstaaten** der USA hatte sich seit dem 18. Jahrhundert eine aristokratisch geprägte Gesellschaft von Plantagenbesitzern gebildet. Günstige Klimabedingungen ermöglichten hier den großflächigen und Gewinn bringenden Anbau von Baumwolle und Tabak. Der Gewinn der Plantagenbesitzer war vor allem deshalb groß, weil die Mehrzahl der Arbeitskräfte schwarze **Sklaven** waren. So blieben die Südstaaten zunächst von Agrarwirtschaft, Großgrundbesitz und Sklaverei geprägt. 🅱/2

Auf den Farmen der **Nordstaaten** gab es dagegen keine Sklaverei. Außerdem durchlief der Nordosten eine rasche Industrialisierung und in den Industriebetrieben waren keine Sklaven, sondern Einwanderer als Arbeiter beschäftigt.

In den Nordstaaten entwickelte sich eine starke Bewegung gegen die Sklaverei der Südstaaten. Als der neu gewählte Präsident Abraham Lincoln die totale **Abschaffung der Sklaverei** forderte, kam es zur **Abspaltung** (Sezession) des Südens und zum Bürgerkrieg (1861–1865) zwischen den Nordstaaten (Union) und den Südstaaten (Konföderation). Dabei ging es nicht nur um die ethische Frage der Sklaverei. Der Krieg entzündete sich auch an den verschiedenen wirtschaftlichen Interessen und Einflussmöglichkeiten der Nord- und Südstaaten in den neuen westlichen Bundesstaaten. Die Südstaaten wurden von den militärisch und wirtschaftlich überlegenen Nordstaaten besiegt und wieder angeschlossen. 🅱/3

Die Sklaverei wurde nun abgeschafft; die soziale Benachteiligung der Schwarzen blieb aber bestehen. Viele wanderten in der Folge ihrer Befreiung in die Industriestädte des Nordens aus, um dort Arbeit zu finden.

PERSONENLEXIKON

ABRAHAM LINCOLN, 1809–1865, Anwalt. 1861–1865 Präsident der USA. Lincoln war ein gemäßigter Gegner der Sklaverei. Er wurde von einem fanatischen Südstaatenanhänger ermordet.

Die Vereinigten Staaten im Sezessionskrieg

K 5

ARBEITSAUFTRÄGE

1. Erläutere anhand von T 1 und B 3 sowie der Auftaktkarte von S. 178 den Verlauf der Erschließung Nordamerikas.
2. Erkläre mit Hilfe von B 4 die Bedeutung der Eisenbahn für die weißen Siedler und für die Indianer.
3. Analysiere T 2. Begründe, warum die Einwanderer des 19. Jahrhunderts bald zu einer Nation werden konnten.
4. Erläutere anhand von K 5 die wirtschaftlichen Gründe des Bürgerkriegs. Berücksichtige dabei auch die Verteilung der Schwarzen in den Süd- und Nordstaaten.

2. Geschichte und Kultur der Indianer

Bis zur Eroberung Nordamerikas lebten auf dem Gebiet der heutigen USA und Kanadas 5 bis 6 Millionen Ureinwohner, die Indianer. Wie veränderte sich ihr Leben nach der Ankunft der Europäer?

Das Stammesleben – Die Indianer lebten und wirtschafteten im Einklang mit der Natur. Je nach den natürlichen Gegebenheiten jagten, fischten und sammelten sie in der Umgebung. Im Südwesten betrieben Puebloindianer hoch entwickelten Ackerbau und bewohnten seit Jahrhunderten aus Lehmziegeln oder Steinen erbaute Dörfer. Auch andere Stämme waren **sesshaft** und lebten in Holz- oder Erdhäusern. Wieder andere wie die Büffel jagenden Apachen und Sioux zogen als **Nomaden** mit ihren Zelten durch die Prärie. Familien und Stämme regelten ihre Angelegenheiten selbstständig.

Zusammenprall zweier Kulturen – Die Beziehungen zu den europäischen Siedlern veränderten sich rasch: Zunächst gab es friedlichen Handel, doch bald verdrängten die Farmer die Indianer auf ihrer Westwanderung fast vollständig.

Etwa 300 Jahre nach Ankunft der Weißen lebten nur noch 5 % der Indianer! Gründe waren eingeschleppte Krankheiten, Ausrottung und Hungersnöte. Die Indianer erlebten die Weißen als Eindringlinge, die ihr Land wegnahmen und Verträge brachen. Sie setzten sich dagegen zur Wehr, aber nur ca. 250.000 überlebten die blutigen Kriege. Die Überlebenden wurden zwangsweise in Reservate umgesiedelt, oft weit entfernt von ihrem früheren Stammesland. Dort verelendeten viele und verloren ihre kulturelle Identität.

Neues Selbstbewusstsein – Erst 1924 erhielten die Indianer die freie Staatsbürgerschaft. Viele haben sich auf alte Stammestraditionen zurückbesonnen; ihre Kulte sind seit 1978 den christlichen, jüdischen und islamischen Bekenntnissen gleichgestellt. Heute leben wieder ca. 2 Millionen „**Native Americans**" in den USA, davon nur noch jeder vierte in einem Reservat. 🌐/4

Tipi der Sioux-Indianer

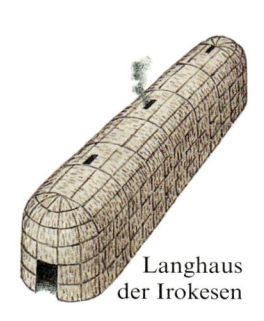

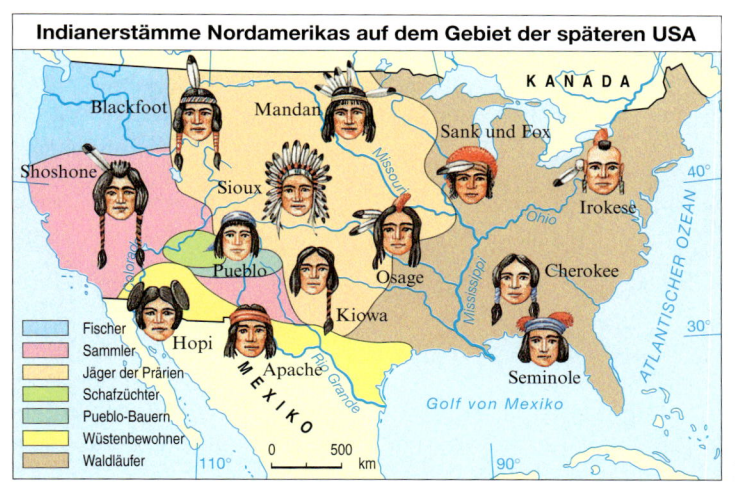

Langhaus der Irokesen

> **Q 1** Der Sioux-Häuptling Großer Adler, um 1862:
>
> 1 Die Weißen haben immer versucht, die Indianer dazu zu bringen, ihre Lebensweise aufzugeben und wie Weiße zu leben – eine
> 5 Farm zu betreiben, hart zu arbeiten und zu tun, was die Weißen taten – und die Indianer wussten nicht, wie man das macht, und wollten es auch gar nicht ... Hät-
> 10 ten die Indianer versucht, ihre Lebensweise den Weißen aufzuzwingen, so hätten die Weißen sich dagegen gewehrt; bei vielen Indianern war dies genauso.
>
> (In: D. Brown, Begrabt mein Herz an der Biegung des Flusses, Hamburg¹⁰ 1995, S. 50. Gekürzt.)

Indianerstämme Nordamerikas auf dem Gebiet der späteren USA

K 2

ARBEITSAUFTRÄGE

1. Arbeite die Gründe heraus, die der Sioux-Häuptling in Q 1 für die Konflikte zwischen Indianern und Weißen nennt.
2. Erkläre mit Hilfe von K 2 und der Abbildungen der Randspalte Unterschiede in der Lebensweise von Sioux-Indianern und Irokesen.

3. Der Wirtschaftsaufschwung nach dem Bürgerkrieg

In der 2. Hälfte des 19. Jahrhunderts führte die wirtschaftliche Entwicklung die USA an die Spitze der Industrienationen und zur Position einer Weltmacht. Worin gründete ihre wirtschaftliche Stärke?

Ursachen des Aufschwungs – Im Vergleich zu Großbritannien und auch zu Frankreich begann die Industrialisierung in den USA relativ spät; ab Mitte des 19. Jahrhunderts vollzog sie sich dann jedoch mit ungeheurer Geschwindigkeit. Steinkohle und Eisenerz lagerten genügend im Nordosten. Der **Eisenbahnbau** förderte nicht nur die Eisen- und Stahlindustrie, den Kohlebergbau und den Maschinenbau, er ermöglichte auch die rentable Ausbeutung der Bodenschätze, den schnellen und kostengünstigen Transport großer Warenmengen und landwirtschaftlicher Produkte. Der Bau von Telegrafenlinien revolutionierte parallel dazu die Kommunikationsmöglichkeiten.

In der **Landwirtschaft** vollzog sich früher als in Europa eine Mechanisierung des landwirtschaftlichen Anbaus, besonders in den Nordstaaten. Dies steigerte die Erträge. Eine kräftig wachsende Bevölkerung und der große Bedarf an Fleisch führten zum Aufschwung der Viehzucht.

Selbstverständnis der Amerikaner – Eine Hauptursache für den raschen Aufschwung lag im Selbstverständnis der Amerikaner von sich und von der Organisation ihres Staates und ihrer Gesellschaft. Sie wollten sich von den feudalistischen Verhältnissen in Europa abheben und ihre Vorstellungen von Demokratie, Gleichheit, Freiheit des Individuums, Selbstverwaltung und Recht auf Privateigentum verwirklichen. Diese Vorstellungen nannten sie den „**American Dream**".

PERSONENLEXIKON

ALEXANDER G. BELL, 1847–1922. Erfinder des ersten verwendbaren Telefons

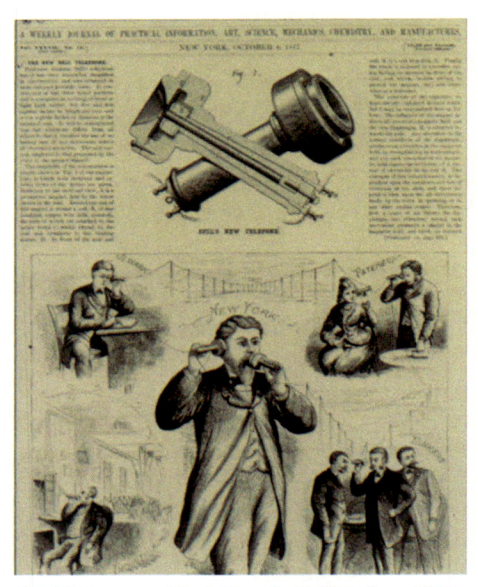

B1 Zeitungsartikel über Bells Telefon, 1877

Q2 Der amerikanische Historiker F. J. Turner über die Auflösung alter Standesschranken, 1920:

1 Im Grenzerleben gab es keine Freizeit, [nur] harte Arbeit. Ererbte Titel und althergebrachte Klassenunterschiede [waren] bedeutungslos, [weil] der Wert eines Menschen für die Gesellschaft nach seinen persönlichen Fähigkei-
5 ten beurteilt wurde. Ein demokratisches Gesellschaftssystem mit größeren Aufstiegschancen war die Folge. Vor allem aber [bot] das weite Land im Grenzgebiet dem Einzelnen so große Entfaltungsmöglichkeiten, dass äußere Kontrollen unnötig waren. Individualismus und
10 Demokratie wurden Leitbilder der Grenzer.

(In: R. A. Billington, America's Frontier Heritage, Albuquerque 1974, S. 3, Übersetzung: F. Anders. Gekürzt)

Q3 John L. O'Sullivan, der Herausgeber einer großen Zeitung, 1839:

1 Es ist sicher, dass unser Land dazu bestimmt ist, die große Nation der Zukunft zu sein. Die Zukunft ist unsere Arena und das Feld unserer Geschichte. Wir sind die Nation des menschlichen Fortschritts. Diese Nation aus vie-
5 len Nationen [ist] bestimmt, der Menschheit die Größe der göttlichen Prinzipien aufzuzeigen. [Unser Land ist] bewohnt von Millionen Menschen, die niemandem untertan sind, sondern bestimmt von Gottes natürlichem und moralischem Gesetz der Gleichheit [und] Brüderlichkeit –
10 vom Frieden und guten Willen unter den Menschen.

(In: O. Handlin, American Principles and Issues, New York 1961, S. 536 / 537. Gekürzt)

In diesem Bewusstsein verschwand die anfängliche Verbundenheit zur alten Heimat schon ab der zweiten Generation nach der Einwanderung. Es entwickelte sich eine neue amerikanische Identität, die nach dem Grundsatz lebte, dass jeder für sein Glück selbst verantwortlich sei.

Kapitalistische Wirtschaftsordnung – Auf der Grundlage des amerikanischen Selbstverständnisses entstand ein leistungsstarkes kapitalistisches Wirtschaftssystem nach dem Grundsatz „Laissez faire" (dt. gewähren lassen). Das Misstrauen der Amerikaner gegenüber einem zu starken Staat führte dazu, dass die Politik in die wirtschaftlichen Handlungen des Einzelnen und von Unternehmen kaum eingriff. Weil sich die Unternehmen völlig frei entfalten konnten, entstanden gegen Ende des 19. Jahrhunderts so genannte **Monopole** (= marktbeherrschende Unternehmen) und **Trusts**, Zusammenschlüsse riesiger Unternehmen. Diese Monopole und Trusts konnten die Preise für Produkte regelrecht diktieren, da ein Wettbewerb zwischen mehreren konkurrierenden Unternehmen nur noch eingeschränkt stattfand. Die Geld- und Sachwerte der Wirtschaft konzentrierten sich auf wenige Personen und Unternehmen. Um den Wettbewerb in der Wirtschaft zu bewahren, verabschiedete der Staat 1890 ein **Anti-Trust-Gesetz**, das die wirtschaftliche Größe von Unternehmen begrenzte. Unfaire Geschäftspraktiken wie Marktaufteilung und Preisabsprachen wurden verboten.

Kehrseite des amerikanischen Traums – In den entstehenden städtischen Zentren mit industriellen Schwerpunkten wie **Detroit** als Zentrum des Automobilbaus, **Pittsburgh** als Zentrum der Schwerindustrie und **New York** als Börsen- und Handelsmetropole lebte eine große Anzahl Arbeiter und Angehöriger der Unterschicht. Auch sie träumten den „American Dream", jedoch waren die meisten weit davon entfernt, ihn jemals verwirklichen zu können und einen auch nur bescheidenen Wohlstand zu erreichen.

Die Figur des „Uncle Sam" steht für das erfolgreiche Amerika

Q 4 Der Industrielle Andrew Carnegie 1889:

1 Der freie Wettbewerb mag zwar für den Einzelnen manchmal schwierig sein, der Menschheit insgesamt jedoch dient er zum Besten,
5 weil er auf jedem Gebiet das Überleben des Tüchtigsten garantiert. Deshalb akzeptieren und begrüßen wir die Ungleichheit der Lebensbedingungen, die Konzen-
10 tration von Industrie und Handel in den Händen weniger Unternehmer, weil sie für den zukünftigen Fortschritt der Menschheit zwingend erforderlich sind. Die Zivilisa-
15 tion an sich beruht auf der Unantastbarkeit des Eigentums – dem Recht des Arbeiters auf seine hundert Dollar ebenso wie dem Recht des Millionärs auf seine Millionen.

(In: A. Carnegie, Wealth, in: North American Review 391, Juni 1889, S. 655 f. Übersetzung: F. Anders. Gekürzt)

T 5 Anteil der USA an der Weltproduktion 1820–1913 in Prozent

	1820	1840	1870	1896–1900	1913
England	34	29	31,8	19,5	14
Frankreich	25	20	10,3	7,1	6,4
Deutschland	10	11	13,2	16,6	15,7
USA	6	7	23,3	30,1	35,8
Russland	2	3	3,4	5	5,5

(Nach: W. P. Adams, Die Vereinigten Staaten von Amerika, Frankfurt/M. 1977, S. 126)

ARBEITSAUFTRÄGE

1. Beschreibe mit B 1 die Auswirkung des Telefons auf die Kommunikationsmöglichkeiten in einem Land wie den USA.
2. Analysiere Q 2 und Q 3 und schreibe die Begriffe heraus, die für den „American Dream" kennzeichnend waren.
3. Gib die Vorstellung, die der Herausgeber in Q 3 von der Zukunft der USA entwickelt, mit eigenen Worten wieder.
4. Liste die Argumente Carnegies in Q 4 für einen freien, unregulierten Wettbewerb auf. Vergleiche mit den Aussagen in Q 3. Schreibe eine Antwort aus der Sicht eines Arbeiters.
5. Beschreibe mit T 5 den Anteil der USA an der Weltindustrieproduktion im Verhältnis zu den anderen Staaten.

4. Soziale Spannungen zu Beginn des 20. Jahrhunderts

Mit Beginn des 20. Jahrhunderts verschärften sich die Gegensätze in der amerikanischen Gesellschaft erheblich. Einer relativ kleinen Ober- und Mittelschicht stand eine ständig größer und ärmer werdende Unterschicht gegenüber. Wie zeigten sich die Spannungen und welche Ursachen hatten sie?

Polarisierung von Arm und Reich – Als Folge der raschen Industrialisierung und der dynamischen Wirtschaftsentwicklung vergrößerte sich der Einkommens- und Vermögensunterschied in der Bevölkerung beständig. Der Wirtschaftsaufschwung ließ die Unternehmer, nicht aber die Arbeiter reicher werden. Die liberale Wirtschaftspolitik des Staates, die Eingriffe in das Wirtschaftsleben vermied, begünstigte dies noch. Die gut verdienende Ober- und Mittelschicht konnte sich zunehmend einen **luxuriösen Lebensstandard** leisten und zog aus den engen Großstädten in Villenvororte.

Dem Luxus der Vororte stand das **Massenelend** der **Slums** gegenüber, in denen die Arbeiterfamilien dicht gedrängt und meist in der Nähe der großen Industriebetriebe oder im Innern der Großstädte lebten. In den Slums gab es weder eine geregelte Müllabfuhr noch eine ausreichende Versorgung mit Frischwasser oder eine Kanalisation. Die Menschen lebten dort auf engstem Raum miteinander. Da ihre Eltern nicht genug verdienten, mussten viele Kinder sehr früh arbeiten und konnten nicht regelmäßig zur Schule gehen.

Fehlende soziale Absicherung – Eine gesetzliche Versicherung der Arbeiter bei Krankheit, Invalidität oder für das Alter, wie Bismarck sie in Deutschland seit den 80er Jahren des 19. Jahrhunderts geschaffen hatte, gab es in den USA nicht. Sie entsprach auch nicht der amerikanischen Mentalität, nach der jeder für sein Glück selbst verantwortlich ist.

Organisationsgrad der Arbeiterschaft – Durch die hohe Einwanderung in die USA entstand bald ein **Überschuss an Arbeitskräften**. Deshalb lagen die Löhne der Arbeiter niedrig und konnten von den Arbeitgebern oft sogar noch gesenkt werden. Entlassungen aus den Betrieben waren keine Seltenheit. Um gegen diese Situation zu protestieren und Verbesserungen zu erzwingen, riefen die Arbeiter immer wieder zu **Streiks** und Arbeiterdemonstrationen auf, die von den Gewerkschaften unterstützt wurden. Doch Polizei und Armee standen auf der Seite der Arbeitgeber und bekämpften die Streikenden.

Trotz dieser extremen und schlechten Lebens- und Arbeitsbedingungen der unteren Schichten entwickelte sich in den USA im Gegensatz zu vielen europäischen Staaten **keine starke sozialistische Arbeiterbewegung**. Es gab zwar Gewerkschaften, die sich für die Interessen ihrer Mitglieder einsetzten, aber deren Mitgliederzahlen blieben gering. Ständige Westwanderung und die amerikanische Mentalität aus Individualismus und persönlichem Erfolgsstreben hielten die Arbeiter mobil und ließen ein festes Klassenbewusstsein nicht aufkommen.

B 1 „Uncle Sam in den Händen seiner selbstlosen Freunde", Karikatur von 1897

Zweisprachiger Aufruf an die Arbeiterschaft in Chicago 1886

Kinder aus den Textilfabriken von Philadelphia während des Streiks von 1903 zur Durchsetzung der 55-Stunden-Woche

4. Soziale Spannungen zu Beginn des 20. Jahrhunderts

Auch die ethnischen Spannungen innerhalb der Arbeiterschaft verhinderten die Bildung einer einheitlichen Arbeiterbewegung. Welche Ursachen hatten sie?

Vormacht der weißen Amerikaner – Die weißen US-Bürger, die anfangs vor allem aus Nord- und Westeuropa gekommen waren, empfanden die vielen neuen Einwanderer aus Ost- und Südosteuropa sowie aus Asien als „Fremdkörper". Diese waren zudem bereit, zu noch schlechteren Bedingungen zu arbeiten und zu leben. Auch die Schwarzen, die nach der „Sklavenbefreiung" in die Industriegebiete des Nordens kamen, galten als Konkurrenz.

Als Folge dieser Konflikte entstanden **ethnisch geprägte Wohnviertel** in den Städten. Da neue und alte Bewohner nicht friedlich miteinander leben wollten, zogen die ursprünglichen Bewohner in andere Viertel und verdrängten dort ihrerseits wieder deren alte Bewohner. Soziale und ethnische Spannungen überlagerten und verstärkten einander.

Der wachsende Fremdenhass vieler Weißer bildete den Nährboden für die Wiedergründung des **Ku-Klux-Klans**, der sich bereits 1865 in den Südstaaten gebildet hatte, später aber verboten worden war. Der Geheimbund, der auf bis zu 3 Millionen Mitglieder anwuchs, forderte die Vormachtstellung der weißen protestantischen Amerikaner und terrorisierte Schwarze, Asiaten und Juden.

Auch heute gibt es noch rassistische Aktionen des Ku-Klux-Klans

Q 2 Ein Gewerkschaftsführer beschreibt die Auswirkungen des Wirtschaftssystems anlässlich des von der Armee niedergeschlagenen Pullman-Streiks in Pullman-City:

1 Zwischen Mai und Dezember 1893 sind fünf Kürzungen der Löhne, der Arbeitszeit und Verschlechterungen der Arbeitsbe-
5 dingungen durch die Werkshallen von Pullman gefegt. Mit fast 30% war die letzte Kürzung die einschneidendste, ohne dass im Gegenzug unsere Mieten gesenkt
10 wurden. Der Unternehmer Pullman wie auch seine Stadt sind ein Krebsgeschwür der Gesellschaft. Ihm gehören die Wohnhäuser, die Schulen und die Kirchen dieser
15 Stadt, der er seinen vorher völlig unbekannten Namen gab. Was er uns mit der einen Hand als Lohn zahlt, nimmt er uns mit der anderen wieder ab. So kann er jeden
20 anderen Waggonbauer im Land unterbieten. Um mit ihm mithalten zu können, müssen seine Konkurrenten die Löhne ihrer Arbeiter kürzen. Dann kann auch er unse-
25 re Löhne noch weiter senken. Und dieser Prozess geht immer so weiter. Ohne die mildtätige Hilfe der herzensguten Menschen in und um Chicago würden wir ver-
30 hungern!

(In: P. Angle, The Nation Divided, Bd. 3, New York 1967, S. 220 ff. Übersetzung: F. Anders. Gekürzt)

B 3 Witwe mit ihren 9 Kindern, die alle in einer Textilfabrik arbeiten. Georgia/USA, um 1908

ARBEITSAUFTRÄGE

1. Erkläre, was der Zeichner in B 1 zum Ausdruck bringen wollte.
2. Gib mit deinen Worten wieder, wie in Q 2 das Verhältnis des Unternehmers Pullman zur Stadt und seinen Einrichtungen beschrieben wird. Beurteile die Lage der Arbeiter.
3. Versetze dich in die Lage der ältesten Tochter der Witwe von B 3 und beschreibe einen Tag im Leben der Familie.

5. Imperialistische Außenpolitik und Erster Weltkrieg

Wie die großen europäischen Mächte Großbritannien, Frankreich, Deutschland und Russland, so dehnten auch die USA am Ende des 19. Jahrhunderts ihre politische Macht und ihren wirtschaftlichen Einfluss auf andere Regionen oder Staaten der Erde aus. Sie wollten nun eine aktive Rolle in der Weltpolitik spielen und scheuten dabei auch vor militärischen Maßnahmen gegen andere Staaten nicht zurück. Welche Triebfedern hatte diese neue Politik?

Ursachen des US-Imperialismus – Nachdem der nordamerikanische Kontinent gänzlich besiedelt und als Absatzmarkt für die Produkte der Industrie erschlossen worden war, suchte die Wirtschaft **neue Märkte**. Sie fand sie in Kolonien, deren Besitz auch für die USA zum Großmachtprestige gehörte. Dafür benötigte man eine **starke Flotte**; sie war das modernste militärische Instrument für eine imperialistische Politik! Und um mit der Flotte weltweit agieren zu können, legten die USA Versorgungsstützpunkte in vielen Regionen der Welt an, in denen sie nun präsent waren. Nicht zu unterschätzen war auch das Sendungsbewusstsein, mit dem die Amerikaner demokratische Werte auf der Welt verbreiten wollten.

Mittelamerika und Pazifik – Hauptgegner einer imperialistischen Politik der USA war Spanien mit seinen Besitzungen in Mittelamerika und im westlichen Pazifik. Doch im Krieg mit den USA verlor Spanien 1898 sämtliche Kolonien. Zahlreiche Inseln im Pazifik, die Philippinen und Puerto Rico wurden US-amerikanisch. Andere Staaten Mittelamerikas wurden gegen starken Widerstand zeitweilig von den USA besetzt oder gelangten in wirtschaftliche Abhängigkeit. Man nannte dies **Dollar-Diplomatie** und die Region seitdem auch den „Amerikanischen Hinterhof".

Ein strategisch wichtiger Zug gelang den USA, als sich Panama 1903 mit ihrer Hilfe von Kolumbien trennte. Der neue Staat verpachtete für 99 Jahre die spätere **Panama-Kanalzone** als Hoheitsgebiet an die USA, die dort zwischen 1903 und 1914 den Panama-Kanal bauten. Die US-Flotte konnte nun viel besser zwischen Atlantik und Pazifik operieren, aber auch die Handelsschifffahrt profitierte von dem Kanal. Wirtschaftlichen Einfluss sicherten sich die USA auch in China. 1899 einigten sie sich mit den europäischen Großmächten auf eine „**Politik der offenen Tür**" in China, sodass dieser Absatzmarkt für US-Firmen offen blieb.

„Präsident McKinley und der Panamakanal", amerikanische Karikatur von 1899

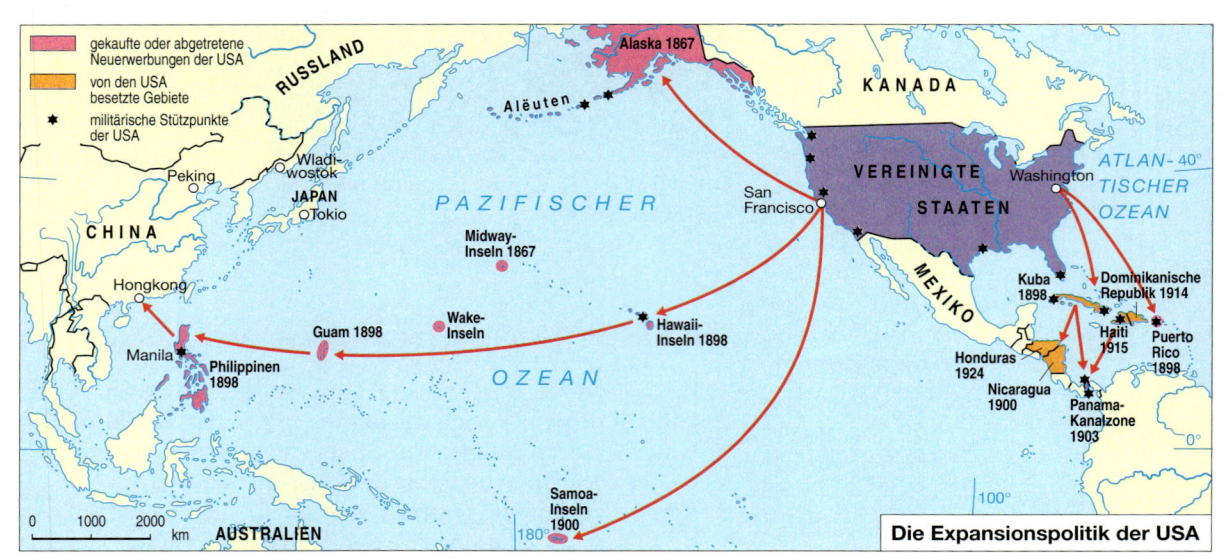

Die Expansionspolitik der USA

5. Imperialistische Außenpolitik und Erster Weltkrieg

Der Erste Weltkrieg – Als 1914 in Europa der Erste Weltkrieg ausbrach, erklärte der neu gewählte Präsident Wilson die Neutralität der USA. Dies stand ganz im Einklang mit der außenpolitischen Tradition. 1917 traten die USA dennoch gegen Deutschland und die Mittelmächte an der Seite der alliierten Westmächte in den Krieg ein. Was waren die Gründe?

„Kreuzzug für die Demokratie" – Die Amerikaner standen den alliierten Westmächten näher als dem Deutschen Reich. Deutschland wie Österreich galten wegen ihrer monarchischen Tradition als autoritär und antidemokratisch. Auch wirtschaftliche Gründe sprachen für eine Parteinahme zugunsten der Alliierten. Bereits vor dem Krieg war Großbritannien der wichtigste Handelspartner der USA gewesen, Deutschland hingegen ihr schärfster Konkurrent. Ab 1914 kaufte Großbritannien große Mengen Lebensmittel, Waffen und Munition in den USA, die ihrerseits den Alliierten **Kredite zur Kriegsfinanzierung** gewährten. Als Deutschland 1917 den uneingeschränkten U-Boot-Krieg gegen alle Schiffe, auch gegen Passagierschiffe, beschloss, erklärten die USA dem deutschen Kaiserreich den Krieg. Sie begründeten ihren Kriegseintritt mit der Gefährdung des amerikanischen Handels und der amerikanischen Sicherheit, bezeichneten ihn aber auch als Krieg für die Demokratie. Gegen Ende des Ersten Weltkrieges kämpften zwei Millionen US-Soldaten in Europa. Die Stärke der US-Wirtschaft und ihre Rüstungsproduktion führten die Wende zugunsten der alliierten Staaten herbei. Nach Kriegsende zogen sich die USA aus der Form der aktiven – auch militärischen – Weltpolitik weitgehend zurück.

Amerikanische Truppen in Paris 1917

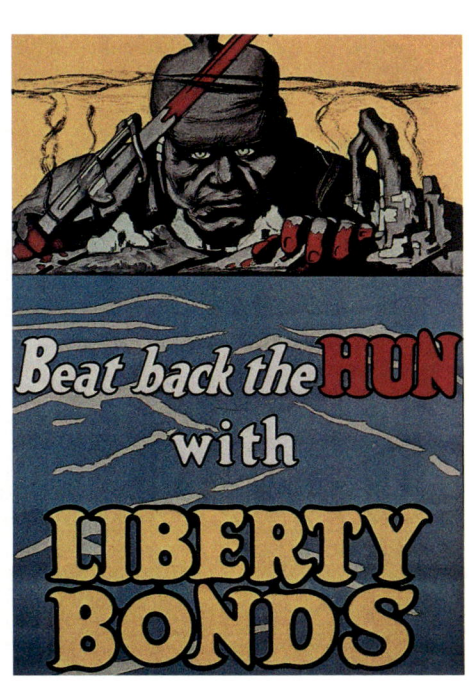

Q2 Theodore Roosevelt über seine außenpolitischen Ziele, 1904:

1 Jedes Land, dessen Bewohner sich gut betragen, kann unserer herzlichen Freundschaft sicher sein. Wenn eine Nation zeigt,
5 dass sie weiß, wie man mit angemessener Tüchtigkeit und Anständigkeit soziale und politische Angelegenheiten anfasst, wenn sie für Ordnung sorgt und Schul-
10 den bezahlt, braucht sie kein Eingreifen der Vereinigten Staaten zu befürchten. Chronisches Fehlverhalten oder Schwäche kann schließlich die Intervention einer
15 zivilisierten Nation erfordern ... Wie dieses Einschreiten aussieht, hängt von den Umständen des Falls ab ... Die Fälle, in denen wir uns mit Waffengewalt wie in Kuba
20 einmischen ..., sind selbstverständlich sehr selten.

(In: G. Moltmann, Die Vereinigten Staaten von Amerika, Paderborn 1980, S. 87 f. Gekürzt)

B3 „Schlagt die Hunnen mit Kriegsanleihen", US-Propagandaplakat 1917/18

ARBEITSAUFTRÄGE

1. Beschreibe mit K 1 die Expansion der USA um 1900.
2. Fasse die Position in Q2 zusammen. Schreibe eine Entgegnung aus der Sicht eines mittelamerikanischen Landes.
3. Erläutere anhand von B 3, wie die USA die Teilnahme am Ersten Weltkrieg begründeten.

6. Nachkriegsboom und große Wirtschaftskrise

Anders als die meisten europäischen Staaten erlebten die USA nach Kriegsende eine beispiellose Phase wirtschaftlichen Wachstums. Doch im Jahr 1929 folgte unvermittelt der Absturz in die schwerste Krise ihrer Geschichte. Welche Ursachen hatten der Boom und die nachfolgende Krise?

Der Boom der zwanziger Jahre – In der Zeit nach dem Ersten Weltkrieg änderte sich viel im Alltag der Amerikaner. Der Wohlstand nahm zu, in den Städten entwickelte sich ein quirliges Leben. Diese Zeit, auch **Roaring Twenties** genannt, brachte den Haushalten zahlreiche neue Konsumgüter wie Telefone, Autos, Radios und Kühlschränke. Die Arbeitszeiten in der Wirtschaft sanken, die Preise für Konsumgüter ebenso, sodass nun immer breitere Schichten der Bevölkerung am Wohlstand teilhaben konnten.

Ursachen des Booms – Während des Krieges hatte die Rüstungsindustrie Vorrang vor der Konsumgüterproduktion gehabt. Doch nach dem Krieg wurde ein großer Nachholbedarf an Konsumgütern wirksam und regte die zivile Produktion an. Technische Erfindungen hatten die Arbeitsabläufe weiter rationalisiert, sodass schneller und preiswerter produziert werden konnte. Der Industrielle HENRY FORD hatte beispielsweise das **Fließband** in seinen Automobilwerken eingeführt; die Herstellung seines berühmten „Modells T" („Tin Lizzy") wurde dabei in viele einzelne Arbeitsgänge zerlegt. Der Preis für das Auto sank von 780 $ auf etwa 350 $, sodass erstmals Angehörige der Mittelschichten ein Auto kaufen konnten. Die Steigerung der Produktivität erlaubte es auch, die Reallöhne der Arbeiter zu erhöhen. Höhere Einkommen, neue Werbemethoden steigerten die Umsätze der Unternehmen, ebenso die neue Strategie der **Ratenkäufe** für langlebige Konsumgüter.

Geprägt wurde das Bild der amerikanischen Gesellschaft von den großen **Metropolen**: Sie wuchsen doppelt so schnell wie die Gesamtbevölkerung. Repräsentative Bauten wie das **Empire State Building**,

> **Q1** Eine Journalistin über den „neuen feministischen Stil", 1927:
>
> Die ständig wachsende Gruppe junger Frauen in den Zwanzigern und Dreißigern, die wahrhaft modernen, sind überzeugt, dass ein er-
> 5 fülltes Leben sowohl nach Ehe und Kindern als auch nach einer beruflichen Karriere verlangt ... Darüber hinaus sind sie überzeugt, dadurch bessere Ehefrauen und Mütter zu
> 10 werden, weil ihre außerhäusliche Tätigkeit ihnen einen weiteren Horizont beschert ... Die Feministin neuen Stils verkündet, dass Männer und Kinder nicht länger ihre Welt
> 15 begrenzen sollen, auch wenn sie darin eine große Rolle spielen mögen. Sie ist ausgesprochen selbstbewusst und weiß, dass es ihr amerikanisches ... Geburtsrecht ist, sich
> 20 von einem Instinktwesen zu einem voll entwickelten Individuum zu erheben, das imstande ist, sein eigenes Leben zu gestalten.
>
> (In: D. J. u. S. M. Rothmann, Sources of the American Social Tradition, Vol. 2, New York 1975, S. 194 f. Gekürzt)

PERSONENLEXIKON

HENRY FORD, 1863–1947. Autokonstrukteur, Pionier der Serienfertigung (Fließband)

T3 Verkaufte Kühlschränke (KS) und Radios in den USA, in 1000 Stück

Jahr	KS	Radios
1920/21	5	?
1922/23	18	600
1924/25	75	3500
1926/27	390	4100
1928/29	890	7680

(Quelle: Kursbuch Geschichte. Berlin 2000, S. 201)

B2 Fließbandproduktion bei Ford: Hergestellt wird das Modell T

lange Zeit das höchste Bauwerk der Welt, sollten die Weltgeltung und Modernität der USA zum Ausdruck bringen. 🔗/7

Die große Krise – Der 25. Oktober 1929 ist weltweit als „Schwarzer Freitag" in die Börsen- und Wirtschaftsgeschichte eingegangen. Von diesem Tag an wurden panikartig die Aktien vieler Wirtschaftsunternehmen verkauft, sodass deren Kurse um bis zu 90% sanken. Die Wirtschaftskrise der USA begann. Wie war es zu dieser Entwicklung gekommen?

Ursachen der Krise – Wirtschaftsschwankungen treten in allen Ländern immer wieder auf. Die große Wirtschaftskrise zwischen 1929 und 1933, die in den USA begann und die gesamte Weltwirtschaft erfasste, hatte jedoch zusätzliche Gründe. In psychologischer Hinsicht herrschte in den 1920er Jahren ein grenzenloser **Wachstumsoptimismus**. Durch das System der Ratenzahlung angeheizt, sollte immer mehr gekauft und produziert werden. Auch die Unternehmen glaubten an ständig steigende Absätze und nahmen Kredite auf, um ihre Produktionsstätten auszubauen. Dadurch kam es zu einer **Überproduktion von Konsumgütern**: Die zu viel produzierten Mengen konnten von der Bevölkerung, deren Kaufkraft nicht im gleichen Maß gestiegen war, gar nicht gekauft werden. Die Aktienkurse und der Wert der überschuldeten Unternehmen fielen innerhalb kurzer Zeit ins Bodenlose.

Die Folgen der Krise – Aktienbesitzer verloren in den folgenden Monaten den größten Teil ihres Wertpapiervermögens. Das galt für Privatpersonen ebenso wie für viele Banken, die große Aktienmengen besessen hatten. Den Not leidenden Unternehmen fehlten dadurch die Geldgeber für neue Kredite. Bald erfasste die Krise die ganze Wirtschaft. Absatz und Produktion stockten. Die Löhne sanken um bis zu 50%, viele Arbeiter wurden entlassen, sodass die Kaufkraft weiter sank. Jetzt wirkte sich die im Vergleich zu Europa mangelnde soziale Sicherung der ärmeren Schichten besonders negativ aus: Weite Kreise der amerikanischen Bevölkerung, auch der Mittelschicht, verelendeten. 🔗/8

Das Empire State Building in New York

B5 Arbeitslose in Chicago, 1934

T6 Arbeitslosigkeit und Industrieproduktion der USA in Prozent (1913 = 100% der Industrieprod.)

Jahr	Arbeitslose	Ind.-Prod.
1927	3,3	155
1928	4,2	163
1929	3,2	181
1930	8,7	148
1931	15,9	122
1932	23,6	94
1933	24,9	112
1934	21,7	122
1936	16,9	171
1938	19,0	143
1941	9,9	186
1943	1,9	?

(nach: Kennedy, P., Aufstieg und Fall der großen Mächte., Frankfurt/M. 1991, S. 451; Adams, W. P., Die Vereinigten Staaten von Amerika. Frankfurt/M. 1977, S. 505)

Q4 Die Zeitschrift „Fortune" über Folgen der Weltwirtschaftskrise, 1932

1 Eine Stichprobe in zwölf Wohnungen der Stadt Benton zeigte: kein Geld, abgetragene Kleidung, von „unnötigem" Mobiliar entblößte
5 Häuser, aus Mehl bereitete Gerichte, abgezehrte Eltern, unterernährte Kinder, unbezahlte Mieten und eine durchschnittliche Verschuldung der Familien von $ 300 für
10 Lebensmittel und Arztrechnungen.

(In: College of the University of Chicago [Hg.], The people shall judge, Bd. 2, Chicago 1949, S.447)

ARBEITSAUFTRÄGE

1. Beschreibe anhand von Q1 die Situation von Frauen in den USA in den 1920er Jahren und den Wandel gegenüber früher. Berücksichtige dabei auch T3.
2. Erläutert mit B2 das Prinzip der Fließbandarbeit. Diskutiert die Vor- und Nachteile dieser neuen Produktionsweise.
3. Beschreibe mit Hilfe von Q4 und B5 die Auswirkungen der Wirtschaftskrise auf weite Teile der Bevölkerung.
4. Analysiere mit T6 den Zusammenhang von Arbeitslosigkeit und Industrieproduktion. Beurteile, inwieweit die Arbeitslosigkeit Folge *und* Ursache der Wirtschaftskrise war.

7. Die Überwindung der Krise – der „New Deal"

Im Jahre 1933, mitten in der Wirtschaftskrise, wurde Franklin D. Roosevelt zum Präsidenten der USA gewählt. Sein wichtigstes politisches Ziel bestand darin, die schwere Wirtschaftskrise zu bekämpfen. Welche Mittel setzte er dazu ein?

Staatliche Steuerung der Wirtschaft – Da die wirtschaftliche und soziale Not groß war, handelte Roosevelt schnell. Seine Politik des **New Deal** (dt.: Neuanfang) fand das Vertrauen der Bevölkerung. Mit einem umfangreichen Maßnahmen- und Gesetzesbündel reformierte seine Regierung das Bankenwesen, führte eine staatliche Überwachung der Börsen ein, schuf wirksamere Regeln des Wettbewerbs, garantierte den Farmern Mindestpreise für Agrarprodukte und den Industriearbeitern Mindestlöhne sowie die 40-Stunden-Woche. Um die Wirtschaft zu beleben, vergab der Staat Aufträge für Straßenbau, Flussregulierung und Stadtsanierung.

Q1 Rede Franklin D. Roosevelts zu seiner Amtseinführung am 4. März 1933:

1 Der Bevölkerung Arbeit zu verschaffen ist unsere größte und wichtigste Aufgabe. Sie kann durch die Einstellung von Arbeits-
5 kräften seitens der Regierung gelöst werden, indem wir diese Aufgabe genauso wie einen Kriegsfall behandeln. Dabei [führen wir] dringend notwendige
10 Projekte durch, die die Nutzung unserer natürlichen Ressourcen fördern und neu organisieren. Auch die staatliche Planung und Überwachung des Verkehrs- und
15 Kommunikationswesens sowie aller sonstigen öffentlichen Einrichtungen kann zur Lösung dieser Aufgabe beitragen.

(In: H.S. Commager [Hg.], Documents of American History, Bd. 2, New Jersey 1988, S. 239 ff. Übersetzung: F. Anders. Gekürzt)

Q2 Die Aufgaben des Staates in der Wirtschaft nach J. M. Keynes:

1 Der britische Ökonom John Maynard Keynes (1883–1946) hatte in den 1930er Jahren gefordert, dass der Staat in wirtschaft-
5 lichen Krisensituationen große Geldmengen bereitstellt – notfalls durch staatliches Schuldenmachen (= deficit spending) – und die Wirtschaft durch staatlich finan-
10 zierte Aufträge, Arbeitsbeschaffungsmaßnahmen sowie durch die Förderung der privaten Nachfrage ankurbelt. Die Schulden sollten später, wenn die Wirtschaft florier-
15 te, mit den dann höheren Steuereinnahmen zurückgezahlt werden. Diese Forderung Keynes nach einer antizyklischen, kreditfinanzierten Geld- und Wirt-
20 schaftspolitik in Krisenzeiten ist bis heute unter Ökonomen und Politikern umstritten.

(Autorentext)

PERSONENLEXIKON

FRANKLIN D. ROOSEVELT, 1882–1945. 1933–1945 Präsident der USA

B3 „New Deal Arzneien". Roosevelt zum Kongress: „Natürlich müssen wir die Arzneien wechseln, wenn wir keine Erfolge haben." Amerikanische Karikatur von 1936

ARBEITSAUFTRÄGE

1. Erläutere mit Q1 und Q2 die Wirtschaftspolitik Roosevelts. Vergleiche diese Politik mit dem Selbstbild der Amerikaner: dem Individualismus, dem Ideal des freien Wettbewerbs.
2. Interpretiere die Karikatur B3.

8. Die USA nach dem Zweiten Weltkrieg

Wie nach dem Ersten Weltkrieg gab es auch nach dem Zweiten Weltkrieg in den USA eine lange Phase des wirtschaftlichen Aufschwungs. Sie wurde als „Glanzzeit des modernen amerikanischen Kapitalismus" empfunden. In welchem Maße gelangte die Bevölkerung zu Wohlstand?

Die Wohlstandsgesellschaft – In den 50er Jahren stellten die USA 60 Prozent aller weltweit produzierten Industriegüter her. Auch technologisch lagen sie vorn: Erfindungen und Innovationen wurden von den amerikanischen Unternehmen schnell und überzeugend in neue Produkte umgesetzt. Die Fließbandproduktion war durch neue, elektronische Steuerungstechniken und die **Automatisierung** weiter verbessert worden. Dadurch konnten preiswerte industrielle **Massenprodukte** hergestellt und von vielen Menschen gekauft werden. Auto, Waschmaschine, Fernseher, Telefon, Staubsauger, Geschirrspüler und viele andere Konsumgüter gehörten wie regelmäßiger Urlaub bereits Anfang der 60er Jahre zum normalen Lebensstandard. Das Einkommen der Bevölkerung erhöhte sich kontinuierlich. Dies zeigte sich auch darin, dass 1960 62 Prozent der Familien ein Eigenheim besaßen.

Die **Jugend** entwickelte eine eigene Kultur mit Idolen wie dem Schauspieler JAMES DEAN oder dem Rockstar ELVIS PRESLEY und begann gegen die Elterngeneration zu rebellieren. Gleichzeitig wurde sie zu einer wichtigen „Zielgruppe" der Werbung, die schon früh am Konsum teilhaben sollte.

B2 „...denn sie wissen nicht, was sie tun", US-amerikanischer Spielfilm von 1955, Filmplakat

B3 Die typische amerikanische Wohlstandsfamilie. Werbefoto

Q1 Ein amerikanischer Journalist 1960 über die „Kommerzialisierung":

1 Alle Bemühungen, den Verbrauch immer weiter zu steigern, laufen im Grunde [darauf] hinaus, [dass] der Amerikaner fast unablässig von
5 Leuten belagert [wird], die ihm mit zäher Energie, durch sanfte Überredung, mit Witz oder auf gerissene Art etwas verkaufen wollen. Für jedes Stück Ware, das umgesetzt
10 werden soll, muss immer mehr Geld zur Bedarfsweckung ausgegeben werden.

(In: V. Packard, Die große Verschwendung, Frankfurt/M. 1964, S. 211. Gekürzt)

ARBEITSAUFTRÄGE

1. Erläutere mit Q1 die Bedeutung der Werbung für die amerikanische Wirtschaft. Vergleiche mit der heutigen Werbung in Deutschland.
2. Beschreibe B3 und überlege, welche Amerikaner sich in der Abbildung nicht wiederfinden können.
3. Diskutiert, ob in der Haltung und im Ausdruck von J. Dean in B2 ein Protest gegen die Gesellschaft deutlich wird.

9. New Frontier und Bürgerrechtsbewegung

Im Jahr 1960 gab es in den USA mehr Wohnungen mit Fernsehgeräten als mit sanitären Einrichtungen. Dies macht deutlich, dass die Entwicklung der amerikanischen Wohlstandsgesellschaft nicht ohne Widersprüche verlief. Wie zeigten sich diese Widersprüche?

Ungerechte Vermögensverteilung – Der Wohlstand verteilte sich nicht gleichmäßig auf alle Bevölkerungsschichten. Durch die neue Produktionsmethode der Automation verloren viele, vor allem ungelernte Industriearbeiter, ihren Arbeitsplatz. 1960 waren fast vier Millionen Menschen in den USA arbeitslos. Besonders farbige Amerikaner waren von der **Arbeitslosigkeit** betroffen, und diejenigen, die einen Arbeitsplatz fanden, waren meist zu schlechteren Bedingungen beschäftigt als Weiße. Die Innenstädte verfielen zunehmend, weil wohlhabende Familien in die Vorstädte zogen und die neu hinzugezogenen Gruppen wie Schwarze und Puertoricaner nicht für die Sanierung aufkommen konnten.

Verlust der Führungsrolle – Ende der 50er Jahre wurde das amerikanische Selbstbewusstsein schwer erschüttert. 1957 hatte die Sowjetunion als erstes Land einen künstlichen Satelliten in die Erdumlaufbahn gebracht und schien damit die USA technisch zu überflügeln. Der amerikanische Einfluss in der Welt ging spürbar zurück, Japan und Europa holten gegenüber den USA in der Weltwirtschaft deutlich auf. Auch nahm die Kritik des Auslands an der Rassenpolitik der USA zu. Welche Wege suchte die Politik, die Probleme im Innern zu lösen und dem Verlust der internationalen Führungsrolle zu begegnen?

New Frontier – Die Wahl von JOHN F. KENNEDY zum neuen Präsidenten der USA im Jahre 1960 bedeutete einen Wendepunkt. Kennedy leitete ein **Reformprogramm** ein. Er appellierte an das **Selbstverständnis der Amerikaner** und an die Verantwortung jedes Einzelnen gegenüber der Gesellschaft. Wirtschaftspolitisch schloss er an Roosevelts „New Deal" an und versprach Aufschwung, soziale Verbesserungen und Fortschritte in der Rassenfrage. Den „**Aufbruch zu neuen Grenzen**" symbolisierte am deutlichsten sein Weltraumprogramm, mit dem er die amerikanische Überlegenheit zur Geltung bringen wollte.

PERSONENLEXIKON

JOHN F. KENNEDY, 1917–1963. 1961–1963 Präsident der USA. Entwarf innenpolitisch ein umfangreiches Sozialreformprogramm, vertrat außenpolitisch eine harte Linie gegen die UdSSR. Er wurde 1963 ermordet.

Q1 Präsident John F. Kennedy 1961:

1 Jetzt muss Amerika mit einem großen Unternehmen beginnen – jetzt muss unser Volk bei der Eroberung des Weltraums führend
5 vorangehen, jenem Unternehmen, das auf mancherlei Weise den Schlüssel zu unserer Zukunft auf Erden in sich bergen mag ... Ich glaube, dass unser Volk sich
10 zum Ziele setzen sollte, noch vor Ende dieses Jahrzehnts einen Menschen auf dem Mond landen zu lassen und ihn wieder sicher zur Erde zurückzubringen.

(In: J. F. Kennedy, Dämme gegen die Flut, Frankfurt/M. 1964, S. 65 f. Gekürzt)

B2 US-Astronauten landen 1969 als erste Menschen auf dem Mond

Kampf gegen die Armut – Als Kennedy im November 1963 ermordet wurde, stand das Land zunächst unter einem Schock, denn der Präsident hatte viele Hoffnungen und Erwartungen geweckt.

Sein Reformprogramm wurde von seinem Nachfolger LYNDON B. JOHNSON fortgeführt. Er versprach „Wohlstand und Freiheit für alle". Zur Bekämpfung der Arbeitslosigkeit führte er Arbeitsbeschaffungsmaßnahmen durch. Städte und Slums wurden saniert, **Hilfs- und Bildungsprogramme** für Arme durchgeführt. Der Sozialstaat wurde durch ein **Krankenversicherungsgesetz** weiter ausgebaut. Der Prozentsatz der unter dem Existenzminimum lebenden Amerikaner sank von 22,4 auf 12,6 Prozent.

Bürgerrechtsbewegung – Noch 1896 war die **Rassentrennung** vom höchsten amerikanischen Gericht unter dem Motto „seperate but equal" (engl.: getrennt aber gleich) für rechtmäßig erklärt worden.

PERSONENLEXIKON

MARTIN LUTHER KING, 1929–1968. Theologe und Prediger; erhielt 1964 den Friedensnobelpreis; wurde 1968 von einem fanatischen Weißen ermordet

Q3 Urteil des Obersten Bundesgerichts der USA über die „Gleichheit der Rassen", 1896:

1 Zweck des [13.] Verfassungszusatzes war es ohne Zweifel, die absolute Gleichheit beider Rassen vor dem Gesetz zu sichern. Aber
5 es liegt in der Natur der Dinge, dass nicht beabsichtigt sein konnte, Unterscheidungen abzuschaffen, die auf der Hautfarbe beruhen, oder gesellschaftliche Gleichheit
10 im Unterschied zu rechtlicher Gleichheit zu erzwingen oder eine Vermischung der beiden Rassen ...

(In: H. Wasser, Die USA – der unbekannte Partner, Paderborn 1983, S. 95. Gekürzt)

Q4 Urteil des Obersten Bundesgerichts zur Aufhebung der Rassentrennung an Schulen, 1954:

1 Heutzutage ist sie [die Schulbildung] ein Hauptmittel dafür, das Kind für seine spätere Berufsausbildung vorzubereiten und ihm bei
5 der normalen Anpassung an seine Umgebung zu helfen. Kinder allein wegen ihrer Rasse von anderen ähnlicher Altersstufe und Befähigung zu trennen, erzeugt ein Un-
10 terlegenheitsgefühl hinsichtlich ihrer Stellung in der Gemeinschaft, das Herz und Sinn bei ihnen in einer Weise in Mitleidenschaft ziehen kann, dass es wahrscheinlich
15 nie mehr ungeschehen gemacht werden kann. Wir ziehen den Schluss, dass auf dem Gebiet des öffentlichen Bildungswesens die Doktrin des „seperate but equal"
20 keinen Platz mehr hat.

(In: H. Wasser, Die USA – der unbekannte Partner, Paderborn 1983, S. 95. Gekürzt)

B5 Farbige Schüler auf dem Weg zur Schule. Atlanta/USA 1956

D6 Entwicklung der Arbeitslosigkeit in den USA und des Bevölkerungsanteils der Amerikaner mit einem Einkommen unter der Armutsgrenze

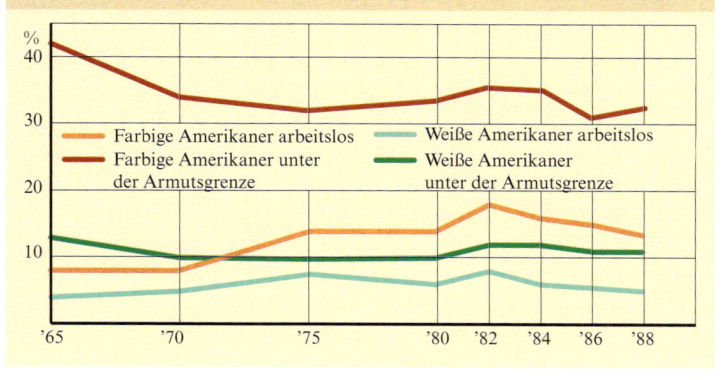

Vor allem in den Südstaaten wurde diese Rassentrennung praktiziert. Hier durften Schwarze nicht mit Weißen zusammen im Bus sitzen, nicht mit ihnen im Restaurant essen, schwarze Kinder durften nicht mit weißen zur Schule gehen. In vielen Bundesstaaten war ihr Wahlrecht an die Zahlung einer Steuer und an Schreibtests gebunden. Eine **Bürgerrechtsbewegung** unter Führung des Baptistenpredigers MARTIN LUTHER KING forderte dagegen die Gleichbehandlung der farbigen Amerikaner in allen Bereichen der Gesellschaft. Mit wachsender Unterstützung auch der Weißen organisierte sie seit der Mitte der 50er Jahre gewaltlose Proteste: Demonstrationen oder Sit-Ins in Restaurants, zu denen Schwarze keinen Zutritt hatten. Rassistische Unternehmen und Geschäfte wurden boykottiert.

Erfolge und Grenzen der Bürgerrechtsbewegung – Die Bürgerrechtsbewegung erreichte in den 1950er Jahren die gesetzliche Aufhebung der Rassentrennung an staatlichen Schulen und in öffentlichen Verkehrsmitteln. 1964 und 1965 verboten die **Bürgerrechtsgesetze** jede Diskriminierung (= Benachteiligung) auf Grund von Hautfarbe, Religion, nationaler Herkunft oder Geschlecht. Obwohl diese Reformpolitik dazu führte, dass farbige Amerikaner zunehmend in die Mittelschicht aufstiegen und politische Funktionen und Ämter übernahmen, ist ihre Benachteiligung und der **Rassismus** weiterhin ein ungelöstes Problem der amerikanischen Gesellschaft. Besonders in den Großstädten kommt es bis heute zu schweren **Rassenunruhen.**

B 8 Über 200.000 Bürgerrechtler beteiligten sich an dem Marsch auf Washington am 23. August 1963

> **Q 7** Aus dem Bürgerrechtsgesetz von 1964:
>
> Jedermann soll Anspruch haben auf den vollen und gleichen Genuss der Güter, Dienstleistungen, Einrichtungen ohne Diskriminierungen oder Trennungen aufgrund von Rasse, Hautfarbe, Religion oder nationaler Herkunft. Jede der folgenden Einrichtungen ist eine öffentliche Einrichtung im Sinne dieses Abschnitts: Jedes Gasthaus, Motel, jedes Restaurant, jede Cafeteria, jeder Imbissstand, jedes Kino, Theater, Konzertgebäude, Stadion, jeder Sportplatz: Wann immer der Justizminister hinreichenden Grund zu der Annahme hat, dass ein Einzelner oder eine Gruppe bestrebt ist, die volle Nutzung der Rechte zu verhindern, so kann er ein Zivilverfahren in Gang bringen...
>
> (In: D. Düsterloh, J. Rohlfes, Politische Weltkunde II, Die Vereinigten Staaten von Amerika, Stuttgart 1980, S. 151 f. Gekürzt)

ARBEITSAUFTRÄGE

1. Gib Q 1 mit eigenen Worten wieder. Erkläre, warum Kennedy sein Programm „New Frontier" nennt. Berücksichtige dabei auch T 2 sowie B 3 auf S. 179.
2. Welche Unterscheidung bei den Rechten der Farbigen trifft das Gericht 1896 in Q 3? Erläutere die Folgen für die Farbigen.
3. Fasse die Begründung des Obersten Gerichtshofs in Q 4 zusammen. Erläutere die Veränderungen, die durch das Urteil und das Gesetz von 1964 (Q 7) eingeleitet werden sollten.
4. Erläutere mit Hilfe von D 6 die Entwicklung der Einkommensstruktur von 1965 bis 1988. Stelle Vermutungen darüber an, warum die Einkommen noch unterschiedlich sind.
5. Beschreibe die in B 8 abgebildeten Personen. Versetze dich in einige der Teilnehmer und schreibe einen Forderungskatalog an die Regierung in Washington.

Der Aufstieg der USA zur Weltmacht

	Politik	Kultur	Alltag/Wirtschaft
1950	seit 1960: Politisches und technologisches Reformprogramm (New Frontier) der Regierungen Kennedy und Johnson 1954: Gesetz zur Aufhebung der Rassentrennung an Schulen 1933: „New Deal"-Politik als Maßnahme gegen die schwere Wirtschaftskrise 1917: Eintritt der USA in den 1. Weltkrieg, der dadurch zugunsten der Alliierten entschieden wird	Bürgerrechtsbewegung farbiger Amerikaner kämpft für die gesellschaftliche Gleichstellung Entstehung einer neuen Jugendkultur mit Idolen aus der Film- und Musikbranche Die Massenmedien Radio und Film beginnen das Kulturleben zu prägen Der Luxus der Vororte und das Elend der Slums symbolisieren soziale Unterschiede	Die Benachteiligung farbiger Amerikaner führt zu gewaltsamen Rassenunruhen 1964: Einführung einer Krankenversicherung 1940 ff.: Lang anhaltender Wirtschaftsaufschwung; die USA entwickeln sich zur Wohlstandsgesellschaft seit 1929: Wirtschaftskrise mit Firmenzusammenbrüchen, Arbeitslosigkeit, Verelendung Telefon, Radio, Kühlschrank, das Auto und andere Konsumgüter verbessern den Lebensstandard der Bevölkerung
1900	Imperialistische Politik der USA in Mittel- und Südamerika und im pazifischen Raum 1890: Anti-Trust-Gesetz der amerikanischen Regierung gegen Wirtschaftsmonopole und -kartelle 1861–1865: Bürgerkrieg zwischen den Nord- und den Südstaaten. Mit dem Sieg der Nordstaaten 1865 erfolgt die Abschaffung der Sklaverei	Neue Einwanderungen aus Süd-/Osteuropa und Asien führen zu ethnischen Konflikten und verschärfen die bestehenden sozialen Konflikte; sie gipfeln in Fremdenhass und offenem Rassismus	ca. 1920: Industrielle Massenproduktion von Konsumgütern; Einführung der Fließbandarbeit ca. 1890: Die USA sind die führende Industrie- und Wirtschaftsmacht der Welt; ca. 1890: Die Kolonisation des amerikanischen Kontinents durch weiße Siedler ist weitgehend abgeschlossen 1865: Abschaffung der Sklaverei per Gesetz
1850		Geringschätzung und Verachtung der indianischen Kultur und Bevölkerung bei den Weißen USA sind „Melting pot of nations"	Die Eisenbahn wird zum wichtigsten Transportmittel; seit Mitte des 19. Jh.: Industrieller Aufschwung der USA; Mechanisierung der Landwirtschaft; seit ca. 1800: Kolonisation des Kontinents; Vertreibung und Ausrottung der indianischen Ureinwohner;
1800	1783: Unabhängigkeitserklärung der ehemals englischen Kolonien; Gründung der USA	Die Neuankömmlinge und Siedler vereint ein starker Pioniergeist und der amerikanische Traum von Gleichheit, Freiheit, wirtschaftlichem Erfolg	seit ca. 1800: Mehrere große Einwanderungswellen, anfangs vor allem aus Ländern Nord- und Westeuropas

Zusammenfassung – Der Aufstieg der USA zur Weltmacht

Im 19. Jahrhundert wanderten Hunderttausende Menschen in die USA ein, die zum „**Melting pot of nations**" wurden. Bis 1890 hatten die weißen Siedler den gesamten nordamerikanischen Kontinent erschlossen. Die indianischen Ureinwohner wurden vertrieben, getötet oder mit Gewalt in Reservate umgesiedelt. Von 1861–1865 erlebten die USA die Zerreißprobe eines **Bürgerkriegs** zwischen den Süd- und den Nordstaaten. Der Krieg endete mit dem Sieg der Nordstaaten und der Abschaffung der Sklaverei.

In der zweiten Hälfte des 19. Jahrhunderts entwickelten sich die USA zur **führenden Industrienation**. Dabei kam es zu sozialen Konflikten, Arbeitskämpfen und zu einer Verelendung der Industriearbeiter. Diese Konflikte wurden von Spannungen zwischen alten und neuen Einwanderern überlagert.

Am Ende des 19. und zu Beginn des 20. Jahrhunderts betreiben die USA eine **imperialistische Politik** in Mittel- und Südamerika sowie im pazifischen Raum. Mit Hilfe ihrer Flotte und der starken Wirtschaft sicherten sie sich dort politischen Einfluss und Exportmärkte. Durch ihre Teilnahme entschieden die USA den **Ersten Weltkrieg** zugunsten der Alliierten.

Auf den wirtschaftlichen Aufschwung der 1920er Jahre folgte 1929 eine schwere **Wirtschaftskrise** mit Unternehmenszusammenbrüchen, Arbeitslosigkeit und Verelendung weiter Bevölkerungskreise. Durch Reformen, Staatskredite und Arbeitsbeschaffungsmaßnahmen versuchte Präsident Roosevelt, die Wirtschaftskrise zu überwinden. Nach dem Zweiten Weltkrieg erlebte das Land eine lange Phase des **technologischen und wirtschaftlichen Aufschwungs**: Neue Produkte und Konsumgüter, die Automatisierung der industriellen Massenproduktion und steigende Einkommen waren die Voraussetzungen für die **Wohlstandsgesellschaft**. Die farbigen Amerikaner sind jedoch bis heute gesellschaftlich benachteiligt. @/8

ARBEITSAUFTRAG

Technische Erfindungen wie das Fließband beschleunigten den Aufstieg der USA zur führenden Industrienation. Sie ermöglichten eine schnellere und preiswertere Produktion von Waren, veränderten aber die Arbeitsweise der Menschen grundlegend. Überlege, wie die Arbeiter und Arbeiterinnen diese Veränderungen erlebten. Welche technischen Entwicklungen beeinflussen heute unsere Arbeitswelt nachhaltig?

ZUM WEITERLESEN

K. Recheis: Bevor die Büffel starben. Das abenteuerliche Leben der Crow. Arena, Würzburg ²1997.
B.S. Cummings: Feuer über Virginia, dtv-junior, München 1991.
D. Brown: Begrabt mein Herz an der Biegung des Flusses. Hoffmann & Campe, Hamburg ¹⁰1995.
S. O'Dell: Rollender Donner. Arena, Würzburg 1996.
@/1 http://odur.let.rug.nl/~usa/H/1954ge/index.htm
@/2 http://www.a-nation-a-history.de/
@/3 http://www.wissen-erleben.de/themen/roots/
@/4 http://www.indianer.de
@/5 http://schueler.schulebuchs.ch/Sek/Beitraege2a00/klu-klux/ku-klux-klan.html
@/6 http://private.addcom.de/tim.treude/dokumente/panama.htm
@/7 http://www.esbnyc.com/
@/8 http://www.boersendschungel.de/htdocs/crash2.htm

Der europäische Einigungsprozess

197

Die Staaten Europas besitzen eine weit zurück reichende gemeinsame Geschichte. Einflüsse der antiken griechischen und römischen Kultur, die christliche Religion sowie die Ideale der Aufklärung prägen die europäischen Gesellschaften bis heute. Nach dem Zweiten Weltkrieg nahmen die Versuche, Europa zu einigen, konkrete Formen an. Doch wie kann die Zukunft eines geeinten Europas aussehen?

198 Der europäische Einigungsprozess

Politik

Kultur

Alltag

1930 1940 1950 1960 1970 1980 1990 2000

Die Europäische Union 1957–2005

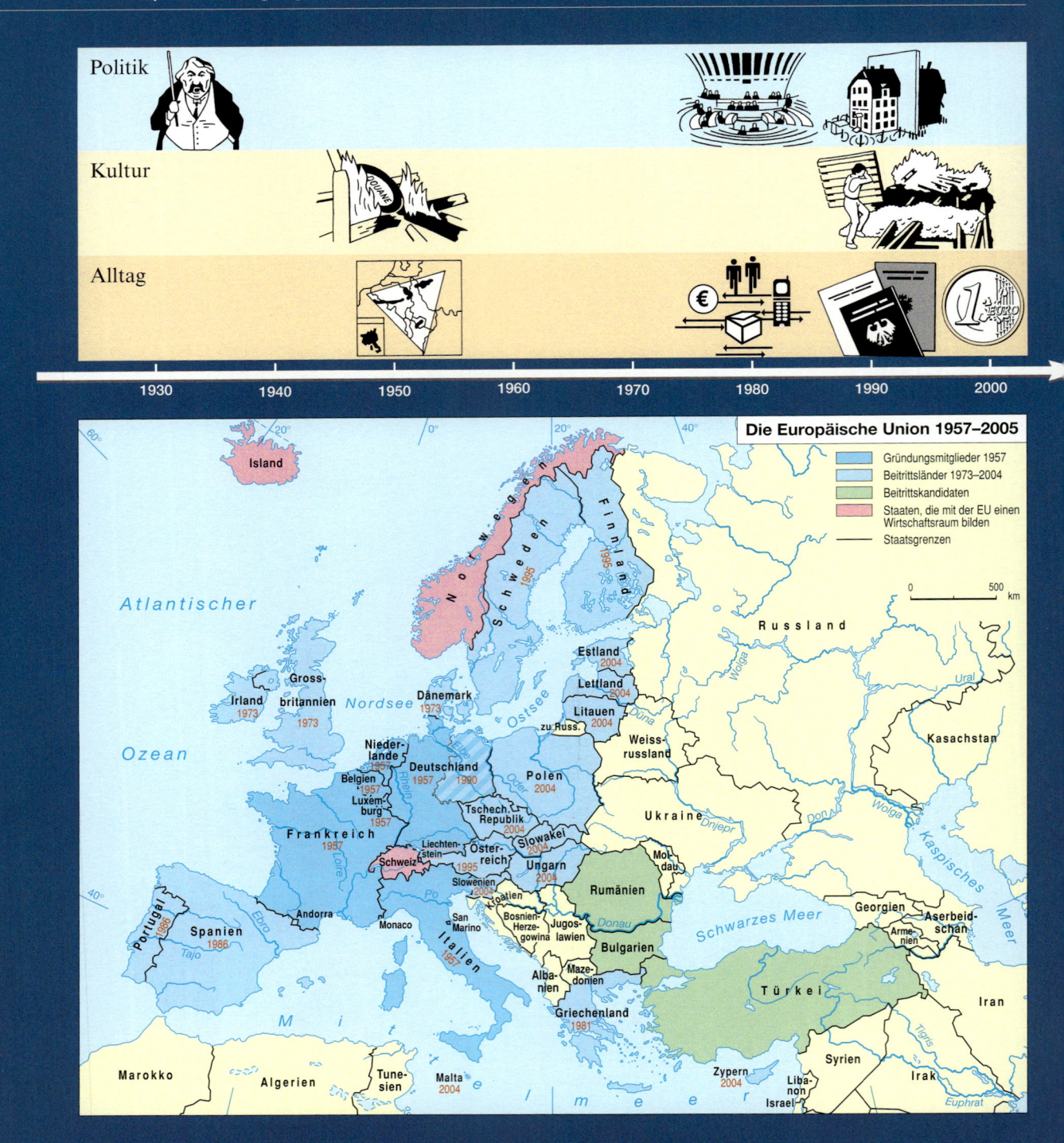

- Gründungsmitglieder 1957
- Beitrittsländer 1973–2004
- Beitrittskandidaten
- Staaten, die mit der EU einen Wirtschaftsraum bilden
- Staatsgrenzen

0 500 km

Island

Atlantischer Ozean

Norwegen · Schweden · Finnland 1995

Irland 1973 · Grossbritannien 1973 · Nordsee · Dänemark 1973 · Ostsee

Estland 2004 · Lettland 2004 · Litauen 2004 (zu Russ.) · Weissrussland · Russland

Niederlande 1957 · Deutschland 1957 / 1990 · Polen 2004 · Ukraine

Belgien 1957 · Luxemburg 1957 · Tschech. Republik 2004 · Slowakei 2004

Frankreich 1957 · Liechtenstein · Österreich 1995 · Ungarn 2004 · Moldau

Schweiz · Slowenien · Kroatien · Rumänien

Portugal 1986 · Spanien 1986 · Andorra · Monaco · San Marino · Italien 1957 · Bosnien-Herzegowina · Jugoslawien · Bulgarien · Schwarzes Meer · Georgien · Aserbeidschan · Armenien

Albanien · Mazedonien · Türkei · Iran

Griechenland 1981

Marokko · Algerien · Tunesien · Malta 2004 · Mittelmeer · Zypern 2004 · Libanon · Israel · Syrien · Irak · Euphrat · Tigris

Kaspisches Meer · Kasachstan

Wolga · Ural · Don · Dnjepr · Donau · Po · Ebro · Tajo · Loire · Rhein

ARBEITSAUFTRAG

Beschreibe die Phasen des Wachstums der Europäischen Union. Erläutere die Reihenfolge, in der die verschiedenen Regionen Europas miteinbezogen wurden und nenne mögliche Gründe dafür.

1. Wurzeln europäischen Denkens

Vielfalt prägt die Völker und Staaten Europas: Sie sprechen etwa 70 verschiedene Sprachen, haben unterschiedliche Sitten, bekennen sich zu verschiedenen Religionen und leben in 44 eigenständigen Staaten. Dennoch spricht man von einer europäischen Kultur. Was ist Europa und was verbindet die dort lebenden Menschen als Europäer?

Europa – Land der untergehenden Sonne – Das Wort „Europa" bezeichnete in der Antike das „Land der untergehenden Sonne" – im Gegensatz zu Asien, dem „Land der aufgehenden Sonne". Der Name gelangte durch die Phönizier zu den Griechen und wurde vom Dichter Hesiod im 8. Jahrhundert v. Chr. aufgezeichnet. Die Römer bezeichneten die westlich von Italien gelegene Welt als Europa. Im Mittelalter ging der Begriff „Europa" auf den gesamten vom Christentum geprägten Kulturkreis über.

Europa als Kontinent – Geografisch betrachtet ist Europa die westliche Halbinsel Asiens. Doch aufgrund seiner von Asien weitgehend verschiedenen Kulturgeschichte gilt es als eigener Kontinent. Die Grenzen Europas werden im Westen und Norden vom Atlantik, im Süden vom Mittelmeer und im Osten vom Ural und vom Kaspischen Meer gebildet.

Frühe europäische Reiche – Im 1.–4. Jahrhundert n. Chr. gehörten die Regionen des südlichen und westlichen Europas zum Römischen Reich. Sie waren der

Mythologische Darstellung: die Entführung der phönizischen Prinzessin Europa durch den Göttervater Zeus in Gestalt eines Stiers

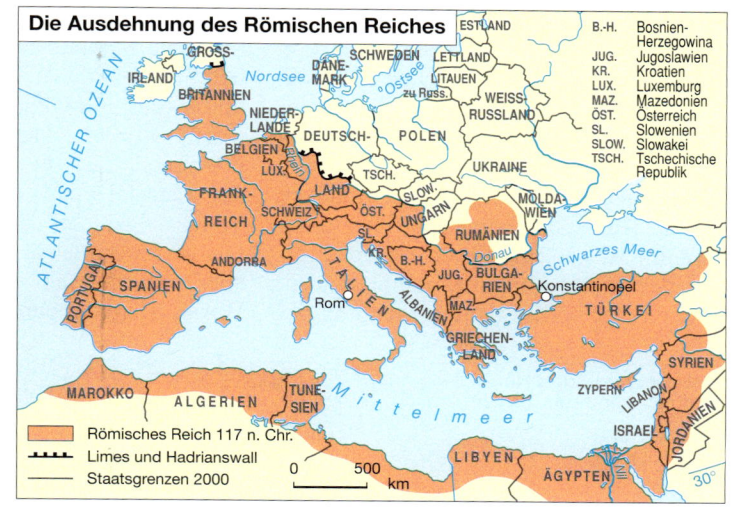

> **Q 1** Der Politiker Perikles über die Verfassung Athens, um 430 v. Chr.:
>
> 1 Unsere Verfassung trägt den Namen „Volksregierung" [Demokratie], weil sie nicht zum Vorteil von wenigen, sondern der Mehr-
> 5 zahl eingerichtet ist. Bei Rechtsstreitigkeiten genießen alle das gleiche Recht. Das Ansehen eines Bürgers wird durch seine Leistungen bestimmt und nicht durch
> 10 seine Herkunft. Auch der Ärmste kann zu öffentlichen Ehren und Würden kommen, wenn er für den Staat etwas leistet. [...] Unsere Bürger kümmern sich um die
> 15 Staatsangelegenheiten genauso wie um ihre Geschäfte. [...] Unser Volk entscheidet selbst in allen politischen Fragen. Bevor man einen Entschluss fasst, wird die
> 20 Sache gründlich diskutiert.
>
> (Thukydides, Der Peloponnesische Krieg, II, 37 u. 40, Übersetzung des Autors.)

Die Ausdehnung des Römischen Reiches (K2)

Das Reich Karls des Großen (K3)

Der europäische Einigungsprozess

"Pax Romana", der Ordnung des römischen Imperiums, unterworfen. Kaiser Caracalla gewährte 212 n. Chr. jedem freien Bürger des Reiches das römische Bürgerrecht. Erstmals gab es eine Form der „europäischen Staatsbürgerschaft". Im 8. und 9. Jahrhundert n. Chr. vereinigte Kaiser KARL DER GROSSE Gallien, Germanien und Italien unter seiner Herrschaft. Er und seine Nachfolger betrachteten sich zusammen mit dem Papst in Rom als Herrscher der gesamten (europäischen) Christenheit.

Das christliche Europa – Im 4. Jahrhundert war das aus dem Judentum hervorgegangene Christentum im Römischen Reich zur Staatsreligion geworden. Doch 1054 erklärten die christlichen Kirchen des früheren Weströmischen Reichs in Rom und die des Oströmischen Reichs in Konstantinopel ihren Bruch. Die **Kirchenspaltung** bedeutete zugleich die Spaltung Europas in einen römisch-katholischen Westen und einen griechisch-orthodoxen Osten. Auch die römische Herrschaft hatte im Westen und Osten Europas verschieden starke Prägungen hinterlassen. In der Folge verlief die Entwicklung der Kultur sowie die des mittelalterlichen Rechts- und Wirtschaftssystems in beiden Teilen Europas nicht gleichförmig.

Trennung von Staat und Kirche – Ende des 15. Jahrhunderts kritisierten zahlreiche Christen und Reformatoren West- und Mitteleuropas die Missstände in der katholischen Papstkirche Roms. Im Norden Europas, in Teilen Deutschlands und in der Schweiz setzte sich der Protestantismus als neue Glaubensrichtung durch. Besonders in Deutschland war der Streit um die Auslegung des christlichen Glaubens zugleich Anlass für den machtpolitischen Kampf zwischen einzelnen Territorialfürsten und dem katholischen Kaiser. Im 30-jährigen Krieg (1618–1648) bekämpften sich katholische und protestantische Staaten daher grausam. Diese Erfahrung hatte zur Folge, dass Religion und Staat allmählich voneinander getrennt wurden: Heute gilt in Europa prinzipiell, dass die **Religion Privatsache des Einzelnen** ist, sofern sie nicht die Verfassungsrechte anderer einschränkt. Die gemeinsame **christliche Ethik** bildete aber weiterhin ein Fundament für das Wertesystem der europäischen Völker.

PERSONENLEXIKON

KARL DER GROSSE, 742–814.
768–814 fränkischer König, seit 800 auch weströmischer Kaiser; er herrschte über ein riesiges Reich in der Mitte Europas

CHARLES MONTESQUIEU, 1689–1755. Französischer Politiker und Philosoph. Mit seiner Lehre von der Gewaltenteilung hatte er großen Einfluss auf die Herausbildung des modernen Verfassungsstaates. Um den Machtmissbrauch des Staates zu verhindern, wies er die drei Hauptaufgaben des Staates – Gesetzgebung, ausführende Gewalt und Rechtsprechung – drei voneinander unabhängigen Verfassungsorganen zu: Parlament, Regierung, Gerichten.

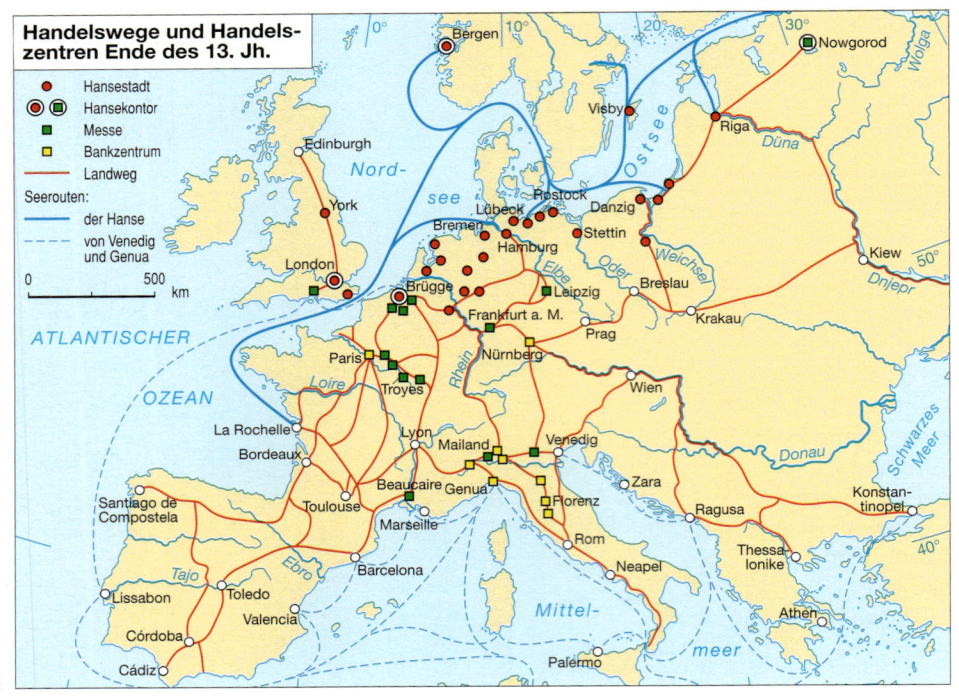

K 4 Handelswege und Handelszentren Ende des 13. Jh.

1. Wurzeln europäischen Denkens

Demokratie als Herrschaftsprinzip – Schon die Menschen in den griechischen Stadtstaaten der Antike hatten die Gleichheit der Bürger vor dem Gesetz und ihre Beteiligung an den Entscheidungen des Staates zu Grundpfeilern ihrer politischen Ordnung gemacht. Hier wie auch in der Tradition des römischen Rechtssystems liegen frühe Wurzeln des europäischen Rechtsstaates.

Das Europa der Aufklärung – Im 18. Jahrhundert wurde ganz Europa von den Ideen der Aufklärung bewegt. Das Prinzip der **Gewaltenteilung** und die Sicherung unveräußerlicher **Menschenrechte** wurden zu zentralen Forderungen an den modernen europäischen Rechtsstaat. Wichtige Etappen zur Verankerung des Gedankengutes der **Aufklärung** waren die Gründung der „Vereinigten Staaten von Amerika" (1776) und die Französische Revolution (1789–1795). Beide Ereignisse strahlten mit nachhaltiger Wirkung auf den ganzen europäischen Kontinent aus.

Handel verbindet – Seit dem 12. Jh. entwickelte sich die Zahl der Stadtgründungen in Europa geradezu sprunghaft. Von den Städten ging ein reger wirtschaftlicher und kultureller Austausch aus – über die Grenzen der Staaten und Sprachen hinweg. Große Handelshäuser wie die MEDICI oder die FUGGER hatten Niederlassungen in zahlreichen Ländern und Städten Europas. Unter Führung Lübecks schlossen sich nordeuropäische Städte zum **Handelsbund der Hanse** zusammen. Er beherrschte lange Zeit den gesamten Nord- und Ostseeraum. Mit den Waren gelangte auch deutsches Stadtrecht bis nach Osteuropa; z. B. galt das Magdeburger Stadtrecht in Kiew. Auch der Austausch von Informationen und wissenschaftlichen Entdeckungen gehörte zum Geschäft der Kaufleute. 🌐/1

Ein frühes gesamteuropäisches Zahlungsmittel: der Goldflorin, 1252 in Florenz geprägt

Q 6 Erklärung der Menschen- und Bürgerrechte, 1789:

1 Art. 1: Die Menschen sind und bleiben von Geburt an frei und gleich an Rechten.
Art. 2: Das Ziel jeder politischen Vereinigung ist die Erhaltung der natürlichen und unveräußerlichen Men-
5 schenrechte ... Freiheit, Eigentum, Sicherheit und Widerstand gegen Unterdrückung.
Art. 4: Die Freiheit besteht darin, alles tun zu können, was dem anderen nicht schadet. ... [Die] Grenzen können nur gesetzlich festgelegt werden.
10 Art. 6: Das Gesetz soll für alle gleich sein, mag es beschützen, mag es bestrafen. ...
Art. 10: Niemand darf wegen seiner Meinung, selbst religiöser Art, bedrängt werden.
Art. 11: Die freie Mitteilung der Meinungen ist eines der
15 kostbarsten Menschenrechte.

(In: Grab, W. [Hg.]: Die Französische Revolution, München 1973, S. 37 f. gekürzt)

ARBEITSAUFTRÄGE

1. Vergleiche die Verfassung des antiken Athens (Q 1) mit den Prinzipien einer modernen Demokratie.
2. Ermittle mit K 2, welche Teile Europas zum Römischen Reich gehörten. Überlege, wo das römische Erbe heute noch sichtbar oder wirksam ist.
3. Ermittle mit K 3, welche heutigen Länder Europas zum Frankenreich gehörten. Nenne kulturelle Einflüsse, die sie von anderen Teilen Europas unterschieden.
4. Interpretiere das Bild Karls des Grossen. Welche Aussagen sollen Bildnis und Insignien vermitteln?
5. Erörtere mit K 4 die wirtschaftliche Verflechtung Europas Ende des 13. Jahrhunderts.
6. Diskutiert die Bedeutung der Menschen- und Bürgerrechte (Q 6) für eine freiheitliche, demokratische Gesellschaft.
7. Interpretiere die Reisebiografien Mozarts und Chopins (K 5) unter dem Gesichtspunkt des Kulturaustausches.

Bürger Europas

Frédéric Chopin (1810–1849): *Warschau / †Paris
Wolfgang Amadeus Mozart (1756–1791): *Salzburg / †Wien
* Geburtsort
† Sterbeort
— Staatsgrenzen 2000

2. Europapläne nach den beiden Weltkriegen

Im 20. Jahrhundert wurden weite Teile Europas in zwei Weltkriegen in Schutt und Asche gelegt; mehr als 50 Millionen Menschen verloren in diesen beiden Kriegen ihr Leben. Das Ausmaß des Leids und der Zerstörung war immer wieder Anlass, eine stabile Friedensordnung für Europa anzustreben. Wie sahen diese Pläne aus und was ist daraus geworden?

Vorbilder in der Geschichte – Der Gedanke einer europäischen Friedensordnung reicht bis ins 17. Jahrhundert zurück. Nach dem Dreißigjährigen Krieg (1618–1648) fand in Münster und Osnabrück der erste europäische Friedenskongress statt. Der Philosoph IMMANUEL KANT (1724–1804) entwickelte in seiner Schrift „Vom ewigen Frieden" die Idee eines föderativen Staatenverbandes, der zukünftige Kriege in Europa verhindern sollte.

Selbstbestimmungsrecht und Völkerbund – Bereits im Januar 1918 hatte der amerikanische Präsident WOODROW WILSON seine Vorstellungen von einer internationalen Friedensordnung sowie von einer Gemeinschaftsorganisation aller Staaten formuliert. Seine Pläne für eine dauerhafte Friedensordnung basierten auf den Prinzipien der Freiheit und des Selbstbestimmungsrechts aller Völker, der Unverletzlichkeit der Grenzen aller Staaten sowie freien Handelsbeziehungen zwischen den Völkern. Auf Wilsons Initiative hin nahm am 16. 1. 1920 in Genf der **Völkerbund** seine Arbeit auf. Seine Handlungsfähigkeit war jedoch von An-

PERSONENLEXIKON

WOODROW WILSON, 1856–1924.
1913–1921 Präsident der USA; Initiator des Völkerbundes

Q1 Aus der Satzung des Genfer Völkerbundes:

Art. 12. Alle Bundesmitglieder kommen überein, eine zwischen ihnen entstehende Streitfrage ... entweder der Schiedsgerichtsbarkeit oder der Prüfung durch den Rat [des Völkerbunds] zu unterbreiten ...
Art. 16. Schreitet ein Bundesmitglied [gegen ein anderes] zum Krieg, so wird es ... so angesehen, als hätte es eine Kriegshandlung gegen alle anderen Bundesmitglieder begangen. Diese verpflichten sich, unverzüglich alle Handels- und Finanzbeziehungen zu ihm abzubrechen ... In diesem Falle ist der Rat verpflichtet ... vorzuschlagen, mit welchen Streitkräften jedes Bundesmitglied zu der bewaffneten Macht beizutragen hat, die den Bundesverpflichtungen Achtung zu verschaffen bestimmt ist.

(In: Geschichte in Quellen, Bd. 5, München 1980, S. 131 f. Gekürzt)

Q2 Rede des französischen Außenministers Briand vor der Völkerbundversammlung in Genf, 5.9.1929:

Ich denke, dass unter den Völkern, deren Länder geografisch zusammengehören wie die der europäischen Völker, eine Art von einem „föderativen Band" bestehen sollte. Diese Völker müssen in jedem Augenblick die Möglichkeit haben, in Kontakt miteinander zu treten, über ihre gemeinsamen Interessen zu diskutieren, gemeinsame Entschlüsse zu fassen, kurz, sie müssen untereinander ein Band der Solidarität knüpfen, das es ihnen erlaubt, widrigen Verhältnissen im gewünschten Augenblick zu begegnen, wenn sie eintreten sollten [...].

(In: Geschichte in Quellen, Bd. 5, München 1980, S. 225 f.)

B3 Aristide Briand und Gustav Stresemann, Foto 1926

fang an eingeschränkt: Der US-Senat hatte gegen die Empfehlung Wilsons einen Beitritt abgelehnt, weil die Amerikaner sich nicht länger in die europäischen Konflikte einmischen wollten; die Sowjetunion schloss sich erst 1934 dem Völkerbund an; Deutschland und seine Kriegsverbündeten blieben anfangs ausgeschlossen. In einigen Konfliktfällen konnte der Völkerbund schlichten und vermitteln. Den Zweiten Weltkrieg hat er jedoch nicht verhindern können. Denn die internationale Staatengemeinschaft fand lange keine gemeinsame Linie gegen die aggressive Außen- und Kriegspolitik des nationalsozialistischen Deutschlands. ⊙/2

Die Vision eines geeinten Europas – Der französische Außenminister ARISTIDE BRIAND und sein deutscher Amtskollege GUSTAV STRESEMANN leiteten 1925 mit den Locarno-Verträgen die deutsch-französische Verständigung ein, ohne die ein dauerhafter Friede in Europa undenkbar war. 1929 forderte Briand in einer Rede vor dem Völkerbund die Schaffung einer **„Europäischen Föderativen Union"** für die Völker Europas, bei der die europäischen Staaten und Regierungen jedoch (vorerst) ihre volle Souveränität behalten sollten. Stresemann stimmte diesem Plan zu und betonte besonders die Notwendigkeit einer Zusammenarbeit auf wirtschaftlichem Gebiet. Doch Briands Plan scheiterte an der Furcht der nationalen Regierungen, dass ihre Machtbefugnisse beschnitten würden.

Blockbildung statt europäische Einigung – Bereits während des Zweiten Weltkriegs hatten der damalige US-Präsident FRANKLIN D. ROOSEVELT und der britische Premier WINSTON CHURCHILL den Plan gefasst, an die Stelle des früheren Völkerbunds eine neue Weltorganisation zur Sicherung des Friedens zu setzen. Dieser Plan mündete 1945 in der Gründung der **Vereinten Nationen** (UNO). Doch Churchills 1946 formulierter Plan von den „Vereinigten Staaten von Europa" blieb in den Jahren des einsetzenden „Kalten Kriegs" nur eine Vision. Denn schon bald standen sich in Europa mit den Verteidigungsbündnissen der westlichen NATO-Länder und der östlichen Warschauer Pakt Staaten zwei verfeindete Blöcke gegenüber.

PERSONENLEXIKON

ARISTIDE BRIAND, 1862–1932. Französischer Außenminister. Zusammen mit Gustav Stresemann erhielt er 1926 den Friedensnobelpreis für die gemeinsamen Bemühungen um eine europäische Aussöhnungs- und Friedenspolitik.

Q 5 Aus einer Rede des früheren britischen Premierministers Winston Churchill vom 19.9.1946 in Zürich:

1 Wenn den europäischen Ländern die Vereinigung gelingt, werden ihre 300 bis 400 Millionen Bewohner aufgrund ihres gemeinsamen Erbes grenzenlosen Wohlstand, Ruhm und Glück erleben ... Bemühen wir uns um die
5 Errichtung der – wie soll ich es Ihnen sagen – Vereinigten Staaten von Europa. Der erste Schritt ist die Bildung eines „Europarats". Für das Gelingen dieser ... Aufgabe müssen sich Frankreich und Deutschland, Großbritannien, das mächtige Amerika und, wie ich aufrichtig
10 hoffe, auch die Sowjetunion ... miteinander versöhnen.

(In: Europäisches Geschichtsbuch, Neufass. Stuttgart 1998, S. 363. Gekürzt.)

B 4 „Der Magister Europas". Aus dem Wochenblatt „Kladderadatsch", 15.6.1930

ARBEITSAUFTRÄGE

1. Erläutere mit Q 1 das Ziel des Völkerbundes, aber auch die Probleme, die ein kollektives Sicherheitssystem hat.
2. Diskutiert die Europa-Pläne Briands (Q 2, B 3, B 4). Wie beurteilt ihr die damaligen Möglichkeiten zur Realisierung?
3. Vergleiche Churchills Europavision (Q 5) mit der Briands (Q 2). Nenne Gründe dafür, warum Churchills Vision der „Vereinigten Staaten von Europa" vorerst scheiterte.

3. Die Einigung Westeuropas durch einen gemeinsamen Markt

Nach dem Zweiten Weltkrieg hatte Europa seine Stellung als führendes Zentrum der Wirtschaft und der internationalen Politik verloren. Die Supermächte USA und UdSSR dominierten die Weltpolitik – auch in Europa. Die Teilung des Kontinents in zwei verfeindete Blocksysteme schien eine gesamteuropäische Einigung in weite Ferne zu rücken. Doch in Westeuropa nahm die europäische Zusammenarbeit nun konkretere Formen an.

Wiederaufbau – Wegen des Widerstandes der Sowjetunion konnten die Staaten Mittel- und Osteuropas sowie die sowjetisch besetzte Zone Deutschlands die Finanz- und Wiederaufbauhilfe der amerikanischen Regierung (Marshall-Plan) nicht in Anspruch nehmen.
Die Staaten West- und Südeuropas und die drei von den Westmächten besetzten Zonen Deutschlands wurden durch das Wiederaufbauprogramm wirtschaftlich, aber auch politisch enger aneinander gebunden.

B2 Verbrennung eines Grenzpfahls an der deutsch-französischen Grenze um 1950

PERSONENLEXIKON

ROBERT SCHUMAN, 1886–1963. Französischer Politiker und Minister in verschiedenen Ressorts, u. a. von 1947–1948 Ministerpräsident. Schuman entwickelte den Plan einer „Europäischen Gemeinschaft für Kohle und Stahl" (Montanunion) und trat für die Bildung einer Europäischen Verteidigungsgemeinschaft ein.

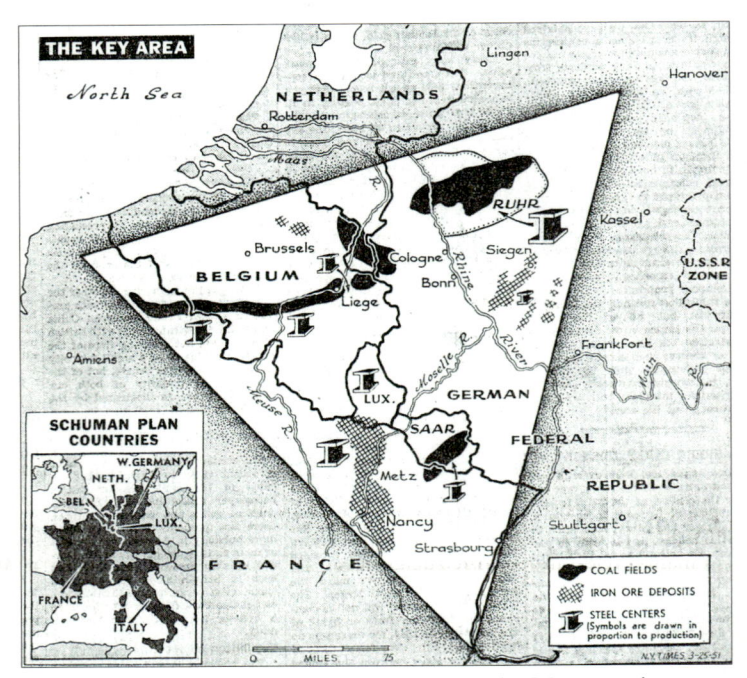

Q1 Der Schuman-Plan zur Gründung der Montanunion, 9.5.1950:

1 Europa lässt sich nicht mit einem Schlag herstellen ... Die Vereinigung der europäischen Nationen erfordert, dass der jahrhunderte-
5 alte Gegensatz zwischen Frankreich, England und Deutschland ausgelöscht wird. Die französische Regierung schlägt vor, die Gesamtheit der französisch-
10 deutschen Kohle- und Stahlproduktion unter eine gemeinsame Oberste Behörde zu stellen, in einer Organisation, die den anderen europäischen Ländern zum
15 Beitritt offen steht. Die Zusammenlegung der Kohle- und Stahlproduktion wird ... die Schaffung gemeinsamer Grundlagen für die wirtschaftliche Entwicklung sichern
20 – und damit die erste Etappe der europäischen Föderation ...

(In: Geschichte in Quellen, Bd. 7, München 1980, S. 373 f. Bearbeitet)

B3 Die New York Times 1951 zur Gründung der Montanunion

3. Die Einigung Westeuropas durch einen gemeinsamen Markt

Von der Montanunion zur Europäischen Union – Der französische Außenminister Robert Schuman war zu der Auffassung gelangt, die Einigung Europas könne nur in kleinen Schritten gelingen. Als erster Schritt schlug er die Schaffung eines gemeinsamen Marktes für Kohle und Stahl vor. 1951 unterzeichneten Frankreich, die Bundesrepublik Deutschland, Belgien, Italien, Luxemburg und die Niederlande den Vertrag über die Gründung der **„Europäischen Gemeinschaft für Kohle und Stahl"**, die so genannte Montanunion.   /3

Schon bald beschlossen die sechs Außenminister der Montanunion, ihre Kooperation auf andere Bereiche auszudehnen. 1957 wurde in Rom die **„Europäische Wirtschaftsgemeinschaft"** (EWG) gegründet, ein anfangs auf die sechs europäischen Gründungsstaaten begrenztes einheitliches Wirtschaftsgebiet ohne Zollschranken. Die steigende Produktivität, der Anstieg des Außen- und Binnenhandels in den EWG-Staaten sowie die wachsende Kaufkraft der Bürger zeigten die Vorteile eines größeren europäischen Wirtschaftsraums. Der Erfolg übte auf andere europäische Staaten eine Sogwirkung aus: 1985 waren aus sechs 12, 1995 bereits 15 Mitgliedsstaaten geworden. Aus der Wirtschaftsgemeinschaft ging 1967 die **„Europäische Gemeinschaft"** (EG) hervor, die weit mehr als nur gemeinsame Wirtschaftsinteressen verband.

Mit den Verträgen von Maastricht (Niederlande) aus dem Jahr 1992 beschlossen die Regierungschefs der damaligen Mitgliedsstaaten der EG die Gründung der **Europäischen Union** (EU). In den Verträgen legten sie Richtlinien für eine gemeinsame Wirtschafts-, Währungs-, Außen- und Sicherheitspolitik fest. Damit wurden erstmals klassische Kompetenzen aus dem Politikbereich von der Ebene der Einzelstaaten auf die EU verlagert. Die Verträge von Maastrich begründeten zwar keinen europäischen Zentralstaat, ebneten aber den Weg in diese Richtung.   /4

Europa-Fahne; die Zahl der Sterne (zwölf) steht, anders als in der amerikanischen Flagge, nicht für die Zahl der Mitgliedsstaaten, sondern gilt als Symbol der Vollkommenheit.

Gütertransporte zur Herstellung von Erdbeerjoghurt

K 5

Freier Personenverkehr	Freier Warenverkehr
• Wegfall von Grenzkontrollen • Niederlassungsfreiheit für EG-Bürger	• Wegfall von Grenzkontrollen • gegenseitige Anerkennung von Normen und Vorschriften
Freier Dienstleistungsverkehr	**Freier Kapitalverkehr**
• Öffnung von Finanz-, Telekommunikations- und Transportmärkten	• größere Freizügigkeit für Geldbewegungen • gemeinsame Währung

B 4 Die Freiheiten des EU-Binnenmarktes

ARBEITSAUFTRÄGE

1. Erläutere die Ziele, die Schuman mit der Gründung der Montanunion verfolgte (Q1).
2. Erörtere mögliche Motive für die Demonstration der deutschen und französischen Studenten in B 2.
3. Interpretiere B 3. Was will der amerikanische Karikaturist mit seiner Zeichnung „Key Area" ausdrücken?
4. Erörtere mit B 4 die Vorteile eines gemeinsamen Binnenmarktes für die EU-Bürger.
5. Diskutiert mögliche Probleme des Binnenmarktes (K 5).

4. Die Ost-Erweiterung der EU – Chancen und Probleme

Nach dem Zusammenbruch des Ostblocks 1989/90 waren parlamentarische Demokratien nach westlichem Vorbild sowie der gemeinsame Wirtschaftsraum eines Vereinten Europas für viele mittel- und osteuropäische Staaten attraktive Perspektiven. Laut Vertrag von Maastricht soll die EU prinzipiell allen europäischen Staaten offen stehen, wenn sie gewisse politische und ökonomische Kriterien erfüllen. Im Frühjahr 2004 wurden neben Malta und Zypern acht Staaten Mittel- und Osteuropas aufgenommen. Ist die EU dieser Integrationsaufgabe gewachsen?

Chancen und Probleme der Erweiterung – Die historische Chance der EU-Erweiterung besteht darin, eine **Zone von Demokratie, freiem Handel und Sicherheit** zu schaffen, die weit in den Osten Europas reicht. Vor dem Hintergrund zweier Weltkriege sowie den Erfahrungen mit Diktatur und Unterdrückung in Europa war und ist dies ein vordringliches Ziel. Allerdings wuchs mit der Aufnahme der zehn neuen Mitgliedsländer im Jahr 2004 die Wirtschaftskraft der EU nur um ca. 6 %, ihre Bevölkerung stieg dagegen um ca. 20 % und ihre Fläche um 30 %. Das durchschnittliche **Bruttoinlandsprodukt** der Neumitglieder lag 2004 bei ca. 40 % des früheren EU-Durchschnitts. Die Zahl der Mitgliedsländer und -regionen, die aus den Struktur- und Agrarfonds der EU ge-

Vom Denar zum Euro: Wandel unserer Münzen ❶/5

B 1 „Das Europäische Haus".
Karikatur von Luis Murschetz, 1991

B 2 Demonstration französischer Bauern gegen die Kürzung von Agrarsubventionen, Bahnhof Barbentane nahe Marseille, 1992

Q 3 Der polnische Ministerpräsident Mazowiecki am 30. 1. 1990:

1 Europa durchlebt eine ungewöhnliche Zeit: Die Hälfte des Kontinents, die fast 50 Jahre von ihrer ursprünglichen Lebensquelle getrennt war, wünscht dahin zurückzukehren. Die Polen sind eine Nation, die sich ihrer Zu-
5 gehörigkeit zu Europa und ihrer europäischen Identität bewusst ist. In Europa sehen wir [...] die Werte – Vaterland, Freiheit, Menschenrechte – und fahren fort, uns entschieden mit diesem Europa zu identifizieren. [...] Die Mauer zwischen dem freien und dem unterdrückten Eu-
10 ropa wurde beseitigt. Jetzt bleibt die Lücke zwischen dem armen und dem reichen Europa zu schließen. Wenn Europa ein „gemeinsames Haus" werden soll, dann dürfen auch solche Unterschiede nicht lange bestehen.

(In: Gasteyger, C.: Europa zwischen Spaltung und Einigung 1945 bis 1990, Bonn 1990, S. 414f. Gekürzt)

Q 4 Der frühere Bundespräsident von Weizsäcker zur EU, 1992:

1 Der Gipfel von Maastricht ist ein Meilenstein – aller Kritik zum Trotz. Er weist uns den Weg nach Europa, auf den wir angewiesen sind. Jetzt fehlen nur noch die entscheidenden Stufen zur europäischen Einheit: die Wirtschafts-
5 und Währungsunion und die politische Union. So wächst eine europäische Gemeinschaft heran, die wir als Deutsche inmitten Europas dringlich benötigen, nicht nur aus wirtschaftlichen Gründen, sondern langfristig noch viel mehr aus geografischen und historischen Gründen,
10 um unserer Politik und Sicherheit willen.

(Bulletin der Bundesregierung, Bonn 15.4.1992)

4. Die Ost-Erweiterung der EU – Chancen und Probleme

fördert werden will, ist also deutlich gestiegen. Besonders in den Ländern und Regionen der „alten" EU, die bisher von EU-Subventionen besonders profitierten, reagieren Teile der Bevölkerung daher mit Skepsis und Ängsten auf die Erweiterung.

Die Finanzierung der EU, ihre bisherige Agrarpolitik sowie das Subventionssystem sind in der Tat dringend reformbedürftig. Einerseits wollen die neuen Mitglieder nicht auf Dauer das „Armenhaus" Europas bleiben. Andererseits wächst bei den reichen EU-Ländern, die schon jetzt einen großen Teil des EU-Etats finanzieren, der Widerstand gegen eine weitere Erhöhung ihrer Beiträge. Schließlich würde die bisherige Form der EU-Agrarsubventionen wegen der Aufnahme neuer, stark agrarwirtschaftlich geprägter Länder zu einer gewaltigen Überproduktion von Agrarprodukten führen. Kritiker der EU-Finanzpolitik sind schon heute der Aufassung, dass zuviel Geld für die Agrarförderung und zu wenig in die Förderung von Zukunftstechnologien investiert wird.

Ängste und Erwartungen der Bürger – Vielen Bürgern bereitet auch die neue Größe der EU und die Geschwindigkeit des Wachstums Sorgen. Ihnen erscheint die EU als riesiger bürokratischer Apparat, dessen Entscheidungen sie kaum beeinflussen können. Ihre eigenen Anliegen sehen sie in dem Interessengemenge von 25 Mitgliedsstaaten nicht richtig vertreten. Ein weiterer Grund für die Skepsis vieler Menschen ist deren Angst um ihren Arbeitsplatz; entweder weil die Erweiterung eine **Zuwanderung** qualifizierter Arbeitskräfte nach sich ziehe oder weil **preiswerte Importe** aus EU-Ländern mit niedrigerem Lohnniveau heimische **Arbeitsplätze gefährden** könnten. Bereits 1992 bzw. 1994 führten Volksbefragungen in Dänemark und Norwegen zur Ablehnung des Vertrages von Maastricht. Im Frühjahr 2005 hat die Mehrheit der Bevölkerung Frankreichs und Hollands sogar die neue Verfassung für Europa abgelehnt. Dem halten die Befürworter der EU-Erweiterung entgegen, dass gerade die **Exportnation Deutschland** von den neuen Märkten Wachstumsimpulse für die heimische Wirtschaft erhalte. Die europäischen Volkswirtschaften müssten angesichts weltweiter **Globalisierung** auch deshalb zusammenwachsen, um international konkurrenzfähig zu bleiben. ❷/6
Die bisher positiven Erfahrungen mit der 2002 eingeführten neuen Gemeinschaftswährung **Euro** lassen darauf hoffen, dass viele Ängste der EU-Skeptiker unbegründet und dann auch bald überwunden sind.

Q5 Chancen für junge Menschen und Arbeitnehmer

Mit der Einführung des Binnenmarktes entstand in Europa der größte Arbeitsmarkt der Welt. Der spanische Buchhalter, der in Dänemark arbeitet, der deutsche Ingenieur, der in den Niederlanden aufsteigt, der belgische Handwerker, den es nach Irland zieht – all dies ist vorstellbar ... [Man] sollte mindestens zwei Fremdsprachen gut bis sehr gut beherrschen ... Zunehmend Bedeutung gewinnt die Freizügigkeit für Jugendliche, die ihre Lehre, ihr Studium oder ihren Berufsstart in einem anderen EG-Land absolvieren möchten.

(In: Brückner, M. u. a.: Der Europa-Ploetz, Freiburg, Würzburg 1993, S. 281. Gek.)

B 6 „Østerbro stimmt mit Nein", „Gegen den Verkauf von Dänemark": Demonstration in Kopenhagen 1992 zum EG-Beitritt Dänemarks

ARBEITSAUFTRÄGE

1. Erläutere und beurteile mit Q 3 und Q 4 die Argumente, die für eine (Ost-)Erweiterung der EU genannt werden.
2. Diskutiere mit B 1, B 2, B 6 und dem Darstellungstext Probleme und Ängste, die mit der Erweiterung verbunden sind.
3. Formuliere deine persönliche Meinung: Siehst du für dich mehr Chancen oder mehr Risiken in der EU-Erweiterung?

5. Die politische Struktur der erweiterten Europäischen Union

Der Vertrag von Maastricht (1990) sieht vor, die Europäische Union zu einer **politischen Union** mit gemeinsamer Sicherheits-, Außen- und Wirtschaftspolitik weiterzuentwickeln. Die EU erhält damit Funktionen, die bisher den Nationalstaaten zustehen. Dazu gehört auch eine erweiterte Gesetzes- und Entscheidungskompetenz, die für alle Bürgerinnen und Bürger in der EU unmittelbar geltendes Recht wird. Dazu ist eine Europäische Verfassung notwendig – sowie ein Konsens über die künftigen Spiel- und Machtregeln zwischen den Institutionen der EU und ihren Mitgliedsstaaten. Wie soll die EU zukünftig regiert werden?

Die EU soll eine Verfassung erhalten – Im Jahr 2004 hatten sich die Regierungschefs der 25 Mitgliedsstaaten nach langer, teilweise kontroverser Diskussion auf den Entwurf einer **Europäischen Verfassung** verständigt. Umstritten war anfangs, wie das Gewicht der einzelnen Mitgliedsstaaten in den **Organen der EU** und der Regierung ausbalanciert werden soll. Denn diese Organe sollen einerseits die Mitgliedsstaaten und ihre Regierungen an der Gestaltung der gemeinsamen EU-Politik beteiligen sowie deren Interessen entsprechend der jeweiligen Bevölkerungsgröße berücksichtigen. Andererseits sollen sie aber unabhängig vom Druck einzelstaatlicher Interessen sein und demokratisch gewählt werden. ⊙/7
Nachdem eine Mehrheit der Bevölkerung Frankreichs und Hollands den neue Verfassungsentwurf im Frühjahr 2005 bei einer Volksbefragung abgelehnt hat, ist das weitere **Schicksal des Verfassungsentwurfs ungewiss**. Die darin gemachten Vorschläge für den zukünftigen Aufbau der EU und seiner Organe werden aber voraussichtlich Bestand haben.

Blick in den Sitzungssaal des Europäischen Parlaments in Straßburg, 2000

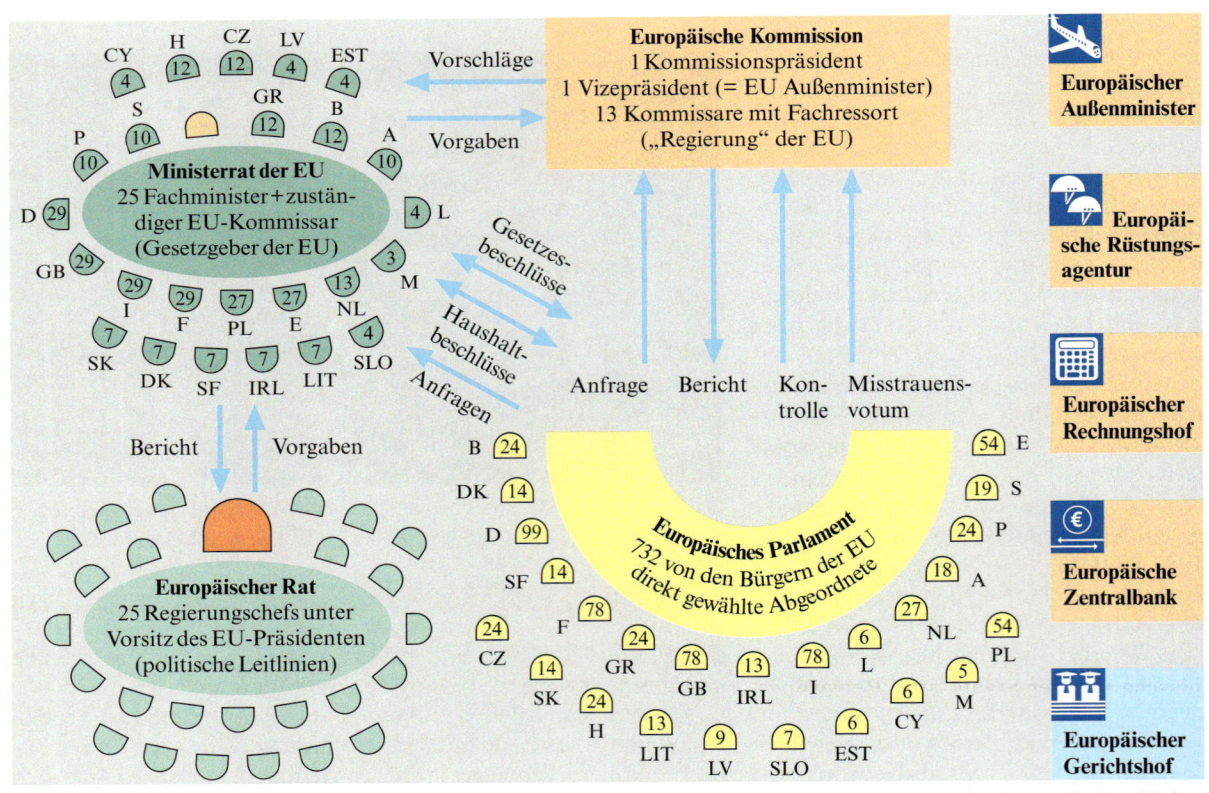

B 1 Entwurf der EU-Verfassung von 2003: Aufbau und Zusammenwirken der zentralen Organe der Europäischen Union

Die EU-Kommission – Die eigentliche Regierung der Union soll die **Europäische Kommission** sein. Ihr gehört der **Kommissionspräsident** an, der auf Vorschlag der europäischen Regierungschefs vom EU-Parlament für 5 Jahre gewählt wird. Er hat die Richtlinienkompetenz. Aus einer Vorschlagsliste der 25 Mitgliedsstaaten wählt er seine Regierungsmitglieder für die Fachressorts aus: die **EU-Kommissare**.
Der vorliegende Verfassungsentwurf sieht statt bisher 20 in Zukunft nur noch 15 Kommissionsmitglieder mit Stimmrecht vor: neben dem Präsidenten und einem Vizepräsidenten 13 Kommissare. Zehn weitere Kommissionsmitglieder sind nur informell eingebunden – also ohne Stimmrecht. Demnach wären nicht mehr alle Mitgliedsstaaten der EU mit einem eigenen EU-Kommissar vertreten.
Die Kommission erarbeitet nur Vorschläge für neue Maßnahmen und Gesetze (Initiativorgan); beschlossen werden sie vom EU-Parlament und vom EU-Ministerrat. Die Kommission kontrolliert ferner die Ausführung von Beschlüssen und überwacht die Einhaltung der Verträge.

EU-Ministerrat – Alle wichtigen Entscheidungen werden vom **EU-Ministerrat** getroffen. Er beschließt Gesetze und erlässt Verordnungen. Der Ministerrat besteht aus den **Fachministern der 25 Mitgliedsländer** und dem jeweils zuständigen EU-Kommissar. Der Ministerrat trifft Beschlüsse von grundsätzlicher Bedeutung einstimmig, z. B. in Fragen der Sicherheits- und Außenpolitik oder bei der Aufnahme neuer Mitglieder. In anderen Fällen gilt die **qualifizierte Mehrheit**: Dazu bedarf es einer Mehrheit der Stimmen aller Mitgliedsstaaten, die zugleich mindestens 60 % der EU-Bevölkerung repräsentieren müssen – eine Regelung, die von kleinen EU-Staaten kritisiert wird.

Der Europäische Rat – Das höchste Entscheidungsgremium der EU ist der **Europäische Rat** der Staats- und Regierungschefs. Er trifft sich halbjährlich, gibt der Union Impulse und bestimmt die politischen Leitlinien. Der Europäische Rat (EU-Rat) hat einen ständigen **EU-Präsidenten**, der von den Staats- und Regierungschefs für zweieinhalb Jahre gewählt wird. Erstmals bekommt die EU auch einen **Außenminister**; er wird vom Europäischen Rat gewählt und ist zugleich der Vizepräsident der EU-Kommission.

Das EU-Parlament – Die Mitglieder des EU-Parlaments werden von den Bürgern ihres Heimatlandes für 5 Jahre direkt gewählt. Es besteht aus maximal **732 Abgeordneten**, gewichtet nach der Bevölkerungsgröße der Mitgliedsstaaten. Sie beschließen mit dem EU-Ministerrat über neue Gesetze und über den Haushalt der EU-Kommission (Ausnahme: der Agrarhaushalt), haben aber kein eigenes Initiativrecht für neue Gesetze. Das Parlament kontrolliert den Ministerrat und die EU-Kommission. Ferner kann es den EU-Präsidenten oder einzelne Kommissare mit Zweidrittelmehrheit abwählen.

T 2 Die Mitglieder der EU, ihre Bevölkerungsgröße und die Zahl ihrer Vertreter in wichtigen Organen der EU (Stand: 2004)

	Die EU-Mitglieder	Einwoh (in Mio)	BIP pro Einw.*	Sitze im EU-Parlament	Stimmen im Ministerrat
D	Deutschland	82,0	27 425	99	29
GB	Großbritannien	58,6	29 324	78	29
F	Frankreich	60,4	27 615	78	29
I	Italien	57,7	23 860	78	29
E	Spanien	39,4	19 964	54	27
PL	Polen	38,6	5 229	54	27
NL	Niederlande	15,8	29 423	27	13
GR	Griechenland	10,7	14 864	24	12
CZ	Tschechien	10,3	8 204	24	12
B	Belgien	10,2	28 094	24	12
HU	Ungarn	10,1	8 204	24	12
P	Portugal	10,8	13 354	24	10
S	Schweden	9,8	31 699	19	10
A	Österreich	8,2	29 515	18	10
SK	Slowakei	5,4	6 231	14	7
DK	Dänemark	5,4	36 917	14	7
FIN	Finnland	5,1	29 480	14	7
IRL	Irland	3,7	36 801	13	7
LT	Litauen	3,6	5 341	13	7
LV	Lettland	2,4	4 515	9	4
SLO	Slowenien	1,9	13 411	7	4
EST	Estland	1,4	6 759	6	4
CY	Zypern	0,7	17 431	6	4
L	Luxemburg	0,5	57 145	6	4
M	Malta	0,4	9 590	5	3
	25 Mitglieder	**453,1**		**732**	**321**

* Nominales Bruttoinlandsprodukt pro Einwohner in Euro Quelle: Die ZEIT, 9.5.2005

Ein europäischer Zentralstaat als Ziel? – Die wichtigen Entscheidungen in der Europäischen Union werden weder jetzt noch in naher Zukunft im EU-Parlament oder in der EU-Kommission getroffen. Diese Entscheidungen treffen weiterhin die Minister und Regierungschefs der 25 EU-Staaten. Doch je größer die EU wird, um so schwieriger ist es für die nationalen Regierungen, gemeinsame Kompromisse zu finden. Noch ist daher nicht erkennbar, wie Europa zukünftig in wichtigen Fragen der Außen-, Sicherheits- und Wirtschaftspolitik mit einer Stimme sprechen soll.

Wenn die politische Integration Europas fortgesetzt wird, steht eines Tages auch die Frage auf der Tagesordnung, ob die historischen europäischen Nationalstaaten weiter Bestand haben oder in einem einzigen europäischen Bundesstaat aufgehen werden. Bisher existieren dazu sehr unterschiedliche Vorstellungen. Insbesondere nach der Ablehnung der Europäischen Verfassung durch die Bevölkerungsmehrheit in Frankreich und Holland steht der endgültige „Bauplan des Europäischen Hauses" also keineswegs schon fest.

In den 25 Staaten der EU lebten im Jahr 2004 etwa 450 Millionen Menschen; das sind 180 Millionen mehr als in den USA. Die Europa-Skeptiker bezweifeln, dass ein so großes Territorium durch eine einzige gesamteuropäische Regierung verwaltet werden kann. Angesichts globaler Herausforderungen der Wirtschaft, des Welthandels, der Klima- und Umweltpolitik sowie weltweiter Krisen scheint es aber unerlässlich, dass Europa seine Kräfte bündelt – um seinen Einfluss in der Welt auch in Zukunft zu behalten.

Q 3 Zukunftsszenarien für Europa:

Europa nach dem Jahr 2000 kann grenzenlos sein zwischen Warschau und Lissabon, zwischen Dublin und Budapest [...] Es kann grenzenlose Möglichkeiten bieten für Reisen und Studium, für Ausbildung und Beruf. [...] Es kann das Modell sein für gedeihliches Miteinander der Regionen und Staaten, der Völker und Sprachen, der Traditionen und Religionen – ein friedliches Miteinander, das zwei Voraussetzungen hat: Demokratie und Freiheit.

Es kann aber auch ganz anders aussehen, das Europa nach 2000: Wieder zerstritten und zersplittert, uneins im Wollen, unfähig zur Bewältigung seiner Probleme und erst recht zur Hilfe bei Problemen anderswo in der Welt, ein Herd dauernder Unruhe, ein Kontinent ohne Zukunft.

(In: Grupp, C.: Europa 2000 – Der Weg zur Europäischen Union, Köln 1993, S. 3. Gekürzt)

Q 4 Wohin geht die EU? Suche nach einer Therapie

Was tun nach dem zweifachen Debakel in den EU-Gründungsländern Frankreich und den Niederlanden? [...] Die drei Präsidenten von EU-Kommission, Ministerrat und Europaparlament [fordern], eine Antwort auf die Ängste der Menschen zu finden: Angst vor dem Wettbewerb [im Europa der 25], vor dem Verlust des Arbeitsplatzes, vor sozialem Abstieg und dem Verlust der eigenen Identität. [...] Entscheidend für die Zukunft der EU sind: Die Vereinfachung und Verbesserung der Entscheidungsverfahren; entscheidend [ist] auch, dass die EU in Zukunft außenpolitisch tatsächlich mit einer Stimme spricht: Mit der Stimme eines EU-Außenministers; entscheidend wird vor allem sein, ob die EU ihre drängenden Finanz- und Strukturprobleme lösen kann.

(Thomas Gack, in: „DER TAGESSPIEGEL" vom 3. Juni 2005, S. 4)

ARBEITSAUFTRÄGE

1. Nenne mit B 1 die wichtigen Organe der Europäischen Union sowie deren Aufgaben und Kompetenzen (vgl. Text).
2. Diskutiere mit T 2 das Pro und Contra einer Stimmverteilung im EU-Parlament und im EU-Rat, die nicht exakt den Bevölkerungsanteilen der Mitgliedsländer entspricht.
3. Diskutiere Vor- und Nachteile des Prinzips der „qualifizierten Mehrheit" im Ministerrat aus der Sicht eines kleinen und eines großen EU-Mitglieds (vgl. T 2 und Darstellungstext).
4. Überlege mit Q 3, ob der europäische Binnenmarkt dir persönlich interessante Chancen bieten könnte.
5. Nenne die Aufgaben und Probleme der EU, die nach Auffassung des Verfasser von Q 4 dringend gelöst werden müssen.

Der europäische Einigungsprozess – Zeitstrahl

	Politik	Kultur	Alltag/Wirtschaft
2005	2005: Ablehnung der geplanten Europäischen Verfassung in Frankreich und Holland; 2004: Aufnahme von 10 weiteren EU-Mitgliedern; 1992: Vertrag von Maastricht über die Europäische Union; 1990: EG-Beitritt der neuen deutschen Bundesländer	2005: Volksabstimmungen in Frankreich und Holland, Ablehnung der EU-Verfassung 1994: Volksabstimmung in Norwegen: Ablehnung des EU-Beitritts; 1993: Wegfall der Personenkontrollen an den Binnengrenzen der EU;	2002: Einführung des Euro als Bargeld; 1999: Beginn der europäischen Währungsunion und Einführung des Euro im bargeldlosen Zahlungsverkehr 1987: Beschluss über die Schaffung eines Binnenmarktes bis zum Jahr 1992
1950	1979: Erste Direktwahl des Europäischen Parlaments; 1967: Gründung der Europäischen Gemeinschaft (EG); 1957: Römische Verträge: Gründung der Europäischen Wirtschaftsgemeinschaft (EWG) und der Europäischen Atomgemeinschaft (EURATOM) durch Frankreich, die Bundesrepublik Deutschland, Italien und die Benelux-Länder (Europa der Sechs); 1949: Gründung der NATO; 1946: Plan Churchills über die Gründung der „Vereinigten Staaten von Europa"	1985: Perestroika in der Sowjetunion; 1972: Ablehnung des EG-Beitritts durch Dänemark und Norwegen in Volksabstimmungen 1950: Demonstration deutscher und französischer Studenten für ein vereintes Europa	1951: Gründung der Europäischen Gemeinschaft für Kohle und Stahl (EGKS/Montanunion) durch Frankreich, die Bundesrepublik Deutschland, Italien und die Benelux-Länder; 1947: Marshall-Plan zum Wiederaufbau Europas. Von den osteuropäischen Staaten auf Druck der UdSSR abgelehnt.
1900	5. 9. 1929: Aufruf Briands zur Gründung einer „Europäischen Föderativen Union"		
1000	1789–95: Französische Revolution; 1618–48: 30-jähriger Krieg 771–814 n. Chr.: Frankenreich unter Karl dem Großen	1789: Erklärung der Menschen- und Bürgerrechte; 1517: Reformation 1054: Spaltung der christlichen Kirchen des Ost- und Weströmischen Reiches	12.–15. Jh.: Blütephase des Ostseehandels der Hanse und des Levantehandels (=Orienthandels) der Städte Venedig und Genua
1	117 n. Chr.: Größte Ausdehnung des Römischen Reiches	391 n. Chr.: Das Christentum wird Staatsreligion im Römischen Reich	
500 v. Chr.	462 v. Chr. ff.: Vollendung der Demokratie in Athen		

Zusammenfassung – Der europäische Einigungsprozess

Europa bildet geografisch und historisch einen eigenen Kontinent. Die Überlieferung der **antiken griechischen und römischen Kultur** sowie die vorherrschende **christliche Religion** sind frühe Wurzeln der europäischen Kultur. Mit der Ausdehnung des antiken Römischen Reiches auf weite Gebiete West-/Mitteleuropas und mit dem Frankenreich entstanden **die ersten europäischen Großreiche**. Auch sie prägten mit ihren Rechtssystemen die Kultur Europas. Die **Trennung von Kirche/Religion und Staat/Gesetzgebung**, die Anerkennung unveräußerlicher **Menschen- und Bürgerrechte** sowie das **Prinzip der Gewaltenteilung** waren unverzichtbare Stationen der europäischen Nationen auf dem Weg zu modernen, freiheitlichen Rechtsstaaten.

Die ersten Versuche zur Einigung Europas nach dem Ersten Weltkrieg mündeten 1919 im **Völkerbund**. Die Idee des Franzosen Briand, eine „Europäische Föderative Union" zu gründen, scheiterte unter anderem am Autonomiedenken der europäischen Staaten. Nach dem Zweiten Weltkrieg griffen die Regierungen Westeuropas diesen Gedanken erneut auf. Am Anfang stand die grenzüberschreitende Zusammenarbeit bei konkreten Wirtschaftsprojekten. Doch schon bald dehnten die sechs Gründungsstaaten der **Europäischen Wirtschaftsgemeinschaft** (EWG) ihre erfolgreiche Kooperation auf weitere Gebiete aus.

Mit den **Verträgen von Maastricht** beschlossen zwölf europäische Regierungen 1992 die Gründung der **Europäischen Union** (EU). Heute gehören ihr 25 Staaten an; weitere haben die Mitgliedschaft beantragt. In den Verträgen wurden Richtlinien für eine gemeinsame Wirtschafts-, Währungs-, Außen- und Sicherheitspolitik festgelegt. Doch wie die künftige Struktur Europas aussehen wird – ob als lockere Staatengemeinschaft oder als Bundesstaat mit Zentralregierung –, ist bis heute offen.

ARBEITSAUFTRAG

Diskutiert mögliche Vor- und Nachteile der verschiedenen politischen Strukturen Europas: lockerer Staatenbund oder Bundesstaat mit einer Zentralregierung. Welche Form des Zusammenschlusses würdet ihr bevorzugen? Begründet eure Meinung.

ZUM WEITERLESEN

H. Brosche: Ich lebe in Europa. Ravensburger Buchverlag, Ravensburg 1998

J. le Goff erzählt die Geschichte Europas. Campus Verlag, Frankfurt a. M. 1997

F. Stephan-Kühn: Was in Höhlen begann. Die Geschichte Europas in Geschichten. Arena-Verlag, Würzburg 1992

/1 www.bernhardkeller.de/Projekte/_Die_deutsche_Hanse_/_die_deutsche_hanse_.html
/2 www.dhm.de/lemo/html/weimar/aussenpolitik/voelkerbund/
/3 www.dhm.de/lemo/html/dokumente/JahreDesAufbausInOstUndWest_vertragEgks/index.html
/4 www.auswaertiges-amt.de/www/de/eu_politik/index_html
www.weltpolitik.net/sachgebiete/eu/
/5 www.learn-line.nrw.de/angebote/euro/
/6 www.europa.eu.int/scadplus/leg/de/lvb/e40001.htm
/7 www.bundesregierung.de/Themen A-Z/Europaeische-Union-,9860/Aktuelles-EU
www.mdr.de/eu/wandel/1098081.html

Internationale Problemfelder

Bomben palästinensischer Selbstmordattentäter explodieren in Israel. Am Erdölgolf werden Kriege um das „schwarze Gold" geführt. Terroranschläge zerstörten das World-Trade-Center in New York sowie andere Gebäude. Viele frühere Kolonialländer leiden unter Armut, Diktaturen und Kriegen. Weltweit wächst die Gefahr globaler Umweltkatastrophen … Konflikte und Probleme, von denen die Medien beinahe täglich berichten.

Internationale Problemfelder

Politik

Kultur

Alltag

1700 1900 1950 1960 1970 1980 1990 2000

Globale Problemfelder

Reichtum und Armut (gemessen am Bruttosozialprodukt pro Kopf in US-$; 1998/99)
- unter 755 US-$
- 755–2995 US-$
- 2996–9265 US-$
- über 9265 US-$

Regionen mit ressourcen- und umweltbedingten Konflikten (Stand 2000)

Politische Unterdrückung (Stand 1998)
- **TÜRKEI** politische Haft, zum Teil Folter
- **IRAK** Staatsterror, systematische Folter und Mord

Ä. ÄQUATORIALGUINEA	**DK.** DÄNEMARK	**KI.** KIRGISISTAN			
AFGH. AFGHANISTAN	**E.** ESTLAND	**KU.** KUWAIT			
AR. ARMENIEN	**EL.** ELFENBEINKÜSTE	**L.** LIBANON	**T.** TOGO		
AS. ASERBAIDSCHAN	**ER.** ERITREA	**LI.** LITAUEN	**TA.** TADSCHIKISTAN		
B. BELGIEN	**GR.** GRIECHENLAND	**M.** MALAWI	**TUN.** TUNESIEN		
BA. BANGLADESCH	**H.** HONDURAS	**N.** NIEDERLANDE	**TUR.** TURKMENISTAN		
BE. BENIN	**IS.** ISRAEL	**NIC.** NICARAGUA	**UG.** UGANDA		
B.F. BURKINA FASO	**IT.** ITALIEN	**POL.** POLEN	**US.** USBEKISTAN		
B.-H. BOSNIEN-HERZEGOWINA	**J.** JORDANIEN	**R.** RUMÄNIEN	**V.A.E.** VEREINIGTE ARABISCHE EMIRATE		
BOT. BOTSUANA	**JAM.** JAMAIKA	**RU.** RUANDA	**W.** WEISSRUSSLAND		
BU. BURUNDI	**JUG.** JUGOSLAWIEN	**S.** SINGAPUR	**Z.** ZYPERN		
BUL. BULGARIEN	**K.** KATAR	**SA.** SAMBIA	**Z.A.R.** ZENTRALAFRIKANISCHE REPUBLIK		
D. DEUTSCHLAND	**KA.** KAMERUN	**SIM.** SIMBABWE			
	KAM. KAMBODSCHA	**SY.** SYRIEN			

ARBEITSAUFTRAG

Ermittle, welche Regionen der Erde am stärksten von Problemen betroffen sind. Nenne mögliche Ursachen.

Nahostkonflikt und Re-Islamisierung
1. Israel auf dem Weg zum eigenen Staat

Seit dem 1. Jh. v. Chr. beherrschte Rom alle nahöstlichen Küstenländer; auch das jüdische Königreich. Nach mehreren Aufständen gegen die römischen Besatzer wurden um 135 n. Chr. fast alle Juden aus Israel vertrieben. Rom machte das Land zur Provinz Palästina. Dort lebten in den folgenden Jahrhunderten vor allem die verbliebenen nichtjüdischen Volksstämme. Seit Mitte des 19. Jh. setzte wieder ein Zustrom jüdischer Siedler ein. Was waren die Gründe und wie reagierten die in Palästina lebenden muslimischen Araber?

(K)Eine Heimat für die Juden? – Als weitgehend gleichberechtigte, wirtschaftlich oft erfolgreiche Bürger hatten die in Westeuropa lebenden Juden über Generationen den Patriotismus ihrer dortigen Mitbürger geteilt. Anfang des 19. Jh. waren die meisten Juden in ihren Heimatländern integriert; viele hatten die jüdische Religion aufgegeben. Dennoch entbrannte Ende des 19. Jahrhunderts in Europa ein neuer **Antisemitismus** (= Hass auf Juden). Angesichts dieser bitteren Erfahrung schlug der Journalist THEODOR HERZL 1896 vor, in der alten Heimat Israel, beim heiligen Jerusalem (Zion), einen neuen jüdischen Nationalstaat zu gründen. Herzls Anhänger nannten sich daher **Zionisten**. Sie kauften von den in Palästina lebenden Arabern Ödland und kultivierten es.

Im Ersten Weltkrieg eroberte Großbritannien das damals türkisch beherrschte Palästina. Es versprach den Arabern Unabhängigkeit und den Juden eine „nationale Heimstätte". Doch als der Völkerbund 1922 Großbritannien mit einem Mandat (= Oberhoheit) über Palästina beauftragte, sahen sich die palästinensischen Araber getäuscht. Ihre Wut entlud sich nicht nur gegen die Briten, sondern auch gegen die als Bedrohung empfundene wachsende Zahl jüdischer Siedlungen. Nach einem Aufstand gegen die Briten versuchte die Londoner Regierung daher ab 1939 die Einwanderung von Juden nach Palästina einzuschränken – nach 1945 auch die von Überlebenden des Holocaust. Als Großbritannien 1947 die Palästinafrage den Vereinten Nationen (UNO) übergab, beschloss die UNO gegen arabischen Einspruch, Palästina zwischen Juden und Arabern zu teilen. /1

T 1 Jüdische Einwanderung und Siedlung in Palästina (Jahre, Größenordnung, Herkunft und Art der Siedlung)

1840	Religiöse Gemeinschaften in 4 Städten (ca. 10 000 Mitglieder); Lebensgrundlage: Spenden aus Europa
1881–1904	1. Alija (= Einwanderung nach Palästina), ca. 30 000 Religiöse, vorwiegend aus Russland, landwirtschaftliche Siedlungen
1904–1914	2. Alija, ca. 40 000 vorwiegend Nichtreligiöse, meist aus Russland und Polen, landwirtschaftliche Siedlungen
1919–1923	3. Alija, ca. 35 000 polnische und SU-Bürger, Gründung von Kibbuzim, Städten, der hebräischen Universität Jerusalem
1924–1931	4. Alija, ca. 80 000 polnische und SU-Bürger, Siedlung in Tel Aviv, Haifa, Jerusalem
1932–1938	5. Alija, ca. 200 000 vor den Nationalsozialisten fliehende Mitteleuropäer: Akademiker, gehobenes Bürgertum
1939–1945	80 000 Flüchtlinge aus Deutschland und Ostmitteleuropa

Q 2 Th. Herzl über einen jüdischen Staat (1896):

1 Ich halte die Judenfrage weder für eine soziale noch für eine religiöse... Sie ist eine nationale, die im Rate der Kulturvölker zu lösen sein wird. Wir haben überall ehrlich versucht, in der uns umgebenden Volksgemeinschaft
5 unterzugehen und nur den Glauben zu bewahren. Vergebens sind wir treue Patrioten... (Dennoch) werden wir als Fremdlinge angeschrien... Wir sind ein Volk ... Wir haben die Kraft, einen Musterstaat zu bilden. Man gebe uns die Souveränität eines genügenden Stückes Erdober-
10 fläche, alles andere werden wir selbst besorgen.

(Theodor Herzl, Eine Lösung der Judenfrage, in: Bundeszentrale für politische Bildung: Der israelisch-arabische Konflikt, Bonn 1985, S. 16 f. Gekürzt)

ARBEITSAUFTRÄGE

1. Welches Problem beschäftigt Herzl in Q 2, welches sieht er nicht? Nimm zu seinem Vorschlag Stellung.
2. Analysiere T 1 und K 2, S. 216. Ist die jüdische Besiedlung Palästinas als eine Ein-, Zu- oder Rückwanderung zu sehen?

2. Feindschaft, Kriege und Versuche einer Friedenslösung

Am 14.5.1948 erklärten 800 000 Juden den von ihnen kontrollierten Teil Palästinas zum neuen Staat Israel. Welche Folgen hatte diese Staatsgründung?

(K)Ein Staat für die Palästinenser? – Die arabischen Staaten reagierten auf die israelische Staatsgründung 1948 mit Krieg. Israel hielt dem Angriff stand. Doch als Folge des Kriegs strandeten 700 000 aus Israel geflohene oder vertriebene Araber in **Flüchtlingslagern** der umliegenden arabischen Länder. Sie und ihre Nachkommen leben bis heute in materieller Not und ohne Heimat. Ihr Schicksal ist ein schwelender Konflikt der ganzen Region. Die in Israel verbliebenen Araber wurden formal zu gleichberechtigten Bürgern. Doch im täglichen Leben sieht sich diese Minderheit (20 %) diskriminiert.

Kampf der PLO gegen Israel – Seit 1948 führen palästinensische Guerillagruppen einen erbitterten Krieg gegen Israel; insbesondere die 1964 gegründete **PLO** (Palästinensische Befreiungsorganisation). Von Jordanien und dem Libanon aus attackierte die PLO Israel und pro-israelische Einrichtungen weltweit. Mit blutigen Terroranschlägen wie dem Überfall auf Israels Olympiamannschaft 1972 in München wollte die PLO Israel zermürben und die Weltöffentlichkeit auf das Schicksal der Palästinenser aufmerksam machen.

Q1 Aus der Unabhängigkeitserklärung Israels (1948):

In Erez [dem Land] Israel stand die Wiege des jüdischen Volkes. Mit Gewalt vertrieben, bewahrte es ihm in der Fremde die Treue. In den letzten Generationen kehrten viele [Juden] zurück, brachten die Wüste zu neuer Blüte, schufen eine ständig zunehmende Bevölkerung eigener Wirtschaft und Kultur, die allen Bewohnern Segen und Fortschritt bringt und nach staatlicher Unabhängigkeit strebt. … Wir, die Vertreter der jüdischen Bevölkerung Palästinas und der zionistischen Bewegung, proklamieren kraft unseres historischen Rechts und aufgrund des Beschlusses der UN die Errichtung eines jüdischen Staates in Erez Israel.

(In: Ullmann, A. [Hg.], Israels Weg zum Staat, München 1964, S. 307 ff. Gekürzt)

PERSONENLEXIKON

ITZHAK RABIN, 1922–1995. 1948/49 und 1967 israelischer Militärbefehlshaber, mitverantwortlich für die repressive Besatzungspolitik im Westjordanland, 1974–1977 und 1992–1995 israelischer Ministerpräsident, trat für den Frieden mit den Palästinensern ein. 1994 erhielt er mit Arafat und Peres den Friedensnobelpreis. 1995 wurde er von einem fanatischen Juden ermordet.

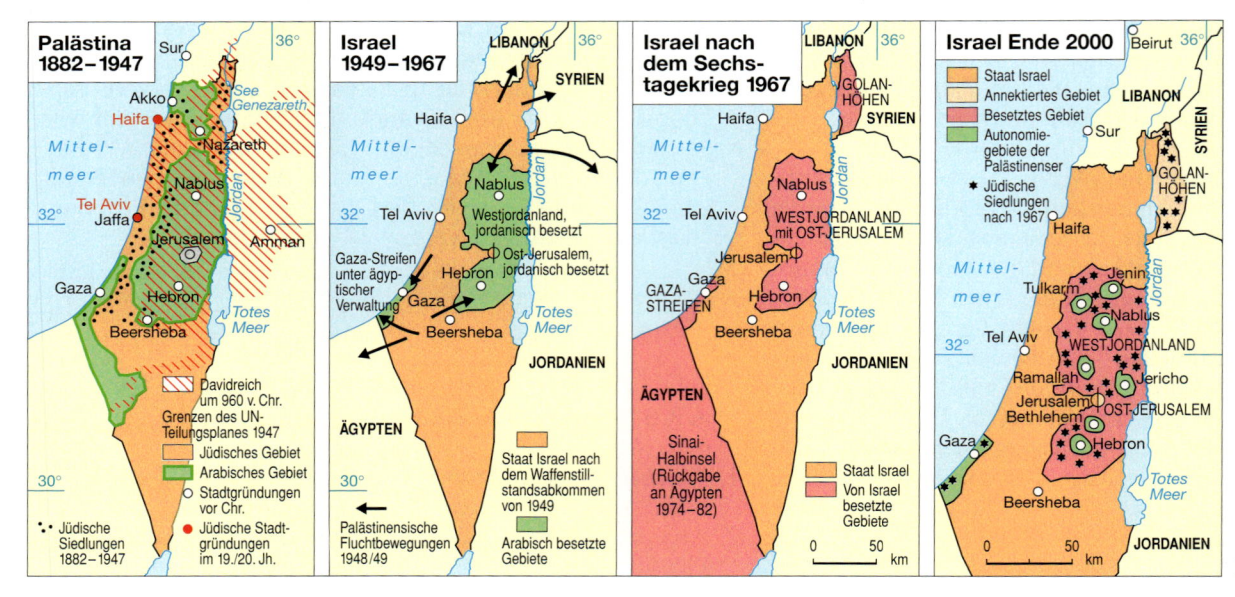

1974 änderte die PLO ihre Strategie. Sie akzeptierte Israel als Verhandlungspartner und wurde nun international als Vertretung der von Israel besetzten Gebiete anerkannt. Die dort lebenden Palästinenser erhoben sich 1987 zur **Intifada** (= Abschüttelung). Gegen die Steine werfenden, meist jugendlichen Palästinenser reagierte Israels schwer bewaffnete Armee mit hilfloser Härte und verlor weltweit Sympathien. Amerikanischer Druck und die Furcht der PLO, ihren Einfluss an die radikale Palästinenserorganisation **Hamas** zu verlieren, brachte die „Erzfeinde" 1993 zu Verhandlungen in Oslo zusammen.

Auf dem Weg zum Frieden? – Das Abkommen von Oslo leitete einen Friedensprozess ein. Beide Seiten sicherten sich das Recht auf Existenz in einem Teil des früheren Palästina zu. Die Grundformel lautete: Land (für die Palästinenser) gegen Frieden (Sicherheit) für Israel. Eine palästinensische Autonomiebehörde unter PLO-Chef ARAFAT übernahm Gaza und Jericho. Israel versprach schrittweise die Erweiterung des Autonomiegebiets, die PLO das Ende von Terroranschlägen. Doch der Friedensprozess erlitt Rückschläge. Radikale Palästinenser verübten weitere Attentate in Israel; Israel baute neue Siedlungen im Besatzungsgebiet. Vielen Israelis gingen die Zugeständnisse ihrer Regierung zu weit; Israels Ministerpräsident RABIN wurde 1995 wegen seiner Aussöhnungspolitik von einem fanatischen Juden ermordet. Viele Palästinenser warfen PLO-Chef Arafat Verrat vor. Die palästinensische Führung lehnte Anfang 2001 die Friedensvorschläge des amerikanischen Präsidenten CLINTON ab. Seitdem ist die Gewalt erneut eskaliert.

Q 6 Aus der Staatsproklamation Palästinas, 1988:

1 Das palästinensisch-arabische Volk stammt aus Palästina … [Es] war immer in Palästina verwurzelt. In Palästina und im Exil gab es sei-
5 ne Überzeugung, dass es ein Recht auf Rückkehr und Unabhängigkeit hat, nie auf…. Gestützt auf das historische Recht, ausgehend von Beschlüssen [der UNO],
10 in Ausübung der Rechte auf Selbstbestimmung, politische Unabhängigkeit und Souveränität über sein Land, proklamierte der Palästinensische Nationalrat die
15 Gründung des Staates Palästina…

(In: M. Raheb, Ich bin Christ und Palästinenser, Gütersloh 1995, S. 53 ff. Gekürzt)

Q 7 Friedensplan von US-Präsident Clinton, Januar 2001:

1 Israel soll mindestens 95 % der Westbank zurückgeben …, die Siedlungen in Gaza räumen. Die Palästinenser [würden] zusätzliches Land für den übervölkerten Gaza-Streifen, die Souveränität über die arabisch bewohnten
5 Gebiete Ost-Jerusalems, das muslimische Altstadtviertel sowie [die Heiligtümer auf dem] Tempelberg erhalten. Dafür müssen die [palästinensischen] Flüchtlinge auf ein Rückkehrrecht [nach Israel] verzichten. Sie könnten in den zukünftigen palästinensischen Staat ziehen…

(Aus: „Die Woche" vom 5. 1. 2001, S. 11. Gekürzt)

B 8 Israelische Soldaten und jugendliche Palästinenser in Hebron 1998

ARBEITSAUFTRÄGE

1. Vergleiche die Entstehungssituation und die Argumente von Q 1 und Q 6. Erkläre die inhaltlichen Parallelen.
2. Beurteile mit K 2–K 5 die Folgen der Kriege aus Sicht der Palästinenser/Araber und der Israeli.
3. Beurteile den Friedensvorschlag Präsident Clintons (Q 7) aus israelischer, palästinensischer und neutraler Sicht.
4. Versetzt euch in die Lage der Soldaten und die der Jugendlichen von B 8. Spielt ein Streitgespräch in der Klasse.

3. Die Bedeutung des Islam: Iran und Türkei als Beispiele

Seit Jahrzehnten gewinnt die Religion in vielen islamischen Ländern neuen Einfluss. Im Islam sind Religion und Staat untrennbar. Welche Ursachen und Auswirkungen hat diese „**Re-Islamisierung**"?

Modernisierung oder Tradition im Iran? – 1960 begann Irans **Schah** (Kaiser) REZA PAHLEVI eine rigorose Modernisierungspolitik. Rüstungs- und Technologieimporte, westliches Recht sowie mehr Bildung auch für Frauen sollten Irans Vormacht im Nahen Osten begründen. Der Westen stützte das von Armee und Geheimpolizei getragene Regime des Schahs wegen dessen Antikommunismus sowie eigener Wirtschaftsinteressen.

Hauptkritiker des Schahregimes und der Modernisierung nach westlichem Vorbild waren die **Mullahs**, die religiösen Hüter der islamischen Tradition. Ihre Macht beruhte auf dem Rückhalt bei der einfachen Bevölkerung. Den entwurzelten Massen in Teherans Elendsquartieren und den armen Kleinbauern versprachen die Mullahs soziale Gerechtigkeit durch eine islamische Erneuerung.

Islamische Revolution – Aus dem Pariser Exil organisierte AJATOLLAH KHOMEINI, das religiöse Oberhaupt der iranischen Mullahs, einen Volksaufstand und stürzte 1979 die Monarchie. Die Mullahs formten in kurzer Zeit eine „**Islamische Republik**". Die Re-Islamisierung und die Einführung der **Scharia** (islamisches Traditionsrecht) hatte massive Einschränkungen der Bürgerrechte zur Folge und brachte besonders den Frauen viele Nachteile. Sie sind zwar nicht rechtlos und können z. B. Anwältin oder Ärztin werden, sind aber den Männern nachgeordnet und unterliegen vielen Zwängen. In der Öffentlichkeit dürfen sie nur mit dem schwarzen **Tschador** (Schleier) bekleidet auftreten.

PERSONENLEXIKON

AJATOLLAH KHOMEINI, 1900–1989. Iranischer Religionsführer und faktischer Führer der islamischen Republik Iran 1979–1989

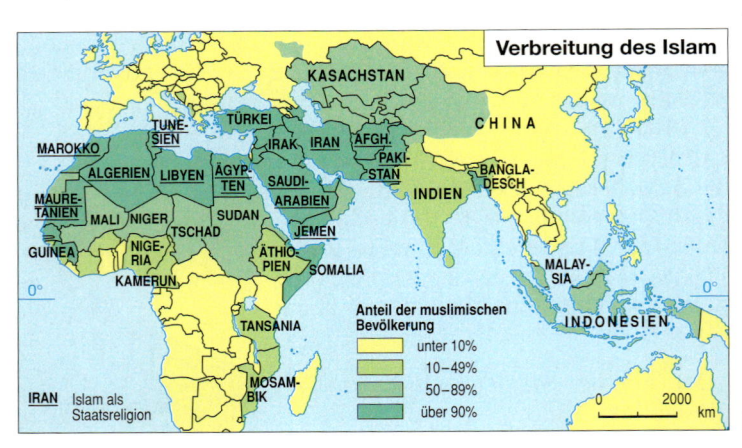

Q 1 Ajatollah Khomeini: Was ist ein islamischer Staat? (Vorlesung 1970):

Der islamische Staat ist ... konstitutionell. Selbstverständlich nicht im üblichen [westlichen] Sinne, wo Gesetze von Personen verab-
5 schiedet ... und von der Mehrheit abhängig sind. Er ist [es] in dem Sinne, dass die Regierenden in ihrer Tätigkeit an Bedingungen gebunden sind, die im heiligen
10 Koran und der Sunna [=Aussprüche Mohammeds] festgelegt worden sind. Daher ist die islamische Regierung die des göttlichen Gesetzes ..., während die Legislative
15 [=Rechtsprechung] Gott dem Allmächtigen gehört.

(Khomeini, Der islamische Staat, in: A. Müller[Hg.], Fundamentalismus, Leipzig 1996, S. 54 f. Gekürzt)

K 2 Verbreitung des Islam

B 3 Studentinnen und Studenten der Universität Teheran, 1999

3. Die Bedeutung des Islam: Iran und Türkei als Beispiele

Türkei – Nach dem Untergang des Osmanenreiches verhinderte 1922 der General KEMAL, später ATATÜRK (Vater der Türken) genannt, das Zerbrechen der Türkei. Als Ursache der Krise sah er die Rückständigkeit des Orients gegenüber Westeuropa. Gestützt auf die Armee erzwang er in einer **„Revolution von oben"** radikale Brüche mit allen islamischen Traditionen.

Europäisierung – Das islamische Eherecht, die arabische Schrift und die traditionelle Kleidung wurden verboten und das Bildungswesen modernisiert. Die Türkei übernahm das westliche Rechtssystem und führte nach 1945 ein Mehrparteiensystem ein. Die Industrie und der Dienstleistungssektor wurden gefördert, aber die Kleinbauern und viele Stadtmigranten blieben weiterhin bitter arm. Kemals Republik nach westlichem Muster entmachtete die religiösen Führer und verwaltete alle Religionsangelegenheiten.

Islamischer Widerstand – Die Europäisierung der Türkei trifft seit einigen Jahren auf wachsenden Widerstand frommer Muslime. Sie lehnen den westlichen Einfluss ab und fordern stattdessen einen islamischen Staat. Die Ablehnung des erstrebten EU-Beitritts wegen der Nichtbeachtung von Demokratie und Menschenrechten verbitterte viele proeuropäische Türken. Kritiker befürchten, dass diese Politik der Europäer die traditionell-islamischen Kräfte in der Türkei stärkt.

PERSONENLEXIKON

KEMAL ATATÜRK, 1880(81)–1938. Oberbefehlshaber einer Armee im Ersten Weltkrieg. 1922 schaffte er das Sultanat und 1924 das Kalifat ab. 1923–1938 erster Staatspräsident der Türkischen Republik

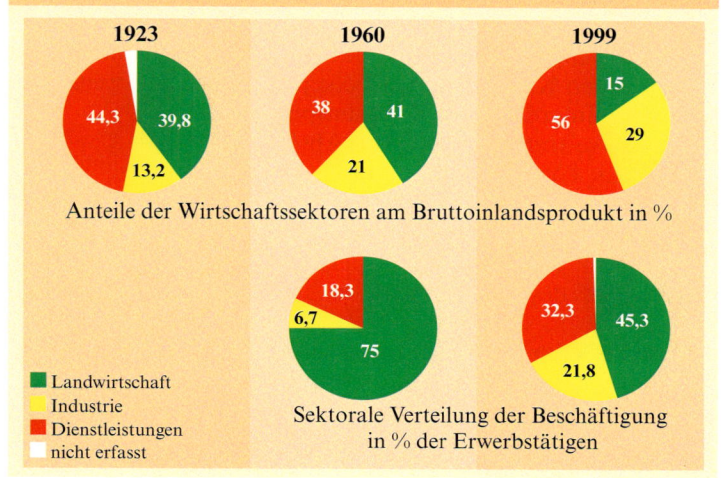

Q 4 Ein Befürworter des Schleiers:

1 Die islamischen Frauen lehnen diesen Zwang zur permanenten Schönheitskonkurrenz ab. Sie haben etwas dagegen, dass ihr ...
5 Ansehen von ihrer Kleidung abhängig gemacht wird. Das westliche Modediktat führt zu Neid, Missgunst und Konkurrenzverhalten unter den Frauen... Es ist
10 Selbstbetrug zu glauben, dass durchsichtige Blusen und bis zur Hüfte geschlitzte Röcke ... der Freiheit der Frauen förderlich seien. Im Gegenteil: In der Vermark-
15 tung der weiblichen Sexualität offenbart sich eine exzessive Steigerung der ... Konsumideologie.

(In: U.Tworuschka, Methodische Zugänge zu den Weltreligionen, Frankfurt/M. 1982, S.78. Gekürzt)

Q 5 Ein Gegner des Schleiers:

1 Der Tschador demonstriert äußerlich, auf welche Rolle die islamischen Gesetze die Frau im Iran reduzieren: Sie ist Dienerin im
5 Gottesstaat ..., die aufgrund ihrer naturbedingten Ungleichheit den Interessen der Männer ausgeliefert ist, die verwahrt und verhüllt werden muss, um die Sünde ein-
10 zudämmen.

(R. Schlett, Flucht aus dem Schleier, in: „Frankfurter Rundschau" vom 3.12.1988. Gekürzt)

D 6 Die Wirtschaftsstruktur der Türkei 1923–1999

1923: 44,3 / 39,8 / 13,2
1960: 38 / 41 / 21
1999: 56 / 15 / 29

Anteile der Wirtschaftssektoren am Bruttoinlandsprodukt in %

1960: 18,3 / 6,7 / 75
1999: 32,3 / 21,8 / 45,3

Sektorale Verteilung der Beschäftigung in % der Erwerbstätigen

- ■ Landwirtschaft
- ■ Industrie
- ■ Dienstleistungen
- □ nicht erfasst

ARBEITSAUFTRÄGE

1. Untersuche mit Q 1 Khomeinis Staats- und Rechtsverständnis. Vergleiche es mit dem Grundgesetz.
2. Schätze mit K 2 die weltweite politische Bedeutung des Islam bzw. der islamischen Staaten ein.
3. Beurteile die Stellung der Frau in der islamischen Gesellschaft (B 3, Q 4, Q 5). Nimm Stellung zu Q 4 und Q 5.
4. Analysiere mit D 6 die wirtschaftliche Entwicklung der Türkei und zeige deren Probleme auf.

4. Krieg(e) am Erdölgolf – die Irakkriege

Während des iranisch-irakischen Krieges (1980–1988) hatten die Sowjetunion und die USA den irakischen Diktator SADDAM HUSSEIN mit Waffen unterstützt. Denn sie befürchteten, die iranische Revolution könnte auf die islamischen Sowjetrepubliken bzw. auf die prowestlichen Golfstaaten übergreifen und die Öllieferungen in die Industriestaaten gefährden. Doch schon 1991 sowie 2003 führten einzelne Westmächte unter Führung der USA selber Kriege gegen den Irak. Wie kam es dazu und mit welcher Rechtfertigung wurden diese Kriege geführt?

Der erste Krieg gegen den Irak – 1990 hatte SADDAM HUSSEINS Armee das prowestliche Kuwait überfallen, um dessen Ölquellen unter irakische Kontrolle zu bringen. Doch die UNO und die Westmächte griffen zugunsten Kuwaits ein. Anfang 1991 besetzten Truppen der Westmächte sowie arabischer Staaten unter Führung der USA Teile des Iraks und befreiten Kuwait. In den Folgejahren sollten Internationale Waffeninspektoren im Auftrag der UNO die Abrüstung Iraks kontrollieren, insbesondere die Vernichtung der irakischen Raketen und der biologischen und chemischen Kampfstoffe. Doch die UN-Inspektoren wurden 1998 des Landes verwiesen. ⊙/3

Der zweite Krieg gegen den Irak – Nach dem Terrorangriff der AL-QAIDA vom 11. September 2001 auf das World Trade Center wuchs weltweit die Angst vor weiteren **fundamentalistischen Terrorakten**. Insbesondere in den USA und in England hegte man zudem den Verdacht, dass Saddam Hussein die Terrororganisation Al-Qaida insgeheim unterstützt und im eigenen Land neue **Massenvernichtungswaffen** produziert. Diese Befürchtungen waren nicht unbegründet, denn der Diktator hatte bereits früher Giftgas gegen die Armee des Irans und die kurdische Bevölkerung im eigenen Land eingesetzt sowie Raketen auf israelische Städte abgefeuert. Auf Intitiative der USA verabschiedete der UN-Sicherheitsrat im November 2002 die **UN-Resolution** 1441, die den Irak zur *„sofortigen und vollständigen Abrüstung"* aufforderte und *„ernsthaften Konsequenzen"* androhte. Doch als die Waffeninspektoren der UN, die wieder im Irak tätig waren, keine Anhaltspunkte für neue Massenvernichtungswaffen fanden, sprachen sich die Mehrheit des UN-Sicherheitsrats und die UN-Vollversammlung gegen eine Militärintervention im Irak aus. Dennoch sind die USA, Großbritannien und andere Staaten, oft gegen die Mehrheitsmeinung der eigenen Bevölkerung, im Frühjahr 2003 im Irak einmarschiert. Dabei beriefen sie sich auf die UN-Resolution 1441 sowie auf die akute Gefahr, die von Saddam Hussein ausgehe. Der Diktator wurde entmachtet. Eine Befriedung des Landes konnten jedoch bisher nicht erreicht werden; weder von den Truppen der beteiligten Westmächte noch durch die neue irakische Regierung. Deutschland hat sich weder am ersten noch am zweiten Irakkrieg beteiligt.

B1 Iraks Truppen setzten 1991 kuwaitische Ölfelder in Brand, Foto

ARBEITSAUFTRÄGE

1. Erörtere mit B1 die Folgen des ersten Golfkrieges für Kuwait. Diskutiert, ob die Intervention der Westmächte 1990/91 berechtigt war. Begründet eure Ihre Meinung
2. Diskutiere, ob die USA und ihre Verbündeten 2003 zu einem präventiven Militärschlag gegen den Irak berechtigt waren. Berücksichtige dabei auch die Position der UNO sowie die Argumente auf Seiten der USA und Englands.

Entwicklungsländer zwischen Befreiung und Abhängigkeit
1. Dekolonisation und Entstehung neuer Staaten

Viele ehemalige Kolonien der europäischen Mächte zählen heute zu den ärmsten Regionen der Erde. Ist diese wirtschaftliche Unterentwicklung eine Hinterlassenschaft der Kolonialmächte oder hat sie andere Gründe?

Kolonien werden selbstständig – Viele Kolonien erlangten ihre Unabhängigkeit erst ab 1945. In den Kolonien hatten sich nationale **Unabhängigkeitsbewegungen** gebildet. Deren Führer waren oft an europäischen Universitäten ausgebildet und hatten die Ideale von Freiheit und Demokratie kennen gelernt. Sie beriefen sich auf das Selbstbestimmungsrecht der Völker und die Statuten der UNO. Viele Unabhängigkeitsbewegungen verfolgten ihre Ziele friedlich. So fand der gewaltfreie Widerstand MAHATMA GANDHIS gegen die britische Kolonialherrschaft in Indien weltweit Beachtung und Respekt. In anderen Ländern wie Indochina, Algerien, Angola kam es zu blutigen Befreiungskriegen. Die Ablösung der Kolonie vom „Mutterland" heißt **Dekolonisation**.

Probleme der nachkolonialen Zeit – Die Kolonialmächte hatten oft willkürlich und ohne Rücksicht auf die Siedlungsgebiete der einheimischen Völker Grenzen festgelegt. Diese blieben meist auch nach der Unabhängigkeit der früheren Kolonien bestehen – und mit den Grenzen auch ethnisch begründete Konflikte zwischen verschiedenen Volksgruppen. Oft garantierten nur die Armeen den Zusammenhalt der neuen Staaten. Eine eigene politische und kulturelle Tradition hatten die Kolonialmächte unterdrückt. Für Parlamentarismus, Rechtsstaat und Demokratie fehlten die historischen Wurzeln und oft auch die gesellschaftlichen Voraussetzungen. So konnten häufig **autoritäre Regime** (Militärdiktaturen, Einparteiensysteme) die Macht an sich reißen. Die Wirtschaft der neuen Staaten blieb auf die ehemaligen Kolonialmächte ausgerichtet. In Monokulturen produzierten sie Rohstoffe und Exportgüter für die Industrieländer. Güter für den eigenen Bedarf mussten sie dagegen oft teuer importieren. Diese neue Abhängigkeit nennt man **Neokolonialismus**.

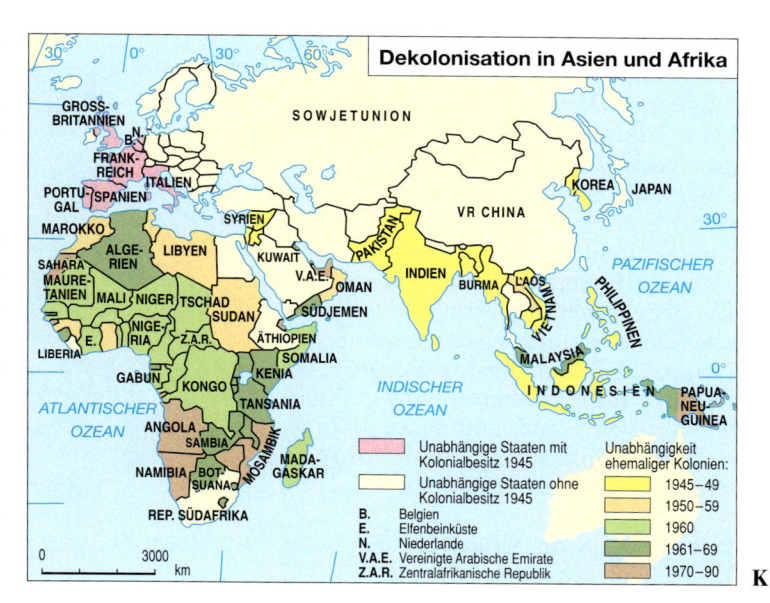

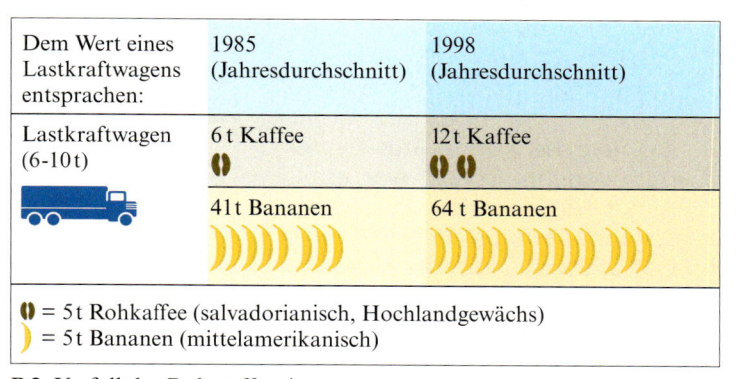

K1 Dekolonisation in Asien und Afrika

Dem Wert eines Lastkraftwagens entsprachen:	1985 (Jahresdurchschnitt)	1998 (Jahresdurchschnitt)
Lastkraftwagen (6-10t)	6 t Kaffee	12 t Kaffee
	41 t Bananen	64 t Bananen

= 5 t Rohkaffee (salvadorianisch, Hochlandgewächs)
= 5 t Bananen (mittelamerikanisch)

B 2 Verfall der Rohstoffpreise

ARBEITSAUFTRÄGE

1. Recherchiere, welche Länder über die Kolonien herrschten, und beschreibe die Etappen der Dekolonisation (K 1).
2. Erläutere den Begriff Neokolonialismus. Welche Folgen hat die neokoloniale Abhängigkeit für Entwicklungsländer (B 2)?

2. Beispiel: Der Kongo unter Kolonialherrschaft

In Zentralafrika liegt die Demokratische Republik Kongo. Bis 1960 war das Land belgische Kolonie. Heute zählt es zu den zehn ärmsten Ländern der Erde. Welches Schicksal hatte dieses Gebiet bis zur Unabhängigkeit?

Afrikanische Königreiche – Als 1482 portugiesische Seeleute auf der Suche nach Gold am Kongo eintrafen, existierte dort ein mächtiges Königreich mit einem Tributsystem, einer Armee und einer vom Staat kontrollierten Währung. Das begehrte Gold tauschten die Portugiesen unter anderem gegen Sklaven aus Nordafrika ein. Im 17. Jh. wurden Sklaven zum Haupthandelsgut der westafrikanischen Küste; nun waren auch Kongolesen von der Versklavung betroffen. Die wirtschaftliche Ausbeutung Afrikas durch die Europäer und der Sklavenexport nach Amerika (insgesamt etwa 15 Mio. Menschen, davon 4–5 Mio. Kongolesen) führte zum Verfall der traditionellen afrikanischen Gesellschaftsstrukturen.

Privatbesitz König Leopolds – Ende des 19. Jh. teilten die europäischen Mächte Afrika gegen den Widerstand der Afrikaner untereinander auf. Der belgische König Leopold II. erhielt auf der **Berliner Kongo-Konferenz** 1884/85 das Kongo-Gebiet als Privatbesitz. In seinem Auftrag beuteten private Gesellschaften das Land brutal aus. Um Exportprodukte anzubauen oder Bodenschätze abzubauen, wurde den Einheimischen mit betrügerischen Verträgen oder Gewalt das Land wegge-

B2 Holländische Gesandte beim König des Kongoreiches, 17. Jh.

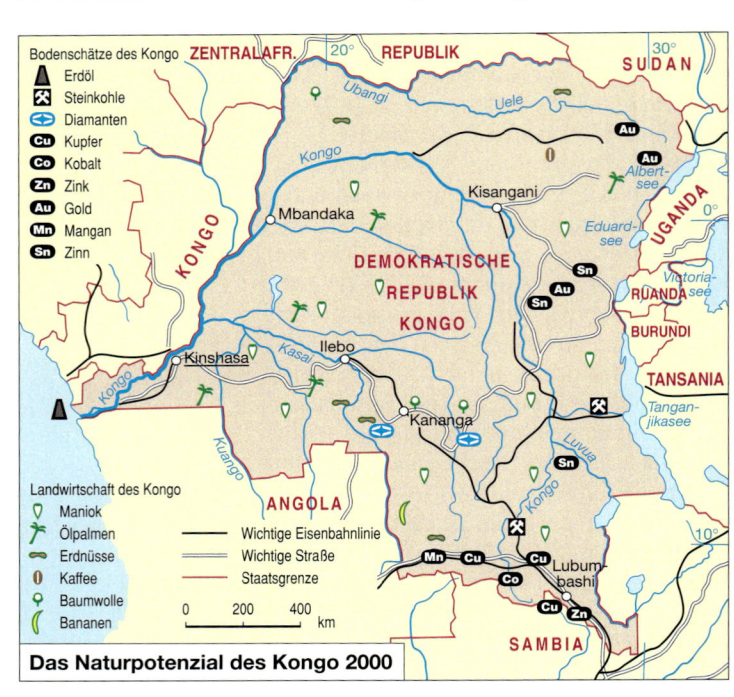

Q1 Ein britischer Konsul berichtet 1899 aus dem Kongo:

Die Vorgehensweise [des Eintreibers von Kautschuk] war es, in Kanus ein Dorf aufzusuchen, dessen Bewohner bei seinem Anblick
5 Reißaus nahmen; die Soldaten gingen an Land und fingen an zu plündern. Sie nahmen alles aus den Häusern mit, Hühner, Getreide etc.; danach griffen sie die Ein-
10 geborenen an und bemächtigten sich ihrer Frauen; diese wurden als Geiseln festgehalten, bis der Häuptling ... die geforderten Kilogramm Kautschuk [= Rohstoff für
15 Gummiprodukte] herbeibrachte.

(J.Iliffe, Geschichte Afrikas, München 2000, S.273)

Das Naturpotenzial des Kongo 2000

nommen. Widerstand gegen die **Zwangsarbeit** im Bergbau und auf Plantagen wurde grausam bestraft. Angesichts weltweiter Proteste gegen die **„Kongo-Gräuel"** übertrug Leopold II. 1908 „seine" Kolonie dem belgischen Staat.

Belgische Kolonialherrschaft – Seit 1908 wurde das Land von belgischen und multinationalen Unternehmen ausgebeutet. Die einheimischen Arbeiter mussten gegen geringe Löhne auf Plantagen und in Bergwerken arbeiten. Andererseits zahlten die Unternehmen nur geringe Steuern an die Kolonialverwaltung. So flossen jährliche **Gewinne in Milliardenhöhe** dem belgischen „Mutterland" zu. Christliche Missionsschulen bildeten die einheimische Bevölkerung zu Facharbeitern und Verwaltungsbeamten aus. Höhere Schulen oder Universitäten wurden dagegen nicht eingerichtet. Die Afrikaner waren von politischer und wirtschaftlicher Mitbestimmung ausgeschlossen.

Katastrophale Entkolonisierung – Mit blutigen Aufständen erzwangen die Kongolesen 1960 ihre Unabhängigkeit. Aus den ersten Parlamentswahlen ging der Sozialist PATRICE LUMUMBA als Ministerpräsident hervor. Die Europäer verließen meist fluchtartig das Land, sodass die Verwaltung der Republik Kongo lahm gelegt war und ein Chaos ausbrach. Die rohstoffreiche Provinz Katanga erklärte sich unabhängig. Belgien, die USA, die UdSSR sowie afrikanische Nachbarstaaten versuchten Einfluss auf den Kongo zu erlangen. Ein dreijähriger Krieg begann, der erst durch das Eingreifen von UNO-Truppen beendet werden konnte. Lumumba wurde ermordet; mit Unterstützung der USA gelangte 1965 General Mobutu als Diktator an die Macht.

PERSONENLEXIKON

PATRICE LUMUMBA, 1925–1961 (ermordet). 1960 erster Ministerpräsident der Republik Kongo; trat außenpolitisch für eine „positive Neutralität" gegenüber den Großmächten ein.

K4 Der Kongo und Europa im Größenvergleich

Q6 Gedicht des Schriftstellers Michel Kayoya (Burundi):

1 In Berlin [1884/85] hatte man unseren Kontinent aufgeteilt. / Man kam, uns zu erziehen. / Man kam, uns zu zivilisieren. / Dieser Vertrag von Berlin hat mich lange gekränkt. / Das Schlimmste aber war, dass man mich
5 dieses Datum lehrte. / Eine ganze Stunde lang nannte man uns / die Namen der Vertragspartner von Berlin. / Ihre außergewöhnlichen Fähigkeiten, / Den Mut der Forscher, / Den selbstlosen Humanismus, / Aber niemand, / Absolut niemand wies hin auf die
10 Beleidigung, / Auf die Schmach, die uns Afrikaner überall begleitete. / Mein Volk wurde zur Maschine, / Es wurde aus der Ferne gesteuert, es war fast tot. / Erstorben war das Bewusstsein seiner Persönlichkeit. / Mein Volk war kolonisiert.

(In: Michel Kayoya, Das Selbstbewusstsein des Kolonisierten, in: Lesebuch Dritte Welt, Wuppertal 1982, S. 316f. Gekürzt)

T5 Abbau von Bodenschätzen im Kongo. Anteil an der Weltförderung in Prozent

	1958	1984
Kobalt	63,0	37,7
Diamanten	75,0	34,6
Kupfer	8,3	6,0
Zinn	4,3	?
Tantal	–	3,8

(Zahlen in: J. Ki-Zerbo, Die Geschichte Afrikas, Frankfurt a.M. 1988, S. 582; W. Michler, Weißbuch Afrika, 2. überarb. u. erw. Aufl. Bonn 1991, S. 130)

ARBEITSAUFTRÄGE

1. Schildere die dargestellte Situation in B 1. Wie traten die holländischen Gesandten und der König des Reiches auf?
2. Erörtere mit Q 2 die Methoden der Kolonialherren um 1900 bei der Kautschukgewinnung im Kongo.
3. Untersuche das Naturpotenzial des Kongo und bestimme die Rolle des Landes in der Weltwirtschaft (K 3, T 5).
4. Erörtere mit K 4, welche Probleme sich für die neue Republik Kongo allein aus der Größe des Landes ergaben.
5. Diskutiert mit Q 6, was Kolonialisierung im Selbstverständnis der betroffenen Länder/Menschen bis heute bedeutet.

3. Die Republik Kongo als unabhängiger Staat

General MOBUTU SESE SEKO herrschte 32 Jahre über die unabhängige Demokratische Republik Kongo. In dieser Zeit verarmte das Land völlig und der Staat zerfiel. Wo lagen die Ursachen dafür?

Absolutistische Diktatur – Mobutu stellte die Zentralgewalt mit brutalen Methoden wieder her. Er hob die Verfassung auf, gründete eine **Einheitspartei** und unterdrückte mit Terror alle politischen Gegner. 1971 benannte er das Land in „Zaïre" um (bis 1997). Von den westlichen Industrieländern wurde Mobutu wegen seiner **prowestlichen Haltung** während des Kalten Krieges unterstützt, obwohl er die in ausländischem Besitz befindlichen Plantagen und Bergwerke verstaatlichte. Der Rohstoffreichtum des Landes wurde jedoch unter seinem Regime nicht zur wirtschaftlichen Entwicklung und zur Verbesserung der Lebensbedingungen genutzt. Während Mobutu selbst mit einem Privatvermögen von 5 Milliarden Dollar zu den reichsten Männern der Welt zählte, gehört die Republik Kongo heute mit einer **astronomischen Staatsverschuldung** zu den zehn ärmsten Ländern der Erde.

Staatszerfall durch Vetternwirtschaft – Mobutu besetzte wichtige Positionen in der Regierung, in Militär, Geheimdienst und Polizei nur mit Personen aus dem **engsten Familienkreis**. Die Loyalität seiner Staatsangestellten erkaufte er sich mit Geschenken, zum Beispiel übertrug er ihnen enteignete Ländereien und Betriebe. Diese neuen Besitzer waren vor allem an hohen Profiten interessiert; um die Instandhaltung und Modernisierung der Betriebe kümmerten sie sich nicht. Viele Betriebe brachen daher nach einigen Jahren zusammen, im Jahr 1990 sogar die gesamte Kupferproduktion des Landes. Arbeitsplätze wurden nicht geschaffen; die Verwaltung war von **Korruption** durchsetzt. Die Infrastruktur des Landes verfiel so stark, dass das marode Straßennetz die Lebensmittelversorgung der Städte gefährdete. In den 1990er Jahren wurde Zaïre/Kongo zum Zentrum von Waffenschmuggel, Drogenhandel und Geldwäsche.

Krieg und Bürgerkrieg – Mobutu wurde 1997 in blutigen Aufständen und unter aktiver Beteiligung der afrikanischen Nachbarstaaten aus dem Amt getrieben. Sein Nachfolger LAURENT KABILA führte die autoritäre Politik Mobutus fort, setzte wiederum die Verfassung außer Kraft und erneuerte das Parteienverbot. Die Intervention der Nachbarstaaten, die zum Sturz Mobutus beitrug, war vor

PERSONENLEXIKON

JOSEPH D. MOBUTU (nannte sich später MOBUTU SESE SEKO), 1930–1997. Oberbefehlshaber der kongolesischen Armee seit 1961, machte sich 1965 nach einem Staatsstreich zum Staatspräsidenten und errichtete eine Diktatur. Er brachte durch Vetternwirtschaft, Korruption und persönliche Bereicherung die Wirtschaft zum Erliegen. Mobutu wurde 1997 gestürzt und starb im Exil.

B1 Ruandische Flüchtlinge am Kongo, 1997   **B2** Slums am Rande einer Metropole

allem von eigennützigen Motiven geprägt: Seit 1998 kämpfen im Kongo die Armeen von fünf afrikanischen Staaten (Ruanda, Uganda, Simbabwe, Angola, Namibia) sowie unzählige Rebellengruppen um die Macht und den Einfluss auf die reichen Rohstoffreserven. Dabei verloren bisher etwa 2,5 Millionen Menschen ihr Leben.

Die Kirchen als stabiles Element – Die beiden großen christlichen Kirchen, denen 80–90 Prozent der Kongolesen angehören, bieten eine **Grundversorgung** im Gesundheits- und Bildungswesen an. Mit finanzieller Unterstützung aus Europa unterhalten sie in jeder Provinzhauptstadt ein Hauptquartier mit eigenem Fuhrpark, Fernmeldenetz und eigener Erdölversorgung. In den abgelegenen Dörfern zahlen Pastoren an Stelle der korrupten Staatsbeamten die Löhne und Gehälter aus.

Selbsthilfe der Bevölkerung – Das Staatsversagen zwang die Menschen in Zaïre/Kongo, eigene Überlebensstrategien zu entwickeln. Viele versuchen durch Straßenhandel, illegales Schürfen nach Gold und Diamanten oder auch mit Bestechungsgeldern zu überleben.
Auf dem Lande entstanden **alternative Marktstrukturen** abseits staatlicher Kontrolle und willkürlicher Steuererhebung. In Eigenregie organisiert die Bevölkerung **nichtstaatliche Netzwerke**, die für so wichtige Dienstleistungen wie Bildung, Müllentsorgung und Sicherheit sorgen. Seit dem Ende der 1980er Jahre bildet sich eine **mündige Zivilgesellschaft** heraus, die gegen Menschenrechtsverletzungen protestiert und demokratische Reformen fordert. 🌐/5

Q3 Aus einem Hirtenbrief der katholischen Bischöfe Zaïres zur Lage im Lande vom September 1993:

1 „Wenn wir uns nicht vorsehen, wird der zaïrische Staat zugrunde gehen, umgebracht von seinen Führern ... Weil das Volk es gewagt
5 hat, Diktatur und Privilegien ... in Frage zu stellen, ist es durch seine eigenen Führer ... Gewalttaten aller Art ausgesetzt ... [Die Gewalttaten] bestätigen den moralischen
10 Tod des zaïrischen Staates, der auf seine eigene Bevölkerung losgeht ... Er [der Staat] ist unfähig geworden, die Jugend der Nation zu erziehen ..., die Justiz zu ver-
15 walten ..., seine Armee zu disziplinieren ..., seine Währung im Griff zu behalten ..., seine Angestellten zu bezahlen ... Wir erinnern das Volk daran, dass es sich nicht ret-
20 ten kann, wenn es weiterhin den Geist und die Gesinnung von Führern übernimmt, die zu Gewalttaten und zu Massakern anstiften ..."

(In: W. Michler, Afrika. Wege in die Zukunft, Unkel/Rhein: Horlemann 1995, S. 136. Gekürzt)

B4 Landwirtschaft in der Demokratischen Republik Kongo/Zaïre 1994: Frauen verpacken Fufu, Brei aus (Maniok-)Wurzeln.

ARBEITSAUFTRÄGE

1. Beschreibe mit B1 Auswirkungen des Bürgerkrieges auf die betroffene Bevölkerung.
2. Formuliere mit B2 Thesen über soziale Unterschiede in der afrikanischen Metropole.
3. Fasse die Aussagen von Q3 zusammen und erläutere, welche Ursachen die Bischöfe für den Staatsverfall der Republik Kongo verantwortlich machen. Diskutiere mögliche Maßnahmen zur Verbesserung der Situation.
4. Beschreibe mit B4 die Vermarktung landwirtschaftlicher Produkte durch Kleinbauern im Kongo.

4. Indiens Weg in die Unabhängigkeit

Seit seiner Unabhängigkeit 1947 besitzt Indien eine funktionierende parlamentarische Demokratie. Landwirtschaft und Industrie wurden ausgebaut. Dennoch leben viele Inder bis heute in Armut. Wie erklärt sich dieser Gegensatz?

Britische Kolonialherrschaft – Seit dem 18. Jahrhundert beherrschen die Briten Indien; anfangs über die private Ostindiengesellschaft, ab 1858 als Kolonialmacht. Die einheimischen Sitten, Religionen und die Sozialstruktur Indiens ließen die Briten weitgehend unangetastet. Zugleich erhielt Indien das britische Bildungssystem, ein gutes Straßen- und Eisenbahnnetz, eine funktionierende Verwaltung und Gerichtsbarkeit. Andererseits entzog Großbritannien dem Land riesige Rohstoffmengen sowie landwirtschaftliche Produkte. Das Land wurde auch als Absatzmarkt europäischer Güter benutzt. Das einheimische Gewerbe (z. B. die hoch entwickelte Tuchindustrie) sowie der Handel wurden ruiniert; neue Gewerbe- und Industriezweige konnten nicht entstehen. Die Ausrichtung der Landwirtschaft auf Exportgüter (z. B. Tee, Jute) verringerte die Anbauflächen für Lebensmittel. Hungerkatastrophen mit Millionen Opfern waren die Folge.

Widerstand durch „zivilen Ungehorsam" – Zur Befreiung Indiens von der britischen Kolonialherrschaft entwickelte der junge Rechtsanwalt MAHATMA GANDHI sein Konzept des gewaltfreien Widerstands: **Keine Zusammenarbeit** mit den britischen Kolonialbehörden (Niederlegung von Ämtern, Boykott britischer Waren, Boykott von Wahlen, Schulen und Gerichten), „**bürgerlicher Ungehorsam**" gegen als ungerecht erkannte Gesetze, **absolute Gewaltfreiheit** und freiwilliges Erdulden von Strafen. Dem politischen und moralischen Druck des gewaltfreien Widerstands konnte die britische Kolonialherrschaft nicht standhalten: 1947 entließ Großbritannien die Kolonie in die staatliche Unabhängigkeit.

PERSONENLEXIKON

MAHATMA GANDHI („Große Seele"), 1869–1948. Studierte in London, entwickelte die Methode des passiven Widerstands und wurde zum Führer der Indischen Nationalbewegung. Gandhi wurde 1948 von einem fanatischen Hindu wegen seiner liberalen Haltung gegenüber Moslems ermordet.

Q1 Aus einem Artikel Gandhis in der Zeitung „Navajiran" (10.4.1930):

Was sind die Bedingungen, mag man fragen, die jeder erfüllen kann, um Sawaraj [politische Unabhängigkeit] zu erlangen? Hier
5 sind sie:
1. Jeder kann gegenüber der [britischen] Salzsteuer bürgerlichen Ungehorsam leisten. Dazu ist keine Schulung notwendig.
10 2. Jeder kann mit seinem Takli [Spindel] spinnen. Wenn Millionen anfangen, Baumwolle zu karden [zum Spinnen vorbereiten] und das Takli in Bewegung zu setzen,
15 können wir so viel Khadi [grobe Baumwollkleidung] produzieren, wie wir brauchen. Lasst uns alle ausländischen Stoffe boykottieren und ausschließlich Khadi tragen.

(In: Geschichte lernen 56 /1997, S. 34)

Die Teilung und Unabhängigkeit Britisch-Indiens

4. Indiens Weg in die Unabhängigkeit

Indien als unabhängiger Staat – Der britische Plan zur Unabhängigkeit Indiens sah eine Teilung in zwei unabhängige Staaten vor: Seit 1947 existierten der parlamentarisch regierte Hindu-Staat Indien und die Islamische Republik Pakistan. Massenumsiedlungen, Religionskonflikte und der Streit um Kaschmir belasten die Beziehungen beider Staaten bis heute. ⊘/7

Die „Grüne Revolution" – Der einseitige Ausbau der Schwerindustrie nach 1947 und ein explosionsartiges Bevölkerungswachstum führten im Agrarland Indien zur Verelendung großer Teile der Landbevölkerung und zur Verslumung der Städte. Zur Sicherung der Ernährung wurde 1968 die „Grüne Revolution" ausgerufen: Neue, ertragreichere Getreidesorten, der Einsatz von Kunstdünger und Pestiziden führten zunächst zu einer deutlichen Steigerung der Erträge. Doch langfristig wurden dadurch die Böden der Anbauflächen geschädigt. Das Hauptproblem war aber, dass viele Kleinbauern die neuen Produktionsmethoden nicht finanzieren konnten und ihr Land verloren. Die Kluft zwischen Arm und Reich wurde so noch größer.

Gesellschaft zwischen Tradition und Moderne – Das Festhalten an traditionellen Lebens- und Denkformen erschwert eine Modernisierung. Auf dem Land spielt das religiös begründete **Kastenwesen** (= Trennung der Menschen in gesellschaftliche Gruppen mit unterschiedlichen Rechten, in die man hineingeboren wird) weiterhin eine große Rolle. Die Diskriminierung der so genannten „Unberührbaren" ist zwar in der Verfassung von 1950 abgeschafft, kennzeichnet aber weiterhin den Alltag. Das gilt auch für die traditionell untergeordnete **Stellung der indischen Frauen**.

PERSONENLEXIKON

P. JAWAHARLAL NEHRU, 1889–1964. Seit der Unabhängigkeit Indiens Ministerpräsident und Außenminister (1947–1964). Nehru verfolgte in der Zeit des Kalten Krieges eine Neutralitätspolitik; er organisierte die Wirtschaft nach dem Prinzip des „indischen Sozialismus".

Q 3 Erfahrungen, die B. R. Ambedkar, später Justizminister Indiens, als „Unberührbarer" machen musste:

[Ambedkar] war zusammen mit seinem älteren Bruder auf einem Ochsenkarren unterwegs ... Als der Fahrer des Gespanns erfuhr,
5 dass die gut gekleideten Jungen Dalits [Unberührbare] waren, drehte er sofort um und stieß sie vom Wagen. Als Ambedkar ihn inständig bat, er möge ihn doch ge-
10 gen Bezahlung eines Aufpreises mitnehmen, wurde der höherkastige Hindu weich und setzte die Fahrt fort ... Aus Angst, verunreinigt zu werden, lief der Fahrer
15 hinter dem Wagen her und überließ dem Bruder Ambedkars die Zügel. Nach einer Weile hatten die Jungen großen Durst. Als sie aber bei den Anwohnern um
20 Wasser ersuchten, war es ihnen verwehrt, sich Wasser aus dem Brunnen zu holen. Statt dessen verwies man sie auf abgestandenes Wasser in einem dreckigen
25 Tümpel.

(In: G. Schwägerl, Unberührbar, Unkel/ Bad Honnef 1995, S. 84 f. Gekürzt)

B 4 Berufstätige Inderin in einem Software Center in Bangalore, 1997

ARBEITSAUFTRÄGE

1. Erläutere mit Q 1 die Mittel Gandhis, um die britische Kolonialherrschaft zu stürzen. Beurteile seine Methode des „gewaltfreien Widerstands".
2. Erläutere den Unabhängigkeits- und Teilungsplan der Briten für Indien mit Hilfe von K 2. Nenne mögliche Gründe für die bis heute bestehenden Spannungen zwischen Indien und Pakistan.
3. Erklärt und diskutiert mit Q 3 und B 4 die Aussage, dass Indien ein Land zwischen Tradition und Moderne sei.

5. „Entwicklungsländer" und Entwicklungshilfe

Viele ehemalige Kolonien sind bis heute wirtschaftlich unterentwickelt; sie werden daher als „Entwicklungsländer" bezeichnet. Welche Merkmale weisen sie auf?

Problematische Begriffe – Die früher verbreitete Bezeichnung „**Dritte Welt**" wurde zur Kennzeichnung der Ländergruppe geprägt, die von der so genannten „Ersten Welt" (westliche Industrieländer) und der „Zweiten Welt" (Industrieländer mit Planwirtschaft) unterschieden wird. Da diese drei Begriffe als Rangfolge missverstanden wurden, verzichtet man heute auf den Begriff „Dritte Welt". Der Begriff „**Entwicklungsländer**" wird weiter verwendet, ist aber nicht unumstritten. Denn er setzt ein europäisches Verständnis von Entwicklung voraus, das angesichts der ökologischen Gefährdung der Erde, der kulturellen Eigenheiten sowie der wirtschaftlichen Möglichkeiten vieler Entwicklungsländer inzwischen als fragwürdig gilt. Seit den 1980er Jahren wird daher ein Konzept der **nachhaltigen Entwicklung** für die „Entwicklungsländer" gefordert. Oberstes Prinzip soll dabei die „Hilfe zur Selbsthilfe" sein.

D 2 Bevölkerungs- und Einkommensverteilung zwischen Industrie- und Entwicklungsländern

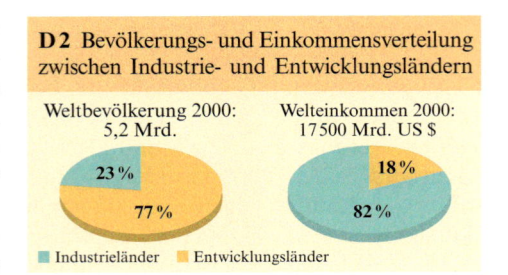

Weltbevölkerung 2000: 5,2 Mrd. — 23 % Industrieländer, 77 % Entwicklungsländer
Welteinkommen 2000: 17 500 Mrd. US $ — 82 % Industrieländer, 18 % Entwicklungsländer

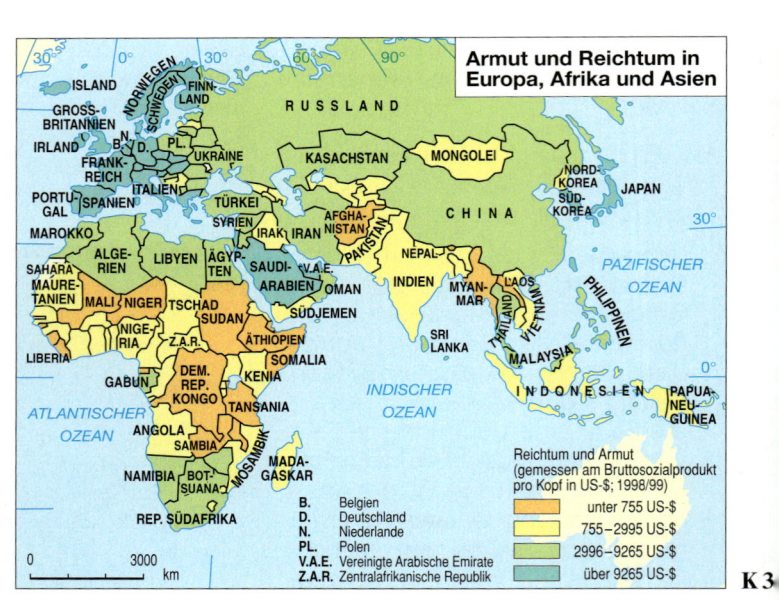

Armut und Reichtum in Europa, Afrika und Asien

Reichtum und Armut (gemessen am Bruttosozialprodukt pro Kopf in US-$; 1998/99)
- unter 755 US-$
- 755–2995 US-$
- 2996–9265 US-$
- über 9265 US-$

B. Belgien
D. Deutschland
N. Niederlande
PL. Polen
V.A.E. Vereinigte Arabische Emirate
Z.A.R. Zentralafrikanische Republik

Q 1 Rede Julius Nyereres, Staatschef von Tansania, in Bonn 1976:

Wir sind aus Erfahrung zu der Erkenntnis gelangt, dass das ganze *Konzept der Hilfe* falsch ist... Sie erniedrigt die armen Länder zu Bettlern... Was die Armen jetzt fordern – im eigenen wie in Ihrem Interesse – ist eine faire Chance für ihre eigene Entwicklung... Wir wollen einen echten und automatischen Ressourcentransfer [Weitergabe von Produktionsmitteln] von den Reichen zu den Armen statt umgekehrt. Wir wollen angemessene Vertretung in internationalen Gremien... wir wollen eine echte Verpflichtung zur Entwicklung der Welt als einer Einheit, bei bewusster Begünstigung der Armen und Benachteiligten.

(In: J. R. Klicker [Hg.], Afrika, Wuppertal 1980, S.173 f. Gekürzt)

Q 4 Ashish Kothari, ein indischer Ökologe, schrieb 1994:

Wenn sowohl die Umwelt als auch die Lebensgrundlage der Menschen bewahrt werden soll, muss Indien noch lange ein Agrarland bleiben ... Zwei Drittel der Bevölkerung leben von der Landwirtschaft ... Wir müssen dem traditionellen Konzept entgegentreten, dass man umso entwickelter sei, je mehr Industrie man hat. Selbst wenn man wollte, gäbe es keine Möglichkeit, dass die Dritte Welt einen solchen Industrialisierungsgrad wie der Westen erlangt. Die USA verbrauchen etwa 40 Prozent der Weltressourcen, wenn [allein] Indien dazu aufschließen wollte, bräuchten wir 120 Prozent.

(In: F. Braßel, Gandhis Erben. Indien in der Krise, Bonn 1994, S. 209. Gekürzt)

Wirtschaftliche Abhängigkeit – Die Wirtschaft vieler Entwicklungsländer ist auch heute noch weitgehend auf die Märkte der Industrieländer ausgerichtet. In landwirtschaftlichen Monokulturen oder einseitig ausgerichteten Industrien werden einige wenige Exportprodukte hergestellt, oft unter der Kontrolle **multinationaler Konzerne**. Diese Länder sind extrem abhängig von der Nachfrage und Preisentwicklung am Weltmarkt. Die Produktion für den einheimischen Bedarf, insbesondere von Nahrungsmitteln, ist dagegen oft unzureichend; die Löhne der einheimischen Arbeiter sind meist sehr niedrig. Die Abhängigkeit der Entwicklungsländer von den Industrieländern folgt einem Gefälle von Nord nach Süd. Man spricht daher auch vom „**Nord-Süd-Konflikt**".

Entwicklungshilfe – Die Industrieländer leisten Entwicklungshilfe in Form von Kapitalhilfe, technischer Hilfe, personeller Hilfe, Nahrungsmittelhilfe und humanitärer Hilfe. Gemäß internationalen Vereinbarungen sollen 0,7 Prozent des Bruttosozialprodukts jährlich für Entwicklungshilfe aufgewendet werden. In Deutschland sind es zur Zeit nur 0,3 Prozent, etwa 5,5 Milliarden Euro jährlich.

Q 5 Rede des ehemaligen Bundespräsidenten Walter Scheel 1978:

Die Entscheidung, eine Fabrik in ein Entwicklungsland mit ganz anderer Kultur zu stellen, ist ... nicht nur eine wirtschaftliche, sondern in sehr hohem Maße eine kulturpolitische Entscheidung. Mit der Fabrik exportieren wir eben nicht nur bestimmte Apparate, Gebäude und Fachkräfte, sondern auch eine bestimmte Art zu denken, zu arbeiten, zu fühlen, kurz – zu leben. Die Errichtung einer solchen Fabrik verändert das Leben der Menschen ... Das kann für diese Menschen durchaus von Vorteil sein, es kann aber auch katastrophale Folgen haben.

(In: J. R. Klicker [Hg.], Afrika, a.a.O. S. 188. Gek.)

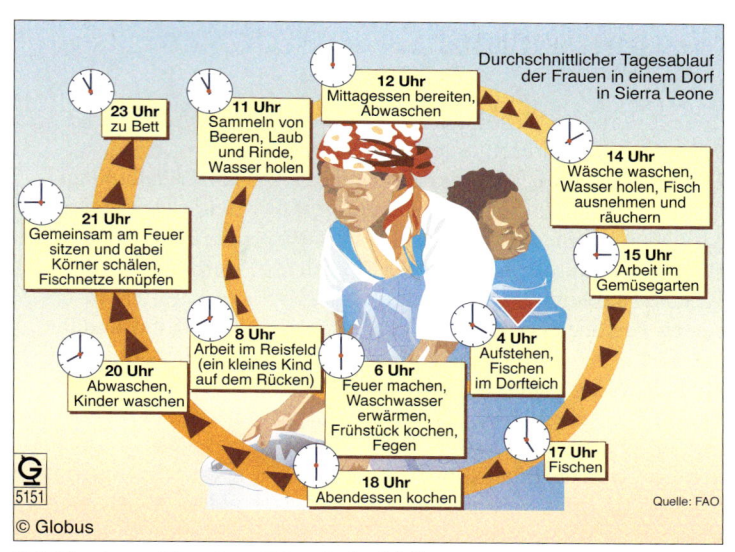

B 6 Der lange Tag einer Bäuerin in Afrika

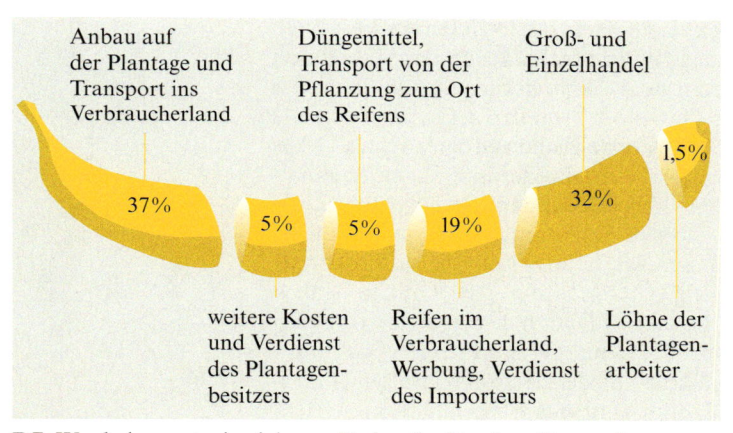

B 7 Wer bekommt wie viel vom Verkaufserlös einer Banane?

ARBEITSAUFTRÄGE

1. Beschreibe mit D 2 und K 3 die Verteilung von Reichtum und Armut in Europa, Asien und Afrika. Erörtert in der Klasse mögliche Ursachen, vgl. auch K 1 von Seite 221.
2. Diskutiert mögliche politische Konsequenzen des „Nord-Süd-Gefälles" für die armen und die reichen Länder.
3. Diskutiert mit Q 1 und Q 5 die Standpunkte von Nyerere und Scheel zum traditionellen Entwicklungskonzept.
4. Der Inder Kothari setzt sich in Q 4 kritisch mit dem Konzept der industriellen Entwicklung nach westlichem Vorbild auseinander. Diskutiert und beurteilt seine Meinung.
5. Erörtere mit B 6 die Lebenssituation von Frauen in Afrika.
6. Erläutere mit B 7, wer am Geschäft mit den Bananen profitiert. Durch welche Mechanismen werden Entwicklungsländer hier benachteiligt und wie ließe sich das ändern?

Globale Menschheitsprobleme
1. Bevölkerungswachstum und Welternährung

Um 1900 lebten 1,5 Milliarden Menschen auf der Erde, 2000 sind es bereits 6,1 Milliarden. Für das Jahr 2050 lauten die Prognosen auf mindestens 9,5 Milliarden. Welche Probleme ergeben sich aus diesem steilen Anstieg der Weltbevölkerung?

Ursachen der Bevölkerungsexplosion – Durch Fortschritte der Medizin, bessere hygienische Bedingungen, eine geringere Säuglingssterblichkeit sowie die Verbesserung der Ernährungslage ist die durchschnittliche **Lebenserwartung** der Menschen weltweit von ca. 40 Jahren um 1900 auf 66 Jahre im Jahr 2000 gestiegen. Die Zahl der Geburten (**Geburtenrate**) blieb dagegen in weiten Teilen der Welt gleich oder ist sogar höher als um 1900.

Bevölkerungswachstum und Armut – Aus Europa wissen wir, dass erst eine nachhaltige Verbesserung der Lebensumstände – höhere Einkommen, bessere Schulbildung, Altersfürsorge – die durchschnittliche Geburtenrate pro Familie sinken lässt. Es ist daher nur scheinbar ein Widerspruch, wenn der stärkste Bevölkerungsanstieg in den ärmsten Entwicklungsländern stattfindet, vor allem in Afrika.

Familienplanung – Viele Entwicklungsländer versuchen, durch Familienplanung die Geburtenrate zu verringern: Frauen werden über empfängnisverhütende Mittel beraten. In einigen Ländern wird die „**Ein-Kind-Familie**" propagiert, auch mit staatlichem Druck. In China verlieren beispielsweise Eltern, die mehr als ein Kind haben, den Anspruch auf günstige Wohnungen oder andere staatliche Leistungen. Doch trotz Erfolgen bei der Familienplanung in einzelnen Ländern steigt die Weltbevölkerung insgesamt weiter an.

Hilfe gegen den Hungertod

Die Ernährungslage in verschiedenen Regionen der Welt, 2000

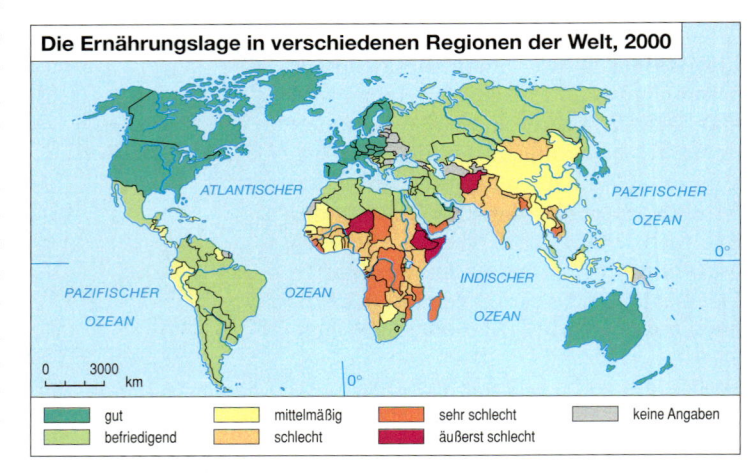

gut | mittelmäßig | sehr schlecht | keine Angaben
befriedigend | schlecht | äußerst schlecht

D 1 Wachstum der Weltbevölkerung
(Mrd. Menschen, 1950–2050: Welt, Asien, Europa, Afrika, Nordamerika, Südamerika, Australien)

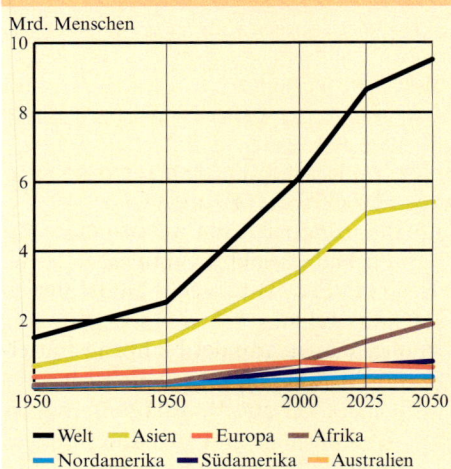

Q 3 Den Teufelskreis durchbrechen:

Afrika hat in naher Zukunft wenig Aussichten, den Teufelskreis von Armut und Kinderreichtum zu durchbrechen: Mehr Kinder schaffen soziale Sicherheit im Alter. Aber mehr Kinder machen auch jeden kollektiven [ge-
5 meinschaftlichen] Fortschritt zunichte ... Zur Erklärung des ungebremsten Bevölkerungswachstums gilt immer noch die Faustformel: Die Armen sind so arm, weil sie zu viele Kinder haben; sie haben zu viele Kinder, weil sie so arm sind. Familienplanung kann nur Erfolg haben,
10 wenn Alterssicherung nicht mehr ruinösen Kinderreichtum voraussetzt. Die Einzelglieder in der Kette notwendiger Entwicklungsschritte sind untrennbar miteinander verbunden: Ausbildung, Wirtschaftswachstum, Sicherheit, Geburtenrückgang.

(In: Der Spiegel, Nr. 21 vom 21. 5. 1990, S. 162. Gekürzt)

Nahrung für alle? – Im Jahr 2001 litten 815 Millionen Menschen weltweit an chronischem Hunger. In einzelnen Entwicklungsländern waren es über 50 % der Bevölkerung. Hunger ist zugleich eine Folge und eine Ursache von Armut: Denn hungrige Menschen können schlechter lernen, sie arbeiten weniger produktiv und sind oft chronisch krank.
Fast drei Viertel der hungernden Menschen leben in Regionen, wo Reis, Hirse oder Weizen wachsen könnten. Es fehlt jedoch an Saatgut, Dünger, Know-how, Ackergerät sowie an den erforderlichen Bewässerungsanlagen. Die Regierungen vieler Entwicklungsländer vernachlässigen bisher auch den Agrarsektor und investieren statt dessen in unsinnige Prestigeprojekte. Eine Verbesserung der Nahrungsmittelproduktion konnten dagegen Indien und China verzeichnen. Durch den Einsatz moderner Agrartechnologien seit den 1960er Jahren sind dort die Erträge deutlich gestiegen („Grüne Revolution").

Verantwortung der Industrieländer – Die Bekämpfung des Hungers scheitert zum Teil am fehlenden politischen Willen der betroffenen Entwicklungsländer. Doch auch die Industrieländer sind mitverantwortlich, denn sie schützen ihre eigenen Wirtschaften durch Zölle: Rohstoffe dürfen zwar zollfrei aus Entwicklungsländern eingeführt werden, doch auf verarbeitete Produkte werden hohe Zölle erhoben. Die wertschöpfende Verarbeitung geschieht daher in den nördlichen Industriestaaten.

Im Süden sinken dadurch die Chancen für den Aufbau von Gewerbe und Industrie; die Armut steigt weiter an.

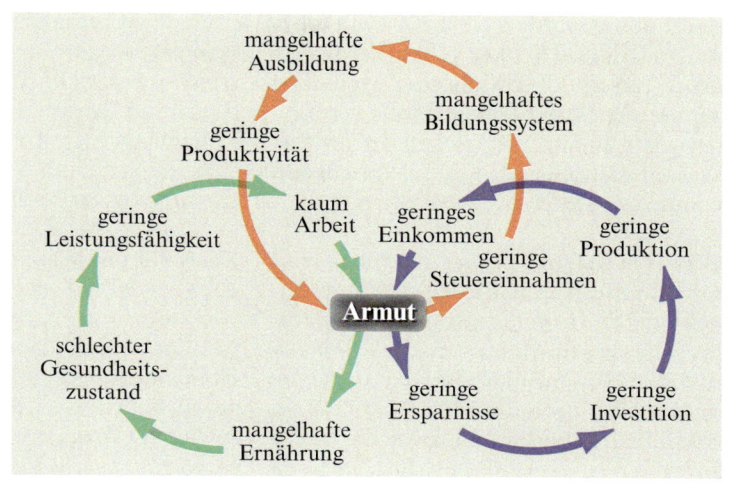

B 5 Teufelskreise der Armut

Q 6 Der Staatspräsident von Burkina Faso (Afrika), Thomas Sankara, zur Nahrungsmittelhilfe, 1986:

1 Die Nahrungsmittelhilfe [der Industrieländer] stellt in Wirklichkeit eine Behinderung unserer eigenen Entwicklungsanstrengungen dar ... Unsere Landwirtschaftsexperten [schreiben] Briefe an internationale Organisationen ..., in
5 denen sie diese um Nahrungshilfe anbetteln ... Wir aber fordern, dass die Nahrungshilfe nach und nach durch Produktionshilfe ersetzt wird, durch eine Hilfe, die uns die Produktionsmittel gewährt, wie etwa Maschinen und Dünger ... Heute sieht niemand sich gezwungen, nach
10 wirklichen Lösungen zu suchen ...

(In: epd-Entwicklungspolitik 8/April 1986, S. g,h. Gekürzt)

B 4 Mädchen in Entwicklungsländern brauchen mehr Bildungschancen

ein Schuljahr mehr | 15 % mehr Einkommen | 10 % weniger Kinder

ARBEITSAUFTRÄGE

1. Interpretiere D 1 und nenne mögliche Gründe für die unterschiedliche Bevölkerungsentwicklung (vgl. auch Q 3).
2. Analysiere mit K 2 die Ernährungssituation in verschiedenen Regionen der Erde. Leite mit Hilfe deiner Kenntnisse über die Agrarentwicklung Indiens (vgl. S. 227) mögliche Maßnahmen für die Landwirtschaft Afrikas ab.
3. Beurteile die in Q 6 formulierte Kritik an der Nahrungsmittelhilfe der Industrieländer für die Entwicklungsländer.
4. Erkläre den Teufelskreis von Armut und Bevölkerungswachstum (Q 3, B 5). Formuliere einen Maßnahmenkatalog, wie der Teufelskreis durchbrochen werden kann. Nutze dazu auch B 4.

2. Wasser und Klima: kostbar und schutzbedürftig!

Nur etwa 2,5 % des Wassers auf der Erde sind Süßwasser; davon sind 70 % in Gletschern, Eis und Schnee gebunden. Schon heute haben 1300 Millionen Menschen kein sauberes Trinkwasser; viele verdursten sogar. In diesen Regionen der Erde ist Wasser kostbarer als Gold. Wie können wir die Wasserversorgung sichern?

Wasser in Gefahr – Wasserknappheit wird durch natürliche Faktoren wie Trockenheit und Dürre verursacht, aber auch direkt durch den Menschen. Das Wachstum der Weltbevölkerung, der steigende Verbrauch durch die Stadtbevölkerung, die Industrieproduktion sowie die Intensivierung der Landwirtschaft haben den **Wasserverbrauch** stark steigen lassen.

Aber nicht nur der Verbrauch, sondern auch die **Verschmutzung** des Wassers hat extrem zugenommen: durch ungeklärte Abwässer der Haushalte und der Industrie, durch Dünger, Pestizide sowie durch Luftschadstoffe. In den Entwicklungsländern ist die Wasserverschmutzung Ursache für 80 % aller Krankheiten.

Konflikte um Wasser – Es gibt weltweit etwa 214 Flüsse und Seen, deren Wasservorräte sich mehrere Anliegerstaaten teilen. Da Wasser schon heute in vielen Regionen knapp ist, besteht die Gefahr von gewaltsamen Konflikten. Beispielsweise spielen im Westjordanland auch die Wasservorräte eine Rolle im israelisch-palästinensisch-arabischen Konflikt. ⊙/10

D 4 Die Wasserversorgung der Weltbevölkerung

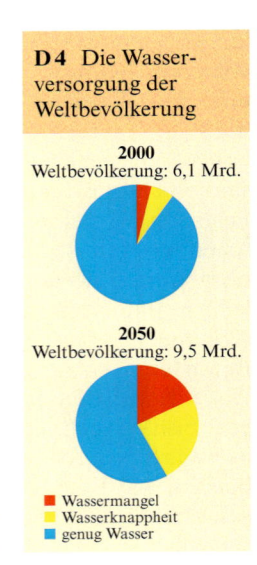

2000 Weltbevölkerung: 6,1 Mrd.

2050 Weltbevölkerung: 9,5 Mrd.

■ Wassermangel
■ Wasserknappheit
■ genug Wasser

Q 1 Das türkische Staudammprojekt an Euphrat und Tigris:

1 Seit Jahrzehnten bauen die Türken im Einzugsgebiet von Euphrat und Tigris an einem riesigen System von Staudämmen und Kraft-
5 werken. ... Mit den aufgestauten Wassermassen sollen die Felder im ... Südosten des Landes bewässert werden, während die Kraftwerke billigen Strom für neue
10 Industriebetriebe liefern sollen ... Doch die südlichen Anrainerstaaten sind vom Fortgang der Arbeiten wenig begeistert. Die Türkei erhält dadurch nämlich die Mög-
15 lichkeit, die Wasserzufuhr nach Syrien und Irak zu kontrollieren: eine ungeheuer wichtige Trumpfkarte. Beide Länder erheben Ansprüche an das Wasser, über das
20 die Türken nicht alleine verfügen dürften. Die Türkei ist zwar bereit, den Nachbarn Wasser zukommen zu lassen, will die Menge aber weit niedriger [als gefordert] ansetzen.

(In: Tagesspiegel, 4.12.2001, S. 6. Gekürzt)

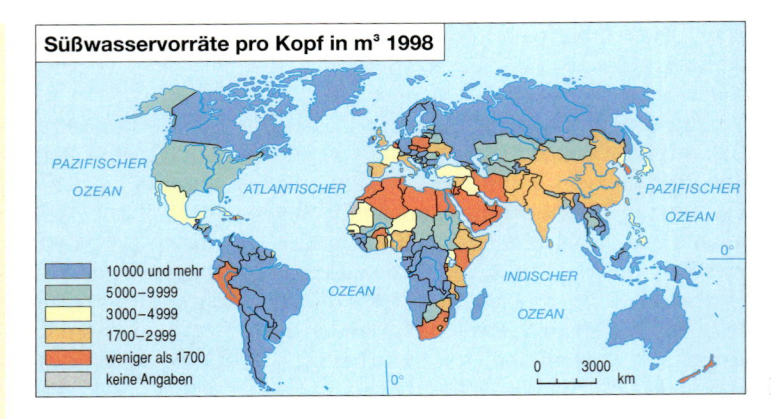

Süßwasservorräte pro Kopf in m³ 1998

■ 10 000 und mehr
■ 5000–9999
■ 3000–4999
■ 1700–2999
■ weniger als 1700
■ keine Angaben

B 3 Schulkinder beim Wasserholen, Simbabwe, Ende der 1990er Jahre

Energieverbrauch – Die wachsende Weltbevölkerung und ein höherer Lebensstandard haben eine drastische Steigerung des Energieverbrauchs zur Folge, besonders in den Industriestaaten. Welche Konsequenzen hat das für die Umwelt?

Umwelt und Klima – Seit der industriellen Revolution im 19. Jahrhundert ist der Energieverbrauch der Menschheit enorm angestiegen. Europa und die USA stellten im Jahr 2000 etwa 17 % der Weltbevölkerung, verbrauchen aber rund 60 % der bereitgestellten Energie. Diese Energie wird bis heute vor allem aus der Verbrennung von nichtregenerierbaren Rohstoffen wie Erdöl, Kohle und Erdgas gewonnen. Bei der Verbrennung dieser Energieträger durch die Haushalte, Industrie, Kraftwerke und den Kraftverkehr entstehen Schadstoffe (= **Emissionen**), die zum Teil ungefiltert in die Luft gelangen. Beim Menschen können diese Schadstoffe Allergien, **Atemwegserkrankungen** und Krebs auslösen. In der Umwelt sind sie für das **Waldsterben** mit verantwortlich. Die langfristig gefährlichste Folge der Schadstoff-Emission ist jedoch die **Aufheizung der Erdatmosphäre**. Bestimmte Emissionsgase sammeln sich wie eine Dunstglocke in der Atmosphäre. Zwar lassen sie die Sonnenstrahlen bis zur Erde eindringen, verhindern aber die Abstrahlung der entstehenden Wärme. Man spricht vom sogenannten **Treibhauseffekt**. Nach Meinung zahlreicher Wissenschaftler hat dies bis zum Jahr 2050 eine globale Temperaturerhöhung um 3° C zur Folge – mit gefährlichen Auswirkungen für das Klima und die Menschen. 🌐/11

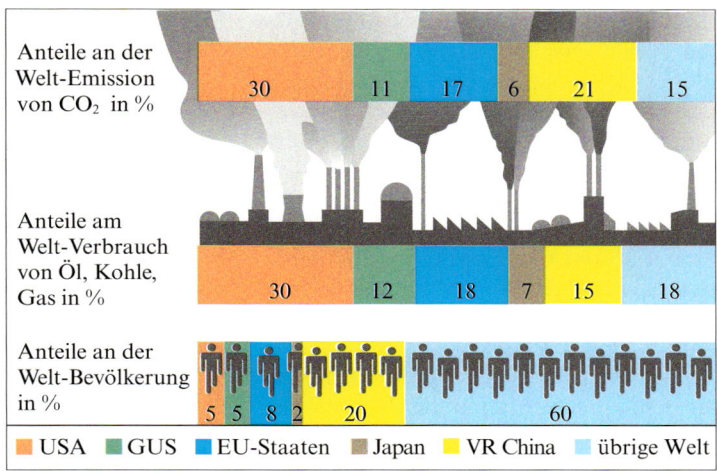

	USA	GUS	EU-Staaten	Japan	VR China	übrige Welt
Anteile an der Welt-Emission von CO_2 in %	30	11	17	6	21	15
Anteile am Welt-Verbrauch von Öl, Kohle, Gas in %	30	12	18	7	15	18
Anteile an der Welt-Bevölkerung in %	5	5	8	2	20	60

B 6 CO_2-Emission und Energieverbrauch weltweit (Stand 2003)

Q 7 Fortschritte beim Klimaschutz?

1 Es sieht nicht gut aus für den weltweiten Klimaschutz. Vor allem dann nicht, wenn die USA jetzt endgültig ausscheren. Damit das 1997 nach zähem Ringen verabschiedete Kyoto-Protokoll [so benannt nach dem japanischen Ta-
5 gungsort] zur Reduzierung der Treibhausgas-Emissionen in Kraft treten kann, müssen 55 Staaten das Abkommen unterzeichnen ... Nun will der Klimaverschmutzer Nummer 1 von den in Kyoto vereinbarten Zielen abrücken, wie US-Präsident George W. Bush ... bekräftigte ... Europa
10 hat [bei der Entwicklung Energie sparender Technologien] gegenüber den USA einen klaren Innovationsvorsprung.

(Th. Padova, „Mit Reserven", In: Der Tagesspiegel, 31.03.2001, S. 2. Gekürzt)

D 5 Die Entwicklung der Durchschnittstemperatur auf der Nordhalbkugel der Erde

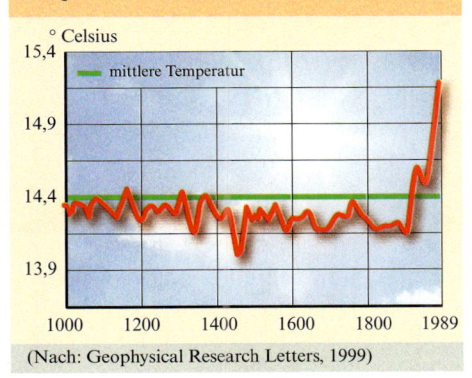

(Nach: Geophysical Research Letters, 1999)

ARBEITSAUFTRÄGE

1. Erörtere mit K 2 und D 4 die aktuelle und zukünftige Situation der Wasserversorgung weltweit und in Problemregionen.
2. Erläutere mit Q 1 und B 3 mögliche Folgen von Wassermangel (vgl. auch K 2, Seite 230).
3. Analysiere D 5 und B 6 und erörtere mögliche Ursachen sowie Folgen einer weltweiten Klimaveränderung.
4. Vergleiche die Emissionen und den Energieverbrauch von Industrie- und Entwicklungsländern. Formuliere mit Blick auf die Bevölkerungsentwicklung (D 1, S. 230) eine Prognose des Emissionsausstoßes für das Jahr 2050.
5. Beurteile mit Q 7, wie konsequent die Industrieländer einer drohenden Klimakatastrophe bisher begegnet sind.

3. Gewalt, Krieg, Terrorismus im Namen Gottes?

Die brennenden Türme des World-Trade-Centers wurden zum Symbol für **religiösen Fanatismus** und einen verblendeten „Krieg im Namen Gottes". Doch religiös motivierte Gewalt ist keine Erscheinung der Neuzeit und nicht auf den **Fundamentalismus** extremer Islamisten beschränkt. Der Dreißigjährige Krieg (1618–1648), der weite Teile Deutschlands verwüstete, war auch ein Glaubenskrieg. Bis heute sterben in Nordirland Menschen in den Auseinandersetzungen zwischen Protestanten und Katholiken; in Afrika und Asien toben grausame Bürgerkriege unter dem Anschein religiöser Gegensätze. Wissenschaftler sprechen bereits von einem neuen Zeitalter des „Kampfes der Kulturen" und Religionen. Doch meist verbergen sich hinter den religiösen Konflikten konkrete politische Macht- und Wirtschaftsinteressen.

B 2 Arabisch-muslimische Selbstmordattentäter zerstören am 11. September 2001 das New Yorker World-Trade-Center und töten dabei mehr als 3000 Menschen

Q 1   Krieg im Namen Gottes?

1 Papst Urban II., 1095:
Das Vaterland des Herrn [= Palästina], das Mutterland der Religion, hat ein gottloses Volk in seiner Ge-
5 walt ... Der Tempel des Herrn ist nun Sitz des Teufels geworden ... Wendet die Waffen gegen die Feinde des christlichen Namens und Glaubens ... Wenn einer dort in
10 wahrer Buße fällt, [wird] ihm Vergebung seiner Sünden und [das] ewige Leben zuteil werden.

(Geschichte in Quellen 2, München 1989, S. 366f.)

15 Osama bin Laden, arabischer Terroristenführer, 1996:
Heute haben eure Brüder und Söhne ... ihren Djihad [heiligen Krieg] für die Sache Allahs und gegen die
20 Armeen der amerikanisch-zionistischen Kreuzfahrer [USA, Israel] begonnen ... Unsere Jugendlichen glauben daran, was von Allah und seinem Propheten ... über [gefalle-
25 ne] Mudjahedin und Märtyrer gesagt wurde ..., er wird sie in den Garten, das Paradies, einlassen.

(In: Die Woche, 14.09.2001, S. 10. Gekürzt)

Q 3 Der evangelische Bischof von Berlin-Brandenburg, W. Huber zu den Ursachen des (religiösen) Terrorismus:

1 Die These, weltweite wirtschaftliche Ungerechtigkeit entlade sich mit innerer Folgerichtigkeit in Terroraktionen ..., ist nicht mehr als eine sehr spezielle Form von Geschichtsfatalismus. Noch fataler ist der Umkehrschluss.
5 Denn ... [die Gewalt] schlägt keineswegs nur dort Wurzeln, wo Menschen unter dem Druck wirtschaftlicher Ungerechtigkeit einen Hass aufgestaut haben ... Trotzdem haben zwei Aufgaben je ihre eigene Dringlichkeit. Es geht zum einen darum, gewaltsamen Terror zu verhindern ....
10 Es geht zum anderen darum, weltwirtschaftliche Verhältnisse zu fördern, die vor dem Maßstab von Gerechtigkeit und Menschenwürde einigermaßen bestehen können. Wer nur das eine oder das andere sieht, ist auf einem Auge blind.

(In: Der Tagesspiegel, 9.3.2002, S. 23. Gekürzt)

ARBEITSAUFTRÄGE

1. Vergleiche und beurteile die Argumente der beiden Quellenauszüge von Q 1.
2. Erörtere mit Q 1 und Q 3 mögliche Ursachen für religiös motivierte Gewalt und terroristische Anschläge (B 2).

Internationale Problemfelder – Zeitstrahl

	Politik	Kultur	Alltag/Wirtschaft
2000	2001: Terroranschläge radikaler Islamisten in den USA; 2001: Beginn einer neuen Intifada in Israel; Friedensplan von US-Präsident Clinton; 1997: Sturz Mobutus (Kongo); 1993: Israelisch-palästinensisches Abkommen von Oslo; 1990: Überfall des Iraks unter Saddam Hussein auf Kuwait	2001: Die Weltöffentlichkeit verfolgt die Terroranschläge in den USA via Fernsehen 2000: Mehr als 6 Mrd. Menschen leben auf der Erde 1991: Der Golf-Krieg wird zum Medienereignis; Diskussionen um Zensur	2001: Eskalation der Gewalt zwischen Palästinensern und Israelis; 1997: Abkommen zur Reduzierung der CO_2-Emissionen (Klimakonvention); 1993: Gaza und Jericho unter palästinensischer Autonomie; 1990er Jahre: Hyperinflation im Kongo
1990	1988: Staatsproklamation Palästinas		1987: Beginn der palästinensischen Intifada gegen Israel; Intensivierung der israelischen Siedlungspolitik
1980	1980–1988: Iranisch-irakischer Krieg 1979: Sturz des Schah-Regimes im Iran; Bildung der Islamischen Republik Iran unter dem Ajatollah Khomeini	1980 ff. Propagierung der Ein-Kind-Familie in China; 1979 ff. Zunahme des religiösen Fundamentalismus, besonders in islamischen Staaten; 1979 ff: Re-Islamisierung und Einführung der Scharia im Iran	1979 ff.: Beschneidung der Rechte von Frauen im Iran (Tschador-Zwang u. a.); Verstaatlichung ausländischer Unternehmen im Kongo;
1970	1967: Israelisch-arabischer Sechstagekrieg; 1965: Beginn der Militärdiktatur Mobutus (Kongo); 1964: Gründung der PLO; 1960: „Afrika-Jahr", Unabhängigkeit der meisten afrikanischen Kolonien;	1965 ff.: Korruption und Vetternwirtschaft in Zaïre/Kongo; 1960 ff.: Besinnung auf afrikanische Werte im Zuge der afrikanischen Unabhängigkeitsbewegungen; 1960 ff.: Modernisierung des Iran nach westlichem Muster durch Schah Reza Pahlevi	1968: Beginn der israelischen Siedlungspolitik in besetzten Gebieten; 1968 ff: „Grüne Revolution" in Indien
1960			
1950	1948: Israelisch-arabischer Krieg; 1947: UN-Teilungsplan für Palästina; 1945: Erste Phase der Dekolonisation; 1923: Atatürk wird Präsident der Türkischen Republik; 1908: Der Kongo wird belgische Kolonie 1884/85: Berliner Kongo-Konferenz	1920–1947: Gewaltfreier Widerstand Gandhis gegen die britische Kolonialmacht in Indien; 1923: Europäisierung und Einführung eines Mehrparteiensystems (1945) in der Türkei; 1900: es leben etwa 1,5 Mrd. Menschen auf der Erde; Wiederaufleben des Antisemitismus in Europa, Gründung der zionistischen Bewegung	1950er Jahre: Bildung von Befreiungsbewegungen in Afrika; 1948: Entstehung der palästinensischen Flüchtlingslager 1930er Jahre: Verbot des islamischen Eherechts, der arabischen Schrift und der traditionellen Kleidung in der Türkei 1881 ff.: 1. Alija: Beginn der jüdischen Einwanderung nach Palästina
1945			
1880			

Zusammenfassung – Internationale Problemfelder

Im 20. Jahrhundert sind eine Reihe internationaler Problemfelder sichtbar geworden, die ein gefährliches Konfliktpotenzial bergen und deren Lösung sich bisher nicht abzeichnet.

Der palästinensisch-israelisch-arabische Konflikt (Nahostkonflikt) entstand im Streit zwischen Juden und palästinensischen Arabern um die Siedlungs- und Herrschaftsrechte im Gebiet Palästinas. Beide Seiten erheben historische Ansprüche auf dieses Land. Seit 1948 führten sie mehrere Kriege gegeneinander. Der 1993 unter Vermittlung der USA begonnene Friedensprozess gerät immer wieder ins Stocken.

Mit der Europäisierung der Türkei seit 1923 und der Modernisierung des Iran seit 1960 schien sich die westliche Kultur auch im arabischen Raum durchzusetzen. Die islamische Revolution im Iran 1979 brachte jedoch eine fortschreitende Re-Islamisierung der ganzen Region. Seither fürchtet die westliche Welt um ihren Einfluss in der Golfregion und ihren Zugang zu den Ölreserven.

Die Kolonialherrschaft zerstörte oft die politischen, wirtschaftlichen und kulturellen Traditionen der betroffenen Völker. Viele ehemalige Kolonien sind bis heute „Entwicklungsländer". Sie leiden unter autoritären Herrschaftssystemen, Staatszerfall, Armut, wirtschaftlicher Abhängigkeit von den Industriestaaten (Neokolonialismus), Umweltproblemen und (Bürger-)kriegen. Die Industriestaaten leisten zwar Entwicklungshilfe, unterstützen aber ein Weltwirtschaftssystem, das die „Entwicklungsländer" benachteiligt.

Das Überleben der Menschheit wird davon abhängen, ob sie lernt, Konflikte friedlich zu regeln und globale Probleme verantwortungsvoll zu lösen. Zu diesen Problemen gehören: Bevölkerungswachstum, Hunger, wirtschaftliche Unterentwicklung, der Schutz des Ökosystems.

ARBEITSAUFTRÄGE

1. Plant ein Rollenspiel mit drei Gruppen zum israelisch-palästinensischen Konflikt. Je eine Gruppe stellt die israelische bzw. die palästinensische Position dar, macht aber auch Vorschläge zur Lösung des Konflikts aus der Sicht ihrer Partei. Die dritte Gruppe entwickelt Lösungsvorschläge aus der Sicht einer überparteilichen Schiedsgruppe (z. B. der UNO).
2. Überlegt, was die Industrieländer zur Lösung der globalen Menschheitsprobleme beitragen können. Diskutiert, welche Möglichkeiten ihr selbst in eurem persönlichen Umfeld habt, um zur Lösung solcher Probleme beizutragen.

ZUM WEITERLESEN

J. Joubert: Das darf nicht das Ende sein. Sauerländer, Aarau 1991
E.-M. Kremer: Die Träume des Ali M. Tourismus zwischen Europa und Afrika. Rex-Verlag, Luzern 1992
G. Ron-Feder: Die Tage nach dem Anschlag. Beltz & Gelberg, Weinheim 2002
N. Wheatley: Eingekreist. Cols Geschichte. Beltz & Gelberg, Weinheim 1991

- /1 www.lgd.de/projekt/judentum/index.htm
- /2 www.derriere.de/Israel/Nahostkonflikt_1.htm
- /3 www.hls.sha.bw.schule.de/konflikt/irak/irak.htm
- /4 www.isme.ch/Geschichte-HTML-Version/1945ab/Unterr1945ZE000126.PDF
- /5 www.rrz.uni-hamburg.de/Konflikt-Afrika/KK-DA-KongoA-Main-Anfang.html
- /6 http://www.ess.fds.bw.schule.de/projekte/Webmag/mahatma.htm
- /7 http://www.krisen-und-konflikte.de/kaschmir/geschich.htm#Top
- /8 www.drittewelt.de
- /9 www.dsw-hannover.de
- /10 www.g-o.de/home04bb.htm
- /11 www.seilnacht.tuttlingen.com/Lexikon/Treibh.htm

Migration früher und heute

Längsschnitt 237

Nach Angaben der UN-Flüchtlingshilfsorganisation UNHCR waren im Jahr 2000 weltweit etwa 20 Millionen Menschen auf der Flucht vor Krieg, Hunger, politischer oder religiöser Verfolgung und schweren Menschenrechtsverletzungen. Die Mehrzahl von ihnen musste ihr Geburtsland verlassen, andere waren innerhalb ihres Heimatlandes vertrieben worden. Noch viel mehr Menschen, etwa 100 Millionen, lebten im Jahr 2000 deshalb nicht mehr in ihren Geburtsländern, weil sie es freiwillig aus beruflichen Gründen verlassen hatten – sei es zeitweise oder auf Dauer. Sie alle werden unter dem Begriff **Migranten** (von lat.: migrare = wandern) zusammengefasst, obwohl die Gründe, warum sie ihre Heimat verlassen haben, oft sehr verschieden sind. 🌐/1

Migration ganzer Volksgruppen oder einzelner Personen hat es im Laufe der Geschichte immer wieder und in vielen Teilen der Erde gegeben. Auch Deutschland war in der Vergangenheit – und ist bis heute – nicht nur Zielland, sondern auch Fortzugsland von Millionen Migranten.

T 1 Flucht und Vertreibung im Jahr 2000

Im Jahr 2000 in...	Flüchtlinge, Asylsuchende und Binnenvertriebene
Afrika	5 325 040
Asien	6 691 150
Europa	6 399 050
Lateinamerika	83 810
Nordamerika	1 255 200
Ozeanien	64 500
Total	**19 818 750**

Begriffserläuterung

Migranten:
– Flüchtlinge (aufgrund von Krieg oder politischer Verfolgung)
– Armutsflüchtlinge
– Arbeitsmigranten
– Aus-/Einwanderer
– Aus-/Umsiedler

D 2 Ein- und Auswanderung in Deutschland 1830–2000

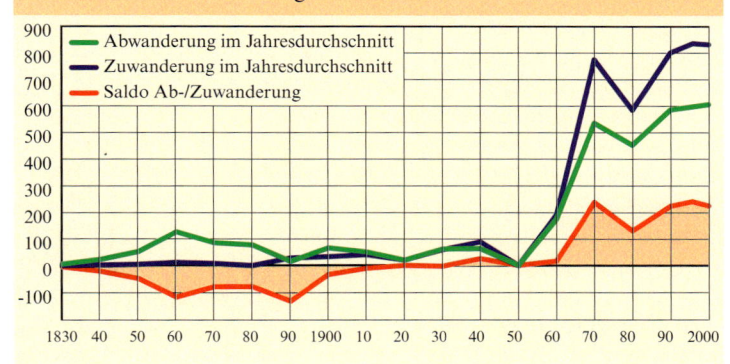

— Abwanderung im Jahresdurchschnitt
— Zuwanderung im Jahresdurchschnitt
— Saldo Ab-/Zuwanderung

1. Deutschland – ein Auswanderungsland

Zwischen 1830 und 1920 wanderten mehr als 35 Millionen Europäer in die USA aus, darunter allein 5,5 Millionen Deutsche. Was waren die Gründe für diese Massenauswanderung aus Deutschland?

„Kein schöner Land?" – In Deutschland und vielen anderen Ländern Europas war seit Beginn des 19. Jahrhunderts die Bevölkerungszahl stark gestiegen. Doch die landwirtschaftliche Produktion konnte mit diesem sprunghaften Wachstum nicht mithalten. Besonders in Zeiten von Missernten kam es daher zu schweren Hungerkatastrophen. Auch die in Deutschland erst Mitte des 19. Jahrhunderts einsetzende Industrialisierung konnte nicht alle Menschen in Arbeit und Brot bringen. Neben diesen sozialen Auswanderungsgründen spielten politische und religiöse eine Rolle: Die „Demagogenverfolgung" nach den Karlsbader Beschlüssen von 1819 sowie die Verfolgung der Revolutionäre von 1848/49 zwang viele Deutsche zur Flucht; Religionsfreiheit existierte nur in wenigen deutschen Fürstentümern.

B 4 Aufbruch in die Fremde, Gemälde 1872

„Entwurzelung", Zeichnung von Vangelis Pavlidis, 1982

Q 3 Hoffen auf ein besseres Leben:

Der Massenexodus [Auszug] aus dem Deutschland des 19. Jahrhunderts ... hatte vor allem sozialökonomische Gründe: ... zu wenig Arbeit, zu viele Menschen. Auswanderung war weithin Export der sozialen Frage. Von den Hungerjahren 1816/17 bis zum Ausbruch des Ersten Weltkriegs 1914 [wanderten] 5,5 Millionen Deutsche in die Vereinigten Staaten aus, gefolgt von weiteren knapp 2 Millionen seither. Hochflut herrschte in den fünf Jahrzehnten von 1846 bis 1893 ... Nicht wenige davon kehrten zurück, im späteren 19. Jahrhundert wahrscheinlich rund ein Drittel; die einen als gescheiterte Einwanderer, andere als erfolgreiche Auswanderer, die in der alten Heimat sichtbar von ihrem Erfolg zehren wollten oder schlicht ihren Lebensabend verbringen wollten.

(K.J. Bade, Zu wenig Arbeit, zu viele Menschen, in: Das Parlament Nr. 48, 1998, S. 1. Gekürzt)

B 5 Willkommensgruß im Land der Freiheit, Zeichnung 1907

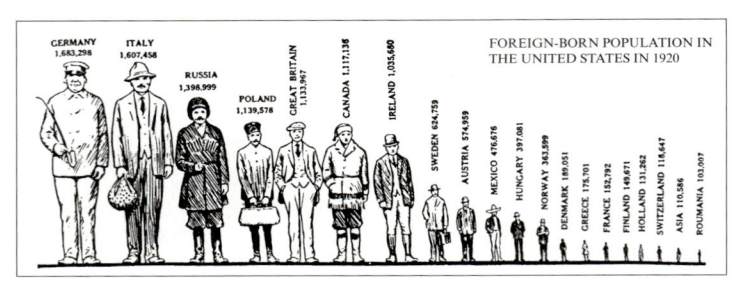

B 6 Im Ausland geborene Einwohner der USA im Jahr 1920, Ausschnitt einer zeitgenössische Skizze aus den USA

1. Deutschland – ein Auswanderungsland

Land der unbegrenzten Möglichkeiten? – Um 1880 war die Kolonisierung Nordamerikas abgeschlossen. Später eintreffende Einwanderer konnten kaum noch Land für eine eigene Farm erwerben. Sie mussten ihren „American Dream" als Handwerker, Land- oder Fabrikarbeiter in den schnell wachsenden Industriezentren, beim Eisenbahn- oder Straßenbau beginnen. Junge Frauen arbeiteten meist als Mägde, Wäscherinnen oder in Fabriken. Der „Aufstieg vom Tellerwäscher zum Millionär" blieb ein Traum; die Einwanderergeneration lebte ganz überwiegend in ärmlichen Verhältnissen.

Integration braucht Zeit – Die meisten Einwanderer hatten in ihren Heimatländern in kleinen Dörfern gelebt. Jetzt kamen sie mittellos und ohne englische Sprachkenntnisse in die großen Städte Amerikas. Die kulturellen Unterschiede zwischen dörflicher Gemeinschaft und dem bunten Nationalitätengemisch der Großstadt waren riesig. Kein Wunder, dass es die Einwanderer zunächst dorthin zog, wo schon ihre Landsleute wohnten. So entstanden anfangs ethnisch homogene Wohngebiete, in denen noch jahrzehntelang die eigene Muttersprache vorherrschte. Im „Viertel" spielte sich das Leben nach den gewohnten Traditionen und Bräuchen ab – bis hin zum Essen und zur Kleidung. Der Bewusstseinswandel vom „deutschen Einwanderer" über den „Deutsch-Amerikaner" bis zum „Amerikaner deutscher Abstammung" dauerte meist zwei bis drei Generationen. Der „Schlüssel" zur gelungenen Integration von Millionen Einwanderern in die amerikanische Gesellschaft waren vor allem die Kinder der Einwanderer: Sie wollten für ihren beruflichen Erfolg die Sprache ihres neuen Heimatlandes lernen und wurden dabei von den Behörden sowie den eigenen Familien sehr gefördert.

Q7 Wer ist ein US-Amerikaner? Aus der Verfassung der USA:

1 Alle Personen, die in den Vereinigten Staaten geboren oder eingebürgert und ihrer Hoheitsgewalt unterworfen sind, sind Bürger der
5 Vereinigten Staaten und des Einzelstaates, in dem sie wohnen ...

(Verfassung der USA, 14. Zusatzartikel von 1868)

Q8 „Little Germany" in New York:

1 Zu einem bevorzugten Ziel war ... New York geworden, wo es schon früh ganze Straßenzüge, ja Stadtviertel mit überwiegend deutscher Bevölkerung gab ... So entstand im Herzen Manhattans ... ein Wohnquartier, in dem der
5 Anteil der deutschen Bevölkerung bei über 30 Prozent lag. Hier ... war man fürs erste einmal in selbstgebauten Hütten oder heruntergewirtschafteten Mietskasernen untergekommen. Viele der Einwanderer verschafften sich ihren bescheidenen Lebensunterhalt mit dem Sammeln
10 von Lumpen, sodass ein ... eingesetzter Untersuchungsausschuss den Distrikt als „German Ragpickers Paradies" [Paradies der Lumpensammler] bezeichnete ...

(In: H. Krohn, Und warum habt ihr denn Deutschland verlassen? 300 Jahre Auswanderung nach Amerika, Bergisch-Gladbach 1992, S. 307. Gekürzt)

B9 Deutsche Einwanderer, Karikatur in „Harper"s Weekly", 1872

B10 „Die Quote für 1620 ist voll", amerikanische Karikatur, 20. Jh.

ARBEITSAUFTRÄGE

1. Analysiere und erläutere D 2 von Seite 237.
2. Erläutere mit Q 3 Gründe für die Auswanderung und formuliere mit B 4 eine Vermutung über das Reisegepäck.
3. Beschreibe mit B 5 die Hoffnungen der Auswanderer.
4. Erkläre, wer gemäß der US-Verfassung die amerikanische Staatsangehörigkeit besitzt (Q 7). Recherchiere zum Vergleich die Regelung für die Bundesrepublik. 🔗/2
5. Vergleiche die Lebensumstände deutscher Auswanderer in den USA um 1900 mit der Situation nicht deutschstämmiger Bürger und Migranten in der Bundesrepublik (Q 8, B 9, B 10).

2. Flucht und Vertreibung in Europa – zwei Beispiele

In der zweiten Hälfte des 20. Jahrhunderts sind vor allem Afrika und Südostasien blutige Schauplätze für Vertreibungen und Massenfluchten geworden. Doch auch Europa war – und ist – bis in die jüngste Vergangenheit von Kriegen sowie von religiöser und politischer Verfolgung gekennzeichnet.

Verfolgung der Hugenotten in Frankreich – Wie in Deutschland und anderen europäischen Ländern gab es in Frankreich im 16. Jahrhundert eine Reformationsbewegung der christlichen Glaubenslehre. Seitdem existierte im mehrheitlich katholischen Frankreich auch eine reformierte Kirche. Deren Anhänger, vor allem Handwerker und Kaufleute, nannten sich **Hugenotten**. Nach blutigen Religionskämpfen hatten die Hugenotten im Jahre 1598 weitgehende Glaubensfreiheit zugestanden bekommen (Edikt von Nantes). Aber 1685 wurde dieses Edikt vom französischen König Ludwig XIV. aufgehoben. Daraufhin flohen etwa 500 000 Hugenotten aus Frankreich, viele von ihnen nach Brandenburg.

Der brandenburgische Kurfürst Friedrich Wilhelm I. hatte ihnen **Glaubensfreiheit**, die Aufnahme in seinen Landen sowie Steuervorteile versprochen. Er wollte die mehrheitlich gut qualifizierten Handwerker, Manufakturbesitzer und Kaufleute nach Brandenburg holen, um so die wirtschaftliche Entwicklung des Landes zu fördern. Viele Namen oder anscheinend „typisch deutsche" Bezeichnungen sind daher aus dem Französischen abgeleitet, zum Beispiel die Berliner Bulette vom französischen boulette (= Fleischkügelchen).

Q1 Aufhebung des Toleranz-Edikts durch Ludwig XIV., 18. Okt. 1685:

1. 1. Wir tun zu wissen, ... dass alle Kirchen der ... vorgeblich reformierten Religionen unverzüglich zerstört werden.
5. 2. Wir verbieten Unseren besagten Untertanen von der vorgeblich reformierten Religion, sich noch ferner zu versammeln, um [ihren] Gottesdienst ... zu halten.
10. 6. Wir verbieten die besonderen Schulen der reformierten Religion ...
7. In Betreff der Kinder, die denen von der besagten Religion geboren werden, wollen Wir, dass sie
15. fortan durch die Seelsorger der Pfarreien getauft werden ...

(In: Geschichte in Quellen, Bd. 3, München 1982, Seite 454 f. Gekürzt)

B2 Flucht französischer Hugenotten nach der Aufhebung des Edikts von Nantes, 1685. Holzstich nach G. Durand

T3 Herkunftsorte/-regionen sowie Zielorte der allein im Jahr 1700 nach Brandenburg eingewanderten Hugenotten (Auswahl)

Geburtsort/-region \ Zielort	Berlin	Brandenburg	Frankfurt/O.	Halle	Königsberg	Magdeburg	Prenzlau	Stendal	Spandau
Languedoc	598	20	10	168	41	481	48	23	6
Metz	1130	8	–	95	11	36	32	13	24
Dauphine	295	13	10	80	30	277	13	5	2
Champagne	590	4	–	98	42	33	40	4	–
Guyenne	242	6	–	54	70	73	2	6	4
Sedan	328	5	1	14		1	11	–	3
Picardie	90			18	13	13	48	–	
Normandie	120	14		1	21	16	6	–	–
Paris	140	6	–	21	11	9	5	2	–

2. Flucht und Vertreibung in Europa – zwei Beispiele

Das Schicksal des früheren Jugoslawiens – In der ehemaligen Bundesvolksrepublik Jugoslawien leben zahlreiche Völker (Ethnien) mit unterschiedlichen kulturellen Traditionen und Religionen zusammen: Es war ein Vielvölkerstaat, der 1945/46 in den Grenzen des früheren Königreichs der Serben, Kroaten und Slowenen neu gegründet worden war. Nach dem Tod des Staatsgründers JOSIP BROZ TITO im Jahr 1980 begann der allmähliche Zerfall des Staates. Alte Nationalitätenkonflikte, Rivalitäten zwischen politischen Machtgruppen brachen wieder auf. Die kulturellen Unterschiede sowie ein großes wirtschaftliches und soziales Gefälle zwischen den einzelnen Republiken verschärften die Lage. Zwischen 1991–1999 eskalierten die Konflikte in blutigen Kriegen, Massenvertreibungen, schwersten Menschenrechtsverletzungen und Massenmorden an der Bevölkerung. Während der Kämpfe flüchteten über 3,5 Millionen Menschen, etwa 1 Million davon nach Deutschland.

T 5 Volksgruppen, Sprachen und Religionen im früheren Jugoslawien

Volksgruppen	Sprache	Religion
Slowenen	slowenisch	röm.-katholisch
Kroaten	serbo-kroatisch	röm.-katholisch
Serben	serbo-kroatisch	serbisch-orthodox
bosnische Muslime:	serbo-kroatisch	muslimische Religion
Montenegriner	serbo-kroatisch	serbisch-orthodox
Kosovo-Albaner	albanisch	serb.-orth./muslimisch
Mazedonier	mazedonisch	mazedonisch-orthodox

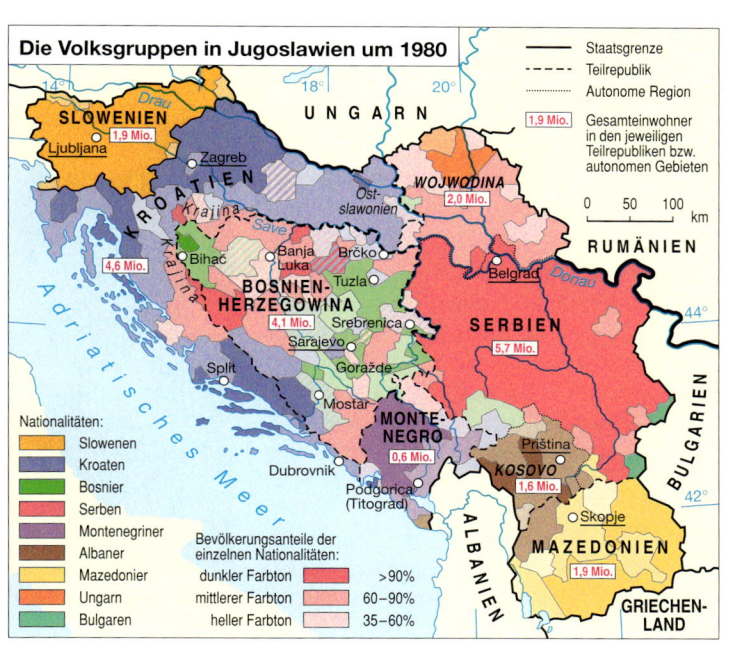

T 4 Zerfall des Vielvölkerstaates Jugoslawien

- **1991:** Slowenien und Kroatien erklären ihre staatliche Unabhängigkeit von Jugoslawien; 28.6.1991 Krieg der serbisch dominierten jugoslawischen Bundesarmee gegen Slowenien und Kroatien; 26.10.1991 Rückzug der Bundesarmee aus Slowenien; Januar 1992 Rückzug der Bundesarmee aus Kroatien
- **1992:** Im März 1992 erklärt die Republik Bosnien-Herzegowina ihre Unabhängigkeit von Jugoslawien; serbische Truppen besetzen im April 1992 70 % von Bosnien-Herzegowina; Stationierung von UNO-Friedenstruppen in den Kriegsgebieten; Kriegsverbrechen und Massaker der Serben an der Zivilbevölkerung
- **1995:** Am 21.11.1995 wird unter Vermittlung der USA in Dayton ein Friedensabkommen für Bosnien-Herzegowina unterzeichnet.
- **1998:** Gewaltsame Niederschlagung der Autonomiebestrebungen von Kosovo-Albanern durch serbische Truppen
- **1999:** Nach ergebnislosen Verhandlungen zwingen NATO-Luftangriffe gegen Serbien das serbische Militär zum Rückzug aus dem Kosovo
- **1998 ff:** Autonomiebestrebungen von Montenegro und Makedonien

K 6 Die Volksgruppen in Jugoslawien um 1980

ARBEITSAUFTRÄGE

1. Erläutere mit Q1 und B2 Ursachen und Folgen der Hugenottenverfolgung in Frankreich nach 1685. Kennst du weitere Beispiele für religiös begründete Verfolgungen in Europa oder anderswo?
2. Nenne mögliche Gründe für die Aufnahme zahlreicher geflohener Hugenotten durch den brandenburgischen Kurfürsten.
3. Erläutere mit T5 und K6 mögliche Gründe für die gewaltsamen Konflikte und Kriegsgräuel zwischen den benachbarten Volksgruppen im früheren Jugoslawien.
4. Erarbeitet in der Klasse gemeinsam eine Plakatwand zum Thema „Krieg, Vertreibung, Mord im früheren Jugoslawien". Arbeitet in mehreren Projektgruppen.

3. Deutschland – ein Einwanderungsland

Ein Aufnahmeland für Kriegsflüchtlinge, Asylbewerber oder für deutschstämmige Spätaussiedler ist Deutschland erst seit den 1980er Jahren in größerem Umfang geworden. Die Zuwanderung von Arbeitskräften prägt Deutschland jedoch schon seit etwa 100 Jahren. Die meisten wurden angeworben und in der Wirtschaft Deutschlands dringend gebraucht.

Anwerbung von Arbeitsmigranten – Ende des 19. Jahrhunderts, als sich in Deutschland die Industrialisierung beschleunigte, entstanden in Schlesien, Sachsen und im Ruhrgebiet bedeutende Industriezentren. Der **Arbeitskräftebedarf** zog viele sogenannte „Wanderarbeiter" an; sie kamen zum Teil aus den deutschen Ostprovinzen, vor allem aber aus Polen, Galizien und Italien. Insgesamt betrug ihr Anteil an der Gesamtbevölkerung etwa 1 %. Innerhalb weniger Jahrzehnte war die Mehrzahl von ihnen in der neuen Heimat integriert.

Der nächste große Zustrom ausländischer Arbeitskräfte setzte zwischen 1955 und 1973 ein: Im Zeichen des bundesdeutschen **„Wirtschaftswunders"** waren etwa 14 Millionen benötigter Arbeitskräfte aus den Mittelmeerländern angeworben worden. Mit dem Ölpreisschock von 1973 und der einsetzenden Wirtschaftsrezession erfolgte dann ein Anwerbestopp der so genannten „Gastarbeiter". Etwa 11 Millio-

Q 2 Polnische Zuwanderer im Ruhrgebiet um 1900:

... viele preußisch-polnische Zuwanderer verstanden ihren Aufenthalt im Westen zunächst als Zwischenstadium, um danach mit dem hier verdienten Geld in ihre Heimatgebiete zurückzukehren und dort ein besseres Leben zu führen ...; je länger sie jedoch im Ruhrgebiet blieben, desto stärker lockerte sich die Bindung an zu Hause und der Rückkehrwunsch verblasste allmählich – aus Wanderarbeitern wurden Einwanderer ... Mit längerer Anwesenheitsdauer ... lehnten sich die ruhrpolnischen Bergleute stärker an die Haltung der deutschen Kollegen an.

(in: U. Herbert, Geschichte der Ausländerpolitik in Deutschland – Saisonarbeiter, Zwangsarbeiter, Gastarbeiter, Flüchtlinge, München 2001, S. 73 f. Gekürzt)

B 3 Türkische Bergarbeiter in Deutschland, 2000

T 1 Die Migrationswellen (Zuzüge und Fortzüge) in Deutschland im 20. Jahrhundert; Zahlen in Mio. Personen

Zeitphase	offizieller Status	Herkunftsländer	Zuzüge	Fortzüge	Saldo	Arbeitsmarkt in Deutschland
1890–1914	„Wanderarbeiter"	Polen, Italien	1,2	–	1,2	Arbeitskräftemangel, Industrialisierung
1950–1960	Flüchtlinge aus den ehem. Ostgebieten	u. a. Polen, Tschechoslowakei, Rumänien	1,6	–	1,6	bis 1958 Arbeitslosigkeit (4 %–Vollbeschäftigung)
1955–1973	„Gastarbeiter"	Mittelmeerländer	14,0	11,0	3,0	„Wirtschaftswunder", Arbeitskräftemangel
1985–2000	Spätaussiedler	Ost-/Südeuropa	2,7	0,3	2,4	Arbeitslosigkeit (4–9 %)
1985–2000	Asylbewerber und Bürgerkriegsflüchtl.	weltweit	3,5	1,2	2,3	Arbeitslosigkeit (4–9 %)
1985–2000	sonst. ausländische Arbeitsmigranten	weltweit	3,5	1,4	2,1	Arbeitslosigkeit (4–9 %)

3. Deutschland – ein Einwanderungsland

nen von ihnen kehrten in ihre Herkunftsländer zurück, um dort eine neue berufliche Existenz aufzubauen oder den Lebensabend zu verbringen. Für andere, vor allem türkische Bürger, wurde das „Gastland" zur **neuen Heimat**. Ihre Kinder leben in der 2. oder 3. Generation hier; viele besitzen die deutsche Staatsangehörigkeit. Doch die **Integration** der in Deutschland gebliebenen Einwanderer und ihrer hier geborenen Kinder ist bisher kaum gelungen. Das liegt an einer unzulänglichen Integrationspolitik der Regierung, an den Vorurteilen der einheimischen Bevölkerung und an der zu geringen Integrationsbereitschaft vieler ausländischer Bürger. Folgen davon sind das ängstliche Einfordern einer „deutschen Leitkultur" oder gar Ausländerfeindlichkeit auf Seiten vieler Deutscher sowie kulturelle Abgrenzung und fehlende Deutschkenntnisse bei vielen ausländischen Mitbürgern.

Q 4 Zur Situation türkischer Bürger in der Bundesrepublik:

1 Vor vierzig Jahren ... schlossen Deutschland und die Türkei ein Abkommen über den Transfer von Arbeitskräften aus der Türkei nach
5 Deutschland ... Viele Gastarbeiter von damals sind heute Rentner in Deutschland, ihre Enkel sind hier geboren. Integration ist ein Begriff in aller Munde. Dennoch ist die Ein-
10 bürgerungsquote nach wie vor gering ... Unter vielen Kindern der Einwanderer, die hier geboren sind, [herrscht] Bildungsnotstand. Fast ein Drittel der türkischen Jugend-
15 lichen in Deutschland bricht die Schulausbildung ab ... Der Misserfolg und die Perspektivlosigkeit führen dazu, dass sich die jungen Türken als Außenseiter fühlen ...
20 [Andere] Einwanderungsländer stellen sich auf Einwanderer ein. In Deutschland hatte man sich jahrelang darauf eingestellt, dass die Ausländer wieder zurückkehren ...
25 [und] sie das auch spüren lassen.
(Zafer Senocak, in: Der Tagesspiegel, 3.11.2001)

Flüchtlinge und Asylbewerber – Die Zahl der in der Bundesrepublik lebenden Ausländer ist seit den 1980er Jahren sprunghaft auf etwa 7,4 Millionen angestiegen, das sind 9 % der Gesamtbevölkerung; ohne die etwa 2,7 Millionen deutschstämmigen Spätaussiedler aus Ost- und Südosteuropa. In Europa haben nur Luxemburg mit 20 % und die Schweiz mit 13 % einen höheren Ausländeranteil.

Eine Ursache für den sprunghaften Anstieg der Zahl der in Deutschland lebenden Ausländer ist die große Anzahl der politisch Verfolgten und der **Bürgerkriegsflüchtlinge**, zum Beispiel aus Afghanistan oder dem früheren Jugoslawien. Auf der Grundlage von **Artikel 16 des Grundgesetzes** erhielten sie entweder **politisches Asyl** oder eine befristete Aufenthalts- und Arbeitserlaubnis in der Bundesrepublik. Auch viele Deutsche, die während der Nazi-Zeit politisch verfolgt wurden, überlebten damals nur dank des Asylrechts in anderen Ländern. Andererseits stieg seit Mitte der 1980er Jahre die Zahl der Asylbewerber, die sich die Bundesrepublik aus wirtschaftlichen Gründen als Aufnahmeland ausgewählt haben. Um diesen **Missbrauch des Asylrechts** zu verhindern, schränkte der deutsche Bundestag 1993 den Artikel 16 Grundgesetz ein: Asylrecht genießt demnach nur noch, „wer nicht aus einem sicheren Drittland einreist".

„Es gibt kein größeres Leid auf Erden als den Verlust der Heimat."
Euripides, 431 v. Chr.

„Verwurzelung ist vielleicht das wichtigste und meist verkannte Bedürfnis der menschlichen Seele."
Simone Weil, 1944 im Londoner Exil

T 6 Ausländische Bürger in Deutschland im Jahr 2000, Auswahl (in Tsd.)

Türkei	1999
Jugoslawien	662
(Serbien, Montenegro)	
Italien	619
Griechenland	365
Polen	301
Kroatien	216
Österreich	187
Bosnien	156
Portugal	134
Spanien	129
Russland	116
Großbritannien	115
USA	114
Andere Länder	2300
gesamt	ca. 7400

Ausländer: Wo sie leben
Ausländische Mitbürger insgesamt / je 1 000 Einwohner

Bundesland	insgesamt	je 1000 Einw.
Nordrhein-Westfalen	2 044 300	114
Baden-Württemberg	1 306 900	125
Bayern	1 124 300	93
Hessen	732 100	121
Niedersachsen	532 400	67
Berlin	434 800	128
Rheinland-Pfalz	313 900	78
Hamburg	259 900	153
Schleswig-Holstein	151 200	55
Sachsen	104 700	23
Bremen	100 500	151
Saarland	87 600	82
Brandenburg	59 900	23
Sachsen-Anhalt	44 200	17
Thüringen	41 200	17
Mecklenburg-Vorp.	31 200	17

Quelle: Stat. Bundesamt, Stand 1999, © Globus

B 5 Verteilung der Ausländer nach Bundesländern, Stand 1999

Zu viele oder zu wenig Zuwanderer? – Im Durchschnitt der vergangenen 10 Jahre betrug in Deutschland die **Netto-Zuwanderung 200.000 Personen** (Zuzug minus Wegzug). Bei vielen Bürgern wächst jedoch die Angst vor einer „kulturellen Überfremdung". Andere befürchten, die hohe Arbeitslosigkeit sei eine Folge der Zuwanderung von Ausländern. Bevölkerungswissenschaftler klagen wiederum, dass zu wenig Kinder geboren werden und die deutsche Bevölkerung „aussterbe".

Alle diese Befürchtungen sollten ernst genommen werden, auch wenn sie zum Teil unbegründet sind. Doch wenn die Prognose der Bevölkerungswissenschaftler stimmt, dann sind in 15–20 Jahren gravierende Probleme auf dem Arbeitsmarkt und bei der Rentenversicherung unausweichlich: Die Zahl der Erwerbspersonen wird zu gering sein, um den Wohlstand der Gesellschaft und die Altersversorgung der Rentner(innen) zu sichern. Andererseits können die Probleme einer verfehlten Familien- und Arbeitsmarktpolitik nicht allein durch die Zuwanderung ausländischer Arbeitskräfte gelöst werden. Denn gegen die Ängste großer Teile der deutschen Bevölkerung ist eine sozial verträgliche Integration der Zuwanderer nicht möglich. Die von der Bundesregierung berufene **Expertenkommission „Zuwanderung"** hat daher 2001 ein abgestimmtes Maßnahmenbündel zur Lösung der Probleme vorgeschlagen:
– Die deutsche Wirtschaft ist auf Zuwanderung von Ausländern angewiesen.
– Die Höhe der Zuwanderung sollte durch ein **Zuwanderungsgesetz** sozial verträglich gestaltet werden.
– Es sollten möglichst gut ausgebildete Zuwanderer gewonnen werden.
– Die **Integration** der Zugewanderten muss wesentlich verbessert werden, unter anderem durch Sprachkurse.
– Die Gesetzgebung und die Arbeitswelt müssen deutlich **familienfreundlicher** werden, damit wieder mehr Kinder in Deutschland geboren werden.
– Die **Erwerbsquote von Frauen** muss steigen; Frauen sollten beruflich stärker gefördert werden.

D 7 Prognose der Bevölkerungsentwicklung in Deutschland 2000–2050 (mit und ohne weiteren Zuzug von Ausländern)

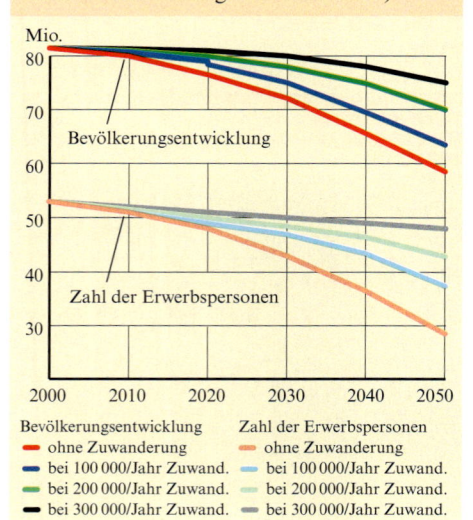

Bevölkerungsentwicklung
- ohne Zuwanderung
- bei 100 000/Jahr Zuwand.
- bei 200 000/Jahr Zuwand.
- bei 300 000/Jahr Zuwand.

Zahl der Erwerbspersonen
- ohne Zuwanderung
- bei 100 000/Jahr Zuwand.
- bei 200 000/Jahr Zuwand.
- bei 300 000/Jahr Zuwand.

PERSONENLEXIKON

RITA SÜSSMUTH, geb. 1937. CDU-Politikerin; 1988–1998 Präsidentin des Deutschen Bundestags; leitete die von der Bundesregierung 2000 eingesetzte unabhängige Kommission „Zuwanderung"

B 8 Mit der „Greencard"-Initiative der Bundesregierung sollen ausländische Experten angeworben werden. Foto 2000

Internet-Adressen:
/1 www.unhcr.de/
/2 www.auslaenderstatistik.de/
/3 www.glasnost.de/kosovo

ARBEITSAUFTRÄGE

1. Erläutere mit T 1 die verschiedenen Formen der Migration und ihre Ursachen.
2. Vergleiche die in Q 2 dargestellte Haltung polnischer Zuwanderer mit der deutscher Aussiedler in Amerika (s. S. 238 f.).
3. Fasse die Position des Autors von Q 4 zusammen und formuliere eine eigene Meinung.
4. Vergleiche die regionale Verteilung der in Deutschland lebenden Ausländer (B 5). Diskutiert über Ausländerfeindlichkeit oder Gewalt gegen Ausländer in eurem Bundesland.
5. Analysiere D 7 und formuliere mögliche Konsequenzen für die deutsche Zuwanderungs- und Familienpolitik.

Technischer Fortschritt

Längsschnitt 245

Ein ganz normaler Morgen – Der Radiowecker holt Julia aus dem Schlaf. Sie nimmt eine heiße Dusche und wirft die Kaffeemaschine an. Ein Blick auf das Handy sagt ihr, dass Wolfgang noch in der Nacht eine SMS geschickt hat. Schon ist es Zeit für den Bus zur Uni. Einige Schaufenster sind bereits hell erleuchtet. Frederike steigt zu und erzählt, dass sie im Sommer auf die Seychellen fliegen wird – zum Tauchen. ... Die Geschichte ließe sich fortsetzen. Sie könnte aber auch völlig anders lauten – wenn sie einen „ganz normalen" Morgen um 1800 beschriebe.

In den letzten 200 Jahren haben sich das Leben und die Arbeit der Menschen tiefgreifender und schneller verändert als in der gesamten vorhergehenden Menschheitsgeschichte. Es sind Veränderungen, die unseren gesamten Alltag durchdringen und das Leben in der Regel leichter, interessanter und komfortabler gemacht haben. Innerhalb von Stunden können wir um den halben Erdball reisen; in Sekundenschnelle kommunizieren wir über tausende Kilometer hinweg. Das alles sind Möglichkeiten, die vor 200 Jahren noch undenkbar schienen und die aufs engste mit der Technikgeschichte verbunden sind. Doch weder heute noch in der Vergangenheit sind alle technischen Neuerungen vorbehaltlos begrüßt worden. Der technische Fortschritt hat auch seinen Preis – für die Menschen und für seine Umwelt.

B1 Von der Postkutsche zur elektronischen Datenübertragung

1. Technik und Energie

Bis zur Industrialisierung im 19. Jahrhundert bauten die Menschen ihre Häuser und Gerätschaften vorwiegend aus Holz. Holz und Holzkohle waren auch die wichtigsten Brennstoffe. Der Antrieb von Arbeitsmaschinen, zum Beispiel von Pflug oder Mahlsteinen, erfolgte noch wie seit Jahrtausenden durch Arbeitstiere oder mit Wind- bzw. Wasserkraft. Was waren die Auslöser für jenen technischen Fortschritt, den wir heute als „Industrielle Revolution" bezeichnen?

Zauberformel „Energieumwandlung" – Mit der im frühen 18. Jh. von Thomas Newcomen erfundenen und von James Watt in den 1760er Jahren energetisch verbesserten **Dampfmaschine** war ein völlig neuer Antrieb für Maschinen gefunden worden. Die bei der Verbrennung – anfangs noch Holz, bald Kohle – freigesetzte thermische Energie konnte mit Hilfe der Dampfmaschine in große Mengen mechanischer Energie umgewandelt werden. Energie, die je nach Bedarf „erzeugt" und für den Antrieb verschiedenster Maschinen genutzt werden konnte. Mit der Erfindung der Dampfmaschine und der Nutzung von **Steinkohle** als Energiequelle war auch das Standortproblem vieler Fabriken gelöst – sie mussten nicht länger an Flussläufen gebaut werden. Allerdings übertraf selbst in England, dem Mutterland der Industriellen Revolution, die durch Dampfmaschinen bereit gestellte Leistung die der Wasserräder erst um 1815; in Deutschland sogar erst um 1880.

D5 Schätzung des Verbrauchs von Primärenergieträgern, in %. Deutschland um 1800

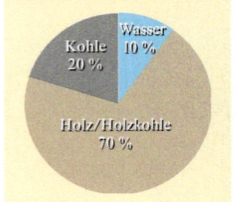

- Wasser 10 %
- Kohle 20 %
- Holz/Holzkohle 70 %

Q3 Der Historiker David S. Landes über die Rolle der Technik für die Industrialisierung:

Der Ausdruck „Industrielle Revolution" bezeichnet den Komplex technologischer Neuerungen, die [...] den Übergang vom Handwerk zum Fabriksystem bewirken [...]. Das Kernstück der industriellen Revolution war eine miteinander verzahnte Folge technologischer Umwandlungen. Die [...] Fortschritte fanden auf drei Gebieten statt. Erstens traten mechanische Anlagen an die Stelle der menschlichen Fertigkeiten; zweitens ersetzte die unbeseelte Kraft – insbesondere der Dampf – die menschliche und tierische Kraft und drittens wurden, speziell im Bereich der metallurgischen und chemischen Industrie, die Verfahren der Erzeugung und Verarbeitung der Rohstoffe wesentlich verbessert.

(David S. Landes, Der entfesselte Prometheus. Technologischer Wandel und industrielle Entwicklung in Westeuropa von 1750 bis zu Gegenwart, München 1983, S. 15, Gekürzt)

B1 Bauer in Ägypten, um 1425 v. Chr.

B2 Bauer in Deutschland, um 1928

B4 Bauer mit moderner Feldmaschine, um 2000. Foto

Öl und elektrischer Strom – Erste ergiebige Ölquellen wurden um 1860 in den USA erbohrt. Die zunehmende Bedeutung des Öls als Primärenergieträger ist eng mit der Erfindung der Verbrennungskraftmaschinen verbunden, vor allem mit dem 1876 erfundenen Ottomotor und dem 1892 patentierten Dieselmotor. Ab den 1960er Jahren löste das Öl die Steinkohle als wichtigsten Primärenergieträger in Westeuropa ab.

1882 nahm das erste öffentliche **Elektrizitätswerk** in New York seinen Betrieb auf. Seitdem wurden immer größere Mengen Kohle, Öl oder Uran in elektrische Energie umgewandelt. Zuerst wurden Straßen, Plätze und öffentliche Gebäude elektrisch beleuchtet. Ein zweiter wichtiger Anwendungsbereich waren Elektromotoren zum Antrieb von Maschinen oder Straßenbahnen. In den privaten Haushalten sorgten elektrischer Strom und elektrische Haushaltsgeräte seit den 1920er Jahren für stetig wachsenden Komfort. Ab den 1950er Jahren kamen die Geräte der Unterhaltungselektronik und Bürokommunikation dazu.

Licht und Schattenseiten – Die Nutzung von Kohle, Gas, Öl und Kernenergie als Primärenergieträger hat unsere Lebensqualität erheblich verbessert. Andererseits werden die Schattenseiten des steigenden Energiekonsums immer deutlicher: Der Schadstoffausstoß führt zu teilweise dramatischen **Schäden der Umwelt** – bis hin zur Gefährdung des Weltklimas; das hohe Risiko der Kernenergie wird von vielen Menschen als unkalkulierbar abgelehnt.

D 9 Verbrauch von Primärenergieträgern in %, Deutschland 2000

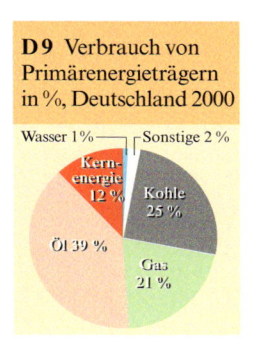

Wasser 1 % – Sonstige 2 %
Kernenergie 12 %
Kohle 25 %
Öl 39 %
Gas 21 %

B 7 Werbeplakat der Berliner Elektricitätswerke, 1896

B 8 Moderne Kücheneinrichtung um 2000, Foto

Q 6 Der Historiker A. Lüdke über die Elektrifizierung der Gesellschaft Anfang des 20. Jahrhunderts

Im direkten wie im übertragenen Sinne „elektrifizierte" sich die Gesellschaft […] Die Resonanz auf die neue Energie und ihre Nutzungs-
5 formen war ungeheuer. Im Unterschied zum zischendheißen Dampf, zur stinkend rußigen Kohle bzw. Feuer, dem öligen, ebenfalls stinkendem Petroleum oder
10 dem riechbaren Gas […] war der elektrische Strom nicht mehr greifbar […] Der Gesamtverbrauch im Deutschen Reich stieg in den sechs Jahren von 1898/99 bis
15 1904/05 von 28,2 auf 111,5 Millionen kWh.

(A. Lüdge, Lebenswelten und Alltagswissen, in: Ch. Berg [Hg.], Handbuch der deutschen Bildungsgeschichte 4, München 1991, S. 68 f. Gekürzt)

ARBEITSAUFTRÄGE

1. Nenne die in Q 3 aufgeführten Faktoren, die Voraussetzung für die Industrielle Revolution waren. Gibt es weitere Faktoren?
2. Erläutere mit B1–B 4, D 5, D 9 und Q 3 die Bedeutung neuer, nicht menschlicher oder tierischer Energieträger für die Entwicklung der Industrie und der Landwirtschaft.
3. Liste Tätigkeiten auf, bei denen du elektrischen Strom nutzt. Welche davon sind ohne elektrischen Strom gar nicht möglich?

2. Technik und Mobilität

In der Zeit vor der Industrialisierung legten die meisten Menschen auch größere Entfernungen zu Fuß zurück. Nur die Wohlhabenden konnten sich Pferde und Kutschen leisten. Doch auch mit Pferdekutsche dauerte eine Reise von Frankfurt am Main bis Rom mehrere Wochen. Welche Veränderungen brachten neue, technische Verkehrsmittel?

Vom Individual- zum Kollektivverkehr – Die seit etwa 1830 gebaute **Dampfeisenbahn** revolutionierte die Mobilität und wurde zum ersten Massenverkehrsmittel. Gegenüber den Postkutschen erhöhten sie die durchschnittliche Reisesgeschwindigkeit um das Zehnfache auf gut 30 km/h. Auf den gleichen Verbindungen wie in der Postkutschenzeit verkehrten jetzt 10 bis 30 Mal so viele Menschen. Innerhalb weniger Jahrzehnte wurde Deutschland mit einem weit verzweigten Streckennetz überzogen; 1880 betrug es bereits 34 000 Kilometer.

Das **Dampfschiff** benötigte das gesamte 19. Jahrhundert, um das Segelschiff zu verdrängen. Auf der Nordatlantikroute zwischen Europa und Amerika brauchte ein Segler etwa 6 Wochen, der Dampfer schaffte die Strecke in 10 Tagen. Davon profitierten besonders die Auswanderer, die jährlich zu Hunderttausenden in der Neuen Welt ihr Glück suchten.

Vom Kollektiv- zum Individualverkehr – Im 20. Jahrhundert machten neue Individualverkehrsmittel den kollektiven Verkehrsmitteln, wie der Eisen- und Straßenbahn, mehr und mehr Konkurrenz. Das erste massenhaft verbreitete Individualverkehrsmittel war das Fahrrad. In der heutigen Form seit den 1880er Jahren gebaut, gelangte es schon in der Zwischenkriegszeit in den Besitz der meisten Haus-

T 5 Mengenverhältnis der Pkws zur Einwohnerzahl in Deutschland, in % (1950–1990 nur BRD)

1930	unter 1,0 %
1950	2,5 %
1960	9,0 %
1970	24,9 %
1980	38,3 %
1990	47,2 %
2000	50,0 %

Q 1 Verkehrstechnik und Ernährungsverhalten:

In den Jahrzehnten zwischen 1880 und 1914 fand im Deutschen Reich der „Durchbruch zum modernen Massenkonsum" statt, was vor allem am stark ansteigenden Verbrauch von Luxusgütern wie etwa Kaffee und Zucker, aber auch [von] teuren Nahrungsmittel wie Fleischprodukte und Eier ablesbar ist [...]. Namentlich drei Faktoren hatten wesentlichen Anteil an dieser revolutionären Veränderung [...]: 1. Die *Produktivitätssteigerung*, u. a. verbunden mit [einer] Mechanisierung der Produktion. 2. Der Ausbau der Infrastruktur und vor allem die Ausweitung der *Transportwege* für den Güterverkehr. 3. Die Entstehung neuer *Konservierungstechniken* ...

(P. Lesniczak, Ländliche Kost und städtische Küche, in: Landeszentrale für politische Bildung Baden-Württemberg [Hg], Nahrungskultur, Stuttgart 2002. Gekürzt)

B 2 Postkutsche, Dampfschiff, ICE und Verkehrsflugzeug in einem Gemälde von Paul Friedrich Meyerheim aus dem Jahr 1875!? Was wurde durch Fotomontage ergänzt, was verändert?

halte. Darüber hinaus gab es in Deutschland bis 1957 mehr Motorräder als **Autos**. Vor dem Ersten Weltkrieg war das Auto in erster Linie ein Sportgerät für Rennfahrten. In der Zwischenkriegszeit fuhren Firmen mit Automobilen ihre Waren aus; Landärzte, Handwerker und Vertreter besuchten ihre Kunden damit. Zum selbstverständlichen Verkehrsmittel wurde das Auto in Europa erst ab den 1960er Jahren.

Der Traum vom Fliegen – Am 17. Dezember 1903 unternahmen die Brüder Wright den ersten sicher dokumentierten Motorflug. Damit war der Jahrtausende alte Menschheitstraum vom Fliegen Wirklichkeit geworden. In den 1950er Jahren wurden erstmals Düsenmaschinen in den zivilen Luftverkehr eingeführt. Doch der Massen- und Ferntourismus per Charter in die Mittelmeerländer und noch weiter entfernte Zielgebiete wurde erst durch den Einsatz von Großraumflugzeuge seit den 1970er Jahren möglich.

Licht- und Schattenseiten – Die verkehrstechnischen Innovationen, die mit der Erfindung der Eisenbahn begannen, haben unsere Mobilität dramatisch erhöht. 1910 legte ein Deutscher im Jahr durchschnittlich 700 km zurück, den größten Teil davon mit öffentlichen Verkehrsmitteln. Im Jahr 2000 unternahm ein Bundesbürger durchschnittlich Fahrten von etwa 13 000 km Länge, davon 9 800 mit dem Auto. Diese Mobilität hat vielfältige berufliche und private Vorteile: Abends fahren wir ins Kino oder Theater; am Wochenende zu Freunden oder ins Grüne; der Urlaub ist nahezu selbstverständlich mit einer Reise verbunden – oft mit dem Flugzeug. Doch diese Vorzüge haben ihren Preis: Autos und Flugzeuge tragen durch ihren Schadstoffausstoß in hohem Maße zur Umweltverschmutzung und den Waldschäden bei. Der Massentourismus gefährdet bisher intakte Naturräume und verändert die Kultur und Tradition der Menschen in den Ziellländern. Für das Geld der reichen Touristen verkaufen manche ihren Stolz und ihre Seele.

B 6 Plakat des Grafikers Klaus Staeck, 1984

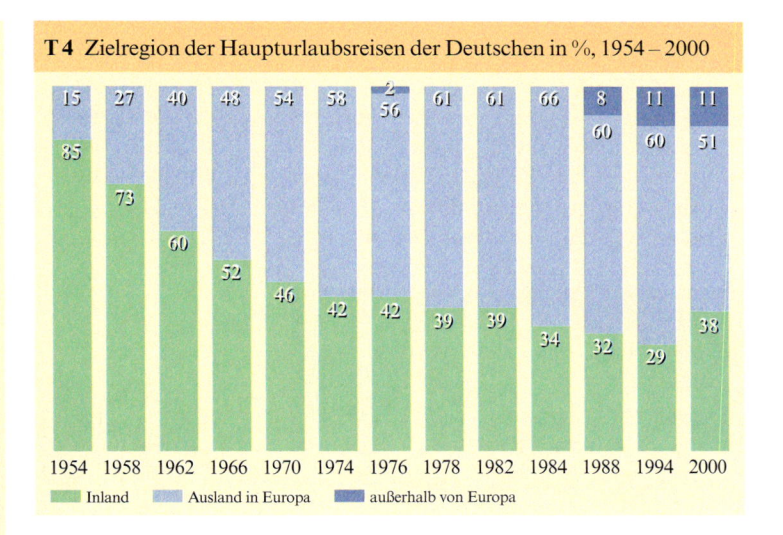

Q 3 Das Auto als Konsumgut

1 Die neueste Industrialisierungswelle ist durch die Produktion langlebiger Konsumgüter des gehobenen Bedarfs gekennzeichnet
5 [...] Das repräsentativste Gut [...] ist der Personenkraftwagen [...]. Er kommt in geradezu idealer Weise den Bedürfnissen des modernen Menschen entgegen. Er ermög-
10 licht seinem Besitzer, sich von den schienen- und fahrplangebundenen Massenverkehrsmitteln zu lösen. Er macht ihn damit sehr beweglich und erweitert seinen
15 Lebenskreis. [Er] individualisiert und erleichtert den Verkehr zugleich, was ihn zum meistbegehrten Konsumgut macht [...]. Sein Besitz ist zur Voraussetzung für ei-
20 nen angemessenen Lebensstil in unserer Zeit geworden.

(IG Metall, zitiert nach H. Edelmann, Vom Luxusgut zum Gebrauchsgegenstand, Frankfurt/M. 1989, S. 226. Gekürzt)

T 4 Zielregion der Haupturlaubsreisen der Deutschen in %, 1954 – 2000

Jahr	1954	1958	1962	1966	1970	1974	1976	1978	1982	1984	1988	1994	2000
außerhalb von Europa							2				8	11	11
Ausland in Europa	15	27	40	48	54	58	56	61	61	66	60	60	51
Inland	85	73	60	52	46	42	42	39	39	34	32	29	38

ARBEITSAUFTRÄGE

1. Beurteile die Aussagen in Q 3 über die Bedeutung des Autos.
2. Verfasse mit Q 1, B 2, Q 3 und T 5 einen Bericht, wie sich unser Leben durch die moderne Verkehrstechnik verändert hat.
3. Diskutiert mit Q 3, T 4 und T 5 mögliche Vor- und Nachteile des modernen Individualverkehrs und des Massentourismus.

3. Chancen und Risiken des technischen Fortschritts

Welche Grenzen des Handelns setzt uns die Verpflichtung für unsere Mitmenschen und die uns anvertraute Natur? Diese Frage bewegt uns Menschen seit tausenden von Jahren. Durch den wissenschaftlich-technischen Fortschritt im 20./21. Jahrhundert, vor allem in der Atomphysik, der Chemie und der Gentechnik, ist sie dringender denn je zuvor.

Maß oder Missbrauch – Zahlreiche bahnbrechende Entdeckungen und völlig neue Techniken haben in den vergangenen 200 Jahren tiefe Spuren der Veränderung durch den Alltag der Menschen gezogen. Die Erkenntnisse der modernen Atomphysik haben den Menschen seit den 1940er Jahren erstmals in die Lage versetzt, die Umweltbedingungen für ein lebenswertes Dasein auf der Erde zu zerstören. Mit Hilfe der modernen Gentechnik wird er in nicht zu ferner Zukunft sich selbst und den Bauplan der Natur nach seinen Vorstellungen gentechnisch verändern können.

Trotz aller Verbesserungen und Erleichterungen, die uns der wissenschaftlich-technische Fortschritt gebracht hat, ist daher die Frage nach den Grenzen unseres Handelns mehr denn je geboten:
- Neben vielen Vorzügen haben einige technische Errungenschaften auch negative Auswirkungen auf Mensch und Natur. Diese „Schattenseiten", z. B. die Auswirkungen von Chemikalien und Schadstoffen auf die Umwelt oder das Klima, werden oft erst später erkannt.
- Es gibt nahezu keine technische Neuerung, die nicht auch als Waffe oder zur missbräuchlichen Manipulation anderer Menschen benutzt wurde bzw. werden könnte.

T 4 Entwicklung der Säuglingssterblichkeit in Deutschland:

1800	18,0 %
1850	21,5 %
1900	20,0 %
1950	0,3 %
2000	0,05 %

Q 2 Aus dem Gedicht „Prometheus" von Johann Wolfgang von Goethe, 1774

1 Ich dich [Göttervater Zeus] ehren? Wofür?
  Hast du die Schmerzen gelindert
  Je des Beladenen?
  Hast du die Tränen gestillet
5 Je des Geängstigten?
  Hat nicht mich zum Manne geschmiedet
  Die allmächtige Zeit
  Und das ewige Schicksal,
  Meine Herren und deine?
10 [...]
  Hier sitze ich, forme Menschen
  Nach meinem Bilde,
  Ein Geschlecht, das mir gleich sei,
  Zu leiden, zu weinen,
15 Zu genießen und zu freuen sich,
  Und dein nicht zu achten,
  Wie ich!

(In: Goethes Werke in 12 Bänden, Bd. 1, S. 59 f., Berlin, Weimar 1974. Gekürzt)

B 1 Explosion einer Atombombe, Foto 1971

B 3 „Gassed", Gemälde von John Singer Sargent, 1918 (Ausschnitt) Im Ersten Weltkrieg setzte das Militär chemisch produzierte Giftgase ein, die zu Erblindung, Lungenschäden und Tod führten.

3. Chancen und Gefahren menschlicher Techniknutzung 251

Q 5 Gentechnik –
Eingriff in den Bauplan der Natur?

1 Wenigstens die Kinder sollten verschont bleiben. Das beschloss die 30-jährige US-Amerikanerin, als sie erfuhr, sie selbst werde bald
5 Opfer von V717L sein. Als Genetikerin wusste sie sehr genau, was sie da unternahm: Ihr Vater starb mit 42 ohne Gedächtnis. [...] Bei ihrem Bruder begann das große
10 Vergessen schon mit 35.
V717L ist nur ein winziger Defekt [...] im Erbgut, und doch sind die Folgen grausam: Nahezu sicher erkrankt der Träger des Genfehlers
15 vor dem 40. Geburtstag an einem aggressiven Alsheimer-Leiden.
Um ihren Kindern dieses Schicksal zu ersparen, vertraute die Frau auf einen wenig bekannten Gentest [...
20 und auf] eine Variante der umstrittenen Präimplantationsdiagnostik PID. [...] Insgesamt 13 künstlich besamte Eizellen der Patientin wurden durchleuchtet; sieben wurden
25 verworfen, bevor ihr Leben richtig begonnen hatte. Die anderen sechs zeigten keine Alzheimer-Veranlagung. Vier wurden der Mutter übertragen; eine gesunde Tochter
30 brachte sie zu Welt.

(Ulrich Bahnsen, in: DIE ZEIT vom 21.03.2002)

Q 7 Aus einer Rede von Bundespräsident Johannes Rau auf dem Kongress „Ethik und Behinderung", 08.12.2003

1 Ich kann gut verstehen, dass viele Menschen von den Möglichkeiten [...] der Gentechnik fasziniert sind. [Dabei] geht es aber in erster Linie nicht um wissenschaftliche oder technische Fragen. Wir müssen vielmehr entscheiden,
5 welche technische Möglichkeit sich mit unseren Werten vereinbaren lässt und welche nicht. Wie schwierig und wie notwendig das ist, zeigt die [...] Diskussion um die Präimplantationsdiagnostik [PID] und um die Embryonenforschung. Mit der PID kann bei einer künstlichen Befruch-
10 tung ein Embryo auf genetische Schäden untersucht werden. [...] Nichts rechtfertigt eine Praxis, die das Tor weit öffnet für biologische Selektion, für eine Zeugung auf Probe. Denken wir allein daran, was eine solche Praxis für die Einstellung gegenüber Menschen mit Behinderungen be-
15 deutet. Wenn es erlaubt wäre, Embryonen gentechnisch zu prüfen und die auszusondern, die genetische Defekte haben, dann wäre es [...] nur noch ein Schritt zu der Frage: Warum haben Sie ein behindertes Kind zur Welt gebracht. Das hätte doch nicht sein müssen."

(Zitiert nach: Bulletin der Bundesregierung Nr. 111-2 vom 8.12.2003. Gekürzt)

Q 8 Was ist Präimplantationsdiagnostik (PID)?

1 Mit der Präimplantationsdiagnostik (PID) können Defekte im Erbgut eines Embryos aufgespürt werden. Das ist nur im Rahmen einer künstlichen Befruchtung im Labor möglich. Wenige Tage nach der Befruchtung wird dem acht-
5 bis zwölfzelligen Keim eine Zelle für einen Gentest entnommen. Der Keim entwickelt sich danach normal weiter – vorausgesetzt, er wird in den Uterus einer Frau eingesetzt. Ergibt der Gentest nämlich einen ungünstigen Befund, lässt man den Embryo absterben. Das Verfahren
10 der PID ist in Deutschland verboten, weil nach unserer Rechtsprechung das Leben eines Menschen mit der Verschmelzung von Ei- und Samenzelle beginnt. In vielen EU-Ländern und in den USA ist die PID erlaubt.

(Autorentext)

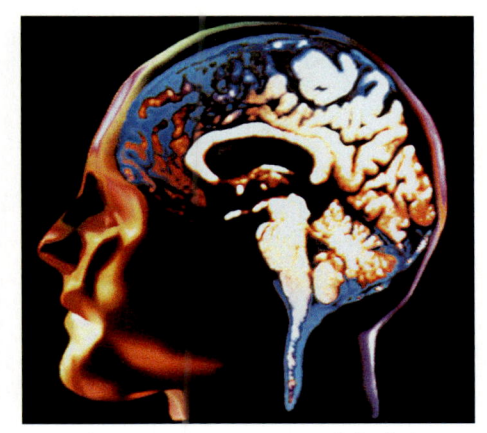

B 6 Mit computergestützten radiologischen Techniken können innere Organe auf mögliche Erkrankungen hin untersucht werden.

ARBEITSAUFTRÄGE

1. B 1 und B 3 zeigen Beispiele für den Missbrauch von Technik; lege eine Tabelle an mit eigenen Beispielen für Vorteile sowie für mögliche Gefahren einzelner technischer Errungenschaften.
2. Erläutere mit T 4 und B 6 Fortschritte in der Medizintechnik.
3. Diskutiert mit Q 2, Q 5–Q 8, ob es Grenzen für die Nutzung von Medizin- und Gentechnik gibt. Wenn ja, welche?
4. Intepretiere mit Q 2 das Gedicht Goethes aus dem Jahr 1774.

4. Grenzen des technischen Fortschritts?

Die Menschen des Mittelalters sahen sich selbst in eine [von Gott] vorgegebene natürliche Ordnung hineingeboren. Mit Beginn der Neuzeit im 15. Jahrhundert änderte sich diese Weltsicht allmählich; Auch die Natur wurde als Verfügungsmasse für die eigenen, scheinbar unbegrenzten Möglichkeiten betrachtet. Bis tief ins 20. Jahrhundert hinein dominierte nun ein nahezu grenzenloser Optimismus, dass dem wissenschaftlich-technischen Fortschritt keine Grenzen gesetzt seien. Doch diese Zuversicht ist – trotz oder gerade wegen des rasanten technischen Fortschritts – ins Wanken geraten. Brauchen wir neue Grenzen für unser Handeln?

Q 1 Grenzenlose Möglichkeiten?

Gott sprach zu ihm [dem Menschen]: „ [...] Den übrigen Wesen ist ihre Natur durch die von uns vorgeschriebenen Gesetze bestimmt und wird dadurch in Schranken gehalten. Du bist durch keinerlei unüberwindliche Schranken gehemmt, sondern du sollst nach deinem eigenen freien Willen, in dessen Hand ich dein Geschick gelegt habe, sogar jene Natur dir selbst vorherbestimmen. Ich habe dich in die Mitte der Welt gesetzt, damit du von dort bequem um dich schaust, was es alles in dieser Welt gibt. Wir haben dich weder als einen Himmlischen noch als einen Irdischen, weder als einen Sterblichen noch als einen Unsterblichen geschaffen, damit du [...] dir selbst die Form bestimmst, in der du zu leben wünschst.

(G. Pico della Mirandola: Rede über die Würde des Menschen, 1486; zitiert nach N. Mout, Die Kultur des Humanismus, 1998, S. 30 f. Gekürzt)

B 2 Ausdruck von Lebensfreude bei Delfinen

Q 3 Grenzen des wirtschaftlichen Wachstums?

Die Nutzung vieler natürlicher Ressourcen und die Freisetzung [von] Schadstoffen haben bereits die Grenzen des physikalisch auf längere Zeit Möglichen überschritten. Wenn der Einsatz dieser Materialien und die Energieflüsse nicht entscheidend gesenkt werden, kommt es in den nächsten Jahrzehnten zu einem nicht mehr zu kontrollierbaren Rückgang der Nahrungsmittelerzeugung, der Energieverfügbarkeit und der Industrieproduktion.

(D. Meadows u.a., Die neuen Grenzen des Wachstums, Reinbeck 1993, S. 13.)

Q 4 Ethische Grenzen des technisch Möglichen?

Neue wissenschaftliche Erkenntnisse und technische Möglichkeiten stellen uns vor grundsätzliche Fragen: Wie gehen wir mit der Natur um? Wie gehen wir mit der Gattung Mensch um? Was bedeutet Fortschritt heute? [...] Nichts darf über die Würde des einzelnen Menschen gestellt werden, sein Recht auf Freiheit, auf Selbstbestimmung [...]. Eine Ethik, die auf diesen Grundsätzen beruht, gibt es freilich nicht umsonst. Es hat einen Preis, wenn wir nach ethischen Grundsätzen handeln. [...] Wenn wir begründete Zweifel haben, ob wir etwas technisch Mögliches tun dürfen oder nicht, dann muss es so lange verboten sein, bis alle begründeten Zweifel ausgeräumt sind. [...] Wenn wir so tun, als seien unsere Möglichkeiten grenzenlos [...] dann verlieren wir das menschliche Maß. [...] Die Zukunft ist offen. [...] Wir können sie gestalten – mit dem was wir tun und mit dem, was wir *nicht* tun.

(Johannes Rau, Für einen Fortschritt nach menschlichem Maß, 18. Mai 2001, zitiert nach: www.bundespraesident.de/dokumente/Rede/ix_41073.htm. Gekürzt.)

ARBEITSAUFTRÄGE

1. Erläutere mit Q1 das Selbstverständnis des Menschen und seine Sicht auf die Natur zu Beginn der Neuzeit.
2. Diskutiert mit B2, Q3–Q4, welche Grenzen der Mensch bei der Anwendung technischer Erkenntnisse einhalten sollte.

Register

A

Abgeordnete 12, 158, 164
Achsenmächte 31, 35, 37
Adenauer, Konrad 86, 90, 92 f.
Afghanistan 78, 84, 146
Afrika, Afrikaner 77, 221 ff., 228, 230, 234 f.
Agrarwirtschaft 180, 190, siehe auch Landwirtschaft
Aktien 189
Algerien 78, 221
Alliierter Kontrollrat 85
Alliierte 37, 44 ff., 51, 61, 63 ff., 68 ff., 85, 88, 139, 187
American Dream 182 f.
Amerika, Amerikaner 37, 44, 51, 179 ff., 185 ff.
Amerikanischer Bürgerkrieg, Sezessionskrieg 180 ff., 192
Angestellte 23, 161, 169
Angola 78, 221, 225
„Anschluss" Österreichs 31 f.
Antifaschismus, Antifaschistische Parteien 65
Antikominternpakt 31
Antisemitismus 16, 54 ff., 215, 235
Appeasement 31 f.
Araber, arabisch 215 f., 219 f., 232, 234
Arafat, Yassir 216 f.
Arbeiter, -familien 13, 21, 155, 166, 169, 180, 183 ff., 188 f.
Arbeiterbewegung 26, 184
Arbeiterklasse 156 f., 168
Arbeitsbeschaffungsmaßnahmen, -programm 18 f., 190 ff.
Arbeitsdienst 18, 20
Arbeitslose, Arbeitslosigkeit 14, 16, 18 f., 55, 89, 117, 140, 145 f., 148, 173, 189 f., 192 f.
„Arier" 15
Armut 14, 155, 184, 193
Asien, Asiaten 55, 77, 89, 185, 199, 221, 228, 234
Asyl, -recht, -bewerber 242 f.
Atatürk, Kemal 219, 235
Atomkrieg 93 ff.
Atombombe, Atomphysik, Atomwaffen, Atomwaffenprogramm 51, 75, 78 f., 82, 84, 90 f., 220, 250
Attentat 27, 42
Auschwitz 56 ff.

Auschwitz-Prozess 68
Außerparlamentarische Opposition (APO) 96, 147
Automatisierung, Automation 191 f.
Auto, -mobil 183, 188, 191, 249

B

Baader, Andreas 116
Bahr, Egon 111, 114
Balkan, Balkanvölker 15, 35 f., 158
Baltische Republiken 56, 160, 168, 173 f.
Barmer Erklärung 26 f.
Bauern 24, 155 ff., 166
Baum, Herbert 27
BDM (Bund Deutscher Mädel) 20 ff.
Beck, Ludwig 27
Bekennende Kirche 26
Belgien, belgisch 34, 115, 210, 222 f., 235
Bell, Alexander Graham 182
Benelux-Staaten 75, 85, 205, 211
Berlin, 25, 27, 43, 47, 63, 72, 85, 96 f., 101, 104 f., 112 ff., 123, 130, 133 ff., 222 f.
Berliner Mauer 104 f., 123
Berliner Vertrag 168
Bevölkerungswachstum, -explosion 230, 236
Biermann, Wolf 106 f., 136
Bildung, Bildungswesen 110, 218 f., 223, 225 f., 231
Binnenmarkt, europäischer 205, 207, 211
Bismarck, Otto von 184
Bizone 70 f., 89
Blauhelmtruppen (der UNO) 77
Blitzkrieg 34, 36
Blockade Westberlins 72, 75, 85
Blockbildung 75, 203 f.
Blockparteien 98
Bodenreform 71, 102
Böhmen und Mähren 32 f.
Börse 183, 189 f.
Bohley, Bärbel 133
Bolschewiki, Bolschewisten, Bolschewismus 33, 159 ff., 166
Bombenkrieg 31, 35, 44 ff.
Bourgeoisie 156 f.
Brandt, Willy 28, 111 ff., 114, 116 f.
Brecht, Bertolt 101
Breitscheid, Rudolf 11, 13
Breschnew, Leonid 127, 170 f.

Briand, Aristide 202 f., 211 f.
BSE (Rinderkrankheit) 209
Buchenwalder Manifest 42
Budapest 80
Bücherverbrennung 24
Bürger(-rechts)bewegung 96, 131, 148, 193 f.
Bürgerkrieg 77, 236
Bürgerliche Parteien 86
Bundeswehr 91, 146
Bush, George 220
Bush, George W. 233

C

Castro, Fidel 81
Chamberlain, Arthur Neville 32
Charta der Vereinten Nationen 76
Chemieindustrie 18
China 33, 50, 76, 84, 186, 230 f.
Christen, Christentum, christlich 107, 110, 143, 199 f., 211 f., 223, 225, 234, 240
Christlich-Demokratische Union (CDU) 65, 72, 86, 92 f., 117, 138, 140, 144 ff., 147
Christlich-Soziale Union (CSU) 65, 92 f., 117, 140
Chruschtschow, Nikita 80, 82, 104, 127, 170
Churchill, Winston 35, 52, 63, 73, 203, 211
CIA (Central Intelligence Agency) 81
Clay, Lucius D. 72
Clinton, Bill 217, 235
Containment-Politik 75 f., 78
Coventry 35

D

Dampfmaschine 246
Dänemark 34, 39, 115, 207, 209, 211
Danzig 32 f.
Dekolonisation 221, 235
Demilitarisierung 63
Demokratie, Demokratisierung, Demokratiebewegung 13 ff., 55, 63, 75, 80, 111, 128, 131, 172 f., 182, 187, 208 ff., 219, 221, 226
Demokratische Bauernpartei Deutschlands (DBD) 136
Demokratische Republik Kongo (Zaïre) 222 ff., 235
Demokratischer Zentralismus 98
Denazifizierung, siehe Entnazifizierung

Deportationen 43, 56 f.
Depression, wirtschaftliche 16
Deutsch-Französischer Freundschaftsvertrag 92
Deutsche Arbeitsfront (DAF) 13
„Deutsche Christen" 26
Deutscher Volksrat 87
Deutsches Manifest 91
Deutschland, Deutsches Reich 14, 33 f., 38, 46, 50 ff., 158, 160, 164, 168, 183 f., 186 f.
Deutschlandvertrag, siehe Grundlagenvertrag
Die Grünen 137, 146 ff.
Diktator, Diktatur 11, 14, 16, 28, 34, 42, 157
„Diktatur des Proletariats" 157
Displaced Persons (DP) 52
Dissident(en) 128, 171 f.
Dix, Otto 25
Dreimächtepakt 51
Dresden 44
Dritte Welt 228
Dserschinski, Felix 166
Dulles, John 81
Dutschke, Rudi 96

E
Edelweißpiraten 27, 43
Einheitsfront der antifaschistisch-demokratischen Parteien 65
Einheitsliste 87, 98
Einigungsvertrag 138 f., 148
Einparteienherrschaft, -system 80, 98, 221, 224
Einsatzgruppen (SS, SD) 38, 56
Einstein, Albert 24, 54
Einwanderer, Einwanderung 179 f., 183 ff., siehe auch Migration
Eisenbahn, -bau 155, 166, 179 f., 182, 248
Elektrizität 247
Elsass-Lothringen 39
Elser, Georg 27
Emanzipation 54
Emigranten, Emigration 26 ff.
Energie 246
Engels, Friedrich 156 f.
Ensslin, Gudrun 116
„Entartete" Kunst 24 f.
Enteignung 71, 75
Entnazifizierung 63, 68 f.
Entspannung, Entspannungspolitik 84, 139
Entstalinisierung 170

Entwicklungsländer, -hilfe, -politik 96, 114, 221, 228 ff., 234, 236
Erhard, Ludwig 89, 93
Ermächtigungsgesetz 12 ff.
Erster Weltkrieg 14, 37, 40, 50, 55, 155, 158, 168, 187, 191
Estland 128
Europa, Europäer 14 f., 35 ff., 50 ff., 55 f., 61, 74 f., 85, 112 f., 139, 147, 181 f., 187, 189, 192, 197, 199 ff., 215, 225, 228, 230, 233, 235, 240
Europäische Einigung 197, 203 ff., 212
Europäische Gemeinschaft (EG) 205, 211
Europäische Gemeinschaft für Kohle und Stahl (Montanunion) 204 f., 211
Europäische Kommission 202 f., 206 f.
Europäische Union (EU) 205 ff., 219
Europäische Verteidigungsgemeinschaft (EVG) 90 f., 204
Europäische Wirtschaftsgemeinschaft (EWG) 205, 211 f.
Europäisches Parlament 206 f., 209 ff.
„Euthanasie" 41, 56

F
Faschismus, Faschisten 14 f., 58, 168
Februarrevolution, russische 158 f.
Feminismus, Feministin 188, siehe auch Frauenbewegung
Finnland 158
Flotte 186
Flucht, Flüchtlinge, Flüchtlingslager, flüchten 48 f., 64, 95, 100, 103 ff., 121, 148, 216 f., 224, 235, 237 f., 240 ff.
Flugzeug 249
Ford, Henry 188
Franco, Francisco 14 f., 31
Frankreich 28 ff., 39, 52, 58, 65, 85, 115, 139 f., 158, 168, 182 f., 186, 203, 205, 209 ff.
Französische Revolution 201, 211
Frauen, Frauenbewegung 18, 20 f., 45, 66 f., 94 f., 120 f., 140, 169, 188 f., 218 f., 229 ff., 235
Freie Demokratische Partei (FDP) 65, 111, 113, 117, 137, 140 ff., 146
Freie Deutsche Jugend (FDJ) 98 ff., 108, 147
Freier Deutscher Gewerkschaftsbund (FDGB) 98

Frieden, Friedenspolitik, -verhandlungen 14, 19, 30, 42, 54, 158, 160, 182
Frieden von Brest-Litowsk 160
Friedensbewegung (in der DDR) 131 ff.
Friedrich Wilhelm IV. 53
Führer, Führermythos, -staat 11, 13 ff., 16 ff., 40, 43, 46, 49
Fünfjahrplan 88, 103

G
Galen, Clemens August, Graf von 26, 28
Gandhi, Mahatma 235
Gau, Gauleiter 48 f.
Gauck, Joachim, 143
Gauck-Behörde 143, 147
Gauguin, Paul 24
Gaulle, Charles de 92
Geheime Staatspolizei (Gestapo) 21, 23, 26, 68
Gemeinschaft unabhängiger Staaten (GUS) 129, 174
Generalgouvernement (=Ostpolen) 39, 58
Generalstreik 11, 13, 158
Genscher, Hans Dietrich 116, 139
Gentechnik 251
„Germanisierung", Germanisierungspolitik 30, 39, 48, 56
„Gesetz zur Behebung der Not von Volk und Reich" 12
Getto 54, 56 f.
Gewaltenteilung 200 f., 212
Gewerkschaften 13 f., 129, 164, 184 f.
Giftgas 250
Glasnost, Perestroika 128, 147, 172 f.
Gleichberechtigung, Gleichstellung, Gleichstellungsgesetz 120
Gleichschaltung 13, 17, 26
Globalisierung 209
Goebbels, Joseph 17, 47
Goerdeler, Carl-Friedrich 42
Göring, Hermann 12 f.
„Goldene Zwanziger", „Roaring Twenties" 188
Golf-Krieg 220, 235
Gorbatschow, Michail 84, 125, 128 ff., 172 ff.
Griechen, Griechenland 75, 87, 115, 199, 201, 212
Großbritannien, Briten 16, 28, 31 ff., 35 f., 44, 49 ff., 54, 63, 72, 75, 82, 85, 115, 139, 158, 168, 182 f., 186 f., 203, 210, 215, 226

„Großer Vaterländischer Krieg" 169
Großgrundbesitz 159 ff., 180
Grotewohl, Otto 65, 87
Grundgesetz der Bundesrepublik Deutschland 86, 138, 243
Grundlagenvertrag 115, 118
Grundrechte 12
Guernica 31 f.
Guillaume, Günter 116
Gulag 170

H
Hallstein-Doktrin 93
Hamas 217
Hamburg 43, 54
Handel 181, 183, 187
Handelsblockade 51
Handwerk 53
Havel, Vaclav 129
Havemann, Robert 106
Heinemann, Gustav 111
Herzl, Theodor 215, 235
Heß, Rudolf 16
Heuss, Theodor 86
Heydrich, Reinhard 56
Himmler, Heinrich 21, 38 f., 48, 56 f.
Hindenburg, Paul von 11, 13
Hirohito, Kaiser von Japan 50 f.
Hiroshima 51
Hitler, Adolf 11 ff., 15 ff., 20, 22, 25 ff., 30 ff., 38 ff., 46, 48, 168
Hitler-Stalin-Pakt 34, 168
HJ (Hitlerjugend) 20, 22 f., 27, 41, 43
Ho Chi Minh 83, 96, 114
Höß, Rudolf 57
Holocaust 58
Homestead Act 179
Homosexuelle 21
Honecker, Erich 115, 118, 130, 132 f., 148
Hübener, Helmuth 43
Hugenotten 240
Hussein, Saddam 220, 235

I
Imperialismus 50, 186
Indianer 180 f.
Indien 221, 226 f., 231 f., 235
Indochina 50, 221
Industrialisierung 50, 156, 162 f., 166, 180, 182, 184, 233, 238, 242, 246
Industrie 11, 40, 44, 46, 155 ff., 162, 180, 182 f., 189 f.
Industrieländer, -staaten 220, 224, 228 f., 231, 233, 236
Inflation 71, 173, 209

Inoffizieller Mitarbeiter (IM) 142 f.
Intellektuelle, Intelligenz 155 ff.,
Intifada 217, 235
Investitionen 18 f.
Irak 220, 232, 235
Iran 218, 235 f.
Islam, islamisch, Islamist 218 f., 227, 234 ff.
Israel, israelisch 58, 93, 215 ff., 232, 234 ff.
Italien 14, 31 f., 35 ff., 50 ff., 75, 78, 82, 115, 199 f., 205, 210 f., 242

J
Japan, Japaner 33, 37, 50 ff., 168, 192
Jelzin, Boris 129, 147, 174
Johnson, Lyndon B. 193
Jordanien 216, 235
Juden, Judentum 15 ff., 21, 26 ff., 35, 38, 41, 48, 53 ff., 185, 200, 215 f., 236
Jugend 22 f., 27, 43, 45, 58, 191 f.
Jugendweihe 110
Jugoslawien 49, 52, 146, 241

K
Kabila, Laurent 224
Kästner, Erich 24 f.
Kalter Krieg 77 ff., 84 ff., 203, 224, 227
Kapitalismus 54 f., 166, 191
Kapitulation 37, 46, 51, 169
Karl der Große 199 f., 211
Kaschmir 227
Kastenwesen 227
KdF („Kraft durch Freude") 20
Kennedy, John F. 82, 104, 192 f.
Keynes, John Maynard 190
Khomeni, Ajatollah 218, 235
King, Martin Luther 193 f.
Kirche(n) 14, 26, 53, 107, 129, 131, 200, 204, 211, 225
Klima, Klimapolitik 210, 232 f., 235
Kohl, Helmut 117, 139 f., 146 f.
Kohle 155, 160, 182, 246
Kolchosen 162 f.
Kollektivierung 100, 102 f., 162 f.
Kolonialismus, Kolonialherren, -herrschaft 77, 83, 234 ff.
Kolonien 50, 180, 186, 221 f., 228, 235 f.
Kommissarbefehl 39
Kommunismus, Kommunisten 11 f., 15, 26, 31, 35, 38, 55, 58, 65, 74 f., 79, 80 ff., 129, 156 f., 164, 168
Kommunistische Partei der Sowjetunion (KPdSU) 33, 39, 74, 128 f., 162 ff., 167, 170 ff., 202

Kommunistische Partei Deutschlands (KPD) 12 f., 42, 65, 86
„Kommunistisches Manifest" 157
Konföderation 180
Kongo, siehe Demokratische Republik Kongo
Konkordat 26
Konstruktives Misstrauensvotum, siehe Misstrauensvotum
Konsumartikel, -güter 94, 171, 188 f., 191
Konzentrations- und Vernichtungslager (KZ) 12, 21, 26 f., 39, 41 f., 56 ff., 69
Korea, Korea-Krieg 50 f., 79
Krankenversicherung 193
Kreisauer Kreis 42
Krenz, Egon 132 f.
Kriegsgefangene 45, 52
Kriegskommunismus 161
Kriegsverbrechen, -verbrecher 68, 71
Kriegswende 36
Kriegswirtschaft 19, 40
KSZE (Konferenz für Sicherheit und Zusammenarbeit in Europa) 118, 131
Ku-Klux-Klan 185
Kuba, -krise 78, 80 f., 127
Kulaken 162 f., 166
Kuwait 220, 235
Kyoto-Protokoll 233

L
Landarbeiter 155, 159
Landtagswahlen 144 f.
Landwirtschaft 156 f., 162 f., 166, 179, 182
Landwirtschaftliche Produktionsgenossenschaft (LPG) 102 f.
Lastenausgleichsgesetz 95
„Lebensraum", Lebensraumpolitik 15, 30, 33 ff.
Leipzig 42, 44
Lenin, Wladimir 98, 157 ff., 164, 167 f.
Lettland 128
Libanon 216, 220
Liberal-Demokratische Partei Deutschlands (LDPD) 72, 98, 136
Lincoln, Abraham 180
Litauen 128
Locarno-Verträge 203
London 54
Luftbrücke 72
Luftkrieg 35, 44 ff.
Lumumba, Patrice 223
Luther, Martin 53 f.

M

Maastricht, Verträge von 205 f., 208 f., 211 f.
Machtergreifung, -übernahme 11
Maizière, Lothar de 137 f., 144
Majdanek-Prozess 68
Mann, Heinrich 24, 28
Mann, Thomas 24, 28
Mao Tse-tung 96
Marktwirtschaft 70, 89, 95, 128, 136, 138, 209, siehe auch Soziale Marktwirtschaft
Marshallplan 75, 85
Marx, Karl 156 f.
Mehrparteiensystem 219, 235
Menschenrechte 54, 77, 118, 131, 171, 201, 208, 211 f., 219
Menschenrechtsbewegung, -verletzungen 131 f., 225, 241
Menschewiki 159
Migration (Einwanderung, Zuwanderung) 209, 215, 235, 237 ff.
Ministerium für Staatssicherheit (MfS) 101, 142 f.
Misstrauensvotum, -antrag 86, 113, 117
Mitbestimmung 111, 223
Mitteleuropa 75, 200 f., 204, 208, 215
Mittelmächte 187
Mittelstreckenraketen 82, 84
Mobilität 248
Mobutu, Joseph D. 223 f., 235
Modrow, Hans 136
Moltke, Helmuth James, Graf von, Widerstandskämpfer 42
Monarchie, Monarchisten 14
Montagsdemonstrationen 132
Montanunion, siehe Europäische Gemeinschaft für Kohle und Stahl
Moskau 36, 75, 79, 85, 91, 93, 111 ff., 155, 160 f.
München 43
Münchener Abkommen 32
Mussolini, Benito 14 f., 35

N

Nachrüstung 84
Nagasaki 51
Nagy, Imre 80
Nahostkonflikt 215, 236
Namibia 225
Narodniki 157
Nation 14, 179, 182, 187
Nationaldemokratische Partei Deutschlands (NDPD) 98
Nationale Volksarmee (NVA) 91, 104
Nationaler Verteidigungsrat 99
Nationalismus, Nationalisten 15 f., 52
Nationalsozialismus, nationalsozialistische Ideologie, Nationalsozialisten 11 ff., 15 f., 23, 26, 31 f., 39 f., 48, 51, 55, 63 f., 68 ff., 93, 203
NATO (North Atlantic Treaty Organization) 75, 90 f., 112, 138 f., 203 f., 211
NATO-Doppelbeschluss 84
Nehru, P. Jawaharlal 227
Neue Ökonomische Politik (NEP) 161
Neues Forum 133, 205
New Deal 190
New Frontier, „Aufbruch zu neuen Grenzen" 192 f.
Nichtangriffspakt 30, 33, 35, 168 f.
Niederlande 34
Niemöller, Martin 26
Nikolaus II., Zar von Russland 155 f.
Nord-Süd-Konflikt 229
Norwegen 28, 34, 36, 115, 209, 211
„Notverordnung zum Schutz des deutschen Volkes" 11
NSDAP (Nationalsozialistische Deutsche Arbeiterpartei) 11 ff., 16, 38, 55 ff., 68 f.
Nürnberg 16, 41
Nürnberger Gesetze 55
Nürnberger Kriegsverbrecherprozess 68, 97
Nuklearwaffen, siehe Atomwaffen

O

Oberkommando der Wehrmacht (OKW) 38 f.
Oder-Neiße-Grenze 64, 112, 139
Ölpreis, -krise 116 f., 242
Österreich, Österreich-Ungarn 31 ff., 46, 158, 160, 168, 187
Ohnesorg, Benno 96 f.
Oktoberrevolution 160 f.
Ossietzky, Carl von 24
Ost-Berlin 100 f., 104 f., 113
Ostasien 36, 50 f.
Osteuropa 73 ff., 111 f., 125, 129, 140, 201 f., 204, 208, 211
Ostgebiete, ehemalige deutsche 64, 71, 112
Ostpolitik, -verträge 112 ff.
Ostpreußen 32 f., 49

P

Pahlevi, Reza 218, 235
Pakistan 227, 235
Palästina, Palästinenser, palästinensisch 28, 215 ff., 220, 232, 234 ff.
Palästinensische Befreiungsorganisation (PLO) 116, 216 f., 235
Panama, -kanal 186
Panslawismus 158
Papen, Franz von 11
Pariser Verträge 91
Parlamentarischer Rat 85 f., 89
Partei des Demokratischen Sozialismus (PDS) 137
Parteien, politische 13, 16, 58, 65, 113, 133, 137, 161, 166, 207, 210
Pazifismus, Pazifisten 14
Pearl Harbor 37, 50 f.
Perestroika 128, 200 f., 203, 211
Personenkult 164, 167
Pétain, Marschall 34
Philippinen 50, 186
Picasso, Pablo 31 f.
Pieck, Wilhelm 87, 99
Pilsudski, Josef 15
Planwirtschaft 162 f., 173, siehe auch Zentrale Planwirtschaft
Pogrom 55 ff.
Polen 30 ff., 38 f., 45, 48 f., 52, 56, 64, 112 f., 131, 139, 168, 202, 205, 207 f., 215, 242
Politbüro der SED 88, 99, 132 ff., 148
Portugal, Portugiesen 115, 222
Potsdamer Konferenz, Abkommen, Protokoll, Beschlüsse 49, 63 ff., 88, 97
Präimplantationsdiagnostik 251
Präsidialregime 11
Prag 32, 107, 111, 129
Prager Frühling 107
Presse, -freiheit 11, 17, 30
Preußen 11
Proletariat, Proletarier 156 ff., 159, 164, 168
Propaganda 12, 17, 19, 35, 37, 46 f.

Q

Quotenregelung 121

R

Rabin, Itzhak 216 f., 235
Räte, Rätebewegung, Räterepublik 159 ff., 164
Rapallo, Vertrag von 168
Rassenlehre, -politik, Rassismus 15, 23, 26, 38, 46, 54, 192 ff.
Rat der Europäischen Union 206 f.
Rat der Volksbeauftragten 160
Rat für gegenseitige Wirtschaftshilfe (RGW) 75, 91, 102
Rechtsstaat 201, 212, 221

Reichskanzler 11, 13
Reichsmark 18
Reichspräsident 11 ff.
Reichstag 11 f., 25, 30, 56
Reichstagsbrand, -verordnung 12
Reichstagswahl, -ergebnisse 12
Reichswehr 13
Remarque, Erich Maria 24
Rente, Rentensystem 95, 141
Reparationen, Reparationszahlungen 63, 88, 102
Reuter, Ernst 72
Rheinland 27, 31

S
SA (Sturmabteilung) 11 ff., 20, 43, 55
Saargebiet, Saarland 19, 30, 63, 92
Sacharow, Andrej 171 f.
Sachsen 18
Schabowski, Günter 134 f.
Scharia 218, 235
Schauprozesse 164, 166
Scheel, Walter 111 ff., 229
Schleyer, Hans Martin 116
Schlussakte der Konferenz für Sicherheit und Zusammenarbeit in Europa (KSZE) (Schlussakte von Helsinki) 118, 147
Schmidt, Helmut 113, 116 f.
Scholl, Hans 43
Scholl, Sophie 43
Schorlemmer, Friedrich, 131
Schröder, Gerhard (CDU) 113
Schröder, Gerhard (SPD) 146
Schuman, Robert 204 f.
„Schwarzer Freitag" 189
Schwarzmarkt 67, 71, 75, 97
Schweiz 115, 200
SD (Sicherheitsdienst) 21, 38
Seeckt, Hans von
Selbstbestimmungsrecht der Völker 221
Serben, Serbien 158
Shoa 58
Sicherheitsrat der Vereinten Nationen 76, 79
Siegermächte 49
Simbabwe 225
Sinti und Roma 41, 56
Sklaven, Sklaverei 180
Solidarnosc 129, 147
Solschenizyn, Alexander 171, 174
Somalia 77
Souveränität, staatliche 91, 111, 114 f., 118, 203

Sowchosen 162
Sowjetische Besatzungszone Deutschlands (SBZ) 65, 69, 71 ff., 87 f., 204
Sowjetische Militäradministration in Deutschland (SMAD) 65
Sowjets 37, 48, 159, 174
Sowjetunion 28, 33 ff., 36 f., 38 f., 56, 63 ff., 71, 73 f., 76 f., 78 f., 80 f., 84 f., 88, 91, 93, 112, 118, 122, 127 ff., 139, 147 f., 162, 164 ff., 168 ff., 192, 203 ff., 211, 215, 220, 223, siehe auch Union der Sozialistischen Sowjetrepubliken (UdSSR)
Sozialdemokraten, Sozialdemokratische Partei Deutschlands (SPD) 11 ff., 26, 42, 65, 86, 111, 113 f., 137 ff., 146 ff., 168
Sozialdemokratische Partei in der DDR (SDP) 133
Soziale Marktwirtschaft 70 f., 89, 138
Sozialismus, Sozialisten, sozialistisch 11, 15, 42, 69, 71, 81, 98 f., 100, 102 f., 105, 108, 118 f., 156 f., 160, 162, 164 ff., 168, 172, 227
Sozialistische Einheitspartei Deutschlands (SED) 65, 87 f., 98, 104 f., 106 f., 114 ff., 118 f., 132 ff., 204 f., 207 ff.
Sozialleistungen, -staat 89, 95, 117
Spanien 14, 186
Spanischer Bürgerkrieg 14, 31
Spartakusbund, -gruppe
Speer, Albert 25, 45 f.
Spiegel-Affäre 93
SS (Schutzstaffel) 21, 38 f., 43, 48, 56 f.
St. Petersburg, Petrograd 155, 158
Staatssicherheit (Stasi), siehe Ministerium für Staatssicherheit (MfS)
Stalin, Josef W. 33 ff., 36, 49, 51, 63 f., 73, 90, 101, 106, 127, 164 ff., 168 ff.
Stalin-Note 90
Stalingrad 36
Stasi-Akten, -Gesetz 143
Stauffenberg, Claus Graf Schenk von 42
Stoph, Willi 114 f.
Straßburg 207, 210
Strauß, Franz-Josef 93
Streik 42, 155, 184

Stresemann, Gustav 202 f.
Studentenproteste, 68er Bewegung 96 f., 116, 123
Sudetenland 28, 32 f., 32, 46, 49, 49, 168
Supermächte 77 ff., 82, 84, 131, 204, 220
Synagoge 55 f., 58

T
Technik 246
Teheran, Konferenz von 63
Terrorismus, Terroranschläge 116, 146, 213, 216 f., 224, 234 ff.
Tourismus 249
Transit-Abkommen 113
Treblinka 57
Treibhauseffekt 233
Treuhandanstalt 138, 140
Trotzki, Leo 160 ff.
Trümmerfrauen 66, 123
Truman, Harry S. 51, 63, 74, 79
Truman-Doktrin 74
Tschechoslowakei, Tschechien 64, 107, 129, 131, 202, 205, 207
Tschernobyl 127, 172
Tucholsky, Kurt 24
Türkei 75, 81 f., 115, 218 f., 232, 235 f.

U
U-Boot, U-Bootkrieg 37, 54, 187
Uganda 225
Ukraine 48, 160
Ulbricht, Walter 98 f., 111, 118
Umwelt, -probleme, -politik, -verschmutzung 210, 228, 236, 315
Unabhängigkeit, Unabhängigkeitsbewegung 216, 221 ff., 226 f., 235 f.
Ungarn 49, 78, 80 f., 127, 129, 131, 202, 205
Union der Sozialistischen Sowjetrepubliken (UdSSR) 33 ff., 37 ff., 49, 51 ff., 161 ff., 164, 167 f., 192, siehe auch Sowjetunion
UNO (United Nations Organization/Organisation der Vereinten Nationen) 76, 79, 115, 203, 215 f., 220 f., 223
Unternehmen, Unternehmer 54, 183 f., 188 f.
USA, Vereinigte Staaten von Amerika 28, 33, 36 f., 44, 49 ff., 51, 63, 72 f., 77 ff., 81 ff., 84 f., 86 f., 90, 96, 104, 122, 127, 139, 146, 162, 168, 179 ff., 201 ff., 207, 220, 222 f., 228, 233 ff., 238

V

Vatikan 26, 30
Vereinte Nationen, siehe UNO
Vernichtungslager 41, 56
„Verordnung zum Schutz von Volk und Staat" 12
Versailler Friedensvertrag 16, 30 ff., 168
Versailles 34
Vertreibung, Vertriebene 64, 66, 95, 102
Viermächte-Abkommen über Berlin 112 f.
Vierzigjahrfeier der DDR 206 f.
Vietnam, -krieg 78, 83, 96 f., 114
Völkerbund 30, 88, 202 f., 212, 215
Völkermord 56
Völkerrecht 34, 38 f.
Volksaufstand vom 17. Juni 1957, 69, 100, 118, 147 f.
Volksdemokratie 87, 92, 116, 148
Volksdeputiertenkongress 172
Volkseigener Betrieb (VEB) 103, 138
Volksempfänger 17, 47
Volksentscheid, -abstimmung 71, 209, 211
„Volksgemeinschaft" 16, 20, 40 f.
Volkskammer, -wahl 87, 98, 136, 138, 148
Volkskongress, -bewegung 87
Volksrepublik China 75, 79, 83, 230 f.
„Volkssturm" 45

W

Währungsreform, -umstellung 71, 85, 89
Währungsunion 138, 209, 211
Waffenstillstand 34, 45
Wahlen 65, 111, 113, 223
„Wannsee-Konferenz" 56 f.
Warschau 34, 44, 57, 111 ff., 147, 210
Warschauer Getto, -aufstand 57
Warschauer Pakt 75, 80, 87, 91, 123, 147 f., 203
„Warthegau" (=Westpolen) 39, 48
Wehrmacht 18, 30 ff., 34 f., 36 ff., 42, 169
Wehrpflicht 18, 30
Weimarer Republik 16
Weiße Rose 43
Weizsäcker, Richard v. 209
Wels, Otto 12 f.
Weltbevölkerung 230, 232 f.
Weltmarkt 229
Weltraum, -fahrt 170 f., 192 f.
Weltrevolution 159, 164
Weltwirtschaftskrise 18, 189
West-Berlin 72, 96 f., 104, 112 ff., 134, 148
Westalliierte/ Westmächte 69, 71 f., 85, 91
Westeuropa 204, 209, 215, 219
Westeuropäische Union (WEU) 91
Westmächte 33 f., 42, 168, 187
Westzonen 69, 71, 72, 85, 88
Wettrüsten 78, 84, 127, 171
Widerstand 26 ff., 42 ff., 57
Wiederbewaffnung, Wiederaufrüstung (der Bundesrepublik) 90
„Wiedergutmachung", Wiedergutmachungsleistungen 34, 58, 63, 93, 138
Wiedervereinigung Deutschlands 90, 114 f., 137 ff., 141, 143 ff., 148
Wien 32, 55
Wilhelm II., Deutscher Kaiser 54
Wilson, Thomas Woodrow 187, 202 f.
Wirtschafts,-Währungs- und Sozialunion 138, 209, 211
Wirtschaftskrise 19, 54 f., 117, 124, 188 ff., 209
Wirtschaftsrat der Bizone 70, 89
Wirtschaftswunder 89, 94, 123 f., 242
Wohlstandsgesellschaft 192 ff.
Wohnungsbaupolitik, -programm 95, 119, 206
Wolf, Christa 136
Wolgadeutsche 169

Z

Zaïre, siehe Demokratische Republik Kongo
Zar von Russland, Zarenreich 155 ff., 161
Zehn-Punkte-Programm 137
Zentrale Planwirtschaft 71, 88, 98, 127, 138, 228
Zionisten, Zionismus 215, 220, 235
Zusatzprotokoll, geheimes, zum Hitler-Stalin-Pakt 33 f., 168
Zwangsarbeit, -arbeiter, -arbeitslager 45 f., 52, 166 ff., 223, 225 f., 232
Zwangsaussiedlung, -umsiedlung 66
Zwangswirtschaft 19, 40
Zwanziger Jahre 188
Zwei-plus-Vier-Vertrag 139, 148
Zwei-Staaten-Theorie 104 f., 118
Zweig, Stefan 24
Zweiter Weltkrieg 31, 33 ff., 61, 85, 111 f., 138, 169 f., 191, 203 f., 212

Glossar

Alliierte – (von franz.: alliés = Verbündete) Bezeichnung für Staaten, die ein Bündnis (Allianz) schließen, z.B. zur gemeinsamen Kriegsführung. Im 1. und 2. Weltkrieg Sammelbegriff für die gegen das Deutsche Reich und seine Verbündeten kämpfenden Mächte.

Alliierter Kontrollrat – Nach Ende des 2. Weltkriegs 1945 von den alliierten Mächten Großbritannien, UdSSR, USA und Frankreich eingesetztes gemeinsames Regierungsorgan für Deutschland mit Sitz in Berlin. Aufgrund von Interessengegensätzen trat der Kontrollrat nach 1948 nicht mehr zusammen.

Antisemitismus – Feindschaft gegenüber Juden, die in der Antike und im Mittelalter religiös und wirtschaftlich begründet wurde. Im 19. Jh. entwickelte sich ein rassisch begründeter Antisemitismus, bei dem gesellschaftliche Missstände den Juden als „Rasse" angelastet wurden. Das nationalsozialistische Regime setzte seit 1933 den rassischen Antisemitismus systematisch bis zum Völkermord um.

Automatisierung – (von griech.: automatikos = selbstständig, von selbst) Zunehmender Einsatz von Maschinen in der industriellen Produktion, der es erlaubt, Waren in größeren Mengen und in besserer Qualität herzustellen. Ein Beispiel für die Automatisierung ist das Fließband, das erstmals 1914 in den USA von Henry Ford bei der Automobilproduktion eingesetzt wurde.

Blockfreie Staaten – 1961 gegründeter Zusammenschluss von Staaten, die keinem der beiden großen Machtblöcke angehörten und für Abrüstung und das friedliche Zusammenleben aller Staaten eintraten. Heute zählen dazu rund 115 Staaten, überwiegend aus Afrika, Asien und Lateinamerika. Häufig artikulieren sich hier gemeinsame Interessen der Entwicklungsländer gegenüber den Industrieländern.

Blockparteien – Sammelbezeichnung für die in der DDR neben der SED existierenden Parteien CDU, LDPD, NDPD und DBD. Alle diese im „Demokratischen Block" zusammengefassten Parteien wurden finanziell und ideologisch von der SED kontrolliert und mussten deren Führungsanspruch anerkennen. Politischer Wettbewerb und die Möglichkeit einer parlamentarischen Opposition in der DDR waren dadurch ausgeschlossen.

Bolschewismus, Bolschewiki – (russ.: Mehrheitler) Bezeichnung für die radikalen Anhänger Lenins, die sich 1903 bei der Entscheidung über die zukünftige Taktik der Sozialrevolutionäre gegenüber den gemäßigten, sozialdemokratisch orientierten Menschewiki (russ.: Minderheitler) durchsetzen konnten. Nach Lenins Theorie erhebt die streng von oben nach unten organisierte bolschewistische Partei den Anspruch auf politische Führung, um die Massen zum Sozialismus zu erziehen. Deshalb muss sie alle gesellschaftlichen Gruppen (z.B. Gewerkschaften, Jugend-, Kulturverbände) beherrschen. In der Sowjetunion setzte Stalin die Umgestaltung der Gesellschaft nach bolschewistischen Prinzipien mit Zwang und Terror durch.

Bruttosozialprodukt – Gesamtwert aller Waren und Dienstleistungen, die die Menschen eines Landes im Zeitraum eines Jahres produzieren.

Bürgerrechtsbewegung – Sammelbezeichnung für regierungskritische Gruppen, die für Demokratie und Menschenrechte in ihren Ländern eintreten. Die Bürgerrechtsbewegungen der früheren Staaten des Ostblocks kritisierten zugleich den Führungsanspruch der kommunistischen Partei.

Darwinismus, Sozialdarwinismus – Vom Naturforscher Charles Darwin entwickelte Theorie, der zufolge in der Natur immer diejenigen Tier- und Pflanzenarten überleben, die sich am besten an die Umweltbedingungen anpassen können. Der Brite Houston Chamberlain griff die Evolutionslehre auf und behauptete, dass unter den menschlichen „Rassen" die stärkeren auf Kosten der schwächeren überleben (Sozialdarwinismus). Unter der nationalsozialistischen Ideologie gipfelte der Rassismus in einem als „Rassenkrieg" geführten Eroberungsfeldzug gegen Polen und die Sowjetunion sowie im Massenmord an der jüdischen Bevölkerung Europas.

Diktatur – (von lat.: dictare = befehlen) Die uneingeschränkte, auf Gewalt begründete Herrschaft einer Einzelperson, einer Gruppe oder Partei, die die gesamte politische Macht im Staat für sich beansprucht. Sämtliche Lebensbereiche werden überwacht, jede Opposition unterdrückt. Beispiele für Diktaturen sind der Nationalsozialismus in Deutschland und der Stalinismus in der Sowjetunion.

Dissidenten – (von lat. dissidere = nicht übereinstimmen, getrennt sein) Bezeichnung für Oppositionelle, die die Politik des herrschenden Regierungssystems trotz Repressionen (Berufsverbote, Verhaftungen, Ausbürgerungen) öffentlich kritisierten.

Entnazifizierung – Von den alliierten Siegermächten im besetzten Deutschland durchgeführte Überprüfung von Personen mit dem Ziel, Verantwortliche für Verbrechen des NS-Regimes politisch und strafrechtlich zur Verantwortung zu ziehen und sie aus Ämtern in Staat und Gesellschaft zu entfernen.

Entwicklungsländer – Auch als „Dritte Welt" bezeichnete Staaten mit meist folgenden Merkmalen der Unterentwicklung: Armut, unzureichende Ernährung, hohe Arbeitslosigkeit, hohes Bevölkerungswachstum, Mängel im Gesundheits- und Bildungssystem sowie im Infrastrukturbereich, hohe Auslandsverschuldung und politische Instabilität. Als Entwicklungsländer gelten heute etwa 170 Staaten mit 3/4 der Weltbevölkerung, darunter viele ehemalige Kolonialländer.

Europäische Union (EU) – Zusammenschluss von derzeit 15 europäischen Staaten, die durch Übertragung von Kompetenzen an gemeinsame Regierungsorgane (Hauptsitz: Brüssel) eine enge wirtschaftliche und politische Zusammenarbeit anstreben. Bisher wichtigste Ergebnisse dieser europäischen Einigung sind die Einführung des Europäischen Binnenmarktes und die gemeinsame Währung „Euro".

Europäischer Binnenmarkt – Wirtschafts- und Währungsunion der EU-Mitgliedsländer, die den freien Verkehr von Personen, Waren, Dienstleistungen und Kapital ermöglicht. Dazu gehören der Wegfall der Grenzkontrollen zwischen den EU-Staaten sowie das Recht, sich als EU-Bürger in jedem Land der Union niederzulassen.

Euthanasie/ Euthanasieaktion – (gr.: Gnadentod) Beschönigende Bezeichnung der Nationalsozialisten für die planmäßige Tötung von mehr als 250.000 unheilbar kranken und behinderten Menschen, die nach der nationalsozialistischen „Rassenlehre" als „lebensunwert" galten.

Faschismus – (von ital.: fasces = Rutenbündel als Symbol der Richtergewalt) Ursprünglich Bezeichnung für das autoritäre Herrschaftssystem Mussolinis in Italien. Davon ausgehend Sammelbegriff für die rechtsgerichteten und nationalistischen Bewegungen, die nach dem 1. Weltkrieg in Europa den Kommunismus bekämpften und die parlamentarische Demokratie zugunsten der Diktatur eines autoritären „Führers" ablehnten. Der deutsche Nationalsozialismus verband die Elemente einer faschistischen Ideologie mit der rassisch begründeten Ausgrenzung und Verfolgung von Minderheiten, insbesondere der Juden.

Frauenbewegung – Mitte des 19. Jh. entstandene und Ende der 1960er Jahre sich neu formierende Bewegung zur Beseitigung der gesellschaftlichen und politischen Benachteiligung von Frauen. Ihre Forderungen zielen u. a. auf gleiche Bezahlung, gleiche Karrierechancen und einen höheren Anteil von Frauen in Führungspositionen.

Friedensbewegung – Politische Bewegung Anfang der 1980er Jahre. Sie protestierte gegen die Stationierung atomarer Mittelstreckenraketen in Europa und trat für Abrüstung ein. Ein Teil ihrer Anhänger in der Bundesrepublik wurde zum Kern der Partei der Grünen; in der DDR war sie Teil der Bürgerrechtsbewegung.

Geheimdienst – Staatliche Organisation zur verdeckten Beschaffung von geheimen Informationen im In- und Ausland und zur Abwehr fremder Spionagetätigkeit. In Diktaturen wird der Geheimdienst bzw. die Geheimpolizei häufig auch zur Unterdrückung und Verfolgung politischer Gegner eingesetzt, so z.B. in der UdSSR unter Stalin.

Globalisierung – (von lat. globus = [Erd-]Kugel) Internationale Zusammenarbeit und Verflechtung großer Wirtschaftskonzerne und Finanzmärkte. Der Begriff umfasst auch wirtschaftliche, technische oder politische Entwicklungen, die weltweit Auswirkungen auf das Leben der Menschen haben.

Grundgesetz – Verfassung der Bundesrepublik Deutschland, die am 23. Mai 1949 in Kraft trat. Mit der Bezeichnung sollte zum Ausdruck gebracht werden, dass es sich um eine provisorische Verfassung handelte, da die Frage der deutschen Einheit und die der Wiederherstellung der vollen staatlichen Souveränität Deutschlands vorerst offen bleiben mussten. Nach der deutschen Wiedervereinigung im Oktober 1990 wurde der Name für die gesamtdeutsche Verfassung beibehalten.

Islamischer Fundamentalismus – (von lat. fundamentum = Grundlage) In den 1970er Jahren entstandene religiös-politische Bewegung in zahlreichen islamischen Ländern. Deren Anhänger wollen den Koran sowie andere Glaubensgrundsätze der islamischen Religion zur alleinigen Grundlage des öffentlichen und privaten Lebens in den muslimischen Staaten machen. Kultur und Wertesystem der westlichen Welt werden abgelehnt und sollen – gegebenenfalls mit Gewalt und Terror – zurückgedrängt werden. Diese Vorstellungen werden nur von einer Minderheit der Muslime geteilt.

Kalter Krieg – Die nach 1945 beginnende machtpolitische, militärische, ideologische und wirtschaftliche Konkurrenz zwischen den beiden Supermächten USA und UdSSR und den von ihnen geführten Bündnissystemen. Der Kalte Krieg hatte ein atomares Wettrüsten und eine Vielzahl von Konfrontationen (z.B. Berlin-Blockade 1948, Korea-Krieg 1950 – 1953, Kuba-Krise 1962) zur Folge. Er endete 1989 mit dem politischen und gesellschaftlichen Umbruch in der UdSSR.

Kommunismus – (von lat.: communis = gemeinsam, allgemein) Politische und soziale Bewegung, die eine revolutionäre Veränderung der Gesellschaft anstrebt. Wichtige Ziele sind die Errichtung einer klassenlosen Gesellschaft und die Überführung von Produktionsmitteln (Boden und Maschinen) in Gemeineigentum. Die führende Rolle bei der Durchsetzung des Kommunismus kommt der kommunistischen Partei sowie den Arbeitern und Bauern zu („Diktatur des Proletariats"). Die Grundlagen der kommunistischen Theorie wurden im Wesentlichen von K. Marx, F. Engels und W. I. Lenin formuliert.

Konstruktives Misstrauensvotum – Die in Art. 67 des Grundgesetzes vorgesehene Möglichkeit eines Regierungswechsels ohne Neuwahlen. Das Parlament kann den Bundeskanzler der Bundesrepublik abwählen, wenn es zugleich mit absoluter Stimmenmehrheit einen Nachfolger wählt.

Konzentrationslager (KZ) – Bezeichnung für die zwischen 1933 und 1945 im nationalsozialistischen Herrschaftsbereich errichteten Häftlingslager, in denen politische Gegner der Nationalsozialisten, Kriegsgefangene und rassisch Verfolgte wie Juden, Sinti und Roma unter unmenschlichen Bedingungen (Zwangsarbeit, unzureichende Ernährung, Misshandlungen, medizinische Experimente) inhaftiert und getötet wurden. Seit 1942 wurden in den eroberten Ostgebieten Vernichtungslager (u.a. Auschwitz, Chelmno, Majdanek) errichtet, in denen ca. 6 Millionen europäischer Juden ermordet wurden.

KSZE / OSZE – Die Konferenz für Sicherheit und Zusammenarbeit in Europa (KSZE) wurde 1973 in Helsinki als Forum europäischer Staaten gegründet. Ihr Ziel war die Entspannung und die Verbesserung der Ost-West-Beziehungen. In der Schlussakte verpflichteten sich die 35 Teilnehmerstaaten 1975 u.a. zur Wahrung der Menschenrechte. Nach dem Ende des Kalten Krieges wurde die KSZE zur Organisation für Sicherheit und Zusammenarbeit in Europa (OSZE) weiterentwickelt.

Marktwirtschaft – Wirtschaftsordnung, in der ein freier Wettbewerb von Angebot und Nachfrage den Markt reguliert und den Preis für Waren und Dienstleistungen bestimmt. Im Unterschied zur vom Staat gesteuerten Planwirtschaft gibt es in der freien Marktwirtschaft keine staatlichen Eingriffe in das Wirtschaftsleben. Diese freie Marktwirtschaft führte im Zeitalter der Industrialisierung zu einem starken Wirtschaftswachstum, aber auch zu Ausbeutung und schlechten Lebensbedingungen der Arbeiter. Bei einer sozialen Marktwirtschaft versucht der Staat, den freien Wettbewerb mit Eingriffen zum Schutz der sozial und wirtschaftlich Schwächeren (Sozialversicherung, Arbeitsrecht etc.) zu verbinden.

Migration – (von lat. migrare = wandern) Wanderungsbewegungen einzelner Menschen oder Gruppen über Staatsgrenzen und Kontinente hinweg. Gründe für Migration sind: schlechte Lebensbedingungen, Krieg, Verfolgung und Naturkatastrophen.

NATO – (engl. North Atlantic Treaty Organization) 1949 von den USA, Kanada und westeuropäischen Staaten gegründetes Sicherheits- und Verteidigungsbündnis. Ein Angriff gegen ein Mitgliedsland wird als Aggression gegen alle Mitglieder des Bündnisses betrachtet und entsprechend beantwortet. Zur Zeit gehören der NATO 16 Staaten an. Ihr Sitz ist Brüssel. In Osteuropa bildete von 1955 – 1990/91 der von der UdSSR geführte Warschauer Pakt das Gegenstück zur NATO.

Nationalsozialismus – Rechtsradikale nationalistische Ideologie der nach dem 1. Weltkrieg aufkommenden und von 1933 bis 1945 in Deutschland unter Führung Adolf Hitlers herrschenden Nationalsozialistischen Deutschen Arbeiterpartei (NSDAP). Diese deutsche Form des Faschismus lehnte die parlamentarische Demokratie zugunsten eines autoritären Führerstaates ab und war durch Antisemitismus und Rassismus gekennzeichnet. Nach der Machtübernahme 1933 errichteten die Nationalsozialisten eine Diktatur, in der Gegner und Minderheiten verfolgt und inhaftiert wurden. Besondere Bedeutung kam der „Lebensraumpolitik" zu, die die gewaltsame militärische Ausdehnung des deutschen Gebietes in den europäischen Osten forderte. Die Verwirklichung dieser Politik führte 1939 in den Zweiten Weltkrieg, der für die osteuropäische Bevölkerung ein Versklavungs- und Vernichtungskrieg war.

Nürnberger Gesetze – Höhepunkt der nationalsozialistischen Rassengesetzgebung im Jahr 1935. Der Entzug zentraler Bürgerrechte machte die jüdische Bevölkerung zu minderen Staatsangehörigen. Verboten wurden u.a. Eheschließungen und sexuelle Kontakte zwischen „Deutschen" und „Juden". Die Nürnberger Gesetze führten über die rechtliche zur gesellschaftlichen Ausgrenzung und bereiteten den Völkermord an den Juden vor.

Ostpolitik / Ostverträge – Bezeichnung für die neue Politik der SPD/FDP-Bundesregierung gegenüber der DDR und den Ländern des Ostblocks nach 1969. Im „Grundlagenvertrag" akzeptierte sie die staatliche Selbstständigkeit der DDR, vermied aber deren völkerrechtliche Anerkennung als Ausland und hielt am Ziel der deutschen Wiedervereinigung fest. Mit Polen und der Tschechoslowakei wurden diplomatische Beziehungen aufgenommen; die Oder-Neiße-Linie wurde als Ostgrenze Deutschlands anerkannt.

Parlamentarischer Rat – Versammlung von 65 Abgeordneten der 11 Länderparlamente der drei westlichen Besatzungszonen Deutschlands. Sie wurde 1948 von den Westalliierten mit der Ausarbeitung und Formulierung des Grundgesetzes beauftragt. Am 8. Mai 1949 beschloss der Parlamentarische Rat das Grundgesetz mit 53 Ja-Stimmen bei 12 Nein-Stimmen.

Parteien – Vereinigungen von Menschen mit gemeinsamen politischen Zielen und Überzeugungen. In einer parlamentarischen Demokratie stellen die Parteien bei Wahlen ihre Kandidaten und Programme zur Abstimmung und versuchen auf diese Weise Einfluss auf die Staatsführung zu nehmen.

Planwirtschaft – Wirtschaftsordnung, in der die Produktion von Waren und Dienstleistungen, deren Preise sowie die Höhe der Löhne zentral und nach langfristigen Plänen vom Staat festgelegt wird. Im Unterschied zur Marktwirtschaft wird dabei der freie Wettbewerb von Angebot und Nachfrage als Regulierungsfaktor ausgeschaltet. Mit dem Instrument der Planwirtschaft versuchen (kommunistische) Staaten die wirtschaftliche Produktion mit dem gesellschaftlichen Bedarf in Einklang zu bringen. Meist führt dies aber zu Engpässen bei der Versorgung.

Pogrom – (russ.: Verwüstung) Planmäßige und gewaltsame Ausschreitungen, v. a. gegen Juden. Antisemitische Ausschreitungen gab es in Europa seit dem Mittelalter. Zu schweren Pogromen kam es nach 1881 in Russland, der Ukraine, in Polen und Rumänien. Der Begriff bezeichnet auch die staatlich organisierte Judenverfolgung während des Nationalsozialismus. Einen Höhepunkt stellte das reichsweite Pogrom in der Nacht vom 9. auf den 10. November 1938 dar, das von den Nationalsozialisten verharmlosend „Reichskristallnacht" genannt wurde.

Proletariat, Proletarier – (von lat.: proletarius = Bürger der untersten Klasse) Bezeichnung für die mit der Industrialisierung entstehende soziale Gruppe von kaum ausgebildeten und schlecht bezahlten Lohnarbeitern. Im Kommunismus bezeichnet der Begriff Proletariat die Arbeiterklasse, mit deren Aufstand gegen ihre Ausbeutung eine revolutionäre Veränderung der Gesellschaft beginnen soll.

Rat für gegenseitige Wirtschaftshilfe (RGW) – 1949 gegründete Organisation für wirtschaftliche Zusammenarbeit der Staaten des Ostblocks. Die Mitgliedsländer mussten ihre nationalen Plandaten mit der Sowjetunion abstimmen und ihre Wirtschaftsbeziehungen zum Westen einschränken. Der RGW löste sich nach dem Zusammenbruch der UdSSR 1991 auf.

Rechtsstaat – Staatswesen, in dem alle staatliche Gewalt an Recht und Gesetz gebunden ist und der Bürger vor der Willkür des Staates geschützt ist. Die wichtigsten Merkmale sind die Existenz einer Verfassung, die Gewaltenteilung zwischen Gesetzgebender Gewalt, Ausübender Gewalt und Rechtsprechung, die Unabhängigkeit der Gerichte, die Geltung der Grund- und Menschenrechte sowie die Möglichkeit jedes Einzelnen, seine Rechte vor unabhängigen Gerichten einzuklagen (Rechtsschutzgarantie).

SA (Sturmabteilung) – Militärisch organisierte Kampf- und Schutztruppe der Nationalsozialisten, die zur Bekämpfung und Terrorisierung ihrer politischen Gegner eingesetzt wurde. Nach der Machtübernahme 1933 wurde sie zunächst offizielle Hilfspolizei, verlor aber 1934 zugunsten von SS und Wehrmacht an Bedeutung.

Schwarzmarkt – Bezeichnung für den illegalen Handel mit knappen und rationierten Lebensmitteln und Gütern. Trotz Verbots werden meist fast alle knappen Waren auf dem Schwarzmarkt zu sehr hohen Preisen oder im Tauschhandel gegen Wertsachen gehandelt. In der Bundesrepublik existierte ein Schwarzmarkt nach Kriegsende bis zur Währungsreform 1948.

Shoa – (hebr.: Auslöschung, totale Zerstörung) Wie der Begriff Holocaust Bezeichnung für die systematische Verfolgung und Ermordung von 6 Millionen Juden während der nationalsozialistischen Diktatur.

Sowjets – Bezeichnung für die Arbeiter- und Soldatenräte, die sich 1917 in Russland während der Februarrevolution bildeten und unter Führung der Bolschewiki zu einer wichtigen politischen Kraft der Revolution wurden. In der nach ihnen benannten Sowjetunion wurden die Sowjets zu Institutionen der staatlichen Verwaltung. Die Spitze des Rätesystems bildete der Oberste Sowjet, der alle vier Jahre gewählt wurde.

Soziale Marktwirtschaft – Wirtschafts- und Sozialordnung der Bundesrepublik Deutschland. Der freie Wettbewerb von Angebot und Nachfrage für Waren, Dienstleistungen und deren Preisgestaltung sowie die Rahmenbedingungen für das Verhältnis von Arbeitgebern und Arbeitnehmern werden durch den Staat indirekt mitgestaltet. Ohne das Funktionieren eines freien, sich selbst regulierenden Wirtschaftsprozesses zu gefährden, sollen der Schutz von wirtschaftlich und sozial schwächeren Bevölkerungsgruppen sowie ein verbindliches Maß an sozialer Gerechtigkeit garantiert werden.

Sozialismus – (von lat.: socius = Genosse) Im 19. Jh. entstandene politische Bewegung, die eng mit der Arbeiterbewegung und den Gewerkschaften verbunden ist und deren Ziel darin besteht, die als ungerecht empfundenen Herrschafts- und Besitzverhältnisse zu verändern und ein höheres Maß an Freiheit und Gleichheit für alle Bevölkerungsschichten zu erreichen. Während bis zur Mitte des 19. Jh. Sozialismus und Kommunismus fast in derselben Bedeutung verwendet wurden, kam es in der Folge zu einer Spaltung der sozialistischen Bewegung in Kommunisten, die eine rasche, revolutionäre Veränderung der Gesellschaft forderten, und in Sozialdemokraten, die auf allmähliche, schrittweise Reformen setzten.

Sozialstaat – Bezeichnung für moderne Industrieländer, in denen der Staat regulierend in die Abläufe der freien Marktwirtschaft eingreift, um den Bürgern angemessene Arbeitsbedingungen und im Fall von Krankheit, Unfall, Alter, Invalidität oder Arbeitslosigkeit ein Einkommen zu sichern. Diesem Zweck dienen gesetzliche Arbeitsschutzvorschriften und ein Sozialversicherungssystem, das die Arbeitnehmer und Arbeitgeber anteilig finanzieren. Weitere sozialpolitische Maßnahmen sind staatliche Aufwendungen für die Familienpolitik, das Gesundheitswesen, das Bildungswesen und den Wohnungsbau.

SS (Schutzstaffel) – Ursprünglich Truppe innerhalb der NSDAP für die persönliche Sicherheit Adolf Hitlers. Entwickelte sich unter Führung von Heinrich Himmler zu einer nationalsozialistischen „Eliteeinheit". Nachdem Himmler 1936 Chef der Polizei und der Geheimen Staatspolizei (Gestapo) geworden war, übernahm sie auch polizeiliche und geheimdienstliche Aufgaben. Die SS war maßgeblich für die Organisation der Konzentrationslager und die Durchführung des Massenmordes an den Juden verantwortlich, Angehörige der „Waffen-SS" bildeten das Wachpersonal der KZ. Besondere Kampfverbände der „Waffen-SS" übernahmen im 2. Weltkrieg neben der Wehrmacht militärische Aufgaben und waren verantwortlich für zahlreiche Kriegsverbrechen.

Staatsrat (der DDR) – Von 1960 bis 1989 oberstes Verfassungsorgan und kollektives Staatsoberhaupt der DDR mit Sitz in Berlin (Ost). Seine Zuständigkeiten umfassten unter anderem die völkerrechtliche Vertretung, die Aufsicht über das Oberste Gericht sowie Grundsatzbeschlüsse zur Außen- und Verteidigungspolitik.

Staatsverschuldung – Die Gesamtsumme der Schulden eines Staates. Eine hohe Staatsverschuldung entsteht, wenn die Regierung mehr Geld ausgibt, als sie u.a. durch Steuern einnimmt, und dafür bei Banken Kredite aufnehmen muss. Bei hoher Staatsverschuldung verschlingen die Zinsen für Kredite einen großen Teil der staatlichen Einnahmen. Eine sehr hohe Staatsverschuldung kann bis zum Staatsbankrott führen. Deshalb haben sich die Mitgliedsländer der Europäischen Union in einem Stabilitätspakt dazu verpflichtet, einen ausgeglichenen Staatshaushalt zu führen.

Stalinismus – Bezeichnung des einerseits durch Terror und Gewalt, andererseits durch einen starken Personenkult geprägten Herrschaftssystems Josef Stalins von 1929 bis 1953. Mit dem Ziel des Aufbaus des Sozialismus wurden Industrialisierung und Kollektivierung der Landwirtschaft mit Zwang vorangetrieben. Politische Gegner und so genannte „Klassenfeinde" wurden mit Schauprozessen, „Säuberungen" und Deportationen in Straflager ausgeschaltet.

Stasi – Kurzbezeichnung für das 1950 gegründete Ministerium für Staatssicherheit (MfS) der DDR. Die Stasi entwickelte sich zu einem riesigen Apparat, der mit 80000 fest angestellten und über 100000 inoffiziellen Mitarbeitern (IM) das Alltagsleben der Bevölkerung in der DDR bespitzelte und kontrollierte. Im Ausland betrieb das Ministerium geheimdienstliche Spionage. Nach der Auflösung der Stasi 1990 wurde eine Bundesbehörde gegründet, die die von der Stasi gesammelten Informations- und Datenbestände sichert, verwaltet und für zeitgeschichtliche Forschung zugänglich macht.

Terrorismus – (von lat. terror = Schrecken) Gewaltsame Aktionen von Einzeltätern oder radikalen Gruppen aus politischen, religiösen, nationalistischen oder wirtschaftlich-sozialen Motiven. Terroristische Bewegungen können auf ein Land oder eine Region begrenzt bleiben (z. B. die RAF in Deutschland in den 1970er Jahren oder die IRA in Nordirland). Andere Terrororganisationen agieren weltweit, wie z. B. die Palästinensische Befreiungsorganisation (PLO) in den 1970/80er Jahren oder die islamistische Al-Qaida-Organisation in jüngster Zeit.

Verfassung – Gesamtheit der Regeln und Normen eines Staatswesens, die die Rechte und Pflichten des Einzelnen gegenüber dem Staat sowie die Verteilung der Staatsgewalt auf verschiedene Institutionen und Personen festlegen. In modernen Demokratien wird die Verfassung durch ein von der Volksvertretung des jeweiligen Staates beschlossenes Gesetz geschaffen.

Verstaatlichung – Enteignung von privaten Firmen, Betrieben oder Land und die Überführung in Staatseigentum. In einer (sozialen) Marktwirtschaft ist die Verstaatlichung von Privatbesitz nur bei hohem öffentlichem Interesse und gegen Entschädigungszahlungen möglich. In den kommunistisch regierten Ländern des Ostblocks bildete die umfassende, meist entschädigungslose Verstaatlichung von Industrie und Landwirtschaft die Grundlage für so genannte „Volkseigene Betriebe" (VEB) oder Landwirtschaftliche Produktionsgenossenschaften (LPG).

Volksdemokratie – Kommunistische Staatsform in den nach dem 2. Weltkrieg im Machtbereich der UdSSR gelegenen Staaten. Da eine echte parlamentarische Opposition ausgeschaltet und das freie Wahlrecht durch Einheitslisten eingeschränkt war, handelte es sich tatsächlich um eine demokratisch bemäntelte Einparteiendiktatur. Die freie Meinungsäußerung und die Unabhängigkeit der Gerichte sind eingeschränkt.

Volkspartei – Bezeichnung der großen Parteien (SPD; CDU/CSU) in der Bundesrepublik Deutschland. Der Begriff kennzeichnet den Anspruch, die Interessen breitester Bevölkerungsschichten zu vertreten, unabhängig von deren sozialer Herkunft, ökonomischen Verhältnissen und religiöser Orientierung. Neben den beiden großen Volksparteien existieren in der Bundesrepublik kleinere Parteien (FDP, Grüne, PDS).

Währungsreform – Einführung der Deutschen Mark (DM) als Währung in den westlichen Besatzungszonen Deutschlands (und den Westsektoren Berlins) sowie Einführung der Ost-Mark (Mark der DDR) in der SBZ im Juni 1948.

Währungsunion – Einführung einer gemeinsamen Währung durch zwei oder mehrere souveräne Staaten. Durch eine Währungsunion wurde am 1. Juli 1990 die vorher nur in der Bundesrepublik gültige D-Mark auch in der DDR offizielles Zahlungsmittel. Im Rahmen des Europäischen Binnenmarkts besteht seit dem 1. 1. 1999 eine Währungsunion zwischen den Mitgliedsländern der Europäischen Union (EU); seit dem 1.1. 2002 auch mit einer gemeinsamen Bargeldwährung (Euro).

Warschauer Pakt – 1955 unter Führung der UdSSR gegründetes Militärbündnis der sozialistischen Staaten Osteuropas; Gegenstück zur westlichen NATO. Im Rahmen des Bündnisses wurde ein gemeinsames Oberkommando in Moskau eingerichtet; die UdSSR stationierte Truppen in den Mitgliedsstaaten. Nach dem Zusammenbruch des Kommunismus löste sich der Warschauer Pakt 1991 auf.

Wettrüsten – Bezeichnung für den im Kalten Krieg zwischen den USA und der UdSSR ausgetragenen Rüstungswettlauf. Ein „Gleichgewicht des Schreckens" sollte den Ausbruch direkter bewaffneter Konflikte verhindern. Seit Mitte der 1980er Jahre wurde die Zahl der Atomwaffen durch Abrüstungsvereinbarungen reduziert. Kalter Krieg und Wettrüsten endeten 1989/90 mit dem Zusammenbruch der Sowjetunion.

Zionismus – (hebr. Zion = Berg in Jerusalem, auch Bezeichnung für ganz Jerusalem und Palästina/Israel) In der zweiten Hälfte des 19. Jh. entstandene Bewegung, die die Rückkehr der Juden nach Palästina und die Bildung eines jüdischen Staates anstrebte. Nach dem 2. Weltkrieg führte die jüdische Einwanderung nach Palästina und die politische Organisation des Zionismus 1948 zur Gründung des Staates Israel.

Bildnachweis

Einband: Gerhard Medoch unter Verwendung von: Christo&Jeanne-Claude, Verhüllter Reichstag, Berlin 1971-1995. Hier: 24. Juni 1995. 9 Sammlung Peter Hartmann (PH) 11 ullstein bild, Berlin (ullstein) 12 o. PH; B4 Archiv Gerstenberg, Wietze (Gerstenberg)13 Archiv Volk und Wissen Verlag (VWV) 14 o. PH; B1 DIZ/Süddeutscher Verlag, Bildarchiv, München (DIZ) 15 bildarchiv preussischer kulturbesitz, Berlin (bpk) 16 o. PH; B2 bpk 17 Gerstenberg 18 akg-images, Berlin (akg) 19 August-Horch-Museum, Zwickau (2); B4 Bundesarchiv Koblenz/3/3/4 20 o. PH (2); B1 Verlag Erich Schmidt, Berlin 22 B1 PH; B2 VWV 23 Deutsches Historisches Museum, Berlin (DHM) 24 o./B3 akg; B2 bpk 25 B4 PH; B6 Stadtmuseum Dresden; B7 akg 26 r. ullstein (2); B2 DHM 27 o. PH; B5 Gedenkstätte Deutscher Widerstand, Berlin 28 o. Keystone, Hamburg; B8 Städtische Museen Mühlheim/Ruhr 29 o. ullstein; u. PH 30 Stiftung Archiv der Akademie der Künste Berlin-Brandenburg/John-Heartfield-Archiv 31 akg 32 akg (2) 33 o. bpk; B1 Gerstenberg 34 DIZ 35 o. bpk; B2 DIZ 37 B7/B8 bpk 38 o. PH; B2 bpk 40 B1 Sammlung Koos, Rostock; B 2 bpk 41 Cinetext GmbH, Frankfurt am Main 42/43 bpk (4) 44 Archiv der Hansestadt Rostock 45 bpk (2) 46 o. PH; B4 akg 47 B1 Gerstenberg; r. bpk 48 PH 49 bpk 50/51/52 bpk (4) 53 PH (2) 54 bpk (2) 55 B2 ullstein; o. PH 56 B2 bpk; o. PH 57 B5 ullstein/Interpress Warschau; B6 akg 58 ullstein/dpa 60 bpk 61 l. VW-Museum, Wolfsburg; o. M. PH; M. August-Horch-Museum, Zwickau; r./u. dpa 63 akg 64 PH 65 akg 66 B1 ullstein; B3 dpa 67 B5 bpk; B7 DIZ 68 o. VWV; B2 akg 69 DHM 71 o. PH; B5 DHM 72 B3 ullstein 73 bpk (2); B1 Churchill College Cambridge 75 o. bpk 77 UNHCR, Genf 78 PAX CHRISTI 79 B6 DIZ 80/81 ullstein 82 VWV 83 B1 akg; B2 akg 84 B1 Horst Haitzinger, München; B2 dpa/Janson/Kuvalehti 85 DIZ 86 ullstein 87 akg 88 B1 DHM; B2/3 Vattenfall/ BEWAG Berliner Wärme AG 89 ullstein 90 DHM (2) 91 B6 Stadtmuseum München/Pulfer; B7 DHM 92 o. DHM; B2 Keystone, Hamburg; B3 Bundesbildstelle, Berlin 93 Verlag Der Spiegel, Hamburg 94 o. akg; B3 mauritius/Die Bildagentur, Berlin 95 akg 96/98 ullstein (3) 99 Bundesarchiv Koblenz/ADN 100 Haus der Geschichte der Bundesrepublik Deutschland, Bonn 101 Die Beauftragte für die Unterlagen des Staatssicherheitsdienstes der DDR, Berlin/Gedenkstätte Moritzplatz, Magdeburg 103 o. August-Horch-Museum, Zwickau; B4 DHM 104/105, B5 ullstein; B4 Axel-Springer-Verlag/Infopool, Hamburg 106 o. ullstein; B2 Haus der Geschichte der Bundesrepublik Deutschland, Bonn 107 o. dpa/Bajzat; B5/108 B3 Bundesarchiv Koblenz/ADN 108 o. dpa 110 B4 DHM; B5 ullstein 111 o. dpa; B1 Archiv der sozialen Demokratie/Friedrich-Ebert-Stiftung/ Plakatarchiv, Bonn 112 o. ullstein; B2 Fotoagentur Sven Simon, Essen 113/114/115/118 ullstein (2) 117 Dieter Bauer, Berlin 119 B4 Pressedienst Paul Glaser, Berlin (Glaser); B5 Paul Langrock/Zenit, Berlin120 Berlin Picture Gate/Gruner+Jahr/Viehweger 121 akg 122 dpa/ZB 125 u.r. dpa; Glaser 127 o./B3 ullstein/RIA Nowosti; B1 akg 128 ullstein 129 CTK, Prag 130 o. ullstein/dpa; B2 Horst Haitzinger, München; B3 Paul Langrock/ZENIT, Berlin 131 o. ullstein/ Fabig; B6 dpa 132/133 o. ullstein 132 B2 Sammlung Hasso Breitsprecher, Schwerin 133 B4 DHM 134 ullstein 135, dpa 136 teutopress, Bielefeld 137 B3 VWV; B4 ullstein/dpa 138 ullstein 139 dpa/Funkbild 140 o. ullstein; B 1 dpa/ ADN-ZB 142 Landeszentrale für politische Bildung Mecklenburg-Vorpommern/Thomas Helms 143 o. ullstein/Franke; B6 epd-bild, Frankfurt am Main 144 B2 dpa/Sauer; B3 dpa/Schneider 145 ullstein/P-F-H 146 o. ullstein; B2 dpa 149 r. akg; M. bpk; l. VWV; u. akg 150 B2 PH; B4 akg 151 Sven Simon, Essen 152 VWV 153 HG bpk; VG akg 155 o. ullstein; B3 RIA Nowosti 156 r. ullstein (2); B1 Gerstenberg 157 DHM 158 B2 VWV; B3 akg 159 bpk 160 o. VWV; B3/161 bpk 162 o. bpk; B2 VWV 163/164 bpk 165 DIZ 166 Gerstenberg 167 B5 akg; B6 Sammlung Horvath, Linz 168 ullstein 169 0. ullstein/RIA Nowosti; B2 Gerstenberg 170/171 o. ullstein 171 B3 akg 172 ullstein (o. RIA Nowosti, u. Reuters 173 ullstein /Juraitis 177 HG PH; M. ullstein; VG akg 179/180/182/183 akg 182 B1 VWV 184 o. Gerstenberg; r.u. PH; B1 VWV 185 o. ullstein; B3/186 akg 187 o. Gerstenberg; B3 bpk 188/189 B5 akg 189 o. ullstein/AP 190 o. ullstein; B3 VWV 191 B2 Cinetext GmbH., Frankfurt am Main; B3 DIZ 192 o. ullstein; B2 akg 193 o. ullstein/Camera Press; B5 AP/Frankfurt am Main 194 dpa 196 akg 197 HG Glaser; r.u. bpk; l.u. akg 199 PH 200 bpk (2) 201 VWV 202/203 bpk (3) 203 B4 /204 B3 Institut für Zeitungsforschung, Dortmund 204 o. bpk; B2 dpa 205 o. VWV 207 o. Glaser B4 Politiken, Kopenhagen 209 B7 dpa/epa/AFP 210 o. Archiv der Europäischen Union, Brüsssel; B9 dpa/AFP 213 HG dpa; u. l. argus Hamburg; u. r. ullstein 216 ullstein 217 World Press Photo, Amsterdam 218/219 o. ullstein 218 B3 AP/Frankfurt am Main 220 dpa 222 akg 223/224 dpa (4) 225 ullstein/Jungnickel 226 dpa 227 o. akg; B4 dpa 229 Globus, Hamburg 230 AP/Frankfurt am Main 232 argus, Hamburg 234 dpa/Getty/Platt 237 r. Deutsches Auswanderermuseum, Bremerhaven; M. Glaser; r. dpa 238 B4 Privatsammlung Worpswede; B5 Stiftung Deutsches Auswanderermuseum, Bremerhaven 239 B10 U. S. Department of the Interiors/The Statue of Liberty Museum/Liberty Island, New York 240 akg 242 dpa 243 Globus, Hamburg 244 o. ullstein; B8 dpa 245 o. M. picture-alliance/dpa; o. M. Landesmuseum für Technik und Arbeit, Mannheim; o. VG Verlagsarchiv; o. r. Gerhard Medoch, Berlin; B1 o. l. akg-images, Berlin 246 B1 bpk; B2 akg-images, Berlin; B4 picture-alliance/OKAPIA KG/Naroska, 247 B7 Vattenfall/BEWAG AG, Berlin-Werksarchiv; B8 Nolte-Küchen, Löhne 248 B2 o. l./r. Verlagsrecht; M. Deutsches Technik Museum, Berlin 249 B6 Klaus Staeck, Heidelberg/VG Bild-Kunst Bonn, 2003 250B1 picture-alliance/dpa; B3 The Trustees of the Imperial War Museum, London 251 Mauritius/NR1 252 Mauritius/Nakamura